燕园史地随笔

韩光辉 著

中国国际广播出版社

目 录

我的大学（代前言）/ I

一　资源 / 001

中国最早的土地管理 / 002

先秦时期的土地财富观 / 004

井田制——中国最早的土地制度 / 006

对北京水资源开发的再思考 / 009

北京水资源可持续利用研究 / 017

北京供水安全与水资源可持续利用的思考 / 025

清初以来围场地区人地关系演变过程 / 034

清雍正年间的政区勘界 / 048

北京御苑赏石：流变 / 052

北京——民族融合的大熔炉 / 068

二　人口与粮食供应 / 077

北京人口的历史发展 / 078

北京市域人口数量的演变 / 083

历史时期北京地区劳动力人口构成及特点 / 097

历史时期北京地区人口迁移述要 / 105

《大英百科全书》关于北京人口增长过程的误解 / 116

《世界大都市》关于“北京的人口变迁”资料的疏误 / 119

建都以来北京城市人口规模的演变与户籍管理 / 122
元大都城市行政管理机构与户口管理 / 138
清政府对京城人口的控制政策 / 145
清代皇族的管理 / 152
晚清民国时期北京地区人口分布 / 157
元大都城市贫民购粮证 / 166
元末大都城市的粮食供应 / 169
明代京粮的海运与河运 / 175
金元明清北京粮食供需与消费 / 179
嘉兴县人口变迁初探 / 195

三　城市 / 215

郁林城何以在此兴起 / 216
辽南京城的方圆与警巡院 / 218
辽代五京警巡院 / 220
北京历史上的城市行政管理机构警巡院 / 227
宋辽金元建制城市的出现与城市体系的形成 / 234
中国古代城市管理制度的演变和建制城市的形成 / 241
金代城市行政管理机构研究 / 251
《金史·地理志》城市行政建制疏漏及补正 / 264
中国北方城市行政管理制度的演变 / 282
——兼论金代的地方行政区划
金朝迁都燕京与中都城市行政管理机构的研究 / 296
金代城市行政建制探讨 / 305
金元州治城市司候司管理机构及其演变 / 311
《元史·世祖纪》"巡院三"考察 / 321
《元史·世祖纪》"录事司百三"考察 / 326

元中都城市建设与行政管理制度研究 / 340
——兼论开宁路与兴和路行政建置沿革
元代四川行省设置路府城市录事司探讨 / 350
辽金元明时期东北地区州县治所城市的演变研究 / 357
临清运河鳌头矶文化景观的形成与保护 / 373
明长城东段沿线聚落的形成和发展 / 382
清代京郊郑家庄王府与驻防城 / 387
——兼论《清史稿·诸王传》正误一则

四 纪行 / 395

参观维尔纽斯城堡博物馆 / 396
——波罗的海沿岸纪行之一
访里加 / 399
——波罗的海沿岸纪行之二
塔 林 / 403
——波罗的海沿岸纪行之三
第比利斯 / 407
——外高加索纪行之一
埃里温 / 411
——外高加索纪行之二
巴 库 / 414
——外高加索纪行之三
访斯大林故乡哥里 / 417
——外高加索纪行之四

后 记 / 420

我的大学（代前言）

1947 年我出生于山东省泗水县。1953 年暑假刚过，我还不满 6 周岁，母亲即送我到村上小学上学了。当时领到新书，在学校只待了一天，无论如何也不肯去了。父亲在外地工作，祖父母和母亲很着急，劝来劝去都没有用。记得母亲最后问了我一句话："你长大了想不想上大学？"这闻所未闻的新鲜事倒是打动了我，我偏着脑袋问母亲："上大学，什么是大学？"

母亲是一位识字不多的家庭妇女，一时却被我问住了。母亲沉吟片刻，似乎并没有把握地回答我："你现在上小学，过几年上中学，长大了就要上大学。念完大学就能去当工程师、医生，比你爹现在的工作还要好。"我漫不经心地"噢"了一声，还是没能再回到学校去，新书也送了邻居的叔叔。

第二年暑假，父亲回家度假，虽没有责备我，但取出了我从来未曾见过的他的相片给我看，告诉我说这是他到临沂工作之后，带的第一个高小毕业班的合影，四十多位青年人，有些比父亲还高大，紧紧围护着父亲，像一家人过节那样，气氛融融。父亲指着那一个个风华正茂的青年人给我和弟弟介绍，这两位考取了临沂初级师范、这几位考取了苍山一中，这一位……当时虽然还不知道父亲毕业于山东二师，即曲阜师范，但对父亲那么年轻就教出了那么多有出息的学生，产生了一种儿时还说不清楚的感情。至于我上学的事，父亲一句话都没有对我讲。可我早就憋不住劲儿了，跑进厨房里，"妈，我要去上学，我要上大学。"要不是母亲正忙着做饭，看她那喜形于色的表情，肯定要紧紧地搂住我，抱起来。

父亲开学走了，我自己早早地找出母亲一年前就给我缝制好的那个花书包，装上了两支祖父代为削好的铅笔，还有一块橡皮，高高兴兴地走进了村上的小学。上年让我见了就感觉畏惧的大学生已经升入二年级，今年班里还是有那么多大个子同学，均比我大好几岁。两年之后我才知道，农村孩子上学晚才会这样。但我心里悬着的"上大学"目标却代我驱走了对大个子同学的畏惧，不再逃避了。结果一上就是六年。

困惑的是，进入五年级，我便开始和同学们一起抬砖块、扛木头送到十里外的"土法上马"的铁厂去，参加了"大跃进"和人民公社化运动，一年上不了半年课，第二年开始又经受了三年天灾人祸、经济困难时期的严峻磨难。

那时，父亲已被调到苍山四中教书并负责该校工作，祖父则是公社医院的中医大夫，家庭生活的重担自然地落在了母亲肩上。母亲作为毛泽东时代被解放出来的劳动力的一员，没日没夜地随同村里人下地干活，我们兄妹四人则由多病的祖母照料。农村凭工分吃饭，地瓜干六元钱一斤，标志着我们这种家庭生活的艰难。

为减轻母亲的生活负担，六年级每天放学回家，我就带弟弟去拔野菜或打青草。六年级毕业，不少大同学都放弃了升中学的机会，留下来下地挣工分，我也准备辍学务农。我的心思总躲不过母亲的眼睛。母亲为了阻止我，每隔三五天就抽空问这问那，关照我的学习进度。母亲坚毅的目光里，根本就不存在容我退却的余地，我也没有勇气提出自己辍学的要求。1960 年暑假，我不足 13 周岁，小学毕业，身高 133 厘米，体重 25 公斤，以优异的成绩考入镇上中学。为此母亲还特地为我缝制了一身新衣裳。在每人每年一尺三寸布票的年代，为我缝制一套衣服实际上就是用尽了全家人一年的衣料。我深深懂得，这里不仅仅包含着神圣的母爱，更充满着对儿子的深厚期望。

初一和初二都是在艰难竭蹶中度过的。那种年代，没有祖父母、父母亲的特别关照，不用说是求学，就是生存也是困难的。自然，我生平看到的第一张照片的热烈气氛、我对母亲许下的诺言及我心目中高悬的意念，也默默地激励和鞭策着我，知难而进！祖父、父亲为养活我们兄妹四人，每月按时捎回严重贬值的人民币；母亲为了让我带足每个星期的食物，宁愿和祖母天天吃野菜和南瓜。1961 年春夏之交，身高 162 厘米的母亲已消瘦到体重 30 多公斤，生死已操在阎罗的手中。为了让母亲宽慰，我拼命地吮吸着学识，长进自己的才干，报答母亲的慈爱。是不是我的优异成绩鼓舞了母亲，延伸了她老的生命，使她坚强地活了下来，我说不清楚。但我记得每次发下试卷，哪怕是小测验，我也要带回家去，面呈母亲。母亲眼见我瘦小的模样，又总是劝我别累着了，也总是流露出一丝喜悦。1962 年，家庭生活开始好转，母亲身体也渐渐复原了，我年轻的心灵如释重负，不再担心艰难的生计会夺走母亲生命了。在学校我更加专注地学习，假期里我更加勤奋地随母亲下地干活，分担她的艰辛，培养我对劳动的感情。对此，母亲从不拒绝，甚至还鼓励我去学习扶犁耕作。

在天灾与人祸过去的 1962 年暑假，父亲回到老家度假，开始给我们讲述家乡泉林的悠久历史、人文和地理状况。这时我已升入初中二年级，已经开始学习历史与地理，有了一定的接受能力。父亲带我们兄弟二人去泉林参观考察，是从泉林的陪尾山开始的，这是《禹贡》名山。山下“泉水如林”，周围人文景观更有孔子感叹“逝者如斯夫，不舍昼夜”[①]、康熙御碑及乾隆立“子在川上处”石碑，乾隆南巡驻跸泉林的行宫和始建于唐代、清代重修的泉林寺遗址。收获最大的还是陪尾山下的如林泉水，高大的银杏树；康熙御碑，碑高7米，康熙二十三年（1684）始建，二十七年（1688）完成，用满汉两种文字镌刻《泉林记》，看上去高大雄伟。御碑周围，是清代乾隆二十一年（1756）在陪尾山下创建的乾隆南巡和东巡驻跸的泉林行宫和“子在川上处”石碑。行宫虽然倒塌，但行宫门前一百米处的御带水上的御桥（中）、左文桥、右武桥依然存在。历史悠久的泉林寺也已经倒塌了，高大的“重修护国寺碑”耸立在行宫西侧300米处。父亲带我们考察了昔日不同时期泉林的历史风貌，山水景观和历史人文有机组合，成为重要的历史文化胜地。当我是初中三年级学生时，还常想起这里的景观特色。

第二年（1963）暑假，我初中毕业已考入泗水一中高中，父亲回来度假，又给我们讲述了卞桥的历史，这是一处古老的城镇。第二天，父亲带领我们从卞桥石拱桥开始考察。卞桥是一座架在泉林诸泉汇流为泗河上游的三孔桥，汉初始建，唐贞观、金大定、明万历年间重修或维修，东孔石壁刻有唐初“敬德监造”，中孔拱石刻有金“大定二十一年重修”，即1181年重修，是山东境内最早的石拱桥，先后公布为山东省级和国家级重点文物保护单位。它全长90米，宽6米，三孔中的中孔长5米，桥面两边各有望柱14根，栏板13块，浮雕人物、花木、珍禽、异兽、云水、山石、建筑，技法精湛，两端各有石狮一对。桥下碧水荡漾，相传每到中秋夜晚，水中月印双影，人们称之为“卞桥双月”，故又称卞桥为“双月桥”。沿卞桥大街西行，是一处古色古香的街道。出西门脚下就是卞庄桥，始建于卞明国时期，为八块石板桥，汉代重修、清末改建为三孔石板桥，1960年新改修为三孔拱桥。站在拱桥上，向北眺望，其地面建筑现存城西北角残墙，高约7—8米，夯筑，夯土层明显可辨，内夹杂残破陶片、灰土等遗物。西南还有残高约2米的城墙角，可惜西面城墙残基已被岚兖公路打破。其他三面城墙已被近两千年的人类活动破坏，已无残迹。卞邑始建于夏商时期的卞明国，是诸侯国的都城；西周、春秋时期鲁国的卞邑，卞庄子食邑，卞庄子和卞人仲子路是这里的名人；西汉始置卞县。从卞邑到卞县县治，方圆六里。北魏省卞县，隋改置泗水县，县治迁至下游五十里处。这里至今尚存春秋至汉代的“古卞城遗址”，是现今市级重点文物保护单位。通过考察，对古代城镇的规模、形制和交通联系都有了较清晰的认识。

我考取高中，祖父母、父母都为此高兴，尤其母亲在开学我临行前那一天

① ［三国］何晏集解：《论语》卷5《子罕第九》，四部丛刊景日本正平本。

晚上为我准备行装，好像又想起了我儿时偏着脑袋问她的问题，笑容满面地对我说：“上完三年高中，就该考大学了！”我会意地点点头：“是，我会努力进取的。”第二天上午，母亲提着书包送我到村头。我心想，要不是生产队长招呼母亲下地干活，她老还会送我更远，嘱咐更多的道理。

第三年（1964）夏，我已升入高中二年级，父亲回来度假，又给我们讲了雷泽湖的历史。雷泽湖在鲁下邑以东六里，民国称漏泽湖，文献记载，舜生于诸冯，“耕于历山，渔于雷泽”[①]，“春夏雨积成湖，至秋地窍自开，湖响如雷，三日漏涸”[②]。明代学者贺逢吉、尤应鲁考证帝舜长期活动于泗水东部。据山东已故著名考古学家王献唐《炎黄氏族文化考》从八个方面考证伏羲、舜发迹于泗水雷泽。我们也到雷泽湖做了考察，因1958年修建了特大贺庄水库，雷泽湖已被其围堰分隔，除地貌形态仍然低洼，显示湖相外，其他已经没有文献记载雷泽湖景观了。

三年来，父亲的讲述和我们的考察让我和弟弟懂得了家乡的山水、历史人文状况，更加热爱家乡，更加喜欢家乡的悠久历史，对中学时代的历史、地理、语文课程更为挚爱，每次考试，成绩也是最优秀的。现在想来，我最终确定学习和研究历史地理学科，是从那时候开始的。关键的是从借助文献资料入手，再去做野外考察，这是历史地理的工作方法，只是当时没有这么系统深入的认识。三年暑假考察家乡历史人文和山川地理，埋下了一颗爱学习的种子。

考入高中，离家50里，已不能每周回家一次，而是一个月甚至两个月才能回家一次带吃的。不论多长时间，母亲总是事先准备好我要带的大包小包的煎饼，那种数千年来养育了泰沂山区勤劳人民和承载着丰厚文化的易储存便携带的食品。也正是母亲起早贪黑亲手制作的这种食品伴随了我的中学生活，养育了我的身心和智慧。进入高中，按当时家庭情况，我完全可以到学校包伙，但我不知道身为当地名医的祖父，身为中学校长的父亲为什么没有让我那样做，而是让我和其他农民的儿子们一样背着煎饼包往来于家乡与中学之间。后来经过“文化大革命”才懂得，那也是为了培养我的生活能力，锻炼我的韧劲，使我拥有吃苦耐劳的品格。记得1968年高中毕业分配去学校工作之后，好奇的同事曾启发我算过一笔账，六年，不，应该是将近八年时间共消费了多少煎饼？可惜我现在无论如何也记不清楚了，反正是数量很大很大。母亲对儿子的殷殷期盼融入这一张张一包包她老亲手制作的煎饼中，汇入儿子的身心脑海，养育了坚韧不拔、勇往直

---

① ［明］陆釴撰：《（嘉靖）山东通志》卷18《祠祀·帝舜庙》，明嘉靖刻本。

② ［清］张鹏翮撰：《治河全书》卷7《泗水县》，清钞本。

前、不断进取的精神气质。正是这样，我又以优异成绩读完了三年高中，毕业总成绩平均95.6，居年级第一，升入重点大学的呼声在师生中甚高。

就在这时，“文化大革命”的狂潮掀起了。毛泽东关于大学推迟半年招生的谕令，一下子延伸到他逝世之后。因而不仅使我的高中阶段延长了两年，而且使我自幼立下的上大学的宏图几乎化为泡影。1968年3月，我在经历“文革”前两年风浪洗礼之后，被分去学校教书，成为毛泽东时代社会上最无地位的“臭老九”。同学们除了去工厂的几位之外，全部下了农村。我先教了三个月小学，又教了两年初中，后来又先后在县师范、四中、二中任教，一晃就是十年。求知欲最为旺盛、精力最为充沛、想象力最为丰富的年华在迭起的政治运动和开门办学中几乎消磨得精光。

尽管如此，我没有一滴泪水。但是，1977年10月改革招生制度的新闻倒使我潸然泪下，是激动还是愤懑，我分不清。我马上就要30岁，读大学已为时太晚。当时我处在彷徨游移中。

当时，我刚刚调入泗水二中，也正是秋假。我和新同事尹钧科被校长分配去运石灰。往返途中，在隆隆的拖拉机呼叫声中，他再三极力劝我报考。最后还是父亲来信讲了他和母亲都希望我报考大学的深切愿望，我才最终坚定了不妨一试的决心。当时祖母已经病逝，祖父以古稀之年也已退休，但仍接待来自四面八方求医的病人，是他的高明医术和崇高医德赢得了病人的信赖。他虽一直未表态，但当我把我的决定告诉他老时，他老似乎未加思索地说：“我一直盼望着你能读大学。”“文革”十年中，他那早已石沉大海的愿望还是第一次流露，却极大地鼓舞了我。

七七年的大学招生，报考轰轰烈烈，六六届以来的历届高中毕业生在偶然到来的机遇面前无不跃跃欲试。我夹在人流中报了名，但报考什么专业又踌躇了好一阵。有人建议学医，有人建议学文，也有人建议学工。其实要凭十年前的基础，选报什么专业都应该不成问题。反复思索和斟酌的结果，还是报考务实的工科和医科，只有第三志愿服从分配。

报名之后，稍事准备显然是必要的。基础虽然扎实，但毕竟已荒废了十余年，不少知识只靠回忆已无把握说清楚。事也凑巧，恰在这时祖父积劳成疾，住院治疗，每天下班后我要去医院陪床；高一六个班原来配备的三位语文教师，硬被水库借调一位去做宣传工作，我只好担任三个班（每个班六十人）的语文老师，还负责作文训练指导，忙得真是不可开交。一时间，我的备考也成了一句空话。十二月初的考试，仓促上阵，内心忐忑，好在教了多年书，心理素质还承受得了这种场面的冲击，凭着十余年考试的经验，发挥也正常。

说来也巧，一再劝说我报考大学的同事尹钧科被抽调去阅卷。十天之后他竟神奇地带回了令我振奋的消息，我的总成绩在济宁地区十二县市数万名考生中名列第八。据同事分析，录取第一志愿全国名牌学校已无问题。我在兴奋中把考试成绩写信告诉了父母亲。母亲没等父亲放假，就提前赶回了老家，帮我妻子为我整治上大学的行装。春节前竟未下发入学通知，一家人望眼欲穿。

直到元宵节前四五天，我任教的中学已开课，才有第一份入学通知书从县里传来，并送进了我上课的教室里。课后打开来，映入我眼帘的却是“山东师范学院数学系”。我一时茫然起来。复杂的心绪难以形容，兴奋中的失落，更令人难堪。琢磨起来，不比六六年的滋味更好受。母亲却不以为然。在母亲看来，我高中毕业教高中是个不太合格的中学教员，师范学院毕业再回到中学，才是一个合格称职的中学教员。这样的思路，倒真使我思想上得到一些解脱。到山东师院上大学已别无选择。祖父也为我荒疏十年后将进入大学学习由衷高兴，并嘱咐我安心学习，切勿挂念他。

1978 年初春，步入山东师大的大门，迎面而来的就是高大的毛泽东石雕像，“文革”中大大小小的单位都树立的雕像，故并不感觉新鲜。令我感到新鲜有吸引力的却是那四幢雄伟壮观的办公与教学用民族建筑及其中轴对称格局。心想，能在山东建筑最美观、布局最诱人的山东师大读大学，也不失为幸事。这入校的第一天就产生了些许好印象。安顿好宿舍，接触了来自全省各地的同学，问题却来了。数学系七七级两个班七十余人，三分之一的“老三届”，年龄均在 30 岁以上。这些人成绩不错，是被山东省教委有意识留在师范院校，培养师资，发展山东中等教育的，我这才恍然大悟。而其他同学多数还不足 20 岁，有的甚至十五六岁，他们在数学领域中的年龄优势将很快显现出来。而我们年龄大、反应慢，思路迟钝的弱点也迅速暴露出来。

几个星期很快过去了。“扬长避短，发挥优势”，逐渐成为我面对服从分配而误入数学领地的基本思路。一个月以后，我不安心数学学习的意念开始引导我思考改学专业的问题。经过比较分析和体验斟酌，作为三十当立而未立的学人应该转学靠积累创造成就的学科，而不应该牢牢地固守靠灵感与敏锐创造成就的学科。理智的思维驱动我写下了一纸改学专业的申请报告，直呈当时的山东师大教务长王荣刚先生。他在百忙中阅读了我的报告并很快召见了我，说了一席令我鼓舞但又沮丧的话：“你文笔不错，思路清晰，逻辑性强，按说可以改学文科或地理，但我们是师范院校，牵一发而动全身，都申请改学专业，连锁反应怎么办？……”教务长有一百条理由阻止我，我竟未能说服教务长，但我们却成了好朋友。是他建议我，在基本完成数学学习的前提下，多选修一些你喜欢的专业课程，经过四年的努力积累，将来亦可改变一个人的前途和命运。教务长还是给我开了绿灯。学期末在校园里见到他，他极神秘地问我："小韩，你知道这学期有多少同学要改学专业？"未及我问，他先开了口："二十多位！我要先开了你一个口子，后面的二十多位怎么办？问题是同意批准了你一个，最后就不是二十多位了。"我点了点头，表示同意他的看法。在计划体制下，允许学生随意改学专业是会有不少问题的。

大学第一学期各门功课的成绩均在良以上，我感到一阵轻松，随即给父母写信汇报了学习感受，并返家度假，回原单位看望了领导、同事和朋友们。知道钧科已报考北京大学历史地理学专业研究生。这使我耳目为之一新，知道了大学毕业后还可报考研究生的新事物。

第二学期一开学，我就按教务长的建议，跑到历史系、地理系、中文系旁听了四门课，论投入的时间和精力，旁听课几乎成了我的主修课。一个学期跑来跑去，忙得不亦乐乎。而各门数学课均通过了考试。旁听课虽未参加考试，但却实实在在地掌握了不少相关知识。这一学期旁听课程的尝试极其成功，使我摸索到了以后三年支配时间、扩充学识的有效途径。

1978 年，我成功地进入了并不称心的大学，更不称心的专业，开始了中断十余年的学习生涯，进入了新境界，还摸索到了在大学求知、吸吮知识营养的方法和途径，为日后的学习与进取奠定了方法和学知基础。

是年夏，国家颁布招考研究生的政策。中学同事尹钧科报考了北京大学历史地理学专业研究生，并成功考取，仍然师从著名历史地理学家侯仁之教授。历史地理学作为文理交叉学科属经世致用之学。这则信息振奋了我，在学校图书馆借阅了侯仁之先生的《步芳集》、《中国古代地理学思想简史》和《中国古代地理名著选读》。是年寒假假期中，尹钧科向我系统介绍了历史地理学科的有关内容，希望我本科毕业之后能考取文理交叉的历史地理学研究生。1979 年 4 月 11 日，我冒昧地给侯先生写了一封信，表达了对先生学识的景仰和对这门学科的兴趣及将来报考这一专业的愿望，希望得到先生的指导。一个月之后，正在我忏悔自己和侯先生素不相识，贸然打搅而内心负疚的时候，接到了侯先生的亲笔信：

光辉同学：

来信迟迟未复，请您原谅。

钧科曾不止一次提到您，他对您学业的优异，深怀敬意。您对历史地理学有深厚的兴趣，又长于数学，这是很难得的。您有了好的数学基础，将来也很可能在历史地理学的研究方法上，探索出新的道路。好在来日方长，目前打好基础是首要的。希望您继续努力学习，在目前专攻数学之外，还能兼顾涉猎历史地理的书籍论文，那就更好了。可惜这方面的出版物现在还不多。

我对历史地理的研究，也是在探索中前进的，限于我自己的基础，工作成绩实在有负同好的期待。为了这门学科的发展，我寄更大的希望于青年同志，因此曾为青年们写过一些普及性的读物，其中一部分即收在《步芳集》中，这本集子实在说不上是什么历史地理的著作，只希望还能启发青年读者的兴趣就是了。您对我的评价是过高了。这样会失望的。

为了迎接建国三十周年，一位好朋友主动把我解放以来所写的有关历史地理专题论文，汇集成册，已交上海人民出版社，事后要我补写了一篇序言，还定了一个书名，为《历史地理学的理论与实践》(采用集子中所收入的最晚写成的一篇文章的题目)，希望国庆节前可以出书，届时当寄上一册，仅供课外阅读的参考。这里就不多写了。

在学习之外，还请注意身体锻炼，以“三好”为标准，不断前进。

匆匆此致

敬礼

侯仁之

五月十三日

我将信中内容反复阅读，感觉侯先生对问题深入浅出的解说，使我心胸顿开。在信的末尾，先生给我提出的“在学习之外，还请注意身体锻炼，以‘三好’为标准，不断前进”的要求，更有催人奋进之感。

我内心深处感受到：大概唯有真正的园丁，才具有这种坦荡胸怀和精神气质，才具有不辞劳苦培植不出名的幼苗，使之茁壮成长以点缀美好春色的魄力。可爱的祖国正需要有这样千千万万可尊敬的园丁，真正的人民的园丁。

1980年寒假我和钧科又在泗水二中见面，讨论并请教历史地理学的问题，也得到了侯先生送给我的《历史地理学的理论与实践》一书，开始了较系统的学习，学业有较大长进。1981年，北京大学招生简章公布，历史地理学专业考试内容包括专业课历史地理学、专业基础课自然地理学和高等数学。历史地理学专业考数学，这给了我一个极大的鼓舞。9月份，在济南经过考试，成绩优秀。1982年初被录取为北京大学历史地理学专业研究生。是年2月16号，跨入北京大学校园开始了新的学习生活，并开始在先生的关心与指导下学习和工作。在这里一学就是六年，修满了60多个学分的课程，阅读了大量的历史文献和当代学者的研究成果，也学会了野外考察和社会调查的地理学工作方法，完成了清与民国和辽代至明代两个阶段的北京历史人口地理研究。1987 年 12 月，通过博士学位论文答辩，获得理学博士学位，12 月 25 日留校任教。翌年 12 月被选送赴苏联国立敖德萨大学地质地理系进修一年，1989 年年底按期回国，开始了在母校的教学与科研工作。

想来，祖父母、父母的辛勤与精心哺育，使我树立了求知大学的目标，从小学到中学许多人类心灵的工程师一步步奠定了我的知识基础；同事朋友的鼓励，使我增强了求知大学的信心；大学师长的指教，使我找到并确定了日后努力的学术方向，学会并掌握了求知的科学方法。这就是我的大学。

一　资源

中国最早的土地管理

中国自古以农立国，农业是国家政治命脉所系。因此，五千年文明史上，很早就开始了对与农业息息相关的土地的管理。

中国农业起源于传说的“神农”时代，据《白虎通》记载，古代“人皆食禽兽肉。至于神农，人民众多，禽兽不足，于是神农因天之时，分地之利，制耒耜，教民耕种，神之化之，使民宜之，故谓之神农氏”。

农业的萌芽和兴起与土地耕垦直接相关。夏商时代，农业生产工具由石器转变为铜器，为土地的开发翻耕、施肥、熟化提供了物质条件，极大地提高了社会生产力，进而积累并丰富了农业实践和技术。农业的发展自然地提出了加强对农业及土地实行有效管理的客观要求。按照事物发展的顺序，中国古代农业和土地管理应出现在部落联盟内部生产产生分工之后，其专职管理官员则应出现在夏商国家形成时期。这就是夏代农官“稷”和商代农官“藉臣”。

至周代形成“溥天之下，莫非王土”[①]的土地国有观念之后，周王朝对土地的管理益加重视，管理土地的行政机构也益加完善。据《周礼》，周王以下设天官冢宰、地官司徒、春官宗伯、夏官司马、秋官司寇、冬官司空等掌邦政，合称六官或六卿。其中地官司徒，“掌建邦之土地之图，与其人民之数，以佐王安扰邦国”，即管理国家的土地和人口，故又称司土；是大致与隋唐之后中央政府六部尚书中的户部尚书相当的职官。其下分置小司徒、遂人、草人、司稼、遂大夫、封人等一系列职官，与司徒共同组成一个完整的行政管理机构，负责国土和人口的管理。

“遂人”，负责农业生产用地的分配即“颁田”和管理，以及水利设施和交通道路的修筑与使用等。即《周礼》所谓“遂人掌邦之野，以土地之图，经田野，……以岁时稽其人民，而授之田野，简其兵器，教之稼穑”。为分配耕地，还要辨别土地为上、中、下三等，规定“上地，夫一廛，田百亩，莱（草莱、休耕地）五十亩，余夫亦如之；中地，夫一廛，田百亩，莱百亩余夫亦如之；下地，夫一廛，田百亩，莱二百亩，余夫亦如之”[②]。这样的土地分配标准和办法，

① 《诗经·小雅》,《十三经注疏》，北京：中华书局，1980年。

② 《周礼·地官·司徒》,《十三经注疏》，北京：中华书局，1980年。

获得了劳动者与耕地相适应的良好效果。

"草人"，"掌土化之法，以物地相其宜而为之种"，即按照土壤的特征选用适宜的肥料。这是一项熟化土壤的重要工作。当时已能够辨别出十二种土和十二种壤，即将自然土壤与耕作土壤区别开来。前者是自然界万物自生其上的自然土，后者则是人类耕垦树艺其上的熟化土壤。经过农事活动将前者转化为后者显然是有一个过程的。因此，专门设置"遂大夫"等地方官督理、稽查、奖劝土地利用和农作成效，即"辨其可任者，与其可施舍者，以教稼穑，以稽功事，掌其政令戒禁"，"明其有功者，属其地治者"[①]。

更有趣的是，周代已开始对那些分配了土地而不认真耕稼的人实行经济制裁乃至处罚了。其如"凡宅不毛者有里布，凡田不耕者出屋粟，凡民无职事者出夫家之征"[②]。这里的里布是指每二十五户（为一里）所当缴纳的人头税，屋粟是指三个农户所当缴纳的农业税，夫家之征则是一位丁夫所当缴纳的赋税。除应征地税之外，对宅不毛者、田不耕者及民无职事者均行加征，显然是经济制裁。又如规定"凡庶民不畜者祭无牲，不耕者祭无盛，不树者无椁，不蚕者不帛，不绩者不衰"[③]。以降低祭祀等级和丧葬服饰等级标准的办法，表示对不尽地力的耕织者的惩罚。再如规定"凡造都邑，量其地，辨其物，而制其域"[④]。周代规划设计都邑均有一定规模大小，不得逾其制度，多占耕地。

由此看来，早在三千年以前的周代，不仅建立了一个体系完善的土地管理行政系统，而且还制订了若干严格用地规模，防止耕地浪费的制裁与处罚办法，不失为历史的鉴戒。

（原载《中国土地》1996年第12期）

① 《周礼·地官·遂大夫》。

② 《周礼·地官·载师》。

③ 《周礼·地官·间师》。

④ 《周礼·地官·县师》。

先秦时期的土地财富观

早在约三千年前，我国就出现了“土之有山川也，财用于是乎出”，“其有原隰衍沃也，衣食于是乎生”[①]的认识（用今天的话说，山川原野自古就是人类衣食财用之源），因而这一认识即代表了中国最早的有关土地是财富源泉的思想。这是中国古人对开发土地、发展农业、创造财富的生产活动的总结。尽管这里并未提及人类劳动在财富形成中的地位和作用，但事实上也已包含了人类经济活动的内容。因为离开人类的创造性劳动，衣食财用不会自生出来。这完全符合马克思有关“土地是人类伟大的实验场所，是提供过去工具和劳动材料的仓库，是社会的住处和基础”的认识。因此，把土地与衣食财用联系起来，不仅强调了土地的社会经济价值，而且为古代土地思想的深化提供了基点；同时还体现了中国古代农业社会和农业经济的基本特点。其实，中国古人对土地的重视以及对土地实行富有成效的管理，均源于对土地是衣食财用之源的客观而朴实的认识。

在“溥天之下，莫非王土”的土地国有（亦即主有）观念出现之后，上自周王下及诸侯乃至臣民，均把土地视为社会首位的物质财富。古文献《礼记·曲礼下》所谓“问君之富，数地以对，山泽之所出”的记录即反映了这一认识。用今天的话来理解，那就是：君王的富庶程度是可以其占有的土地以及山川湖泊的出产来度量的。这显然是一个耐人寻味的话题。我们由此可了解土地在古人心目中的地位。

公元前585年，即鲁成公六年，在晋国发生了议迁国都的事件。在这一过程中提出了“山、泽、林、盐，国之宝也”[②]的思想。山、泽即国土，林、盐即物产，合起来即土地资源乃国家之宝物也。宝，自古以来就被视为是最为珍贵的东西。由此亦可见，春秋时期出现的土地国宝观念，实际上是强调了土地资源在社会生活中的重要价值，同时也反映了我国古代社会经济生活对土地资源的强烈依赖和古代人对土地资源的高度重视。

战国时期曾任韩国相的申不害（约前385—前337）总结自己的实践与经验，提出了“四海之内，六合之间，曰：奚贵？曰：贵土。土，食之本

① 《国语·周语上》，清光绪章氏训堂刻本。

② 《春秋左传·成公六年三月》，《十三经注疏》，中华书局，1980年。

也”[①]的认识，实际上是代表了土地中心或谓土地本位的思想，强调了土地在人类社会生活中的重要性。

与此同时的著名儒家学者孟轲总结对当时社会政治生活诸要素的看法，提出了“土地、人民、政事”乃诸侯“三宝”[②]的思想，而又将土地列于“三宝”的首位，既反映了战国时期社会政治生活对土地的依重，又是对上述土地国宝思想的发展与完善。“土地、人民、政事”的“三宝”思想正是战国时期“广土众民，君子欲之”[③]思想与行为的认识论基础，也正是诸侯国之间相互攻伐、扩张国土、招徕民众的社会现实的客观反映，具有鲜明的时代特征。

较孟轲晚半个多世纪的荀卿更提出了“田野县鄙者，财之本也”[④]的思想。“田野县鄙者”实际上是泛指土地，因而他在这里仍然强调了土地是社会财富之根本的思想认识。而《吕氏春秋·审时篇》“夫稼，为之者人也；生之者地也；养之者天也”，则从种植业与土地密切关系的角度，强调了土地是农作种植根本的思想。

综上所述，中国先秦时期的古代人对土地地位与价值就有了朴实的认识；土地乃国家之宝恰恰集中地代表了中国古代人的财富观。可喜可贺的是，“土地国宝”的认识长期影响并统治了中国人的土地思想，长达二三千年。追溯“土地国宝”思想的形成，对于今天形成保护土地的社会共识显然具有一定意义。

（原载《中国土地》1997 年第 8 期）

① 《太平御览》卷 37《地部二·地下》，中华书局，1960 年。

② 《孟子·尽心下》《十三经注疏》，中华书局，1980 年。

③ 《孟子·尽心上》。

④ 《荀子·富国》，清抱经堂丛书本。

井田制——中国最早的土地制度

氏族社会的解体和土地王有制度的兴起，出现了代表王朝对王有土地的管理，即《周礼》六官或称六卿中的地官司徒及其所属官员共同组成的一个系统完整的行政管理机构。同时，还出现了对王有土地进行有效管理的制度，这就是中国古代最早出现的井田制。

按照古文字的考释和古文献的记载，井田制萌芽于夏，成形于商，并完善成熟于周代。尽管由于对古文献记录理解的不同，对井田制发生过若干歧异认识，但作为与当时国土王有和层级分封相联系的土地管理制度、土地使用制度和土地赋税制度三位一体的土地制度，其存在的合理性和真实性是不容怀疑的。

《左传》《孟子》《周礼》等古文献均记录有井田制的内容，唯其详略不一。其中《孟子·滕文公》记录井田制最早且较为详备："方里而井，井九百亩。其中为公田，八家皆百亩，同养公田。公事毕，然后敢治私事，所以别野人也。"理解这段文字，井田制的主要内容是将王者所有土地按每平方里划分为地块，并将其细分为九个每块百亩的方块，形成"井"字，是为井田。中央百亩是为公田，而周边的八块亦均为百亩，是为私田，分给八家耕播管理。分得百亩私田的农奴，首先要无偿地耕种公田，养活土地所有者；然后才能耕播自己分得的份地，养活家人。

按照朱熹对文王治岐"耕者九一，仕者世禄"的注释，"九一者，井田之制也。方一里为一井，其田九百亩。中画井字，界为九区。一区之中，为田百亩。中百亩为公田，外八百亩为私田。八家各受私田百亩，而同养公田，是九分而税其一也"[①]。朱熹不仅对古代井田制形式作了令人信服的说明，而且将井田制的土地管理与使用和国家赋税制度即共耕公田，提供力役地租形式联系起来，阐述了井田制在土地管理、土地使用和土地赋税制度方面三位一体的功能。

战国成书而主要反映西周政治经济制度的《周礼》将周王所属疆土，以王都为中心，由近及远分为郊、甸、野、县、疆等区域。在王都周围的郊甸置六乡六遂，而郊甸之外统称为都鄙。周王疆土虽有乡遂都鄙之分，但均一例实行井田

① ［宋］朱熹：《四书章句集注·孟子》卷2《梁惠王章句下》，宋刻本。

制。这就是《周礼·地官·遂人》所谓:“凡治野,夫间有遂,遂上有径;十夫有沟,沟上有畛;百夫有洫,洫上有涂;千夫有浍,浍上有道;万夫有川,川上有路,以达王畿。”夫在此指代方一里九百亩的一方井田,依此类推,十夫、百夫、千夫、万夫即十块、百块、千块、万块方一里的井田。在这些方形井田之间专门辟有遂、沟、洫、浍、川等由小到大的田间水道系统,及毗邻相应水道的径、畛、涂、道、路等由小到大的田间道路系统,即所谓阡陌。因此,井田制是一种按方块划分田地,并附设有沟洫水道系统和阡陌道路系统的完善农田区划体系。

在边远的都鄙地区,因土地肥瘠差异,井田制则有所变通。据《周礼·地官·大司徒》:“凡造都鄙,制其地域,而封沟之,以其室数制之,不易之地家百亩。”这前一句话是说在都鄙地区同样推行井田制,与上述制度相同;而后一句则是按照田地的肥瘠远近变通份地的数量。易在这里是休耕轮种的意思。不易就是田地肥沃,不须休耕,故而受田之家一如郊甸乡遂受田百亩;一易就是两年一休耕,故而受田之家受田二百亩;二易就是三年一休耕,故而受田之家受田三百亩。受田数目虽不同,但受田之家每年实际耕种的田地都是一百亩,这恰恰与《周礼·地官·遂人》所谓“辨其野之土,上地、中地、下地,以颁田里”的意思相一致。

也正是由于王畿乡遂和都鄙土地质量不同,远近有别,会给受田之家带来收入的差异,因而井田还要实行定期调整更换,即《周礼·地官·均人》所说:“三年大比则大均。”对此,《公羊传》宣公十五年(前594)何休所作注释尤为明确:“上田一岁一垦,中田二岁一垦,下田三岁一垦。肥饶不能独乐,硗确(qiāoquè,土地坚硬不肥沃)不能独苦,故三年一换主易居,财均力平。”古代井田制实行份地三年一调整更换,使受田者财力均平,对调动其生产积极性,显然具有积极意义。

综上所述,井田制在周代是普遍实行的土地管理和土地使用制度,同时又是当时土地赋税制度,在当时的历史条件下对土地实行有效管理、合理经营起了重要推动作用。

至春秋中期,随着铁制农具和牛耕的出现与使用,“辟草莱,任土地”[①],扩大了耕地面积,促进了生产力的提高和农业生产的发展,进而推动了手工业和商

① [宋]蔡模:《孟子集注》卷7,四库全书本。

品经济的扩大与发展，为“开阡陌封疆”，“除井田，民得买卖”[1]奠定了社会物资基础。在土地国有制度下长期实行的井田制被破坏了，共耕公田的力役地租也被废弃了，而代之以“相地而衰征”的实物税，从而为土地私有制经济的兴起开辟了道路。

（原载《中国土地》1998 年第 11 期）

① ［宋］章如愚:《山堂考索》前集卷 65《地理门》，四库全书本。

对北京水资源开发的再思考

北京是世界上最严重缺水的大城市之一，人均水资源量仅为世界人均的三十分之一。为缓解北京水资源供求矛盾，政府和主管部门采取了各种措施。在南水北调中线供水京津和海水淡化在天津市实现，北京缓解超采深层地下水之后，引潮滦白河水资源，并建立跨区域有偿用水和生态补偿机制，为有效利用潮滦白河上游水资源打开新思路。

近二三十年来，严重缺水一直困扰着北京城市的发展和城市生活质量的提高。为缓解首都水资源供求矛盾，政府与主管部门已采取了种种措施，诸如加强科学管理、合理安排用水计划、开源节流、保护水源、增筑与完善水利工程、提高水资源的利用率等，在一定程度上保障了北京水源供给。在“南水北调”成功，长期超采地下水的问题可以得到缓解之后，本文认为潮、白、滦河上游水资源仍然是北京水源的重要来源[①]。近期，在潮河、滦河和白河上游的考察，发现仍需加强对北京水源上游的研究和投入，尤其需要增加资金投入，恢复生态建设，涵养上游水源，建立完善的流域生态和用水补偿机制。

一

在面对城市发展尤其改善城市环境和生活质量而带来的水资源需求不断增长，而在市域内又无可资开拓并满足需求的新水源的情况下，开辟并获取域外新水源已成为保障21世纪初期满足北京水资源供给的紧迫任务。寻求域外水资源的多种方案炙手可热，但均因各种因素的制约迟迟不得实施，其中具一定可行性的引滦济京方案，因涉及与兄弟省市的供水利益矛盾亦长期搁浅，甚至已发展到谈虎色变的严重地步。在南水北调中线供水京、津和海水淡化在天津市实现，天津供水问题得到全面解决之后，引滦济京方案应该受到广泛关注。

十余年来，我们利用十分有限的经费对滦河部分河段进行了野外实地考察和各种引水方案的比较研究及某些统计数据的分析，对新时期引滦济京的可行性进行了初步考察。

① 韩光辉：《开拓北京水源的思考》，《自然资源》，1994年第4期。

20世纪80年代以来，随着改革开放与社会经济的发展及城市人口的大幅增长和居民生活水平的提高，北京水资源供需矛盾一直呈上升趋势。目前看，北京水源存在的四大主要问题并未得到缓解[①]：

一是水源供需平衡尚无保障。平水年供需平衡一般还可保持，但枯水年份市域缺水量即达10亿立方以上。在素有“十年九旱”之称的北京地区，枯水年份的高频率无疑更增强了北京缺水的紧迫感和危机感。

二是城乡实际用水的年增长率已超过规划指标。近年来北京城乡实际用水量已提前数年超过规划需水量，北京城乡水资源供需矛盾愈来愈尖锐，已是明显事实。

三是地下水长期过量开采，导致北京地区水位大幅度下降。由此形成的地下漏斗东至顺义区，南至南苑，面积达2650余平方千米，中心部位地下水位深达24余米。近年来远郊区十八处深水井的开发，更加重了北京市域地下水的亏损，威胁着地表的稳定。

四是污水处理工程建设进度缓慢，废水污水排放量大，河湖水系遭到不同程度污染，尤以郊区下游河道沟渠污染严重，导致水环境和地下水质未见好转。

因此，严格保护原有水源，加强市域污水资源化的研究和利用，以制止或缓解这些老问题的发展的同时，密切关注北京水资源面临的新情况和新问题，开拓新水源，更是迫在眉睫。

引滦济京是早年为解决北京水源提出的方案之一。在密云水库建成并专供北京，而引滦济津工程实现之后，滦河水资源遂通过潘家口水库及大黑汀水库供水天津及唐山两市，成功地解决了天津严重缺水的燃眉之急。因此近数十年以来滦河水系的水资源几乎成为天津、唐山二市的专用水源。为满足兄弟省市经济社会发展对水资源的需求，协调发展是完全必要也是应该的。事实上，明确上游各大蓄水库的供水职责，的确获得了未发生利益纠纷、长期相安无事的良好供水效果。因而也就自然地形成了一个几乎是一成不变的观念：再提引滦济京就会影响乃至破坏兄弟省市之间的供水关系，造成不堪设想的后果[②]。经过对滦河水系进行的初步考察并进行了与上述诸方案的比较分析之后，得出的初步结论均与此相反。其中最关键、最具决定意义的因素是近几十年来人们对滦河径流量缺乏了解，认为滦河径流已全部被潘家口、大黑汀二水库有效拦蓄，已无余水可资利用。

---

① 北京市水利局：《北京市水中长期供求计划报告（1996—2000—2010年）》，1996年。

② 韩光辉：《新时期北京水资源的研究》，《北京大学学报（哲社版）》，2000年第6期。

二

滦河下游每年都有大量弃水流入海洋，这虽未必不是好事；但是，这给在潘家口和大黑汀水库之外，再筑大型水库拦蓄其中半数或大部弃水为京、津、唐提供新的蓄水水源提供了可能性。据调查，潘家口和大黑汀二库下游年平均弃水在10亿立方以上。根据有关滦河水系地表水资源的资料推算，滦河下游弃水应多于10亿立方。

按有关水资源统计，滦河中上游所在的承德市多年平均出境水量为36.8亿立方（其中潘家口与大黑汀水库上游滦河及其支流流出承德市域的水量最多年平均占79.1%，达29.1亿立方），以潮河为主的北三河流出承德市域的水量多年平均（占14.2%）仅5.2亿立方，则主要流注密云水库①。

仅就滦河水系流出承德市域的水量而言，历年又有不同。1993年滦河出境水量占市域总出境水量的79.1%，约为24.3亿立方；1994年滦河出境水量占市域总出境水量的79.9%，约为49.3亿立方；1995年滦河出境水量占市域总出境水量的78.5%，约为35.6亿立方。由此可知，三年间滦河水系出境水量或即流注潘家口与大黑汀水库的总水量大约在24亿至49亿立方之间。从滦河流域多年平均降水情况来看，1993年属平水年，1994年属丰水年，1995年属偏丰水年，故滦河出境水量均较为丰沛。而偏枯水年则可以1988年为例，滦河水系出境水量仅为19.8亿立方。进入21世纪以来的10年年均水资源总量是37亿立方，向京津下游地区供水29.4亿立方，占当地水资源总量的79.5%。潮河流域面积为6107平方千米，多年平均向密云水库提供地表径流3.1亿立方，占密云水库平均入库径流的40%。滦河流域面积28858平方千米，多年平均向潘家口、大黑汀水库提供地表径流16.3亿立方，占潘家口水库平均入库水量的82%。

由滦河在承德市域出境水量偏枯水年为19.8亿立方，平水年24.3亿立方，偏丰水年为35.6亿立方，丰水年为49亿余立方，而多年平均为36.8亿立方，可见历年滦河出境水量差异之大及滦河在承德市域拥有如此丰沛的出境水源，却是长期以来不公开的珍贵信息。

修筑于滦河出山口的潘家口水库控制滦河流域面积33700平方千米，总库容29.3亿立方，年平均调节水量19.5亿立方，是特大型水库。加以大黑汀水库3

---

① 承德市人民政府:《河北省承德市生态农业建设总体规则（1997—2010）》，1998年；韩光辉:《新时期北京水资源的研究》，《北京大学学报（哲社版）》，2006年第6期。

亿立方调节水量，总共年平均调节水量22.5亿立方[①]。除并不多见的枯水年和偏枯水年之外，平水年尤其是丰水和偏丰水年均有大量出境水源存在，亦即有大量弃水汇入渤海，按多年平均计，也远不止上面所说的10亿余立方。如此多的弃水，如此巨大的水资源浪费，为什么不可以在滦河中上游兴筑新的调蓄工程，既可作为引滦济京的水源，又可以作为潘家口和大黑汀水库的补给水源呢？又何必一提引滦济京就谈虎色变，或担心影响乃至破坏兄弟省市的供水关系，或担心本单位后备水源不足而宁肯让宝贵的滦河水资源长期白白弃入海洋呢？显而易见，这是长期对滦河水资源下泄弃水的真相缺乏了解造成的失误。

仍需客观指出的是，滦河流域的降水一如中国北方其他地区，因受夏季风气候的控制表现了高度集中的特点。就滦河中上游地区而言，多年平均降水为527.1毫米，其中的80%以上集中在汛期6至9月份。如枯水年的2000年降水量为346.7毫米，偏枯水年的2003年降水量为430.6毫米，平水年的2007年降水量为536.1毫米，丰水年的2010年降水量为620.3毫米，80%均集中在6—9月。滦河流域的降水如此高度集中在短时期之内，使形成的地表径流亦在短时期内大量下泄，除蓄积于已建大中型水库外，相当大的一部分成为弃水，造成原本可以蓄积利用的宝贵水资源的极大浪费；另一方面又容易造成中下游沿河地带的洪水灾害，导致社会经济的破坏。如1994年滦河在承德市域形成的出境水量达49.32亿立方，均系汛期由滦河接纳诸支流来水并沿滦河河床在短期之内下泄，除被潘家口和大黑汀两大水库拦蓄者外，大部分白白地弃入下游河道，最终流入渤海。故丰水年承德市域有80%的地表弃水白白流淌。如此大量的水资源浪费对缺水的京津二市均是十分可惜的。

三

在全面了解了滦河出境水量及下游弃水之后，就为引滦济京（实际上是有效利用滦河弃水，供应北京同时扩大天津、唐山后备水源）提供了坚实的资源基础，影响兄弟省市供水关系的顾虑也应该打消了。

滦河流域不仅拥有华北最为丰沛的水资源，而且还拥有相对南水北调[②]、引

① 于凤兰等:《海滦河水资源及其开发利用》，北京：北京科学出版社，1994年。

② 文伏波，俞澄生:《南水北调与我国可持续发展》,《大自然探索（成都）》，1998年第3期；阮本清，魏传江:《首都圈水资源安全保障体系建设》，北京：科学出版社，2004年。

黄济京等方案更富优势的引水条件[①]。

首先，滦河水系中游位于燕山山地，与密云水库重要水源地潮河水系之间空间跨度小，两河河谷海拔高度是滦高潮低，易于连通形成自流引水。

潮河水系发源于承德市丰宁县，经密云县古北口潮河川进入北京，20 世纪 50 年代通过修建密云水库蓄水以供北京用水。而滦河与潮河紧相毗邻，其中滦河支流伊逊河与兴洲河口间河段距密云水库及潮河的跨度只有大约 50—60 千米，中间为燕山中低山地，此处的滦河河谷海拔高度明显大于潮河河谷，借助一定的工程技术措施，沟通滦河与潮河及密云水库，可以形成全线自流引水，这为向北京供水提供了便捷条件。通过工程地质考察和科学论证，若能在伊逊河与兴洲河口之间，或者在兴洲河口以上合适位置修筑一座特大型水库，用以调节多年供水，然后借助于输水涵洞及引水渠道与密云水库连通，形成北京市域内外六库连珠，可进一步优化北京市域水源枯丰状况的调度，近期可缓解前述供水缺口，远期则可解决供水紧缺问题。同时，可以供水潘家口水库，为天津及唐山提供后备水源。

从工程角度看，滦、潮河间跨度小，又有部分天然河道可资利用，水源有保障，蓄引水工程造价低，可节省投资，引滦济京应为 21 世纪初开拓北京水源的可选方案。

其次，滦河水系水源丰沛、水质优良。据滦平三道河子监测站提供的数据，滦河在伊逊河口以上处的年径流量为 6.5 亿立方上下，主要接纳了大滦河、小滦河、兴洲河水源，丰水年可达到 10 余亿立方，水量远较目前供水密云水库的潮河水源丰富。这一水源因流域植被覆盖良好，水源涵养林面积广大，具有夏秋丰沛、冬春不枯、水土流失不太严重等特点，基本可以保证常年供水。同时，由于滦河流域人民群众长期坚持植树种草、涵养水源，使滦河水源得到良好保护。故而伊逊河口以上的滦河及其支流水质较好。据滦平三道河子水文站测定，滦河水质为Ⅲ类；据隆化县沟台子水文站测定，小滦河水质为Ⅱ类；均符合国家饮用水标准。唯据丰宁县波罗诺水文站测定，兴洲河水质属Ⅴ类，为超标准不宜直接饮用水，但仍较流入官厅水库的水水质好。在作为北京重要供水水源的官厅水库上游截流严重、来水大幅度减少、上游水源受到污染、水质下降、直接影响北京供水的情况下，滦河中上游及其支流水源的良好水质无疑也成为未来北京水源的最佳选择。

---

① 韩光辉:《新时期北京水资源的研究》,《北京大学学报（哲社版）》，2000 年第 6 期；于凤兰等:《海滦河水资源及其开发利用》，北京：北京科学出版社，1994 年。

再其次，潮滦河流域作为京津地区重要水源地，干群拥有良好的供水意识和供水传统。

数十年来，尤其“七五”以来，为保障京津供水，滦河包括潮河流域的广大干群在“坝上农业生态建设”“首都周围绿化工程建设”“滦河、潮河上游综合治理”等工程项目建设的带动下，结合本区经济建设，做了大量涵养滦河、潮河上游水源、治理水土流失的工作，20 世纪末累计投入建设资金 12.6 亿元，劳动积累工 3.85 亿个。在林业生态工程建设方面，结合国家“三北防护林体系建设”的实施，流域干群将投入产出周期长、效益慢的林业摆放到了区域经济建设的首位，确立了发展林业与建设生态农业的经济战略。十年累计造林 61.33 万公顷，使全市森林覆盖率由十年前的 28% 提高到 41.8%，提高了 13.8 个百分点，有力地改善了生态环境质量，也推动了经济建设和林业产业的发展。结合国家“滦河、潮河上游综合治理”工程项目，以滦河、潮白河为重点的闭合小流域封闭配套治理，累计治理水土流失面积 1.514 万平方千米；累计种草 11.81 万公顷，治理沙化面积 7.06 万公顷。为防止砍伐山林，解决好植树造林与农民烧柴的矛盾，引导群众推广了节柴灶、沼气池，发展与使用新能源。21 世纪连续十年来，组织实施了京津风沙源治理和退耕还林工程，有林地面积达到 3241 万亩，森林覆盖率达到 54.8%。

由于生态环境的不断改善，滦河流域的侵蚀模数已经由 20 世纪 70 年代的每平方千米 233 吨下降至 104 吨，三道河子测站上游（伊逊河入滦河河口以上）1995 年径流含沙则降低到每立方 0.54 千克；潮河流域的侵蚀模数由 402 吨减少到 335 吨，平水年份径流含沙量已降低到每立方 3.6 千克。京津两大水源地密云与潘家口水库水质得到进一步净化，并减少五分之一以上的泥沙淤积。为保护水源，减少污染，承德市与所属区县在制订与执行各种环境保护法规的同时，着重就造纸、食品、电镀、化学、水泥五种污染性行业制订了专门具体的防治措施，加强了对市域 480 个乡镇工业污染源的管理和整顿。至 1997 年，已下马化肥厂 4 个，关闭环境污染严重的小型工厂 670 个，使污染物排放受到一定控制，也为此承受了巨大的经济损失，承德市县城全面建设了污水处理工程，有效控制和减少了水体污染，县城污水和生活垃圾处理率分别到达 81% 和 96.2%。同时，工业企业推广了节水工艺，万元工业增加值用水量降低到 45.3 吨，用水循环利用率达到 71% 以上。积极推广了节水灌溉，农业节水灌溉面积达到 154 万亩，“稻改旱”面积达到 7.1 万亩。同时，严格限制了耗水量大、对环境影响重的产业项目。累计关停大小企业 300 余家，禁止项目达 800 余个，有效保障了向京津输出水量。因此，滦河、潮河水系水质有了明显改善。潮河干流戴营河段和小滦河沟台子段水质达到二类，兴洲河波罗诺河段水质为三类，滦河干流三道河子河段水质为四类[1]。总体上考察，河流水质受多种因素制约，变化复杂，但滦河、潮河上游水质变化多年来在逐步改善。

总之，滦河流域拥有水源较丰富，开发潜力大，水质优良，供水较为稳定；滦、潮二河空间跨度小，工程相对简易，投资少；流域干群供水意思强，关系易协调，输水有保障等优势。相对前述其他方案作综合考察，开发滦河上游水源应该是21世纪初期开拓北京水源，仍然是填补北京水源缺口的可选方案。

四

根据《中华人民共和国水法》“开发利用水资源……兼顾上下游、左右岸和地区之间的利益，充分发挥水资源的综合效益”[2]的原则，及北京城乡供水已长期受益的事实和北京城乡供水的长远利益，建议北京市在保护和治理滦潮河上游生态环境、开发和利用滦河、潮河上游水资源方面，加强与河北省及承德市的联系与交往:（1）加强科技交流与合作，在涉及上述诸工程项目的建设中，给予科技力量的积极支持;（2）努力协调好兄弟省市关系，树立流域一体的思想，增加上游生态补偿性治理与开发投资，逐步建立流域生态与用水补偿机制;（3）加强经济互补诸领域的联系与合作，提供尽可能多的优惠政策，带动滦河、潮河上游地区经济的发展和环境改善；以保护并进一步调动两流域干群治理上游水土流失，改善生态环境和保护上游水源的积极性与劳动热忱，推动并加速滦潮河流域水源涵养与开发的进程，为实施新时期引滦济京工程创造良好条件。

针对潮白河流域水系仍存在着地下水位持续下降、生态环境脆弱、河道两岸绿化水平低、局部河段污水入河等问题，北京市政府投入大约149亿元实行综合治理。实施综合治理后，潮白河流域水源地一二级保护区及水库上游主要河道将达到无污水直排，垃圾实现统一收集、无害化处理的要求。但目前严重存在的省市间经济社会、生态环境及水资源利益显著反差，仍需引起国家和北京市政府的关注。

值得注意的是，在北京水源的上游，在建立跨区域有偿用水和生态补偿机制方面，北京市与张家口市、承德市已进行了有益的尝试。首先是2006年，北京市投资赤城县启动实施了“退稻还旱”工程，在黑河流域退稻还旱1.74万亩，

---

① 承德市人民政府:《河北省承德市生态农业建设总体规则（1997—2010）》，1998年。

② 《中华人民共和国水法》,《人民日报》，1988年1月23日。

每亩补偿330元；2007年，又在白河流域退稻还旱1.46万亩，全县共退稻还旱面积达3.2万亩，每亩补偿450元；2008年开始，每亩补偿增加到550元，每年补偿资金为1760万元。赤城县稻改旱工程的实施，每年可为北京多供水大约2000万方。赤城县稻改旱、用水补偿的经验，至2007年开始扩大实施到潮河上游承德市两县。

在2005—2007年间，北京市向滦平县环保局和水务局对口支援1043万元，其中用于潮河流域水田改旱田项目403万元，潮河流域8个乡镇8个垃圾填埋场项目640万元。2007年，为了落实京承生态合作备忘录，北京市投资1500万元，在滦平县潮河流域实施“稻改旱”项目，改种稻田为大田玉米，每亩补偿450元，共3.5万亩，稻改旱工程共补偿1575万；2008年，每亩增至550元，共补偿1925万元。按正常年计算年可节约灌溉用水1260万立方米。

丰宁县2007年开始推行稻改旱项目，每亩补偿450元，面积达3.6万亩，共补偿1620万元；2008年每亩补偿增至550元，共补偿1980万元。

稻改旱项目改种节水型大田农作物，节约了水资源，也减少了农药、化肥对河水的污染。但农民改种旱田平均亩产减收500元以上，对实行稻改旱工程的各县的农业经济发展必然有所影响，给予农民以补偿是应该的。另一方面，这些年来物价的明显上涨，又给当地农民的生活带来新的困难。希望根据社会物价上升的幅度，不断调整补偿的标准，继续健全完善这种补偿制度。从2008年以来，每亩补偿550元的标准一直维持不动，显然是不合适的。希望政府思考并解决这一问题，为完善流域上游生态和用水补偿机制打下基础。

关于引滦水资源可持续利用项目[①]至今尚未全面展开，恐怕还需要时日。

综上所述，在可预见的时期内，将解决北京城乡水资源紧缺、缓解供求矛盾的视野相当部分转向潮滦白河流域，采取有效措施，建立流域生态补偿机制，涵养水源，是目前值得考虑的战略选择。这一选择将有利于新时期北京及天津、唐山用水的可持续供给。

（原载《当代北京研究》2014年第1期，题目有改动）

---

① 水利部，北京市人民政府：《21世纪初期首都水资源可持续利用规划》，2001年。

北京水资源可持续利用研究

多年来，北京真正大量依赖的一直是"应急水源"，即大量超采深层地下水。在南水北调中线实现之后，真正能供水北京10亿方，也仅能补偿枯水年份水源缺口。面对完整流域被行政区划条块分割的现状，从全局出发建立流域生态补偿制度，实现上游水资源补给生态功能区的环境治理，涵养流域水资源，整合调度上下游水资源，逐渐回灌这些年超采地下水形成的漏斗，调蓄多年深层地下水，保障流域地下水水质，以改善北京城市水环境，实现水资源供水安全及可持续利用，仍然是很艰巨的任务。

一、国内外跨流域供水现状及动态分析

跨流域引水不仅在季风气候盛行的中国是解决北方缺水地区和城市水源的重要出路和理性选择，而且已取得了元代开金口引卢沟河济"运石大河"（文明河）①，"白浮瓮山河"②及新中国京密引水、引滦济津并供水唐山等跨流域引水的成功经验。③在国外则有美国加州调水工程和中央河谷工程、巴基斯坦印度河调水工程、苏联中亚细亚调水工程、澳大利亚雪山工程等，其中美国加州调水工程是自20世纪初开始的。④比较而言，中国跨流域引水历史早，但规模小，经验尚欠不足，尤其新时期首都供水缺口的发展趋势，迫切要求在积极促成南水北调中线工程，供水北京10亿立方尽早实现的同时，努力抓紧对近距离跨流域引水工程的研究与探索，积极开展流域上游水生态环境的研究和改善及修复，涵养上游水源，以保障21世纪北京不断增长的水源需求的供

---

① 侯仁之：《北京历代城市建设中的河湖水系及其利用》，《侯仁之文集》，北京：北京大学出版社，1998年；蔡蕃：《北京古运河与城市供水研究》，北京：北京出版社，1987年。

② ［元］脱脱等：《金史》，北京：中华书局，1975年；［明］宋濂等：《元史》，北京：中华书局，1976年。

③ 刘进举：《河北省水利史志丛书·唐山市水利志》，石家庄：河北人民出版社，1990年。

④ 水利编辑委员会：《中国大百科全书·水利》，北京：中国大百科全书出版社，1992年；左大康，刘昌明等：《华北平原水量平衡与南水北调研究文集》，北京：科学出版社，1985年。

给。[①] 值得注意的是，全球性干旱的发展必将导致跨流域引水的发展和上游水生态环境的改善，并将要求提高到一个新水平。[②] 近期瑞士达沃斯世界经济论坛年会（2009-01-30）发布报告：全球正面临“水破产”危机，警告“人类不能像以往那样使用水资源，否则全球经济网将崩溃”。从这种意义上讲，也有必要从多方面开展研究，采取多种措施，即在远距离调水的同时，加强对上游水生态及科学开源可行性研究，为北京与国际开发、利用和涵养水资源提供新鲜经验。

自1976年提出《南水北调近期工程规划报告》以来，南水北调一直存在不同认识。[③] 2002年初完成《南水北调工程总体规划》，国务院《关于南水北调工程总体规划的批复》认为“南水北调工程是缓解我国北方水资源严重短缺局面的重大战略性基础设施，关系到今后经济社会可持续发展和子孙后代的长远利益”。[④] 中线“将从根本上缓解北京市水资源紧缺矛盾，有效控制地下水的超量开采”，[⑤] 为新时期提供良好的供水安全。2008年9月建成的京石段应急供水工程引河北四库供水北京，到2009年4月底累计输水1.8亿立方米，虽在一定程度上缓解了北京水资源的燃眉之急，但5月份宣布南水北调工程原计划于2010年引10亿立方米长江水进京的规划，将推迟到2014年。由此看来，首都“应急水源”即开采深层地下水仍在继续。北京市根据国务院的要求提出了“节水为先、治污为本、科学开源、战略调水”的供水思路，节水和治污已是社会共识，但“科学开源”却是新课题。“科学开源”就是对区域水资源进行全面科学的研究与评价，开辟新水源。这里包括借鉴历史、研究水源补给区人地关系，包括城市调水范围和方向，流域上游生态环境的改善和治理、涵养水源、研究水资源承载力

① 阮本清，魏传江：《首都圈水资源安全保障体系建设》，北京：科学出版社，2004年；韩光辉：《新时期北京水资源的研究》，《北京大学学报（哲社版）》，2000年第6期。

② 韩光辉：《可持续发展的历史地理学思考》，《北京大学学报（哲社版）》，1994年第3期；张翔，夏军等：《可持续水资源管理的风险分析研究》，《武汉水利电力大学学报》，2000年第33卷第1期；王小民：《二十一世纪的水安全》，《社会科学》，2001年第2期，第25-29页。

③ 黄钟：《南水北调，可能的后果》，《南风窗（半月刊）》，2007年第1期上，第20-23页；左大康，刘昌明：《远距离调水·中国南水北调和国际调水经验》，北京：科学出版社，1983年。

④ 中华人民共和国国务院：《国务院关于南水北调工程总体规划的批复》，国函［2002］117号，2002年12月23日。

⑤ 北京市生态环境建设协调联席会议办公室：《北京市生态环境建设年度发展报告》，2004年。

及其对策。[①] 事实上，由于流域被行政区划分割，给上游水资源补给区被严重破坏的生态环境的治理与修复和上下游水资源的整合调度带来了极大困难，致使流域下游只能局限于市域范围内找水源，在应急时协调上下游关系。这种做法的确不能再继续下去了。因此，北京继续增长的水资源需求不仅亟待解决，而且政策性很强，难度甚大。此项研究在流域深入调研基础上，将提出结合流域新农村建设，建立流域生态补偿制度，改善流域生态环境，涵养水源，恢复水质污染严重的饮用水源地功能，监测流域水质，以保障持续利用，体现地理学在解决区域水源方面的学术功能；同时提供跨流域远距离引水和近距离供水的比较研究，具有重要的科学理论意义，也具有重要的应用前景。把北京建设成为供水安全的"绿色北京"，宜居的首善之区，解决水源是关键。

笔者结合北京城市水源缺口大，供给困难的问题，对滦河流域水资源及该区社会经济发展等作了有目的的调查研究，得到了不少重要资料，完成了《开拓北京水源的思考》《新时期北京水资源问题研究》，针对北京上游供水问题再次提出有关建议。借此不失时机地进一步调研、探索、获取系统资料，对新时期北京供水方案、对北京地区各河系流域生态环境和水资源状况及建立流域生态补偿机制、北京城市应急水源超采等问题进行更科学、更充分的论证，为解决新时期北京水源供需安全提供决策。

总之，在国际社会关注的北京改善城市环境、扩大城市水面、提高生活质量带来的水资源需求迅速增长、市域内又无可资开发并满足需求的新水源的情况下，以不同方式开辟并获取域外新水源，包括流域上游和跨流域水源，已成为保障 21 世纪初满足北京水资源供给的紧迫任务。[②]

二、北京水资源可持续利用的实践

北京坐落在西山山麓潜水溢出带前沿，这里"平地导源，流结西湖（莲花池）"；[③] "平地有泉，滮洒四出（海淀万泉庄）"；"泉出石罅间，渚而为池（玉泉山）"；"飞泉突出，冬夏不竭（满井）" [④]，地下水源丰沛。建城历史已达三千余年的北京，随着城市功能的复杂和规模的扩大，尤其金元以来，政治中心地位的确

① 阮本清，魏传江:《首都圈水资源安全保障体系建设》，北京：科学出版社，2004 年；韩光辉:《新时期北京水资源的研究》，《北京大学学报（哲社版）》，2000 年第 6 期。

② 北京市生态环境建设协调联席会议办公室:《北京市生态环境建设年度发展报告》，2004 年。

③ 杨守敬:《水经注疏》卷 13，京都大学藏钞本，沈阳：辽海出版社，2012 年。

④ 蒋一葵:《长安客话》，北京：北京古籍出版社，1994 年。

立，一方面，金元明清时期在卢沟河及拒马河和潮白河流域上游因宫殿、寺庙建筑和木材薪碳采办，森林被砍伐，[①] 造成童山秃岭，加以草场过牧，植被退化，水土流失严重；辽金由古代清泉、桑乾河演变为卢沟河；元明更出现了浑河、小黄河、无定河名称，康熙中赐名永定河，造成下游频繁改道、地面淤积、灾害严重。[②] 因此，历史上就已出现了上游森林与草地植被破坏与下游水资源开发利用的矛盾，并开始有效的水源开发。另一方面，国都城市点缀宫苑、漕运粮食和建材及郊区灌溉农业等用水迅速增加，对京郊河湖水系开发利用不断扩大。其中以元代和清代开辟新水源，解决城市用水成就最大，这就是元代从昌平白浮泉远距离引水和开金口河跨流域引水，清代疏掘瓮山泊扩大为昆明湖水库蓄水以解决水资源等有效措施，这些措施在不同程度上解决了当时的水源问题。[③]

20 世纪 50 年代先后修筑官厅、密云、怀柔等大中型水库及配套工程，引永定河、潮白河水源保证京津供水已取得明显成效。[④] 80 年代潘家口、大黑汀两水库专供津、唐二市，密云水库专供北京，进而形成潮白河、滦河上游水源专供京津唐的形势。两水系位于燕山山地，政府和群众在林业和农业生态工程建设方面做了大量涵养潮滦河水源、治理水土流失的工作。[⑤] 随着改革开放、城市规模扩大和工农业生产迅速发展城市缺水日益严重，上游各县市井泉 [⑥] 不断干涸，有些区县井泉干涸达三分之一以上，湿地不断萎缩。在素有“十年九旱”之称的京津唐张地区，在水资源供给方面四市紧密地联系在一起，形成了水资源共享关系。在这个城市群体中，北京政治和文化中心、现代国际化大都市的地位越发凸显，对于供水安全提出了更高的要求。但枯水年份北京市域缺水量达 10 亿立方以上，即便 21 世纪初实现中线南水北调，供水北京 10 亿立方，仅能补偿目前水源缺口。国际社会关注的北京改善城市环境、扩大城市水面、提高生活质量带来的水资源需求迅速增长，在市域内又无可资开拓并满足需求的新水源的情况下，

---

① ［清］张廷玉等撰：《明史》，北京：中华书局，2000 年；赵尔巽等撰：《清史稿》，北京：中华书局，1998 年；龚胜生：《元明清时期北京城燃料供销系统研究》，《中国历史地理论丛》，1995 年第 1 期，第 141-159 页。

② 尹钧科，吴文涛：《历史上的永定河与北京》，北京：北京燕山出版社，2005 年。

③ 侯仁之：《北京历代城市建设中的河湖水系及其利用》，《侯仁之文集》，北京：北京大学出版社，1998 年；蔡蕃：《北京古运河与城市供水研究》，北京：北京出版社，1987 年。

④ 于凤兰等：《海滦河水资源及其开发利用》，北京：科学出版社，1994 年。

⑤ 韩光辉：《开拓北京水源的思考》，《自然资源》，1994 年第 4 期；韩光辉：《新时期北京水资源的研究》，《北京大学学报（哲社版）》，2000 年第 6 期。

⑥ 宋哲元，梁建章：《察哈尔通志》，台北：文海出版社，1966 年。

开辟并获取域外新水源已成为保障21世纪初满足北京水资源供给的紧迫任务。因此，北京继续增长的水资源需求不仅亟待解决，而且政策性很强，难度甚大。此项研究应结合流域新农村建设，改善生态环境，涵养水源，恢复水质污染严重的饮用水源地功能，监测流域水质，以保障持续利用，同时涉及跨流域远距引水和近距供水的比较研究和方案选择，具有重要的科学理论意义，也具有重要的应用前景。

北京人均水资源量不足300立方，为全国人均的1/8，世界人均的1/30。[①]水资源紧缺成为制约首都可持续发展的最重要"瓶颈"。近年来坚持以水资源保护为中心构筑"生态修复、生态治理、生态保护"的三道防线，实施开源与节流并举，促进市域水资源整合与开发，已取得了令人瞩目的成绩。在全球气候变暖的大环境下，21世纪以来连续枯水，水资源总量仅约24亿立方，缺水11亿立方以上；密云水库蓄水一直在10亿立方上下徘徊，可利用水量仅有2.9亿立方，官厅水库也只有1.3亿立方，城市缺水主要靠动用多年蓄水和超采地下水来解决。市域地下水可采储量平原区24.55亿立方，山区1.78亿立方，共26.33亿立方。[②]如果是枯水期仅够10年使用，因此地下水美其名曰"应急水源"。在这种供水形势下，"经有关方面批准，北京市采取了一种临时超采地下水的应急措施，并已付诸实施，取得了较好的效果。北京市这项应急备用地下水源工程，不仅解决了城市工农业及人民生活用水之急需，同时也提供了一个地表水、地下水跨区域联合调度的新途径、新设施，意义十分重大，为地下水的开采利用提供了一种新思路。"[③]事实上，深层地下水超采已有数年，而且还在继续，如果按照上述可使用10年的说法，首都供水安全绝对不容乐观。北京地下水超采形成的漏斗区目前已达2650平方千米，并引起地面沉降，沉降点最大累计幅度已达850毫米，[④]地下水埋深从1990年的10米到2011年已达到24米，水资源透支严重；上游各县因生态破坏、水土流失，同样出现了湿地萎缩、河道断流、井泉枯竭、地下水水质下降等一系列问题。如果北京继续超采有限的"应急水源"，这些现象还在加剧。"应急水源"还是"常用水源"是决策者应该认真思考的大问题。

---

① 郝仲勇，刘洪禄：《北京市水资源短缺及对策浅析》，《北京水利》，2000年第5期，第17-18页。

② 水利部，北京市人民政府：《21世纪初期首都水资源可持续利用规划》，2001年。

③ 北京市生态环境建设协调联席会议办公室：《北京市生态环境建设年度发展报告》，2004年。

④ 阮本清，魏传江：《首都圈水资源安全保障体系建设》，北京：科学出版社，2004年。

三、水资源可持续利用的关键问题

水资源可持续利用的相关基础研究

打破行政区划条块分割，对完整流域进行上游水资源补给区的生态环境治理和上下游水资源整合调度，建议研究的内容包括：

1. 全面查阅历史文献、档案和统计资料，深入研究金元以来不同时期北京上游各流域森林覆被与砍伐状况、草地退化及由此引起的水土流失，及水资源开发利用的全过程及其互动关系，总结北京水资源开发利用的历史经验，并由这些资料来复原不同时期人口、聚落、水井渠堰、土地利用、土地覆盖和退化、水资源状况和经济结构的空间特征，全面评价金元以来北京周边地区生态环境现状及其由来，为复原区域最佳生态环境提供依据。

2. 从流域实地考察与调查入手，确定已枯竭的水井开挖、利用和干涸的大体年代，进行综合性多学科研究，探索流域井泉干涸、湿地萎缩的原因，以行洪下泄径流量及其季节分配调查为主，对滦河流域及沿河各测站进行重点调查研究，收集气象、水文资料，同时加强对流域地下水与地表水资源及工农业和城乡生活用水的调查，特别注意跟踪官厅水库及其上游水质污染状况，辨识人文因素与生态要素之间的关系，捕捉生态环境演变的驱动力。

对滦河流域和永定河上游洋河流域、潮白河流域及拒马河流域，作相应的考察和调研，获取可资对比研究的生态环境、水资源资料，突出潮滦河上游生态综合治理、涵养水资源、治理水土流失的数据资料，为相关流域提供生态环境涵养水源的成功经验。

3. 关注地方政府涵养水源与保障供水的政策，及对当地群众供水传统和供水意识的调查与对比研究。选择一个流域开展建立生态补偿机制的研究，为建立健全与水资源涵养相关的生态补偿机制提供思路。坝上坝下地区是京津唐主要水源补给区，又是北京天津的重要风沙源和风沙通道，配合国家京津风沙源治理工程开展相关研究，为修复草地防沙治沙、涵养水源提供新思路。

4. 南水北调实现后，建议加强对北京地区环境后效的投资和经济效益的跟踪研究，科学配置当地水、外地水和非常规水源，有效限采地下水，希望逐渐改变北京地下水埋深 20 米，漏斗区达 2000 平方千米的状况，避免区域性“水破产”危机的出现。

通过研究，全面认识北京地区各流域森林覆被、水资源状况，并进行客观评价，增加对上游地区涵养水源重要性的认识与投入，及水资源调度、加强生态环境治理，选择一个流域建立生态补偿机制，保证水利设施永续利用；开展多方面研究，寻求多种途径，提供解决新时期首都水源短缺的有效途径，保障北京供水安全和经济社会可持续发展；逐步解决超采深层地下水及其带来的地下漏斗区不断扩大、地面沉降和地下水埋深不断加深的问题；论证并把握跨流域引水北京的优势和问题，提出开拓北京应急水源的重要性和可行性及保障率。

关键问题——建立流域生态和用水补偿制度

地理学提出建立流域生态补偿机制，修复生态环境、涵养水源的调控机理。以地球系统科学和可持续发展观为指导，研究北京地区突出的水资源问题，阐明人类活动对上游生态环境和下游水资源短缺造成的严重影响。意在以加强潮白河、永定河（主要是洋河）、拒马河上游水源补给区生态环境的修复和重建的研究为核心，改善流域生态，涵养水源，增加水资源供给，保障供水安全。

基于研究在人类活动影响环境演化下的生态环境和水环境相互作用的机理，识别人类活动和自然过程导致的水循环异常，以流域生态补偿机制作为调控北京水资源紧缺的新思路，是实现北京城市水安全的重要途径。在调研对比基础上，借鉴潮滦河上游生态综合治理、涵养水源、治理水土流失的成功经验，建立流域生态和用水补偿制度，以恢复永定河（主要是洋河）、拒马河、潮白河上游水源涵养林（乔木和灌木）、草场，实现历史上该区域生态环境的最佳状态。

在北京水源的上游，在建立跨区域有偿用水和生态补偿机制方面，北京市与张家口市、承德市已进行了有益的尝试。首先是2006年，北京市投资赤城县启动实施了“退稻还旱”工程，在黑河流域退稻还旱1.74万亩，每亩补偿330元；赤城县稻改旱、用水补偿的经验，至2007年，又在白河流域退稻还旱1.46万亩，全县共退稻还旱面积达3.2万亩，并扩大实施到潮河上游承德市两县。在潮河流域的滦平、丰宁两县推行稻改旱3.6和3.5万亩，三县共计10.3万亩，每亩补偿450元，共补偿资金4635万元；2008年开始，每亩补偿增加到550元，三县共补偿资金5665万元。按正常年计算滦平县年可节约灌溉用水1260万立方米，赤城县每年可为北京多供水大约2000万立方米。

近期，在潮河、滦河和白河上游的考察，发现稻改旱项目改种节水型大田农作物，节约了水资源，也减少了农药、化肥对河水的污染；改种旱田平均亩产减收500元以上，对实行稻改旱工程的各县的农业经济发展必然有所影响，给予农民以补偿是应该的。建议北京市人民政府不失时机地加强对北京水源上游的研究和投入，尤其需要增加资金投入，恢复生态建设，涵养上游水源，建立完善的流域生态和用水补偿机制，进一步扩大涵养水源的成果。另一方面，这些年来物价的明显上涨，又给当地农民的生活带来新的困难。希望根据社会物价上升的幅度，不断调整补偿的标准，继续健全完善这种补偿制度，从2008年以来，每亩补偿550元的标准一直维持不动，显然不合适。建议引进水资源可承载力和可持续利用概念，全面了解社会经济与水资源利用和生态环境变化之间的互动机制。

总之，多年来，除南水北调中线方案外，没有哪一个政府部门关注流域上游生态补偿和上游水资源涵养及上下游水资源整合调度，调蓄多年超采深层地下水这一重要问题。北京作为首都，率先在赤城、丰宁和滦平三县稻改旱，并支持展开流域上游水资源状况和生态补偿机制的调研，将调研成果及时上报国务院及有关职能部门，最终由国务院协调解决流域生态环境、涵养上游水资源、养蓄多年来超采的深层地下水，从根本上解决流域供水安全问题。目前看，在完整流域被行政区划条块分割的情况下，推动、协调并完善不同行政区间的合作，最终才能解决北京水资源问题。

四、总结

城市水环境问题是目前中国城镇化进程中不可忽视、亦不易解决的难题，在建设美丽中国的新形势下，城市水环境被赋予了新的内涵和要求，健康的水环境是实现城镇可持续发展的前提和基础，是确保人与自然、人与社会、城市与经济、环境和谐发展的重要因素，也是我国城镇化健康发展的客观要求。水资源综合管理是多方合作实现可持续有效的水资源管理的一个基本前提和途径，本文以北京水资源可持续利用研究为例，旨在提出跨流域调水及其生态补偿机制这一应对城市水危机的更全面的解决方案，并为水资源综合管理提供一个新的视角。

（原载《城市发展研究》2013年第8期）

北京供水安全与水资源可持续利用的思考

近年来，北京地区上游来水量大幅度下降，深层地下水资源日益枯竭，城市规模仍迅速扩大，水资源供给已到了极为严峻的地步。在对“十二五”时期北京用水量进行分析后，认为南水北调并不能根本缓解北京水资源紧张局面。通过梳理历史经验，结合国外成功实践，提出加大生态补偿力度，打破完整流域被行政区划条块分割的现状，从全局出发建立流域生态补偿制度对缓解北京水资源紧张的局面大有裨益。

作为全国政治、文化中心，世界著名古都和现代化国际城市[①]，北京地区自金元建都以来，尤其解放后，曾发生过多次对社会经济发展产生深刻影响的水危机。目前，北京所面临的水资源形势仍十分严峻。适时地采取有效措施，合理开发、利用和保护水资源已成为影响北京可持续发展极其重要的因素。

一、北京地区水资源的现状分析

北京是世界上严重缺水的大城市之一，是世界人口规模前15位的城市中唯一处于年降水量不足600毫米半湿润地区城市。据中新网报道，2011年北京市人均水资源量已降至100立方米，大大低于国际公认的人均1000立方米的缺水警戒线，为资源型重度缺水地区，水资源紧缺成为制约首都可持续发展的第一“瓶颈”。近年来北京地区的水危机主要表现在以下几方面：

（一）水资源总量、上游来水量大幅度下降，城市生态难以持续

近十年来，北京地区降水和来水量严重不足，水资源总量大幅度下降。1999—2010年，北京地区年均降水量475毫米，比多年平均（1956—2000）年降水量减少了110毫米；形成地表水资源量7.3亿立方米，地下水资源量13.9亿立方米，水资源总量21.2亿立方米，分别比多年（1956—2000）平均值减少了58.76%、29.44%和43.32%，水资源总量的变化如图1-1所示：

① 北京市规划委员会：《北京城市总体规划（2004—2020）》，2004年。

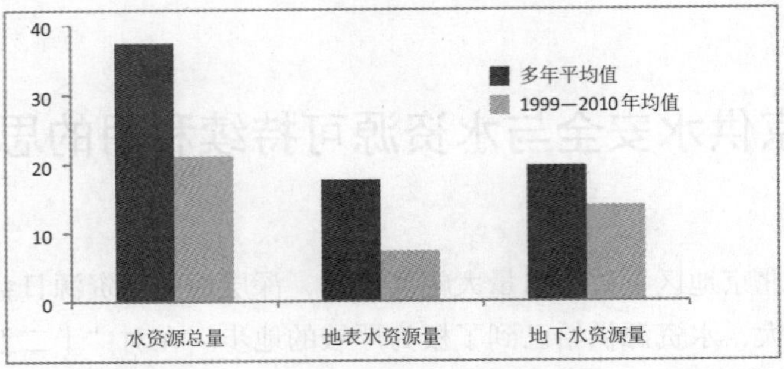

图 1-1　1999—2010 年均水资源总量与多年平均值比较

单位：亿立方米　数据来源：北京市“十二五”时期水资源保护及利用规划

备注：多年平均值为 1956—2000 年平均

更为严重的是，北京地区上游来水量已经到了岌岌可危的地步！1999—2010 年地表水入境水量为 4.7 亿立方米，仅为多年平均地表水入境量（21.1 亿立方米）的五分之一稍多，近 12 年，上游密云水库年均来水量 2.7 亿立方米，比多年平均减少了 72%，官厅水库年均来水量 1.3 亿立方米，比多年平均减少 86%，如图 1-2 所示：

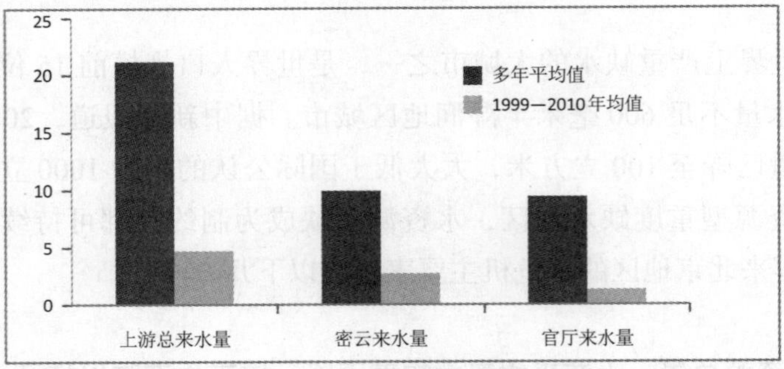

图 1-2　1999—2010 年上游来水量与多年平均值比较

单位：亿立方米　数据来源：北京市“十二五”时期水资源保护及利用规划

备注：多年平均值为 1956—2000 年平均

由于水资源总量的短缺，人类活动大量占用了本属于自然的生态用水。有研究认为[①]，近年来北京地区出现的持续干旱、地面下沉、水环境污染、水土流失

① 周文华，张克峰，王如松：《城市水生态足迹研究——以北京市为例》，《环境科学学报》，2009 年第 9 期。

等一系列的生态环境问题，在很大程度上是由于人类过量用水占有了维持城市生命支持系统及生态服务功能的水量造成的结果。

（二）地下水埋深屡破纪录，城市应急水源开采接近极限

近 12 年来，北京平原地区地下水的平均埋深从 11.9 米下降到了 24.9 米，年均下降速度达到了 1.1 米。2010 年 7 月末，地下水平均埋深达到 25.33 米，达到了有观测资料以来的最大值。[①] 与地下水位不断下降相对应，平原区地下水降落漏斗（最高闭合等水位线）面积也在不断扩大，2001 年平原区漏斗面积为 820 平方千米，到 2010 年达到 1057 平方千米，占平原区总面积（6390.3 平方千米）的六分之一强。

2003 年以来，怀柔、平谷、昌平等应急水源地陆续建成，开采初期地下水埋深 10 米左右，近年来其水位以每年 3—5 米的速度下降，目前应急水源地地下水埋深已超过 40 米，接近了设计开采值。而自应急水源地开采以来，其周边农用机井一半以上出水不足，严重影响了当地农民生产和生活，加剧了城乡在水资源分配上的矛盾。

（三）城市规模继续膨胀，城市用水刚性需求持续增长

改革开放以来，北京市实际人口增长速度远远超过了预测水平。1982 年修编的《北京市总体规划方案》要求“20 年内全市常住人口控制在 1000 万人左右”，这一指标在 1986 年即被突破。1991 年修编《北京城市总体规划方案》要求“到 2010 年，北京常住人口控制在 1250 万人左右”，这一指标在 1996 年即突破。2003 年修编的《北京城市总体规划（2004—2020）》要求“2020 年北京实际居住人口控制在 1800 万人左右。”而第六次人口普查显示，2010 年北京市常住人口就已经达到 1961.2 万。与 2000 年第五次全国人口普查相比，十年共增加 604.3 万人，增长 44.5%。平均每年增加 60.4 万人。以这种人口增长速度，单单城市居民生活用水量每年就要增加 0.6 亿立方米，而近十年来官厅水库年均来水量不过 1.3 亿立方米，相当于每两年就要消耗一座官厅水库。

综合生活用水、工业用水、农业用水和生态环境用水，预计“十二五”期间，北京市用水总量将达到 37.2—41.1 亿立方米，是目前北京年均水资源总量的近两倍。其中，仅生活用水量即达到 16.2—18.6 亿，相当于枯水年份北京年均水资源总量。

---

① 北京市水务局:《2010 年北京水资源公报》，北京市水文总站编，2012 年 1 月 31 日发布。

二、解决北京水资源短缺的探索

已有研究表明[①]，当城市水资源使用量超过水资源生态承载力时，城市为谋求经济发展和社会安定必然要开辟新的水源或从外地调水，使城市重新处于水生态盈余状态，如此反复，呈现S形曲线发展模式。2000年《国务院关于加强城市供水节水和水污染防治工作的通知》也明确提出城市供水“必须坚持开源与节流并重、节流优先、治污为本、科学开源、综合利用的原则”，节水和治污已是社会共识，但“科学开源”却是一个新课题。

（一）南水北调的利益与困难

跨流域调水是目前解决水资源地区性分布不均的重要措施，大规模跨流域调水工程在20世纪50年代开始兴起。目前世界上已有24个国家和地区兴建了160多项跨流域调水工程[②]。比较著名的包括巴基斯坦西水东调工程、美国加州调水工程、澳大利亚雪山调水工程、加拿大丘吉尔调水工程，以及哈萨克斯坦的额尔齐斯调水工程等。这些调水工程的实施使水资源在一定程度上按照人类的意志在时间和空间上重新分配，使人们获得了相当的社会、经济和生态环境效益。

然而自20世纪70年代以来，国外大规模跨流域调水计划开始进行收缩，许多跨流域调水计划重新修改,有些计划甚至被放弃。其原因主要包括[③]：（1）水源调出区的强烈反对；（2）投资大幅度增加，超出了工程受益地区的经济承受能力；（3）人们对工程经济上的可行性存在疑问；（4）难以确定跨流域调水对生态环境的影响范围和程度大小。

我国自1976年提出《南水北调近期工程规划报告》以来，对南水北调一直存在着不同认识。[④] 尽管如此，2002年国务院《关于南水北调工程总体规划的批

---

① 周文华，张克峰，王如松:《城市水生态足迹研究——以北京市为例》,《环境科学学报》，2009年第9期。

② 方妍:《国外跨流域调水工程及其生态环境影响》,《人民长江》，2005年第10期。

③ 沈佩君，邵东国:《国内外跨流域调水工程建设的现状与前景》,《武汉水利电力大学学报》，1995年第10期。

④ 刘昌明:《南水北调对生态环境的影响》,《海河水利》，2002年第1期；黄钟:《南水北调，可能的后果》,《南风窗（半月刊）》，2007年第1期上，第20-23页；左大康，刘昌明:《远距离调水·中国南水北调和国际调水经验》，北京：科学出版社，1983年；高丽，王继涛:《南水北调对生态环境影响综述》,《水利科技与经济》，2008年第2期。

复》指出“南水北调工程是缓解我国北方水资源严重短缺局面的重大战略性基础设施，关系到今后经济社会可持续发展和子孙后代的长远利益”。① 当年 12 月 28 日南水北调东线工程率先开工，2003 年 12 月 30 日，中线工程也随之而起。

在南水北调东、中、西三条线路中，中线工程自丹江口水库引水，沿伏牛山、太行山山前平原开渠输水，终点北京。具有水质好、覆盖面大、自流输水等优点，是缓解华北水资源危机的一项重大基础设施，2015 年完工后每年可向北京供水 10 亿立方米。这无疑将在很大程度上缓解北京地区供水紧张的局面，然而正如上文所分析，“十二五”期间北京用水总量将达到近 40 亿立方米。南水北调中线工程供水量仅能够解决北京缺水量的一半。从另一方面来看，大规模跨流域调水不论在工程技术、自然生态还是社会管理方面都面临着重重困难。国外学者在 20 世纪 80 年代即指出“跨流域调水工程除非被看作是趋于枯竭水资源的‘抢救行动’才可能得到考虑”。指望南水北调工程从根本上缓解北京市水资源紧缺矛盾 ② 无疑是不现实的。而作为中国北方经济核心地区的京津冀城市群，如果失去了稳定的水源供应，将供水安全保证寄希望于南水北调工程，也是十分危险的。

（二）历史时期北京地区解决水危机的实践与经验

由于坐落在永定河冲积扇这一特殊地貌上，历史时期北京地区湖泊众多，地表泉水数以百计，在一定程度上满足了城市规划、园林设计、运河漕运、休憩休闲的需要 ③。金元以来随着北京政治中心地位的确立，城市规模不断扩大，水资源短缺成为困扰历代统治者的一大难题。

金代定都北京以前，北京城址位于莲花池以下。莲花池河从城西绕到城南，然后傍城南门外东流，为城市提供了便利的地表水源 ④。金代定都北京后，城市规模扩大，城市人口由 16 万人猛增至 40 万人，莲花池水系已不能满足城市发展的需要，统治者将目光放在了北面的高梁河水系上，进行了一系列河湖水系的调整与改造，高梁河水成为漕运的重要水源。

元代创建大都城，北京成为全国性政治中心，到泰定四年（1327）城市人口

① 中华人民共和国国务院：《国务院关于南水北调工程总体规划的批复》，国函［2002］117 号，2002 年 12 月 23 日。

② 北京市生态环境建设协调联席会议办公室：《北京市生态环境建设年度发展报告》，2004 年。

③ 邓辉，罗潇：《历史时期分布在北京平原上的泉水与湖泊》，《地理科学》，2011 年第 11 期。

④ 侯仁之：《北京历代城市建设中的河湖水系及其利用》，《历史地理研究》，北京：首都师范大学出版社，2010 年。

达88万人[①]。城市规模的进一步扩大使大都城在选址时完全放弃了原莲花池附近的旧城，城址转移到东北郊的高梁河水系。面对运河水源不足的问题，郭守敬建议从昌平白浮泉引水，顺平缓下降的地形，西折东转，迂回南流，沿途接纳各处泉水，经瓮山泊，沿旧渠道下注高梁河，流入大都城内积水潭，再由积水潭开凿通惠河，抵达通州。这一建议取得了巨大成就，南方粮船由通州可直达都城，积水潭上“舳舻蔽水”。

明代至清代中前期，城市规模、人口数量相对稳定，北京城水源开辟并没有太大建树。自清代中期开始，为兼顾城内湖泊河渠和西郊园林用水，统治者开始考虑开辟新水源。试图将西郊一带泉水汇集，扩大瓮山泊，在其东岸以东低洼地带另建新堤，作为拦水坝，拦蓄上游泉水，扩大后的瓮山泊改称为昆明湖。同时将西山卧佛寺附近以及碧云寺和香山诸泉利用引水石槽引水东下，汇玉泉山诸泉，东注昆明湖。整个工程规模虽然不大，却已尽郊区引水之能事。

总结北京历史时期三次水危机不难看出，每当人口膨胀、城市规模扩大后，北京不可避免地就要受到水资源短缺的限制，而历次水危机的缓解，靠的正是对北京附近水系的调整与改造。那么，今天北京附近的水系还能否为北京提供更多的水资源呢？

三、北京上游地区生态补偿与水源涵养

生态补偿作为一种将外部性和非市场价值转化为经济激励提供给生态服务提供者，使利益相关者的获益与受损达到平衡的机制，已得到越来越多关注和认可。通过向上游水源区提供生态补偿，改变上游土地利用方式和生产方式，协调上下游之间的用水冲突已成为解决下游缺水的一种重要途径。

（一）生态补偿理论、方法及国外应用案例

生态补偿是指通过对保护资源环境的行为进行补偿，提高该行为的收益，从而激励保护行为的主体，增加因其行为带来的外部经济性，从而达到保护资源目的的做法[②]。对于生态补偿制度的实现，尽管可以是货币、实物、人力、技术等多元化的，但应以货币补偿为主，建立生态补偿基金制度，实现补偿资金的最优

① 韩光辉：《北京历史人口地理》，北京：北京大学出版社，1992年。

② 毛显强，钟瑜，张胜：《生态补偿的理论探讨》，《中国人口·资源与环境》，2002年第4期。

化使用[①]。

通过上下游之间的流域生态补偿缓解上下游之间的利益冲突，解决水资源分配上的矛盾在国外已有许多成功的案例。纽约市北部的Catskill流域为纽约市提供了90%的水源，为了改善水质，处于下游的纽约市出资帮助上游的农户进行农场污染的治理，同时帮助改善他们的生产管理和经营，经过5年的项目实施，流域水质达到目标要求。1993年法国天然矿泉水公司为保证矿泉水的质量，对上游水源地农民进行了持续7年的补偿。哥斯达黎加为增加Sarapiqui流域的年径流量，减少水库的泥沙淤积，流域内私营电力公司以现金的形式支付给上游的私有土地主报酬，要求将他们的土地用于造林、从事可持续林业生产或保护有林地[②]。

（二）北京上游水源地加强生态补偿力度的综合分析

北京向上游水源地区的生态补偿，不仅是可行的，而且是必须的。

从流域划分上看，北京市隶属于海河流域，自东向西分布有蓟运河、潮白河、北运河、永定河、大清河五大水系，共有较大支流100余条，除北运河上游温榆河发源于本市军都山外，其他四条水系均自境外流入。目前全市境内共有十八座大中型水库，其中密云、官厅两大水库占到了全市地表地下总供水量的1/4，占全市地表供水总量的2/3[③]。由于生态恶化、气候干旱以及上游地区社会经济的发展，北京地区入境水量呈现出急剧减少的趋势。如前文所述，密云、官厅两大水库常年平均来水量可达19.32亿立方米，而近十年来，两库年均来水量仅有4亿立方米，减少15.32亿立方米，是南水北调中线工程调水量的1.5倍！

在北京上游水源地建立跨区域有偿用水和生态补偿机制，北京市与张家口市、承德市已进行了有益的尝试。首先是2006年，北京市投资赤城县启动实施了“退稻还旱”工程，在黑河流域退稻还旱1.74万亩，每亩补偿330元；至2007年，又在白河流域退稻还旱1.46万亩，全县共退稻还旱面积达3.2万亩，并扩大实施到潮河上游承德市的两个县。在潮河流域的滦平、丰宁两县推行稻改旱3.6和3.5万亩，三县共计10.3万亩，每亩补偿450元，共补偿资金4635万元。2008年开始，每亩补偿增加到550元，三县共补偿资金5665万元。

---

① 杜万平：《完善西部区域生态补偿机制的建议》，《中国人口·资源与环境》，2001年第3期。

② Pagiola S. Payment’s for environmental services in Costa Rica［J］. Ecological Economics，2008，65（4）：712-724.

③ 北京市水资源规划领导小组：《21世纪初期首都水资源可持续利用规划》，2001年。

已有的研究表明[①]，“退稻还旱”后，每公顷土地每年可节约农业灌溉用水15000立方米。如果按潮河流域退稻还旱的补偿标准550元/亩，有74%原种稻的农民愿改种玉米，仅河北省隆化县每年便可节约农业用水1.41亿立方米。补偿标准越高，当地农民退稻还旱的积极性也越高。当补偿标准提高到700元/亩时，“退稻还旱”的比例可提高到91%。2009年，河北省水田总面积11.24万公顷，当补偿标准提高到700元/亩后，每年可提供生态服务用水约15亿立方米，即便扣除蒸发、下渗、上游生活和工业用水等的影响，每年仍可有相当部分的水资源进入北京地区。此外，随着“退稻还旱”项目的推广，上游地区农药化肥的使用量将大幅度地减少，这无疑也将减轻上游来水的污染，提高上游来水水质。

在北京上游水源地与“退稻还旱”项目同时进行的，还包括“退耕还草”、水土流失治理、小流域综合治理等项目。加大对这些项目的生态补偿力度，无疑也会为北京提供更加丰沛清澈的水资源。

（三）建立生态补偿制度所面临的问题与困难

从目前国外已实施的调水工程及生态补偿工程来看，其范围大都以州为单位，便于协调各地关系，减少了地区之间的利益纠纷。而北京地区则面临着完整流域被行政区划条块分割的现状，给上游水源补给区生态环境治理修复和上下游之间水资源的整合调度带来了极大困难。以密云水库和官厅水库为例，密云水库上游共涉及河北省张家口市的沽源、赤城、崇礼、怀来、宣化、涿鹿，承德市丰宁、滦平、兴隆和北京市的密云、怀柔、延庆等两省市12个区县，而官厅水库上游在行政区划上更是分属河北、山西、内蒙古、北京四省市，32个市、区、县。

由于下游地区对水源涵养区生态环境质量要求高，协调机制不通畅，对水源区经济发展产生了消极影响。自加大京津水源和环境保护力度以来，为保证水库水质，水源区大量项目因环保下马，大批企业因环保关停，冀北坝上地区大面积减少水浇地，大部分农民重新依靠天然降水进行耕作[②]。这也导致当地干部群众颇多怨言，打击了他们向下游供水的积极性。在这种情况下，推动、协调并完善不同行政区间的合作，实现水源供给区与受水区的互利共赢，就成为解决北京地区水资源短缺一个极为关键的问题。

尤其对于北京市而言，应彻底摆脱历史时期封建帝都高人一等的消极残余。

---

① 吕明权，王继军，周伟：《基于最小数据方法的滦河流域生态补偿研究》，《资源科学》，2012年第1期。

② 刘桂环，张惠远，万军等：《京津冀北流域生态补偿机制初探》，《中国人口·资源与环境》，2006年第4期。

不应将上游地区的付出看作理所应当，切实执行生态补偿原则中“谁受益，谁补偿”的市场经济原则[①]。参照国际惯例完善对上游水源地的生态补偿机制。

而对于上游水源地而言，应让北京实实在在感受到生态补偿所带来的现实效益。已有研究认为[②]，补偿活动是广大群众体现自身价值，实现某种理想、满足潜在欲望的一条有效途径。如果补偿活动能成为满足复杂动机的不同人的潜在欲求，成为有利可图的社会性途径，而且补偿回报率高，那么广大群众就会广泛参与补偿活动，补偿活动就会成为人们的自然选择。

四、结论

面对北京市严峻的水资源供给形势，指望南水北调工程从根本上缓解水资源紧缺矛盾是不现实的；而失去了稳定的水源供应，将供水安全保证寄希望于南水北调工程也是危险的。历史经验和现代研究均表明，在北京周边地区开辟新水源并非没有可能。通过加强对北京上游水源地的生态补偿力度，完善补偿机制和补偿措施，在一定程度上恢复上游来水量，对缓解北京供水紧张的局面大有益处。面对完整流域被行政区划条块分割的现状，从全局出发建立流域生态补偿制度，实现上游水资源补给生态功能区的环境治理，协调上下游利益关系，成为解决北京水资源危机的重要步骤。

（原载《新视野》2013 年第 2 期）

① 王丰年:《论生态补偿的原则和机制》,《自然辩证法研究》, 2006 年第 1 期。

② 洪尚群，马丕京，郭慧光:《生态补偿制度的探索》,《环境科学与技术》, 2001 年第 5 期。

清初以来围场地区人地关系演变过程

因清初设置皇家猎场而得名的围场，位于滦河和辽河水系分水岭地区，兼有冀北山地与坝上高原两种地貌形态，面积一万余平方千米。地当半湿润向半干旱过渡的生态脆弱带，又是典型的农牧交错地区。自康熙二十年（1681）始建围场至道光元年（1821）废止秋狝制度，作为皇家猎场达140年之久；自清末放垦仅百余年间就退化为生态破坏、水土流失、沙化严重的地区。除自然环境因素之外，人类经济行为的干预在某种程度上起了决定性作用，因此，本文拟从复原清初围场资源环境入手，系统探索本区人地关系演变过程及其影响机制，以深化对区域资源开发与环境保护相互关系的认识。

一、围场地区古代资源环境复原

在围场地区，未经人类农耕活动干预的坝上高原和坝下山地地理环境一直按照自然规律演进；而在被人类农业活动开发过的东南部地区，经明永乐内徙边卫至清初近三百年生态环境的恢复，呈现的是原生或次生景观。故文献记载："围场为山深林茂之区，历代之据有此地者，皆于此驻牧。"① "围中及西北一带则大木参天，古松蟠阴，千百年来，绝鲜居民之迹，意辽金以前只资游牧，自元迄明，终未垦辟。"② 因此有围场周围千余里，"万灵萃集"，"物产富饶、牲兽繁育"的"上塞神皋"之称③。按照现代自然地理学原理，围场山地、高原与丘陵相结合而以山地为主的地貌形态和暖温带半湿润大陆性季风气候特点，决定了植被以森林为主、类型丰富多样的生态特征。植被的自然地带性，自坝下山地至坝上高原表现了由华北暖温落叶阔叶林向内蒙古草原过渡的性质。坝下山地以暖温落叶阔叶松栎林为原生自然景观，坝上高原东部以森林草原为原生自然景观，西部则

---

① ［光绪］《围场厅志》卷1《疆域》，清末稿本。

② ［光绪］《围场厅志》卷2《沿革》。

③ ［嘉庆］《木兰记》碑文及［光绪］《清会典事例》卷709《兵部·行围》。

以草甸草原为原生自然景观。[①] 法国传教士热比雍（汉名张诚）在围场谒见康熙皇帝写成的《张诚日记》及汪灏《随銮纪恩》等纪实性文献均忠实地记录并证实了围场森林郁蔽、草场丰茂的生态状况。根据文献记录和区域考察收获，参考现代遥感技术手段成果[②]，围场建置初期森林覆盖率约在60%以上，坝上与坝头草地约占30%，山间谷地灌草丛约占5%以上。

围场地区特定的地形、气候，植被类型孕育了这一地区特定的原生动物区系。处于华北区、蒙新区和东北区交汇处，拥有森林动物群向草原动物群过渡、禽兽繁育、动物种类繁多、资源丰富的特点。

清初的围场“林木葱郁，水草茂盛，故群兽聚以孳畜[③]”，“多老虎、麋鹿和其他野兽”[④],“有着成群的野鹿”[⑤]。据《张诚日记》康熙三十一年（1692）,仅按有猎获数字者统计，共猎获野兽750余只，其中虎4只、熊3只、野猪10只、猞猁狲1只、鹿狍獐730余只；若加以“甚多”“大量”“很多”等模糊数字的猎获物，此次秋狝猎获鹿狍应多出一二倍；发现而未捕获的老虎7只。康熙四十二年（1703）猎获牲兽除上述诸种外，还有豺狼、飞狐、地鼠、兔等[⑥]。据《扈从木兰行程日记》，乾隆四十一年（1776）秋狝猎获各种野兽达一千余只。除陆地动物群外，在当时纪实性文献中，还常有清帝在围场河流垂钓的记载，其中尤以伊逊河中的细鳞鱼及柳根赤鱼最为名贵。

总之，围场地区山地与宽谷相间形成的相对独立的盆地地形提供了设置七十二围的地形条件，郁蔽的森林和森林草原植被为野生动物提供了良好的生息繁育的自然条件，而丰富多样的动物资源则又是清初于此设置围场的基本物质条件和自然地理基础。[⑦]

---

① 钮钟勋等:《清代狩猎区木兰围场的兴衰和自然资源的保护与破坏》,《自然资源》，1983年第1期，第51-57页。崔海亭:《清代木兰围场的兴废与自然景观的变化》，张宝秀:《清代开辟木兰围场的地理条件》，邓辉:《清代木兰围场的环境变迁研究》，赵中枢:《从地名学角度管窥木兰围场的环境变迁》,《北京大学学报·历史地理学专刊》，1992年，第118-157页。

② 崔海亭:《清代木兰围场的兴废与自然景观的变化》。

③ 昭梿:《啸亭杂录》卷7《木兰行围制度》，北京：中华书局，1980年。

④ 《张诚日记》（1688—1690),《清史资料》第五辑，北京：中华书局，1984年。

⑤ 《张诚日记》（1688—1690),《清史资料》第五辑，北京：中华书局，1984年。

⑥ 汪灏:《随銮纪恩》,《小方壶斋舆地丛钞》第一帙，杭州古籍书店影印本，1985年。

⑦ ［嘉庆］《木兰记》碑文:“物产富饶、牲兽蕃育、诚诘戎讲武之奥区。”即说明了这一点。

二、清初以来围场人地关系演变过程

如上所述的富饶资源为清初在此设置围场提供了得天独厚的物质基础，并使清代帝王在此举行秋狝的制度维持了140年；但随之而来的破坏性利用与掠夺式开发却使围场在百余年间就变得面目全非。这一过程大体经历了三个历史阶段：

（一）早期资源的严格保护与科学利用——行为与动机相一致，人地关系协调发展。这一阶段自康熙设围至乾隆中期历时将近百年

围场全称木兰围场。木兰是满语的汉语音译，因以木哨声诱鹿并猎鹿，故汉语谓之曰"哨鹿"[①]。由此及前述猎获鹿狍獐所占高比重，可见木兰围场名称来源的实质。鹿狍獐均属鹿科敏捷善跑的偶蹄兽类，通过射猎活动训练并保持八旗禁旅骁勇善战、吃苦耐劳的优良传统，以防止"武备废弛"[②]。因此，"治兵振旅"[③]，怀戎绥远成为清康熙创置围场的社会政治背景，而严格保护与科学管理围场生物资源以利永续利用成为康乾时期实现"治兵振旅"终极目的的关键措施和行为准则。

围场"旧为蒙古喀喇沁、翁牛特部落游牧之处"（嘉庆《木兰记》），当初是以喀喇沁、翁牛特诸部"敬献牧场"的名义设立的[④]，故初设时的管理即由阿禄（今作阿鲁）科尔沁多罗郡王、额驸色楞负责[⑤]；事实上，因"木兰居各部落之中，凡近游牧之地，各出人巡察入围场伐木及盗兽者"[⑥]。康熙要求以色楞为主，围场周边各游牧部落巡察围场边界，制止伐木盗兽，成为围场初设时管理的重要特点。随着木兰秋狝的制度化，对围场的管理也日渐严格与正规。康熙四十五年（1706），开始正式设置围场总管以下官兵，负责看守边界、禁止民间滥伐林木、偷猎牲兽，具体措施如下：

---

① 钦定《热河志》卷46《围场二》，乾隆本。

②《清史稿》卷215《诸王传》，北京：中华书局，1978年。

③［康熙］《清会典》卷106《兵部》；《清史稿》卷8《圣祖本纪》。

④《清一统志》卷42《承德府志》。另有敖汉也记在敬献牧场的部族中，但据《清一统志》关于喀喇沁、翁牛特及敖汉诸部的记载，及《围场厅志》卷2《沿革》有关记载，围场不属敖汉部，故敖汉部不在敬献牧场之列。

⑤《清圣祖实录》卷110，康熙二十二年七月，北京：中华书局，1987年。

⑥ 钦定《热河志》卷75《藩卫志》。

1. **设置官兵，驻守边界，专司稽查**

康熙始设围场总管一人，正四品，防御（有文献称章京）八人，均正六品；[①] 同时置满蒙八旗兵一百十名。按《清史稿·职官志》：总管“主守木兰围场，专司巡察”。防御则是武官，旗各一名，分领八旗兵，按方位分驻围场周边八处，“各有地界，分司稽查”[②]，而“八旗以一营房统五卡伦，……皆设八旗官兵，分守其境”[③]。因此，围场周边除八处营房外，尚有40处卡伦，皆系旗兵固定的防守处。

至乾隆十四年（1749）围场总管划归理藩院辖属。十八年（1753），升总管为三品，防御为五品，同时“于左、右二翼，每翼增设翼长一人，每旗增设骁骑校一人”[④]；驻防兵丁增加到800余人，各旗所属卡伦则增加到58处。围场官员品级的提高及官兵的增设证明对围场的管理及对其周边的防守在日渐加强。

为解决围场驻防旗兵的生计，稳定驻防旗兵眷口，清政府赏给地亩，免其纳粮，规定“每兵一名，给地一顷二十亩”，令其耕种度日，“又镶黄、正黄、正红三旗兵丁，驻都呼岱（又作阿鲁呼鲁苏台）口后兴安等处，地冷难以耕种，改给乳牛三头，每三十头各给犍牛一，羊三十”[⑤]，“令其永远孳生，以资养赡”[⑥]。

2. **树柳条，置栅栏，阻止人马阑入**

在围场周边适当位置树植柳条边和栅栏，以为围场封禁之界线。围场柳条边设于何时，未见记载。但以清政府防守力度的加大过程及塞外开垦过程推测，其当树植于乾隆初期。关于围场柳条边设置部位、形式及功用，在乾隆御制诗中有明确记录。按《柳条边》诗：“盛京柳条边，木兰建一致。彼乃亘界设，此唯据要置。所以限内外，事殊实同意。”及《入柳条边》诗：“盛京柳条边，延袤数百里。木兰柳条边，长无半里耳。彼施平地此依山，每因谷口为植援。事半功倍聊示禁，遮罗崇岭，原周千里如雄关。朝家习武有常例，非牟民产夺耕地。流来雁户反侵占，不可无斯为限制，……入边咫尺即围场。”自注又云：“近者流民至者不可不防，其垦占每于边界。依谷口植柳为援，以示限制，而非申以厉禁，人自

① ［嘉庆］《清会典事例》卷543《兵部·官制》。

② 钦定《热河志》卷46《围场二》。

③ 《清一统志》卷42《承德府志》。另有敖汉也记在敬献牧场的部族中，但据《清一统志》关于喀喇沁、翁牛特及敖汉诸部的记载，及《围场厅志》卷2《沿革》有关记载，围场不属敖汉部，故敖汉部不在敬献牧场之列。

④ 《清会典事例》卷543《兵部·官制》。

⑤ ［光绪］《清会典事例》卷708《兵部·行围》。

⑥ 《理藩院则例·录勋清吏司·田宅》，北图藏乾隆内务府抄本。

不敢越。”[①] 在与盛京柳条边的对比叙述中，全面地介绍了木兰围场柳条边树植于周边山谷谷口，长无半里，作为封禁标志，以别围场内外，防止流民阑入耕垦。按“围场四面树栅，界别内外”[②]，及“围场栅木三十里以内，该管地方武职随时稽查，如有民人开设店廛及蒙古王公等召募私垦地亩，该管官即拆毁驱逐”[③] 的规定，围场四面的栅栏应该位于八旗营房和驻守卡伦及柳条边的外围，是防止人马阑入的第一道防线。其设置应晚于柳条边。按照《围场厅志·水》的记载，围场栅栏也均位于人马可以通行的山谷隘口与河口上，长度一般较柳条边为短促。这也正是女真人“居多依山谷，联木为栅”[④] 古老传统的继承。

3. 立法惩治失职官吏，拿获治罪偷猎滥伐者

作为皇家猎场，自康熙创建之初即有禁止民间乃至蒙古王公以下入围场伐木及盗猎的谕令。但随着口外开发与人口增加，以及八旗驻防制度的僵化，至乾隆中民间入围偷猎盗伐之事即不断发生而且有愈演愈烈之势，清朝政府为制止偷猎滥伐，保护围场林木牲兽，还制订并逐渐完善了法律惩治措施。

据《理藩院则例·理刑清吏司》，乾隆四年（1739）议准：“拿获围场内偷捕牲畜之犯，若系蒙古，交八沟理事同知，初犯再犯，皆鞭一百，三犯罪一九”（按罚牲畜 19 头匹），六年（1741）又奏准：“偷捕围场内牲畜者，初犯枷一月，再犯枷两月，三犯枷三月，令在围场附近地方示众，满日皆鞭一百。系蒙古，交札萨克严行约束。”其实当时除鞭与枷的刑罚外，还有发遣边远服刑的刑罚。

对维护围场负有责任的官员则奖功罚过。据《理藩院则例》，乾隆十年（1745）谕旨：“此汇奏在围场内私行采捕之案，皆系民人及察哈尔蒙古，并无札萨克蒙古（按指置旗设旗长札萨克主其事的昭乌达与哲里木蒙古），可见围场附近之札萨克等，平素留心公事，能将所属人等严加管束，殊属可嘉，著传谕奖励，俾益加勉励。再察哈尔总管及同知等，平素疏忽，不严行管束其属，并交部察议。”

至乾隆四十一年（1776），甚至出现了“围场内偷打牲畜，砍伐木植人等胆敢拒捕”事件，因而规定“嗣后除寻常拿获偷打牲口、砍伐木植人等照旧例治罪外，若有缉拿之时拒捕不肯就擒者，著加重治罪。其敢于拒捕致伤缉获之人者，拿获时著就地正法”[⑤]。随着偷猎私伐事态的发展，清政府在不断完善法律条款、

① 钦定《热河志》卷 45《围场》。

② 《清会典事例》卷 708《兵部·行围》。

③ 《清会典事例》卷 707《兵部·行围》。

④ 宇文懋昭：《大金国志》卷 39《初兴风土》，北京：中华书局，1986 年。

⑤ 《清高宗实录》卷 1016，乾隆四十一年九月。

加大惩罚力度、扩大惩治对象，即不但惩治偷猎私伐者本人，而且开始惩治失察之官吏。

4. **物诫尽取，保护生态资源**

清政府除设置官兵驻守围场、并立法惩治、实行严格管理之外，还采取有效措施对围场生态资源实行某种程度上的科学保护。首先，提出了“于物诫尽取”“留资岁岁仍”这一保护围场牲兽以持续利用牲兽资源的思想。清代帝王既然视“射猎为本朝家法，绥远实国家大纲”，木兰秋狝自然就成为百代不易之大典，也就迫切要求供射猎的牲兽丰饶繁育，因而产生并提出了上述可贵的指导思想。乾隆御制诗《于木兰作》（辛未，1751年）“以故百物滋，取丰留尚富”；《放鹿》“于物诫尽取，多或弃无用……习武会常来，孳息仍厨供”；《合围》“纶籍无须亟，留资岁岁仍”；《放鹿》“鹿逾常夥，开围任赴榛，聊因学宣牧，分颁逮尚均，宁辽待取报，明岁猎牲牲”；《放鹿行》“物亦命也戒尽殛，取之无厌理则那，传宣开围任逸避，……蓄养外囿斯深意”[①] 等均集中地反映了清朝统治者科学利用与积极保护围场野生动物以期永续利用的思想。这在当时是极为珍贵的。

其次，划分围场为七十二围，轮番行围，保护围场牲兽繁育与合理分布。按《养吉斋丛录》（卷十六），七十二围是根据地形条件和牲兽多少划分的，即“有山者始为围场，山大则禽兽多，山小则禽兽少；故远近不能一致”。

历年行围均选取总围数的约六分之一，即十余围集中进行，《张诚日记》康熙三十一年，《随銮纪恩》康熙四十二年及胡季堂《扈从木兰行程日记》，乾隆四十一年的行围、五十四年（1789）“今秋连举十三围”和嘉庆七年、九年行围前预查均如此。御制《入崖口》“崖口隔年入，猎物间岁移”，《于木兰即事杂咏》“东进由西出，轮年景顿殊”诗既记录了轮番行围的事实又指出了轮番行围的积极效果。

其三，把握牲兽生理特点，选取秋分前后以二十日为限行围，有利于野生动物生息繁育。按《热河志·哨鹿》“哨鹿以秋分前后为期，鹿性于秋前牝牡各为群，中秋后则牝分群求牡”，及牝鹿求牡而啸的习性，选择林壑深幽、兽群总萃之所，以木为哨“低昂应声，鹿即随至”，进而围猎之；同时，按御制《木兰杂咏》诗注：“必待秋深草枯芜原平浅方堪驰骋，而兽亦至此时肥硕，”也还避开了野生动物的繁殖期；另外，按《出伊玛图口》“卅日狝搜止适可，九秋围鹿幸丰余”诗，亦收到了“欲取之不尽之意”的客观效果。

康乾时期对围场资源的严格保护和科学利用，使牲兽繁育、人地关系协调发

① 钦定《热河志》卷45《围场》。

展，长期维持并保证了皇家秋狝制度的举行。

（二）中期资源的形式保护与破坏性利用——行为与动机相抵触，惊散牲兽，木兰行围家法被迫废止

这一阶段自乾隆后期至道光时期历时60年，围场由总管以下官兵管理及树柳条、置栅栏防范人马阑入的制度未变，八旗驻防兵增加到1024名，除周边58处卡伦外，在围场内部还增设了半流动性缉查哨所“拨”；尤其值得注意的是这一时期出现了两个对围场生态环境影响后果迥异的变化：

1. 官府滥伐林木，民间盗猎偷伐成风

破坏了生态系统的稳定和平衡围场地区丰富的生物资源不仅为皇家猎苑的设立提供了基础物资条件，而且还为皇家提供了理想的建筑用木材。

早在康熙二十七年（1688）张诚在围场目睹了人们把在山口“砍伐下来的大量木材堆积在那里”①的情形；至康熙四十二年（1703），汪灏又记录了他随康熙行围时所见“商人伐巨松成段，散置河干，遇积雨水涨则顺流出山”②情形。按他们行动路线、砍伐林木的位置，当时砍伐林木除为了避暑山庄建筑用材之外，最主要的应该在于清理入围道路、利于人马通行。因此康熙中砍伐围场山口附近林木不应视为破坏森林植被，而应视为确定入围路线、便利行围的重要举措，故对围场植被并未构成破坏性影响。

乾隆中期清政府为满足扩建避暑山庄、修筑裕陵陵寝建筑及北京建筑用材，开始大规模砍伐围场林木，仅乾隆三十三年（1768）至三十九年（1774）七年间即从围场北部三围中砍伐木料365549件③，至四十一年，又在英图、莫多图等围内砍伐木植达242357件④。乾隆中期政府砍伐围场林木的力度明显在扩大。

自乾隆八年（1743）开始修建的乾隆裕陵至嘉庆四年（1799）乾隆病死已半个多世纪；为重修裕陵隆恩殿等陵寝建筑，历时长达五六年，先定于莫多图等十四围伐木，但因此十四围“大件木料不敷”，“砍伐至四十余处之多”⑤。这四十余处事实上就是40余围，加上乾隆中期砍伐的诸围，至嘉庆初围场已有半数以上即40余围被大量砍伐了林木。

---

① 《张诚日记》（1688—1690），《清史资料》第五辑。

② 汪灏：《随銮纪恩》，《小方壶斋舆地丛钞》第一帙。

③ 《内务府奏销档》，乾隆四十年三—四月，北京：中华书局，1981年。

④ 福隆安：《奏砍伐英图莫多图等围场木料情形折》，《清代档案史料汇编》第七辑，北京：中华书局，1981年。

⑤ 《清仁宗实录》卷132，嘉庆九年七月下。

政府大量砍伐围场林木的行为直接产生了两个负面影响：一是给围场内外提供了相互勾结、营私舞弊的可乘之机。围场官兵视管理为儿戏，敷衍塞责，放纵“匪徒逸入，私立寮铺，影射偷砍，运载出境牟利，其未运之木，尚堆积路隅，不可胜数”，致使围场山地“砍剩木墩余木甚多，……往来车迹如同大路”①。为掩人耳目、推卸罪责，围场官员又“将余木烧焚灭迹，竟系烈山泽而焚之”②。内外官民沆瀣一气，对围场森林资源的破坏相当严重。二是“鹿支惊逸”或谓“禽兽逃匿”③，使围场野生动物大量减少。

乾隆中盗伐林木、偷猎牲畜的民间违禁事件即不断发生并明显呈增长趋势。当时“在围场内私行采捕之案，皆系民人及察哈尔蒙古”④，甚至发生了“围场内偷打牲口、砍伐木植人等，胆敢拒捕”的事件；因而谕令：“嗣后拿获围场内偷打牲口、砍伐木植人等，仍照旧例治罪外，若有缉拿之时，拒捕不肯就擒者，拿获时，着加重治罪。其敢于拒捕，致伤缉获之人者，拿获时，着即行正法。”⑤法令之严苛却丝毫未能制止盗伐偷猎的事件发生。嘉庆八年（1803），在围场甚至一次即“拿获偷打牲畜各犯至二百余名之多”，而“未获者更必加倍”⑥。大量持续不断的偷猎盗伐必然直接导致“禽兽逃匿”与生态系统破坏的严重后果。

2. 制订完善法律条款，加大惩治力度

随着违禁事件及由此引起的破坏性行为的不断发生和增加，清政府逐渐完善了针对民间和驻守官兵的法律惩治措施。按《大清律例》及《理藩院则例》等规定，凡私入围场、偷猎牲兽、盗伐木植者，根据情节轻重处以枷、杖、徒、流、发遣等刑罚。“私入木兰等处围场，偷采菜蔬、蘑菇及割草，或砍取柴枝者，初犯枷号一个月，再犯枷号两个月，三犯枷号三个月发落。偷窃野鸡并无鸟枪器械者，杖八十。若盗砍木植数十斤至一百斤，杖一百，徒三年；百斤以上，枷号一个月，杖一百，徒三年；五百斤以上，杖一百，流三千里；八百斤以上，发乌鲁木齐等处种地；一千斤以上，发乌鲁木齐等处给兵丁为奴。其偷打牲畜不计其数，初犯，杖一百，徒三年；再犯，发新疆等处种地；三犯，发新疆等处给兵丁为奴；为从各减为首一等。”⑦

---

① 《清仁宗实录》卷 132，嘉庆九年七月下。

② 《清仁宗实录》卷 132，嘉庆九年七月下。

③ 《清仁宗实录》卷 132，嘉庆九年七月下。

④ 《理藩院则例·录勋清吏司·田宅》，北图藏乾隆内务府抄本。

⑤ 《清高宗实录》卷 1016，乾隆四十一年九月。

⑥ 《围场厅志》卷首二《诏谕》；《清会典事例》卷 708《兵部·行围》。

⑦ 《清律例》卷 24《刑律·贼盗中》，四库全书本。

旗人、蒙古兵丁、绿营兵丁、察哈尔及札萨克旗下蒙古人阑入围场亦均有相应的处罚条例。而且明文规定，“以上各项人犯，无论初犯、再犯、三犯均面刺‘盗围场’字样。如打枪放狗，仅止惊散牲畜，及偷窃未得之犯，各减已得一等，均面刺‘私入围场’字样”①。

“失察私入围场偷窃之该管地方文武各官、并察哈尔佐领捕盗官及蒙古札萨克等，交部分别议处，及折罚牲畜，起获鸟枪入官，牲畜器物赏给原拿之人。有连获大起者，交该管官记功奖励，一面仍向获犯研讯，由何处卡隘偷入，审系员弁、兵丁受贿故纵者，均计脏以枉法从重论。”“每月责令看卡（伦）员弁，将有无贼犯偷入围场之处，出结具报。该总管每年于五月内据实汇折具奏。倘该员弁所报不实，交部议处。”为加强军事管制，嘉庆中一度改围场总管为武职副都统，后仍设总管，隶热河都统管辖，因而“热河都统亦于每年六月间据实具奏。如查明该总管所奏不实，即行参办”②。

嘉庆道光年间，确有失职官吏及偷猎民人受到惩治。乾嘉十年未行秋狝，至嘉庆七年（1802）发现围场牲兽仍甚少，皇帝认为此“系平日擅放闲人、偷捕野兽、砍伐树木所致”，故令将“专管围场之人，著交部严加议处”，“以示惩儆”③。翌年，围场官员例行稽查，“遍历十围察看”，鹿支仍寥寥，“将该副都统官员等均行分别治罪示惩”④。次年，又因围场鹿支短少，将有关官员解职或审讯。⑤ 道光中仍然不断有申禁与惩治的谕令。

总体上来看，这一阶段政府除继续加强管理包括增加驻防、增设围内半固定哨所“拨”外，特别针对滥伐偷猎日重及官兵怠玩失职，侧重制订并完善了惩治法规。但事实却与清政府维持木兰秋狝家法的愿望恰恰相反。仅嘉庆八年（1803）一年，“拿获偷打牲畜各犯，至二百余名之多”⑥。因此，这一时期保护围场林木牲兽只是政府的愿望和要求，而先此的破坏性利用则是政府为满足建筑需要大量砍伐林木引发的民间行为。因此，动机与行为、保护与利用关系的失调，加速了围场破坏性利用的发展，造成严重后果。除上述围场林木大量砍伐、植被严重破坏之外，就是牲兽的大量减少。嘉庆七年的行围，“鹿支已觉不多”，八年“竟至查阅十数围，不见麋鹿之迹”；这就是大自然面对破坏对人类发出的警

---

① 《清律例》卷24《刑律·贼盗中》。

② 《清律例》卷24《刑律·贼盗中》。

③ 《清仁宗实录》卷102，嘉庆七年八月。

④ 《清会典事例》卷709《兵部·行围》。

⑤ 《清仁宗实录》卷132，嘉庆九年七月下。

⑥ 《清会典事例》卷709《兵部·行围》。

告。经连续三年停围的生息繁育，至嘉庆十一年（1806）行围，才感“牲兽甚多”[①]。嘉庆十五年（1810），嘉庆对乾隆屡次行围、牲畜最多的巴颜布尔哈苏台、巴颜喀拉等数围，“何以至今情形迥异”[②]大为困惑。因围场牲兽少无以为猎，故屡“著停止”行围。因此嘉庆25年间行围仅十余次。这比康熙设置围场后41年间行围达40次，乾隆在位60年行围50余次的频率明显降低了。而且乾隆中未行秋狝的年份大多数也是由于秋狝泥泞而减围或停围。[③]这与嘉庆中因围内牲兽甚为稀少而被迫停围性质则完全不同。事态发展的结果，至道光元年（1821）不得不令停木兰秋狝，延续长达140年的秋狝大典废止了。这是在大自然的一再示警面前清政府无可奈何的选择。

（三）后期围场资源取消保护与掠夺式开发同步进行，强化了人对自然的破坏力，生物资源遭到严重破坏，人地关系非协调发展，人类开始受到惩罚

这一阶段自清代咸丰之后历民国时期至80年代历时一百余年。道光初虽废止了木兰秋狝制度，但仍三令五申保护围场林木与牲兽。如道光三年（1823）奏定：“围场栅木三十里以内，该管地方武职，随时稽查，如有民人开设店廛，及蒙古王公等召募私垦地亩，该管官即拆毁驱逐，申报热河都统，将蒙古王公奏参，地方官失于查察，别经发觉，照管理围场章京员弁失察偷窃之例议处。”[④]这一针对官民的指令，显然是嘉庆中企图扭转围场颓败局势、维持秋狝家法的继续。但目的并未达到，故道光七年出现了围场卡伦官“晋海、领催委官锡永保，希图行窃之富起送柴薪小利，辄敢私放民人，砍伐树木，惊散牲畜，殊属不堪”，因而“俱著革职”[⑤]的事件。至十六年（1836），围场仍“颇有偷砍木植、私打牲畜之事”，且“车迹纵横，可见例禁废弛、怠玩已极”，因而谕令“严行申禁，非围场内当差之人，不得擅入，肆行践踏，所有围场内树木牲畜，毋得私自戕伐猎取”[⑥]。但终道光一代，终未能恢复围场的生态系统，也就终未能恢复木兰秋狝的令典。可见破坏性利用围场生物资源的后果是难于逆转的。鸦片战争后，清政府内忧外患，财政困顿，已无力更多地顾及围场事务及秋狝家法，因而一种新的开发利用围场的思路在时代潮流冲击下孕育成长。

---

① 《清会典事例》卷709《兵部·行围》。

② 《清会典事例》卷709《兵部·行围》。

③ ［清］吴振棫：《养吉斋丛录》卷16，北京：北京古籍出版社，1983年。

④ 《清会典事例》卷709《兵部·行围》。

⑤ 《清会典事例》卷709《兵部·行围》。

⑥ 《清会典事例》卷709《兵部·行围》。

首先是同治元年（1862）顺天府前府尹蒋琦龄应“求直言”诏，《进中兴十二策》，其中废止“秋狝”虚名，立法使旗民开垦口外、关东闲田，“俾闲散自谋衣食，甲兵无所牵累”，多所议行[①]，同治二年（1863），热河都统瑞麟提出了“因地制宜，就近招佃展垦，尚足以济兵饷不足”的主张，并派员履勘围场边界荒地，“疏请招佃围边荒地八千顷充练饷，允之”[②]。事实上，此次放垦并非全系围场边荒，已逐渐侵蚀了正围或称围座。因而至库克吉泰上任热河都统，即受命查禁腾围，遂因“烧房逐民”的清围方式，导致佃民“抗聚生衅”，经过一年多的清查腾出围地八百余顷。同治十一年（1872）春，还发生了佃民“聚众抗违”，“毁栅入内（围），任意耕种”[③]的事件，迫使清政府“免热河腾围旗民租课三年”[④]。光绪二年（1876）瑞联奉命清查围边地亩，经实地查勘认为：

自同治初放垦边荒以来，“佃民生聚已十余年，驱逐既非朝廷宽大之恩，抚绥又乏万全之术”[⑤]，已发展到“积重难返”，“无可如何”的地步[⑥]，提出了“实事求是，通盘筹划，总期于民生国计两有所裨益”[⑦]的主张，并建议土地“已成熟者，根蒂已深，只可因民之利；已封禁者，疆界宜守，勿令越畔而耕”[⑧]。但未及实行，瑞联即被调离。

继任热河都统延煦奉谕于光绪三年（1877）详查筹划，但亦因“佃户布种多年，迁徙维艰”，腾围之举亦未得实施。光绪六年（1880）崇绮接任热河都统，提出了乌拉岱（乌勒岱）川之威逊格尔等三围免其腾移的建议，得到清政府的批准。自同治八年开始的围场“腾围”风波至此宣告结束。腾围使放垦中断了30年，大大减缓了围场开发的进程。但民间小范围小规模开垦在围场地区始终并未停止。直到光绪二十六年（1900），热河都统色楞额建议招佃开垦伊逊、布敦、孟奎、卜格和牌楼五川地，以押荒银用作热河兵饷，才得到清政府“著照所请，仍应宽留围座”形式批准。之后，面对“热河地方异常困苦，……加之庚子多事以来，挪垫借欠，百孔千疮，道库一空如洗”[⑨]的财政状况，新任热河都统锡良

① 《清史稿》卷21《穆宗本纪》。

② 《清史稿》卷388《瑞麟传》。

③ 《清穆宗实录》卷327，同治十一年正月，卷333，同治十一年五月上旬。

④ 《清史稿》卷22《穆宗本纪》。

⑤ 朱寿朋编：《光绪朝东华录》，光绪二年九月丙戌，北京：中华书局，1958年。

⑥ 朱寿朋编：《光绪朝东华录》，光绪二年十月乙巳。

⑦ 朱寿朋编：《光绪朝东华录》，光绪二年九月丙戌。

⑧ 朱寿朋编：《光绪朝东华录》，光绪二年十月乙巳。

⑨ 《锡良遗稿·奏稿》卷4《热河都统任内折片》；《袁世凯奏议》卷42及《光绪朝东华录》，光绪六年十二月。

于光绪二十九年（1903）初奏请加紧招垦上述五川荒地，以所得押荒银稍救燃眉之急，以日后所征课额用作饷需。五川地以外所余三十五围，有可以垦种又无碍围座者，亦请酌量放垦。同时拟订了设立总局、督办招垦；编立号数，勘放地亩等放垦围场荒地章程十条[①]，放垦五川上上、上、中、下四则地共2327顷余，共收压荒银145100余两；仅三个多月即丈放完毕。可见当时放垦围场荒地是顺乎民情又符合时势的举措，故而进展顺利。

《辛丑条约》使清政府财政经济濒临崩溃的边缘。为"拓利原而裕兵食"，练兵处于光绪三十一年（1905）奏请开办围场屯垦，以收"寓兵于农之效，又奏强本固圉"之功；同时建议将围场地方政务改归直隶统辖。据《清德宗实录》（卷547），这一奏请很快得到批准："开垦围场各地，藉筹军食，实为寓兵于农之善策。著派袁世凯认真督办，所有该处地方事务并归该督专辖，以一事权。"遂设"屯垦木植局"，委专员理其事，并拨银十五万两为开办之经费。废止秋狝大典之后又艰难维持了八十余年的皇家猎苑至此全面放垦。据《袁世凯奏议》（卷42），森林资源的砍伐已转移至中西部各围，在不到一年的时间内，屯垦木植局在燕格柏地区采伐景陵与裕陵木料一千六百件，又常用木料十三万余件。森林的大量砍伐已转向围场西北部地区。

据《热河概况》，到20世纪30年代，"热河境内之良材，几已采伐殆尽，所有者唯杨柳与榆树，良材仅围场的深山尚有若干存在"；但提及木兰围场，又谓"清皇室狩猎地，多森林猛兽，然最近因采伐过甚，已成秃山"。《围场事情》亦称围场"森林茂密，经过开围滥伐以后，较好的林子大部砍尽"。而土地的垦辟，"虽然是三十度以上的倾斜地，也无可再耕"。是时围场耕地已达一百余万亩。由此可见，自清末放垦围场无论山地森林还是川原谷地，凡"汉人所到之处，一般都是先伐树木，而后耕种，因而山骨露出、水土流失，地表逐年枯涸，以至于像今天这样荒凉"[②]。从农业开发的进程与强度来看显然带有明显的资源掠夺性质，因而围场地区的生态环境已经遭到严重破坏。至50年代初，围场地区森林覆盖率已下降到7.6%，与建围初期比下降了接近60个百分点。

森林植被作为巨大的生态屏障，具有拦截径流、涵养水源、为野生动物提供栖居环境的作用；高覆盖率的森林景观又具有较高的生态稳定性，加以保护良好，使维持了木兰围场一百余年的生态平衡，使围猎活动延续了140年。但伴随

---

① 《锡良遗稿·奏稿》卷4《热河都统任内折片》；《袁世凯奏议》卷42及《光绪朝东华录》，光绪六年十二月。

② ［日］岸田日出刀：《热河遗迹》（昭和十五年，1940），东京相模书店。

森林植被的严重破坏、原生景观结构解体，次生灌草坡与草坡的景观功能大大降低。50年代之后虽然开展了植树造林、恢复森林和草场的工作，但以粮为纲、强调发展农业导致乱砍滥伐、毁林毁草开荒的进一步发展，使古代固定与半固定状态的沙带活化，水土流失面积至70年代末已接近六千平方千米，泥沙流失量平均每平方千米达1702吨。坝下水土流失加剧，以西路嘎河、伊逊河和伊玛图河流域最严重。1960年建成于伊逊河中游的庙宫水库，至90年代淤积量已达9650万立方，占总库容1.83亿立方的52%，年平均淤积量达370万立方，而该流域活化沙带面积达16万亩，占坝下沙化面积24万亩的66.6%。

坝上森林草原景观的破坏使防风固沙功能降低，加上80年代气温上升0.3℃，雨量偏少，加剧了本区风蚀沙化的过程。除开垦的沙壤质土迅速退化外，载畜量过大，过度放牧，草场退化面积至80年代末已达到40%上下，产草量每亩则下降到300斤左右。

野生动物群亦随植物群落的严重破坏而变化。首先是坝下森林植被破坏衍生为灌丛、灌草丛和耕作植被后，动物群则由森林大型动物群演变为啮齿类为主的动物群：东北虎、黑熊绝迹，野猪、金钱豹近于绝迹，森林动物优势种鹿类种类减少，适应林缘和草地环境的狍子成为较为常见的动物，却也成为当地无节制盗捕的主要野味动物①。其次是坝上，50年代初尚有成群的黄羊和狍子、马鹿、兔、野猪，及一定数量的肉食动物猞猁、兔狲、狐、金钱豹等，但60年代初生活困难时期现代化狂捕滥杀，曾使黄羊绝迹，其他动物亦大为减少甚或濒临绝迹。此外，伊逊河中名贵的细鳞鱼已难找到；沼泽湿地的开垦、疏干及大面积单一落叶松纯林的种植亦局限了动物种类的多样化②。总之，新中国成立的最初40年间，随着围场地区农业人口的大量增加和农业开发的普遍与深化，使原本脆弱的生态环境仍在不断恶化中，人地关系的矛盾日趋尖锐。

三、结论

中国古代“天人合一”的思想及对特殊用途地区施加管理与保护的行为，无疑代表了中国人对人地关系协调发展的良好愿望和积极追求。清代“于物诫尽取”“留资岁岁仍”的思想在古代文献中不是绝无仅有的，但清代在管理与保护“天造地设之灵囿”以保障野生动物长期利用即协调人地关系方面已益加成熟，

① 据围场县有关部门调查，80年代至90年代初，每年盗捕野味狍子达6000只上下。

② 崔海亭：《清代木兰围场的兴废与自然景观的变化》。

因而有一系列保护与合理利用围场资源的管理措施，保障了封建帝王在140年间举行秋狝大典105次。而管理的松弛，尤其清政府大量砍伐围场林木的行为率先打破了精心编制的法律条款的威严，带动了滥伐与偷猎。对此嘉庆帝已深有所悟，因而谕令："嗣后围场地方，不准再行砍伐木植，以杜影射私砍之弊，庶几牲兽繁多，永行秋狝大典。"[①] 但已积重难返，无法恢复秋狝大典，只有招佃放垦一途了。因此，清初建置围场以为秋狝场所，并采取积极有效措施加以保护，无疑具有积极意义。但不受法律约束的政府行为诱发的破坏与其保护动机的背反却又直接导致了区域人地关系的逆向发展。这从另一方面说明，资源合理利用与环境科学保护对建立区域人地关系良性循环的重要性。但仍需指出的是，围场放垦之后，外部移民的迁入与开发活动，尤其人口的增殖是社会发展的必然结果。问题的关键在于，在人们认识了人地关系的真谛之后，如何正确地摆正自己与环境资源的相互关系，克服自然资源取之不尽、用之不竭的错误认识，政府和民间共同把自身行为限制在法律条款与道德规范允许且大自然可以承受的范围之内，减少盲目性，克服重眼前、轻长远、谋求暴发致富而不顾后果的短期行为以保障人地关系的良性循环和自然资源的永续利用。总之，围场开发与环境恶化的过程提供给人们的教训是深刻的。在全球关注的人口、资源、环境与经济社会发展的矛盾冲突面前，近十年来，人们对围场环境与资源问题的重视程度明显增强了，因而采取了诸如控制人口规模、调整产业结构、完善"三北"防护林体系、扩大森林覆盖率、发展经济与保护环境、合理开发利用自然资源相结合等综合治理措施，使围场人地关系的尖锐矛盾有所缓解。无疑，这是建立人地关系良性循环意识的新发现。

（原载戴逸主编《清史研究与避暑山庄》，辽宁民族出版社，2005年）

① 《清会典事例》卷709《兵部·行围》。

清雍正年间的政区勘界

早在春秋战国时期我国即已出现了郡、县行政建制，也就相应地产生了行政区划。但直到清代，大多数政区的边界仍然是未经勘定的习惯性界线。这种状况导致对边界行政管理的松弛，进而给社会治安及经济开发带来了不良影响乃至障碍。为解决严重存在的社会治安问题，发展地方经济，雍正中清朝政府曾派员查勘某些省区及京师城属，亦即郊区与顺天府属州县间的边界，建立界牌（碑），以期永远遵守。这是我国历史上政区勘界工作的重要进展。

一、北京郊区行政界线的勘定

北京郊区在清代文献中称为城属。在雍正皇帝的谕令中，在官修《畿辅通志》和《顺天府志》中均有记录，只是其范围和边界不尽一致。这显然与城属这一新生事物当时还未受到更多的注意有关。

顾名思义，京师城属即北京城市所属郊外地区，亦即城市郊区。城市郊区是在行政上隶属于城市的城市外围地区，兼有城市与田园双重职能与景观特色，是城市的重要组成部分；又是城市发展到一定历史阶段的产物，在城市发展史上占据重要地位。

清王朝定都北京，圈占内城，布列八旗官兵，拱卫皇居；驱赶汉官汉民与商人于外城，并划分外城为五城，布列巡捕营讯，以“稽查奸宄”，“肃清辇毂”。按巡捕营制，顺治元年（1644），在京师设置南、北二营；十四年（1657），增置中营，是为清初京师巡捕三营。所属官兵驻汛地随着西部皇家园林的兴起与发展则已迅速扩展到畅春园、圆明园乃至静宜园地区。巡捕营管辖范围大致是：南至海子墙迤北，北至立水桥，东达双桥，西至香山静宜园一带①。

但是由于政治与历史的原因，以及土地私有形成的行政区域参差和大量“飞地”，使当时属于北京城市郊区的外部行政界线并不甚明确。这显然不利于京师城市的管理和郊区社会治安。

雍正五年（1727），为划定京师五城之间及城属与周边州县之间的界线，曾

① ［乾隆］《大清会典则例》卷179《步军统领》，四库全书本。

谕令："京城内旧有基址界限之处，著五城御史查勘，建立界牌；其城外与州县接壤之处，著巡视直隶三路御史，于该管处查明厘定，建立界牌。"[①] 直至雍正十二年（1734）始议准："京师东西南北四城，与大兴、宛平及外州县地方，犬牙相错，彼此溷淆，皆由城属不随京营汛地管辖，州县不随外营汛地管辖之故。嗣后悉照京营旧制，凡城属地方，有越出京营界外者，就近各归大、宛二县管辖，大、宛二县地方，有夹杂（京）营界内者，就近各归四城管辖，各按界址竖立石碑，永远遵守"[②]。这两条史料均涉及了京师城属即北京郊区与周边州县接壤划界的问题。尤其是第二条史料，不仅揭示了清初北京城市郊区与毗邻州县之间存在的土地"犬牙相错，彼此溷淆"的基本事实及其根源，而且系统地提出了解决城市郊区与周边州县土地参差、不便管理等问题的基本原则，即以京师巡捕营汛所管辖地区为准划界。京师巡捕营汛所分管的城外地面，即归京师五城中的东西南北四城属地，即四城之地，也就是清代北京城市所辖之城属，已不属京县管理。

按《清高宗实录》卷 1136 关于京师巡捕"旧设南、北、中三营，共十九汛"的记载，康熙中后期至雍正中随着西郊皇家园林的兴起与发展，京郊巡捕营汛较康熙初年增加的四个，多数设置在京师城属西北部。按照这十九个营汛管辖范围具体划定的京师城属与大、宛二县间的界线显然就是当时北京城市郊区的行政边界。这条行政边界以内、内外城城区以外的景观过渡地带，就是清代康雍年间北京城属范围。

雍正中勘定的北京城属边界虽经乾隆中"添设兵丁，酌安营汛"的发展，但终清一代北京城市郊区的范围并未发生变化，雍正中勘定的郊区外部边界亦未发生变化[③]。由此可见，清代北京城市郊区范围及其边界是相当稳定的。需要特别说明的是，当时的北京城属尽管还没有成立独立的郊区行政管理机构，也没有独立的行政地位，而是按照方位分别隶属于京师五城中东西南北四城。但边界明确且隶属于城市的特殊地位表明，清代北京城属就是名正言顺的城市郊区。在某些情况下，为了统计或推算相关指标的便利，也为了避免相关指标遗漏以保证区域统计和计算的完整，把城属作为一个非行政的区域并列于其他行政区划之中，个人认为亦未可厚非。在相关地图上仅标示城属区域名称而无相应标示的治所（无治所），也不应视为独立的政区。总之，清代北京城市的城属就是城市的郊区，因其在中外城市发展史上最早勘定了边界，因而占有不容忽视的地位，值得

① ［雍正］《大清会典》卷 27《户部・田土》。

② ［光绪］《清会典事例》卷 1090《顺天府・划界分治》。

③ 韩光辉：《清代北京城市郊区行政界域探索》，《地理学报》，1997 年第 6 期。

重视①。

二、部分省区行政界线的勘定

还在勘定京师城属与周边州县界线之前的雍正三年（1725）即曾谕令说："经界所关，诚为至重。从来两省交壤之地，其界多有不清，云贵川广等省为尤甚。间至一省之内，各州县地界亦有不清者。每遇命盗等事，则互相推诿；矿厂盐茶等有利之事，则互相争竞，甚非息事宁民之意。朕深知此弊，今特降谕旨与各省督抚，其共矢公正，勿存私见，详细清查，如与邻省地界有不清者，则两省各委实在贤员，公同勘定。若本省内地界有不清者，即委其本省贤员勘定。地皆朕土，人皆朕臣，此盈彼绌，悉在朕版图之内，无容分视也。虽界或间有难定之处，但平心勘划，即使稍有不协，然一定之后，久远得以遵据，永无推诿争竞之处，于地方大有裨益矣。其举止此事，宜于农隙之时，所派官员，不得私受请嘱，收取馈遗及科派百姓，骚扰经过地方，如有发觉，从重治罪。"②

按此谕令，大体含有三层意思：1. 强调了勘定与经理行政区界线的重要性；2. 省府州县交壤之地的界限多有不清，致使边界地区每遇命盗案件，地方即互相推诿；而矿厂盐茶资源有利可图，地方则又互相争竞，因此无以息事宁民；3. 命令各级地方官府对行政区界不清者，派出贤明官员勘定。

当时具体的勘界实践可以两地为例说明。首先是雍正三年（1725）四月初，"因两省（按泛指毗邻两省）接壤之区，人民杂遝，最易藏奸，已令直省督抚清理疆界外，曹州西南桃源集地方，界连三省，壤接七县，而离州县治，又皆辽远。文武兵役，巡察难周，此处尤为紧要"，遂令直隶、河南、山东督抚各差官员会勘、清理地界，并专委弁员，拨兵弹压③。翌年四月则采取了两项具体措施：1. 将直豫两省所辖贾鲁河等二十五处地方，拨归山东曹县统辖，以清地界，勘定了三省在这一地区的界线；2. 移曹州州同驻桃源集，以资弹压④。从而依"方便治理"原则解决了该地鲁豫间区划界限不清及接壤地区"人民杂遝、最易藏奸"的双重问题。概因此次边界会勘获得成功，使勘定之省界保持了长期稳定。

其次是在黔桂接壤地区，"广西西隆州泗城土府，与贵州普安州南笼厅永宁、定番二州，地方俱犬牙相错，土苗杂居，以致争占地土，积案不清"，因而决定

① 韩光辉：《清代北京城市郊区行政界域探索》，《地理学报》，1997 年第 6 期。

② ［雍正］《大清会典》卷 27《户部 · 田土》。

③ 《清世宗实录》卷 31，雍正三年四月一日。

④ 《清世宗实录》卷 43，雍正四年四月二十三日。

调整区域，“以红江（按即红水河）为界，以南属广西，以北属贵州；将西隆州所属江北之罗烦亨等四甲半零二十二寨，割隶贵州，泗城府所属江北之上江、长坝、桑郎、罗斛等十六甲，亦割隶贵州。”① 从而依“山川形便”原则划定了广西西北部与贵州西南部之间行政界线。在此两省区以红水河及上游南盘江为界一直延续到今天，表现了合理边界线的稳定性特点。

三、勘界指导思想与成就

按照前述谕令，勘定京师城属与周边州县之间的行政界线，原因在于城属与外州县地方，犬牙相错，彼此溷淆；没有法定界线，不利于“稽查奸宄”“肃清辇毂”，即不利于维护社会治安。因此，维护京师及近郊的社会安宁，净化社会环境成为雍正皇帝勘定京师城属与周边州县行政边界的基本指导思想。历史地考察，这次勘界使出现了我国历史上最早确定的北京城市郊区的边界线。因此，当时尽管京师城外区域仍被称作城属，但实质上已是具备了近现代含义的城市郊区。对西方城市发展史的考察亦表明，在西方，城市郊区“只是新近（主要指20世纪以来）才出现的现象”②；此前尚不存在勘定的郊区界线。因此，完全有充分理由说，清雍正中勘定的北京城属界线又是当时世界上最早出现的城市郊区界线，清代北京城属，也就是世界上最早出现的具近现代意义的城市郊区。由此，雍正中的这次勘界活动，在世界城市发展史上同样具有不容低估的意义。

由前述谕令，雍正皇帝清理与勘定省区行政界线的基本指导思想仍主要在于息事宁民，绥靖地方，以避免推诿命盗案件的发生与发展；其次则是避免争竞地方利益，减少对资源占有与开发的纠纷，最终达到长治久安、经济发展的目标。

雍正中，两次会勘省区行政界线的实践，较好地解决了接壤地区人民杂遝，最易藏奸，巡察难周及行政区域犬牙相错，双方争占土地，积案不清等社会问题，也就赢得了行政界线长期存在的稳定性与生命力，为推动边界地区的社会稳定及经济发展提供了前提条件。因此，雍正中勘定行政界线的指导思想，及在这一思想指导下勘界工作的进展，是引人注目的。探讨雍正中勘界的指导思想，工作原则及工作方法，可为我国全面勘定行政区域界线工作提供值得注意的历史借鉴。

（原载《中国方域——行政区划与地名》1997 年第 4 期）

① ［雍正］《大清会典》卷 27《户部·田土》。

② ［美］刘易斯·芒福德：《城市发展史：起源、演变和前景》，倪文彦、宋峻岭译，北京：中国建筑工业出版社，1989 年。

北京御苑赏石：流变

在现存于北京的、以明清时代为主的皇家苑囿中散布有大量的单体观赏奇石。这些观赏奇石历经宋朝的收集、金朝的迁徙、元朝的逸散、明朝的继承和清朝特别是乾隆年间的补充，其消长流变始终追随皇家苑囿的变迁和朝代的兴衰。

一

宋代赵伯驹《汉宫图》描绘宫殿外配置巨大的山石和芭蕉，符合假山和植物在汉代的园林中多有栽植的记载[①]。但此画毕竟宋人所绘，不足为独立赏石在汉代苑囿中已有应用的证据。

六朝时代则有更多的记载表明，赏石已成为包括王宫在内的上层社会苑囿的重要组成部分。独立赏石大概正是在此时成为继假山或叠石之后在宫苑中出现的新的观赏装饰。史载，魏文帝之芳林园曾置有“五色大石”；梁武帝之华林苑曾陈设“长丈六尺”的“奇礓石”[②]。南朝，宋戴颙的园林曾以“聚石引水，植树开涧，少时繁密，有若自然”而著名（《西京杂记》）；南朝齐贵族罗致异石为园林赏石，“多聚异石，妙极山水”（《南史·齐文慧太子传》）；梁孝王好营宫室苑囿之乐，作曜华宫，筑兔苑，“有百灵山，山有肤寸石、落猿岩、栖龙岫”等奇石（《西京杂记》）。

隋唐一统政权对地方行政管理的加强和国土开发的深入普遍，推动了对各地物产的了解和开发利用的进程。唐朝以来，地方官员的不断发现和文人学者的描述咏叹，不仅赋予各地异石以文化内容，扩大了异石的社会影响，而且推动了对山水景观的认识和对奇石欣赏水平的提高。李白、杜甫、王维、韩愈、柳宗元、刘禹锡、皮日休、陆龟蒙等人对奇石的赞咏，白居易从外形、质地及色泽的晴雨变化等方面对太湖石的观赏和描述[③]，李德裕因权力之便，搜罗各地名石布列于

---

① 程里尧：《中国古建筑大系·皇家苑囿建筑》，北京：中国建筑工业出版社，1993 年。

② 上海人民美术出版社编：《奇石赏玩》，上海：上海人民美术出版社，1996 年。

③《旧唐书·白居易传》载，白居易罢苏州刺史时，得太湖石五，归置洛阳履道里居第，经长时间观赏，因有《太湖石》诗；见《全唐诗》卷 448，北京：中华书局，1960 年。

洛阳宅第别墅中[①]，均有力地提高了各种奇石的观赏价值和社会影响，大开了中唐之后文人士大夫赏石和咏石的风气。就在李德裕采天下珍木怪石置为平泉别墅园池之赏石景物时，曾进贡“大余之宝”（按是一种瑰奇之石）于唐武宗（841—846）。[②] 李昭道《长安曲江图》所绘曲江池旁的皇苑中就立有独立的太湖赏石。[③] 奇异之石成为继假山之后，在皇家宫苑中出现的新的单体观赏石。

宋代对奇石的认识和利用在唐代的基础上有长足的进步。这首先表现在介绍各种奇石产地、性状和用途的石谱书，如《宣和石谱》和《云林石谱》，以及与石料有密切关系的砚谱书的不断出现。[④] 地方官员和文人学士如米芾、苏轼、欧阳修、黄庭坚、范成大等喜好奇石，对奇石的兴趣益加浓厚[⑤]。宋代名士米芾归纳和总结的相石四字“秀”“瘦”“皱”“透”，则集中代表了当时观赏奇石的高水平。其次是在士大夫私家园林叠置假山、布列奇石甚为盛行[⑥]的同时，以艮岳为代表的皇家宫苑假山的构筑和奇石的收集也达到空前的规模。

艮岳位于汴京皇城外东北部，里城景龙门和安远门内，初名万岁山，始筑于宋徽宗政和七年（1117）十二月，竣工于宣和四年（1122）正月，历时四年多。因其位于京师东北，属艮位，艮为山，所以造山以象之，并更名为艮岳，以寓其与岱、华、嵩、衡、恒诸岳并重之意。艮岳周回十余里，依杭州凤凰山形势“按图度地，庀徒僝工，累土积石”[⑦]而成。按张淏《艮岳记》，为筑艮岳，“取浙中珍异花木竹石以进，号曰花石纲，专置应奉局于平江，所费动以亿万计，调民搜岩，剔薮幽隐”，“斫山辇石，虽江湖不测之渊，力不可致者，百计以出之至，名曰‘神运’。舟楫相继，日夜不断”，“大率灵璧、太湖诸石，二浙奇竹异花，登

① 李德裕:《平泉山居诫子孙记》，《平泉山居草木记》；见《全唐文》卷708，北京：中华书局，1983年。

② ［明］陶宗仪等编:《说郛三种·100卷》卷16《云林石谱·孔传题》，上海：上海古籍出版社，1988年。

③ 程里尧:《中国古建筑大系·皇家苑囿建筑》，北京：中国建筑工业出版社，1993年。

④ ［明］陶宗仪等编:《说郛三种·120卷》卷96《石谱》，上海：上海古籍出版社，1988年。

⑤ 宋代从审美角度观赏奇石，有一品石、公服拜石、壶中九华、研（砚）山、小有洞天、万里江山、重峦积雪、醒酒石等典故和米芾相石“秀、瘦、皱、透”四字诀，详见《渔阳公石谱》《诏代丛书》《美术丛书》等。

⑥ ［明］陶宗仪等编:《说郛三种·120卷》卷68，上海：上海古籍出版社，1988年；参见李磨《洛阳名园记》，周密《吴兴园林记》等文献。

⑦ 广陵书社编:《笔记小说大观》宋徽宗御制《艮岳纪略》，［宋］张淏《艮岳记》引，扬州：江苏广陵古籍刻印社，1983—1984年。

莱文石，湖湘文竹，四川佳果异木之属，皆越海渡江凿城郭而至”。[①]因有“竭府库之积聚，萃天下之伎艺”之说，足见艮岳修造工程之大、耗资之巨。

艮岳所在环以宫墙，名之曰华阳宫。按祖秀《华阳宫记》，“筑岗阜，高十余仞，增以太湖、灵璧之石，雄拔峭峙，巧夺天造”，华阳宫门内道路左右林立巨石百余株，均为徽宗“瑰奇特异瑶琨之石”，以“神运昭功”“敷庆万寿”名之。“神运昭功石”就是那块广百围“高四丈，载以巨舰，役夫数千人，所经州县，有拆水门、桥梁，凿城垣以过”的太湖石[②]，立于道中，筑亭以庇之，并勒三丈碑，御制亲书纪文以记之。“庆云万态奇峰”则是安徽灵璧县进贡的一块高二十余尺的灵璧石。其余赏石或若群臣入侍，或战栗若敬天威，或奋然而趋，又若伛偻趋进，“怪状余态，娱人者多矣”。“其他轩榭亭径各有巨石，棋列星布，并与赐名。”艮岳中有品题的六十五块赏石，见于记载的有“朝升龙”“万寿老松”“衔日”“吐月”“坐狮”“金鳌”“叠翠”“积雪”“老人”“玉京独秀”等块[③]，除“神运昭功石”饰以金字外，其余观赏石皆以青黛画列其名。

在女真人南下攻掠之下，那个亲信谗佞、纵情花石的徽宗慌忙传位于太子赵桓即钦宗。靖康元年（1126），“周十余里，运四方奇花异石置其中，千岩万壑，麋鹿成群，楼观台殿不可胜记”[④]的艮岳名园便因“围城日久，拆屋为薪，凿石为炮”[⑤]的战火而被破坏了。宋代艮岳赏石是中国历史上有明确记载的最早最多的皇家苑囿赏石的集藏，也是后世数百年御苑赏石的主要源流之一。

二

徽钦二帝北狩，北宋王朝灭亡，艮岳随汴京的陷落遭受到严重破坏。自金人北返至海陵王迁都中都历时又四分之一个世纪。据《金图经》，为规划建设中都，海陵王“先遣画工写京师（按指汴京）宫室制度。至于阔狭修短，曲画其数，授之左相张浩辈按图修之”。金中都营建除“一依汴京制度”，并“择汴京窗户刻镂

① ［元］脱脱：《宋史》卷470《佞幸·朱勔传》，北京：中华书局，1977年。

② ［元］脱脱：《宋史》卷470《佞幸·朱勔传》，北京：中华书局，1977年。

③ 祖秀：《华阳宫记》，《说郛·卷68》；蜀僧祖考：《宣和石谱》，《说郛·100卷》卷16，《说郛三种》，上海：上海古籍出版社，1988年。按祖秀当即祖考。

④ ［清］毕沅：《续资治通鉴》卷94《宋纪九十四》，北京：中华书局，1957年。

⑤ ［宋］宇文懋昭：《大金国志校证》附录《金虏图经·京邑·宫室》，崔文印校证，北京：中华书局，1986年。

工巧以往"[①] 及按《揽辔录》调诸路夫匠施工之外，"其屏扆窗牖皆破汴都辇至于此"。《揽辔录》乃范成大作为南宋使臣出使金中都根据目睹事实写成，时在乾道六年（1170）秋，上距北宋亡国仅四十余年，距海陵王修筑燕京宫室仅二十年，故而对金中都宫阙制度和相关史迹记录甚为详备可信。其中虽未直接讲到辇运艮岳观赏石于中都，但按《大金国志·章宗纪》，承安三年（1198）春，章宗"幸蓬莱院，……陈玉器及诸玩好盈前，其篆识多宣和物，帝恻然动色。宸妃进曰：作者未必用，用者未必作，南帝但作此以为陛下用耳"。可见，海陵王营建中都不仅辇运了汴京的屏扆窗牖，还辇运了汴京玉石制品和古玩珍宝，艮岳观赏石自然亦在其中。故而后世文献有所谓琼华岛，"踞太液池中，奇石叠垒而成，皆当时辇致艮岳之遗也"[②]。按《禁扁》，蓬莱院在中都宫城内，有蓬莱殿和蓬莱阁等建筑物。故此处的琼华岛和太液池当是位于中都皇城内，而不是元明清京师皇城内的琼华岛和太液池，即不是元代忽必烈在位于金中都城东北郊外创筑的大都新城中的琼华岛和太液池。这里在金代称作大宁离宫（又名寿宁、寿岳、万宁宫）为大定十九年（1179）所建。周围水面，按中国古代传统，当时显然还不能叫作太液池。据《金台集》，金中都太液池在宫城以西，皇城的西部，金代琼华岛就在其中[③]。当初，金人辇致艮岳之奇石显然就置于此处。

金世宗即位后，为引宋徽宗运东南花石筑艮岳致亡国败家的教训，于宫城东明园屏间画宣和艮岳为戒。但至章宗时，"宸妃尝与主（按指章宗）同辇过御龙桥，见石白如雪，归而爱之，白国主，于苏山（《南迁录》作蓟山）辇至，筑岩洞于芳华阁（前），凡用工二万人，牛马七百乘，道路相望"[④]。看来，金中都皇城和宫城乃至离宫内不仅有自汴京辇致的奇石，而且还有金朝帝王步徽宗后尘由他处运来的奇石，规模亦堪称宏大。因此，金王朝不仅辇运了汴京艮岳的观赏石，而且继承了在宫城和皇城内叠置观赏石的制度，金王朝"辇致艮岳"奇石具双重含义。

金海陵拆运汴京城池建材和艮岳奇石，使繁盛一时的汴京宫城区和拥有"天下之美，古今之胜"的艮岳益加遭到破坏。但作为金王朝陪都的南京，在仁智殿

---

① ［宋］周密：《癸辛杂识》，吴企明点校，北京：中华书局，1988年；《说郛三种》，《说郛·120卷》卷21，上海：上海古籍出版社，1988年。

② ［清］鄂尔泰，张廷玉：《国朝宫史》卷16《宫殿·西苑下》，北京：北京古籍出版社，1987年。

③ ［清］于敏中：《日下旧闻考》卷29《宫室》引，北京：北京古籍出版社，1981年。

④ ［宋］宇文懋昭：《大金国志校证》卷19《章宗纪上》，崔文印校证，北京：中华书局，1986年。

前仍“有二太湖石，左曰‘敷锡神运万岁峰’，右曰‘玉京独秀太平岩’”[①]，前者即“高四丈，载以巨舰，役夫数千人，所经州县，有拆水门、桥梁，凿城垣以过者。既至，赐名‘神运昭功石’”[②]的太湖石；后者即宋代原置于寰春堂的太湖石，名称未变[③]。金人辇运汴京艮岳奇石并不彻底。

蒙古人推翻金王朝统治的战火使中都宫殿苑囿化为一片废墟，再经蒙古国时期近五十年的宫城冷落与皇城区益加残毁，故而忽必烈即位，初到燕京，不得不驻跸燕京近郊。中统三年（1262），整修琼华岛[④]，作为驻跸之所；至元元年（1264），又修琼华岛，并改燕京为中都。两修琼华岛实际上是整修大宁宫以为忽必烈的宫殿朝廷，就在这一过程中，大宁宫所在的岛屿被命名为琼华岛，取代了金中都旧城西苑中已废弃的琼华岛的地位。至元四年（1267），刘秉忠奉命创筑新城，恰恰就是以此岛及其周围水面为核心规划设计的。作为新都之镇山，又赐名万岁山或称万寿山，故而周围水面也就获得了传统名称“太液池”，取代了金中都皇城西苑内的太液池地位。因此，元大都皇城内的琼华岛名称在金代即已有之的观点是不确切的。和太液池一样，琼华岛不可能在金中都皇城西苑和郊外离宫同时存在。至元八年（1271）改国号为大元，翌年改中都为大都。琼华岛万岁山和太液池遂成为元大都宫苑核心，在从金中都到元大都不仅是朝代上而且是地域上的更迭迁徙过程中，原中都旧城宫苑区残存的观赏石及至元二年（1265）雕成的“渎山大玉海”储酒玉瓮和至元三年（1266）制成的“五山珍御榻”均被陆续集中放置到琼华岛及其宫殿中来。[⑤]

至元初期成为金中都宫苑奇石向大都新城宫苑中转移的重要时期，而大都宫苑奇石又成为明清宫苑观赏石的重要来源。因此，《金鳌退食笔记》的作者高士奇说：“余历观前人记载，兹山（琼华岛万岁山）实辽、金、元游宴之地，明时殿亭皆因元之旧名。其所叠石，巉岩森耸，金元故物也；或云：本宋艮岳之石，金人载此石自汴至燕，每石一准粮若干，俗呼为‘折粮石’。”披捡史实，此说虽未必尽信，如琼华岛命名的时代和艮岳观赏石辗转搬运的中间过程等，但琼华岛观赏石早期来历还是清晰的。

---

① ［清］于敏中：《日下旧闻考》卷25《地理志》，北京：北京古籍出版社，1981年。

② ［元］脱脱：《宋史》卷470《佞幸·朱勔传》，北京：中华书局，1977年；顾炎武《历代宅京记·开封府》记载类似，但赐号记为“昭功敷庆神运石”。张淏《艮岳记》名为“神运昭功敷庆万寿峰”。

③ ［宋］张淏：《艮岳记》，《笔记小说大观》，扬州：江苏广陵古籍刻印社，1983—1984年。

④ ［元］陶宗仪：《辍耕录》卷1《万岁山》，上海：泰东图书局，1922年。

⑤ ［明］宋濂：《元史》卷5《世祖纪》，北京：中华书局，1976年。

据《辍耕录》，元代琼华岛万岁山“皆垒玲珑石为之，峰峦隐映，松桧隆郁，秀若天成”。其他地方，如奎章阁有灵璧石，隆福宫和兴圣宫西均有假山，隆福宫假山南池畔多立奇石曰小蓬莱等。除琼华岛万岁山奇石集中外，宫苑各处亦按照空间点缀的需要分别置有各类观赏石和假山。这些奇石假山主要来自金人运自于汴京者，甚至到元成宗大德初，宫内广源库官员出售杂物，还发现有库存的“灵璧小峰，长仅六寸，高半之。玲珑秀润，所谓卧沙、水道、展摺、胡桃纹皆具。于峰之顶有白石，正圆，莹然如玉”，上有宋徽宗御题八个小字，曰“山高月小，水落石出”[①]，被视为略无雕琢之迹的奇物。除此之外，还有陆续贡献者，如《道园学古录》载，“天子在奎章阁，有献文石者，平直如砥，厚不及寸。其阳丹碧光彩，有云气、人物、山川、屋邑之形状，自然天成，非工巧所能模拟”。因而汪克宽《宣文阁赋》称：“公输献巧，匠石殚思。陶人运其埏埴，玉工效其雕几。豫章松柏，剪十寻之夭矫，金璧银镂，致万里之瓌奇。”宫苑诸物来自全国各地，王朝利用政权的力量保障着深宫御苑供应享用，也才造成了“万岁之山，嶕峣嶒崒，崖洞谽谺，草木苍郁”[②]的形胜。明初工部郎中、奉命平毁大都宫苑的萧洵也目睹了“万岁山，高可数十丈，皆崇奇石，因形势为岩岳”[③]的景色。

明初建都南京，皇城中没有苑囿的设置。在北京，为镇杀前朝王气，朱元璋命北伐大将军徐达平毁元朝大内即宫城，并于太液池西元隆庆和兴圣二宫遗址上营造燕王朱棣府第，洪武十二年（1379）完成。隆福宫假山和小蓬莱奇石景观作为燕王府第的组成部分，得到保护和利用。永乐迁都，修治西苑，使用作观赏的琼华岛和小蓬莱（后改名兔园山）各种奇石免遭破坏，继续发挥着点缀和观赏的功能，但于兔园山筑鉴戒亭，取殷鉴之意，嘉靖中曾加修葺。

宣德之后时有敕命勋旧辅臣游西苑，览都畿山川形势之举。其中，宣德八年（1433）四月，宣宗作《广寒殿记》，首先描述了琼华岛当时情景，称：“北京之万岁山，在宫城之西北隅。周回数里，而崇倍之，皆奇石积垒以成。巍巍乎，矗矗乎，巉峭峻削，盘回起伏，或陡绝如壑，或嵌岩如屋。”显然，明初琼华岛一如元代，仍是奇石丛集之所，未遭破坏。进而回顾了永乐中其皇祖太宗万机之暇燕游琼华岛，指顾山川面谕时为皇孙的宣宗：“此宋之艮岳也；宋之不振以是，金不戒而徙于兹，元不戒又加侈焉。”而“昔唐九成宫，太宗亦因隋之旧，去其

① ［清］于敏中:《日下旧闻考》卷32《宫室》引《澄怀录》，北京：北京古籍出版社，1981年。

② ［清］于敏中:《日下旧闻考》卷31《宫室》引《环谷集》，北京：北京古籍出版社，1981年。

③ ［明］萧洵:《故宫遗录》北京：北京古籍出版社排印本，1983年。

泰侈而不改作，时燕游以存监首。汝将来有国家天下之任，政务余闲，或一登此，则近而思吾之言，远而不忘圣贤之明训，国家生民无穷之福矣”。宣宗即位，虽用工修葺而不加侈，并“以所授大训，笔而勒诸于石，既以自省，亦以昭示我子孙于万斯年”①。明太宗、宣宗祖孙两代借鉴前朝花石教训，自律戒后，对有明一代特别是前期约束赏石的收集产生了一定的效果。

在宣宗之后诸帝诏赐勋旧重臣游宴琼华岛太液池的活动中，出现了不少游览西苑的诗文，如王直《记略》称，万岁山“皆奇石垒成，相传金人取宋艮岳石为之，至元增饰加结构焉”；“山下一石曰庆云，奇峰万变，盖艮岳之绝奇者。又有康干者；康干，国名。石乃松木入河，水浸渍久而成者，其木理宛然。”康干石实乃外国进贡的一种硅化木化石。

天顺初，李贤《游西苑记》谓“怪石参差”，“立石为峰，以次对峙”；韩雍《赐游西苑记》称“山在池之中，磊（垒）石为之，石床翠屏，分布森列。峰有最奇者名翠云，上刻御制诗”，按此翠云石当即王直《记略》中的庆云石。叶盛《赐游西苑记》则更具体地提及了翠屏岩，郭公砖，木变石（按硅化木化石）、太湖石等奇石。②凡此，描述的均是集中在西苑琼华岛万岁山的奇石。据《金鳌退食笔记》记载，在西苑游览诗中也有描述兔园山假山与奇石的诗文。由万岁山“诸殿宇皆仍其旧，未尝修治，我朝列圣恭俭之德于此可见”③和鉴戒厅的修造知，明代前期在罗致宫苑观赏石方面未出现宋徽宗那嗜石如命的狂热。

明代中后期奢侈之风盛行和园林住宅建筑在上层社会的兴起，打破了太宗和宣宗在宫苑建筑中崇尚恭俭淳朴的戒律。先是景泰六年（1455）曾建御花房，后是天顺初英宗复辟后在其北狩还居之小南城龙德殿北“垒石为山”④，额曰秀岩；然后是嘉靖年间御花园的扩修并修建慈宁宫花园；至万历十一年（1583）又在紫禁城承光门内御花园东北隅叠置了堆秀山，使园内“奇石罗布”⑤，又在太液

① 《明宣宗实录》卷101宣德八年四月，台北：中央研究院历史语言研究所，1962年；按《春明梦余录》宣宗有《艮岳记》，但未见著文，疑即《广寒殿记》。

② ［清］于敏中：《日下旧闻考》卷35《宫室》引《王文端文集》，北京：北京古籍出版社，1981年。

③ ［清］于敏中：《日下旧闻考》卷35《宫室》引《王文端文集》，北京：北京古籍出版社，1981年。

④ ［清］孙承泽：《天府广记》卷5《宫殿》，北京：北京古籍出版社，1982年；［明］刘若愚：《明宫史》，金集《宫殿规制》，北京：北京古籍出版社，1980年。

⑤ ［明］刘若愚：《明宫史》金集《宫殿规制》谓堆秀山位于“紫禁城之艮隅”，北京：北京古籍出版社，1980年。

池东岸芭蕉园，布置了“古木珍石，参错其中”[①]。由此看来，明代宫苑奇石收罗日渐丰富，并主要分布在紫禁城和西苑太液池万岁山即琼华岛一带。虽然就石源而言，以继承前代为主，正如《金鳌退食笔记》所说，琼华岛“所叠石，巉岩森耸，金元故物也”。但另一方面，明代中期之后，宫苑观赏石亦根据规划建筑的需要有所增设和新布局（图 1-3）。

三

清朝建都北京，京师宫苑制度一仍明旧。在昔日琼华岛万岁山，因清初毁掉山顶亭殿，立白塔建寺，故又名永安寺白塔山。按《国朝宫史》，“永安寺为金源琼华岛（按实为元初命名，如前所述），踞太液池中，奇石垒累而成，皆当时辇致艮岳之遗也”，依然是“奇石万垒，岩壑玲珑”的景观。乾隆《御制白塔山总记》和《御制塔山南面记》，塔山即白塔山亦即琼华岛，垒石回环，岩洞幽邃，“玲珑窈窕，刻峭崔嵬，各极其致，盖即所谓移艮岳者也”[②]。总体上来看，琼华岛四面奇石景观未发生明显变化，但言其微观，“山之南，沿者多而建者少；山之北，革者伙而置者稀”[③]。说明琼华岛假山奇石的布局在清代发生了一定的变化。最为典型者，是康熙辛酉（二十年，1681 年）冬，“运是山之石于瀛台，白塔之下，仅余黄壤，宜多植松柏，为青葱郁茂之观”[④]。白塔山奇石移走了不少，而在瀛台，“围置奇石，杂置花树”，使瀛台“迎薰亭”“东西奇石古木，森列如屏，自亭东行，过石洞，奇峰峭壁，缪辐蓊蔚，有天然山林之致”，收到了“垒石参差积翠间”的点缀效果。[⑤]清代瀛台，明代称南台，原是一林木阴森，南有村舍水田，帝王阅稼的去处。欧大任《南台》诗即描述了这里的江乡水田农舍稼穑景色[⑥]。至清初顺治中始建宫室以为避暑之处。康熙二十年，“于水边堆叠奇

---

① ［清］于敏中:《日下旧闻考》卷 36《宫室》引《甫田集》，北京：北京古籍出版社，1981 年。

② ［清］于敏中:《日下旧闻考》卷 26《国朝宫室》，北京：北京古籍出版社，1981 年；［清］庆桂:《国朝宫史续编》卷 67《西苑六》，左步青校点，北京：北京古籍出版社，1994 年。

③ ［清］庆桂:《国朝宫史续编》卷 67《西苑六》，左步青校点，北京：北京古籍出版社，1994 年。

④ ［清］高士奇:《金鳌退食笔记》卷上《琼华岛》，北京：北京古籍出版社，1980 年。

⑤ ［清］鄂尔泰，张廷玉:《国朝宫史》卷 14《宫殿四》，北京：北京古籍出版社，1987 年。

⑥ ［清］于敏中:《日下旧闻考》卷 36《宫室》引，北京：北京古籍出版社，1981 年。

石，种植花树，层岩山壑，委曲曼回”，“别具幽致”[①]，这里遂成为清代皇城西苑内一处重要的避暑地和赏石集藏地。

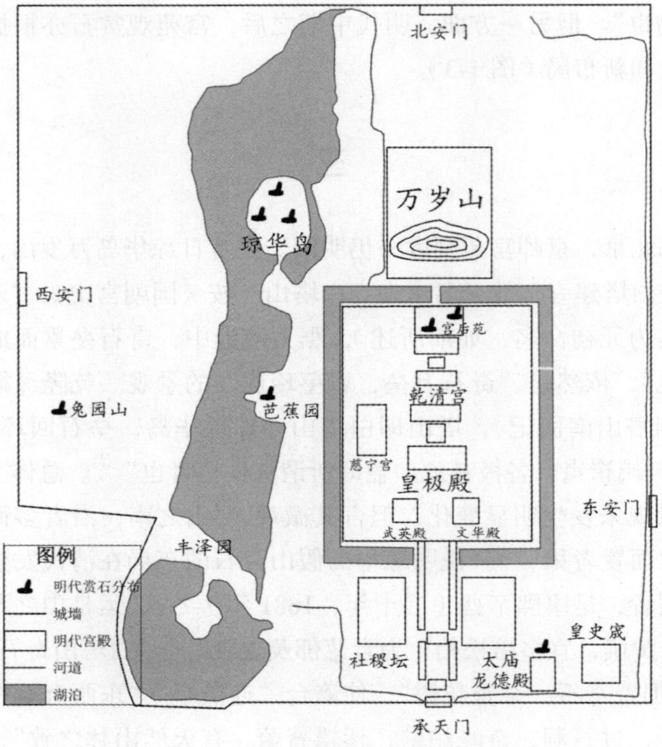

图 1-3　明代皇城假山奇石分布

在北海北岸，至乾隆中亦堆置了不少奇石以为点缀。按《朝鲜李朝实录中的中国史料》(第十一册)：乾隆四十五年（1780）四月，朝鲜使臣黄仁点曾目睹“五龙亭挟宫墙数里之间，左右堆积者，无非太湖石，石皆奇古，而玲珑嵌空，大小不一，一块非一车所可运。问诸彼人，则皆是新造寺观所装点之物”。

除上所述之外，在西苑内，见于《国朝宫史》《燕都丛考》等文献记载的观赏石还有南海东岸的昆仑石，随安室玲珑如云的太湖石，春明堂前“文理尚在，鳞甲俨然”的木变石，“怀抱爽”亭侧近名曰“插笏”的二剑石，丰泽园戏台前“仿佛狮子林，黝然深谷”[②]的叠石，快雪堂前极秀削的太湖石，中海以西兔园山

① ［清］高士奇：《金鳌退食笔记》卷上《瀛台》，北京：北京古籍出版社，1980 年。

② ［清］翁同龢：《翁同龢日记》乙酉（光绪十一年）四月二十四日，陈义杰整理，北京：中华书局，1989 年。

叠石为山、多立奇石等。

在紫禁城内，明代中期以来在御花园叠置的奇石，至清代沿而未改："园内奇石罗布，佳树葱郁，有古柏藤萝，皆明代旧物。"[①] 而天顺初在小南城叠置之秀岩，因南城至清初改作睿亲王府[②]，并随睿亲王多尔衮病死后削爵籍没改建为寺庙而衰落了。但康乾时期又有多处花园奇石在宫禁内陆续置设。

慈宁宫，明嘉靖中始建，顺治十年（1653）重建，康熙朝为太皇太后居住处；至乾隆十六年（1751）重修，为太后居止处。前为慈宁南花园，其观赏石可能是康熙时自明小南城即清初睿亲王府移置而来，乾隆中益加增设。

宁寿宫花园，又名乾隆花园，位于宁寿宫之北。宁寿宫建于康熙中，为奉养太后之所。乾隆三十六年（1771）重加修葺，拟为乾隆本人"以俟归政时，老景消荏苒"处，故花园内结石成岩，叠石为屏。乾隆四十一年（1776）在北京西山所得"巨孔小穴难计数，诡棱奇石卉自萦纠"的湖石，命名"文峰"即置于此宫景棋阁阶前。[③] 除"文峰"湖石外，还有"云窦"石洞及"翠鬟"山亭等观赏石景观，均为乾隆时期叠置。又有"水趣山情静可论"，"乐唯仁者寄于山"的楹联及"寄兴由来在山水"等诗句。故此花园是清代紫禁城内观赏石较为集中的一区。但自乾隆离世后，至清末的百余年间无人居止，荒芜特甚[④]。

建福宫，在乾隆龙潜旧邸重华宫西，葺建于乾隆五年（1740）。葺建是宫，原因"其地较养心殿稍觉清凉，构为邃宇，以备慈寿万年之后，居此守制"，即作为太后逝后，在大内守丧静居场所。在宫内敬胜斋东有"飞MISSING"山石，碧琳馆侧"叠石为假山"，延春阁前"叠石为山"，上有"积翠"亭，"山左右有奇石，西曰飞来，东曰玉玲珑。山之西穿石洞而南，洞口恭勒御题曰鹫峰"。有"奇石尽含千古秀，好花长占四时春"和"地学蓬壶心自远，身依泉石兴偏幽"等与奇石假山有关的楹联。故而这里有"文石耸立，佳木丛生"[⑤] 之誉。吴振棫则认为："大内宫殿，崇宏肃穆，非苑囿比。乾隆五年（1740）葺建福宫……其间幽邃静丽，各极其胜。花竹树石，布列远近，其规制与内宫殊不同也。"[⑥]

寿安宫，在慈宁宫北，本明代咸安宫旧址，乾隆十六年（1751）改建，为先

---

① ［清］于敏中：《日下旧闻考》卷 14《国朝宫室》，北京：北京古籍出版社，1981 年；陈宗蕃：《燕都丛考》第一编第三章《宫阙》引《故宫考》，北京：北京古籍出版社，1983 年。

② ［清］于敏中：《日下旧闻考》卷 40《皇城》，北京：北京古籍出版社，1981 年。

③ ［清］于敏中：《日下旧闻考》卷 18《国朝宫室》，北京：北京古籍出版社，1981 年。

④ ［清］于敏中：《日下旧闻考》卷 18《国朝宫室》，北京：北京古籍出版社，1981 年。

⑤ ［清］于敏中：《日下旧闻考》卷 16—17《国朝宫室》，北京：北京古籍出版社，1981 年。

⑥ ［清］吴振棫：《养吉斋丛录》卷 17，北京：北京古籍出版社，1983 年。

朝嫔御居止处，宫内后庭中亦“叠石为山”。[1]

文渊阁，位于文华殿后，乾隆三十九年（1774）创建，用贮四库书籍。阁后叠石为假山[2]。

南三所，文渊阁东北、三座门北有殿宇三所，因相对于御花园东之北五所得名。有撷芳殿，覆以绿瓦，为皇子所居，仁宗嘉庆初出宫时的府第。嘉庆中，宣宗与诸皇子也居此。[3] 宫殿之外东南亦有假山奇石。

由此可见，清代宫城之内至少增加了六处假山奇石观赏景观（图 1-4），且主要集中在乾隆时期。

在西郊皇家园林中，则按照造园艺术的需要同样布局了假山奇石等观赏景观。“安土阶之陋，惜露台之费”的畅春园，从“捐泰去雕，视昔亭台丘壑林木泉石之胜，絜其广袤，十仅存夫六七”[4] 来看，康熙建园时沿用明武清侯李伟清华园旧基，除略微收缩外，对园内建筑当有新的改作，而林木山石则是那位“胸有丘壑”的青浦人叶洮布置的。[5] 米万钟勺园名“青云片”的观赏石亦被移入御苑[6]，可能就是毗邻之畅春园内。

圆明园，历雍正至乾隆时期得到空前发展。在园内四十景中，与观赏石有关的景观不乏记录。如清晖园前的石壁，露香斋的假山、玲珑石，碧桐书院外的旋绕山阜[7]，杏花春馆旁峰石，长春仙馆庭径奇石，古香斋的翛然水石，万方安和的山水清音、高山流水、枕流漱石、洞天深处均假山奇石，汇芳书院的奇石，文源阁“大孔小穴尽灵透，凸实凹窳仍巉嵯”的玲峰[8]；松峦峻峙的小匡庐，平湖秋月“依山面湖，竹树蒙密”，又有两峰插云；接秀山房“隔岸数峰呈秀”；别有洞天“北依山，南临河”，坐石临流，“奇石峭列，为坻为碕，为屿为奥”等。[9]

---

① ［清］于敏中：《日下旧闻考》卷 19《国朝宫室》，北京：北京古籍出版社，1981 年。

② ［清］于敏中：《日下旧闻考》卷 12《国朝宫室》，北京：北京古籍出版社，1981 年。

③ ［清］于敏中：《日下旧闻考》卷 13《国朝宫室》，北京：北京古籍出版社，1981 年；［清］吴振棫：《养吉斋丛录》卷 17，北京：北京古籍出版社，1983 年。

④ ［清］于敏中：《日下旧闻考》卷 76《国朝苑囿》，北京：北京古籍出版社，1981 年。

⑤ 徐琦撰：《清稗类钞》第一册《宫苑类》，北京：中华书局，1984 年。

⑥ ［清］于敏中：《日下旧闻考》卷 84《国朝苑囿》，北京：北京古籍出版社，1981 年；［清］吴振棫：《养吉斋丛录》卷 26，北京：北京古籍出版社，1983 年。

⑦ ［清］于敏中：《日下旧闻考》卷 80《国朝苑囿》，北京：北京古籍出版社，1981 年。

⑧ ［清］于敏中：《日下旧闻考》卷 81《国朝苑囿》，北京：北京古籍出版社，1981 年。

⑨ ［清］于敏中：《日下旧闻考》卷 82《国朝苑囿》，北京：北京古籍出版社，1981 年。

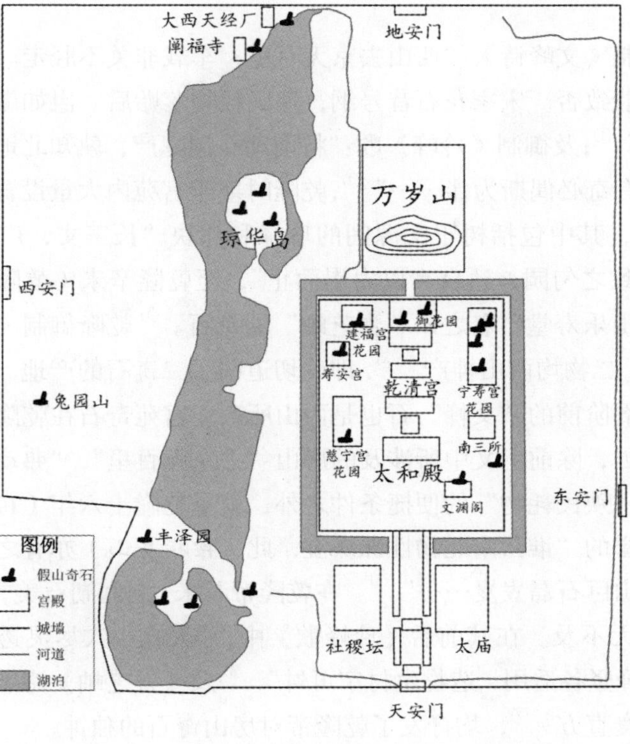

图 1-4　清代皇城假山奇石分布

长春园，乾隆修建以为归政后息肩娱老之处，山水清佳。水石之间的茜园门内有奇石，名“青莲朵”；标胜亭有假山；小有天叠石成峰，兼挹林泉、崖壑之胜，“古木苍岩，玲珑秀削”；海岳开襟的“崑峤方壶”；狮子林的假山；云林石室，“竹林丘壑皆肖其景”；玉玲珑馆“湖石三四峰，湘筠五六个”等。①

清漪园，乾隆十五年（1750）创建；依山临湖，景色秀丽，仍有假山奇石的布局。如乐寿堂前有大石如屏，乾隆御题“青芝岫”“玉英”“莲秀”七个大字及君臣摹刻文字，俗称败家石，是中国最大的园林置石；惠山园涵光洞“径侧多奇石，为厂为窦，深入线天，层折而出，仿佛灵鹫飞来”，题刻有“松风”“仙岛”“云窦”“玉琴暎”“堆云积翠”等；北为廓如亭的昆仑石等。②

历史文献均明确地记录了清代皇家苑囿中的假山奇石，丰富多彩。而这些奇石包括宫城内新增各处奇石则主要是乾隆时期（1736—1795）朝廷自京畿房山采办，其次是各地官员进贡和乾隆本人从江南私家园林罗致，陆续运抵京师宫苑

① ［清］于敏中：《日下旧闻考》卷 83《国朝苑囿》，北京：北京古籍出版社，1981 年。

② ［清］于敏中：《日下旧闻考》卷 84《国朝苑囿》，北京：北京古籍出版社，1981 年。

各处的。

按乾隆御制《文峰诗》，“西山去京无百里，车载非关不胫走。洞庭湖石最称珍，博大似兹能致否。宋家花石昔号纲，殃民耗物鉴贻后。岂如畿内挺秀质，弗动声色待近取”[①]；及御制《玲峰》歌：“将谓湖石洞庭产，孰知北地多无限。万钟异石大房山，有奇必偶斯为伴……”[②]；乾隆时期于宫苑内大量设置的观赏石主要来自北京西山，其中包括树于文源阁的玲峰和那块“长三丈，广七尺，色青而润，米万钟欲致之勺园，达良乡以力竭而止”，至乾隆辛未（乾隆十六年，1751年）辇致万寿山乐寿堂，名之曰“青芝岫”的奇石。[③]乾隆御制《玲峰》歌“青芝岫及此玲峰，二物均西山神产”[④]，即确切道明了二奇石的产地。其实置于紫禁城宁寿宫景祺阁阶前的“文峰”石也是西山所产。宫苑奇石在乾隆时期主要采自京畿，究其原因，除前引文中所涉及的房山“去京无百里”，“弗动声色待近取”，比宋代花石纲“殃民耗物”的便捷条件之外，就是乾隆十六年（1751）御制《青芝岫》诗中赞誉的“谁云南北物性殊燥湿，此（按指房山）亦有之殆或过之无不及。君不见房山巨石磊岂岌……”[⑤]。在乾隆帝看来，洞庭湖石美誉天下，而房山湖石有过之而无不及。在其前后《玲峰歌》中，“大孔小穴尽灵透，凸实凹窾仍巉嵯”，“岫横峰竖各适用，造物生材宁可舛”，[⑥]及《青芝岫》诗“青芝之岫含云苍，崔巍刻削寰直方”[⑦]，均抒发了乾隆帝对房山奇石的独钟。

清代主要是乾隆时期，皇家宫苑赏石，除多采自京畿西山外，据《养吉斋丛录》记载，乾隆辛未（1751）南巡杭州，见宗阳宫即南宋德寿宫穹石曰芙蓉石，尝拂拭之，“大吏遂辇送京师，命置之茜园（按长春园内）太虚室，赐名青莲朵”。还有哈密、吐鲁番岁贡的木变石和黑龙江将军进贡的“长六尺余，世所罕见”的木变石，有混同江边砥石山所出的松花石，还有高宗南巡由扬州九峰园选取而运到御园的二奇石，等等。因此，清代宫苑观赏石具有来源广、数量大、品种多、罗致时间相对集中的特点，且在这些方面均远远超越了前代。由乾隆《玲峰》歌中称玲峰石“取自崇冈历平原，原非不胫实车转”及有“百夫辇”一词可知，乾隆搜集各地奇石辇运京师虽不及宋徽宗艮岳之役浩繁骚扰，但亦可见其用

① [清]于敏中：《日下旧闻考》卷18《国朝宫室》，北京：北京古籍出版社，1981年。
② [清]于敏中：《日下旧闻考》卷81《国朝苑囿》，北京：北京古籍出版社，1981年。
③ [清]吴振棫：《养吉斋丛录》卷17，北京：北京古籍出版社，1983年。
④ [清]于敏中：《日下旧闻考》卷81《国朝苑囿》，北京：北京古籍出版社，1981年。
⑤ [清]于敏中：《日下旧闻考》卷81《国朝苑囿》，北京：北京古籍出版社，1981年。
⑥ [清]于敏中：《日下旧闻考》卷84《国朝苑囿》，北京：北京古籍出版社，1981年。
⑦ [清]于敏中：《日下旧闻考》卷81《国朝苑囿》，北京：北京古籍出版社，1981年。

工之繁夥。

盖因此类原因，乾隆归政之初即下敕旨："朕御宇六十年来，国家升平昌阜，大内存贮，珍物骈罗"，"而嗣皇帝方当以简朴为天下先，原不宜贵奇异奢华之物。是用再行通谕，此后除盐、织、关差向有公项购办备赏物件外，其余内而王公、大臣，外而督抚，不但贡物不必进呈，即如意亦不许备进。其土贡唯麦面、果品、茶叶、药材等项，准其照例呈进，以备荐新分赏之用。不得额外增添陈设、绸缎各物，以示体恤而节繁费"。[①] 理解这段节录的乾隆敕旨，知皇家宫城包括苑囿内存贮珍奇宝物甚丰，且日后不再额外增添陈设，应包括观赏石在内。由此亦反证乾隆中罗致观赏石数量之众多。

畅春园、圆明园、长春园经英法联军残毁掠夺之后，因清王朝内忧外患，财政维艰，诸园失修年久。至光绪初"以圆明园荒芜岁久，水道阻塞，不如万寿山昆明湖水面广阔，施工较易，乃辍圆明园工而修万寿山"[②]，清政府将修复园林以备临幸的注意力转向了清漪园。光绪十一年（1885）下诏重修，改名颐和园。"不三年，园成"[③]。慈禧挪用海军经费重修的颐和园山清水秀，殿宇巍峨；还根据园林布景的需要，叠置了新的假山奇石。除乾隆中已有诸处之外，如排云门外排衙石，又称生肖压石，包括太湖石、笋石，玉澜门外的子母石，玉澜堂后的假山，庆善堂前的太湖石，仁寿门内寿星石系光绪十二年（1886）从墨尔根园移来，门外四处外，门内四处则是民国时期新移，万寿山东南坡"意迟云在"以东路侧叠置各类赏石多达30余处，万寿山东北坡多宝塔东侧，寄澜堂北门外，听鹂馆南，自宝云阁东下"太湖假山，山有洞，回环弯曲，如蚁行九曲珠然"[④]，均为新置，因而出现了直到今天仍点缀各处的各种奇异观赏石。这些观赏石中的大部分即来自圆明园、畅春园、长春园等已废弃的园林中。20世纪初年，随着王室制度松懈，清朝灭亡，苑囿残败，公园兴建，不少御苑赏石逸出或迁出宫城及苑囿。北京中山公园中的独立的赏石便是在这种背景下收集的。

四

唐宋以降，皇家宫苑观赏石的流变大体如此。除唐代宫苑观赏石因史料局限

① ［清］庆桂:《国朝宫史续编》卷71《经费三》，左步青校点，北京：北京古籍出版社，1994年。

② 徐琦撰:《清稗类钞》第一册《宫苑类》，北京：中华书局，1984年。

③ 徐琦撰:《清稗类钞》第一册《宫苑类》，北京：中华书局，1984年。

④ 徐琦撰:《清稗类钞》第一册《宫苑类》，北京：中华书局，1984年。

难以确指其布局特点外，北宋奇石假山集中叠置于艮岳，金代奇石假山集中叠置于中都城西苑琼华岛；南宋奇石假山集中叠置于行都临安德寿宫，是时，“高庙（按宋高宗）雅爱湖山之胜，于宫中凿一池沼，引水注入，叠石为山，以象飞来峰之景，有堂扁曰冷泉”[①]；元代宫苑奇石假山则集中叠置于大都皇城万岁山琼华岛，另在奎章阁有灵璧石，隆福宫和兴圣宫西均置假山，小蓬莱多立奇石；明代宫苑奇石仍沿元代集中叠置于琼华岛外，又在宫城内小南城叠置有假山秀岩，在御花园叠置了堆秀山并布置了奇石，另在西苑芭蕉园亦有珍石布列。至清代尤其乾隆时期，宫苑观赏石则出现了空间布局迅速扩展的势头。除明代已布置者外，清代仅紫禁城内新叠置假山奇石即多达六处，在皇城西苑和西郊皇家园林中则出现了更多的假山奇石，形成新的空间格局，一如上述。

清代宫苑假山奇石等观赏景观的迅速兴起，不仅与自古以来山水审美和山水园林塑造的空前发展有关，而且与封建帝王尤其是乾隆个人迷恋山水景观的个人情趣和模拟山水景观的浓厚雅致有关，还与当时国家财政经济实力有关。

中国山水审美和山水园林塑造拥有悠久传统，至明清时期形成高潮。仿效自然山水景观构筑为园林佳景的有机组成部分，尤以江南为盛。明末计成著《园冶》则是对明代及其以前我国造园艺术和造园成就的科学总结。其中对掇山与选石的原则和技巧介绍甚为详明。关于掇山，“立根铺以粗石……方堆顽夯而起，渐以皴文而加；瘦漏生奇，玲珑安巧。峭壁贵于直立，悬崖使其后坚。岩、峦、洞、穴之莫穷，涧、壑、坡、矶之俨是；信足疑无别境，举头自有深情。蹊径盘且长，峰峦秀而古”，可得“多方景胜，咫尺山林”[②]的效果。诸赏石中的太湖石“以高大为贵，唯宜植立轩堂前，或点乔松奇卉下；装治假山，罗列园林广榭中，颇多伟观也”[③]。这不仅反映了明代造园艺术在假山赏石叠置方面的成就，而且对后世造园艺术产生了深远影响。

具有高度文化修养和艺术鉴赏力的清代帝王尤其是乾隆在山水审美方面亦表现了非凡素养。他在历次巡行和游猎过程中，不仅深入地体验了山林原野生活，陶冶了他崇拜自然、“师法自然”的心境，“山水与我有宿缘，每遇佳景辄

---

① 吴自牧:《梦粱录》卷8《德寿宫》影印本，台北：文海出版社，1981年;［宋］周密辑:《武林旧事》卷4《故都宫殿·德寿宫》夹注，影印本，北京：中华书局，1991年。

② ［明］计成:《园冶注释》卷3《掇山选石》，陈植注释，北京：中国建筑工业出版社，1981年。

③ ［明］计成:《园冶注释》卷3《掇山选石》，陈植注释，北京：中国建筑工业出版社，1981年。

欢畅”[①],及“行遇好山水,自觉中心快”[②]等诗句均深刻地反映了他亲近自然环境和山水景观的生活情趣；而且他还广泛地接触了江南众多的私家园林，引发了他“略师其意，就其天然之势，不舍己所长”[③]，“别开心境”的志趣，移植江南园林于都城宫苑中，如仿造海宁陈氏安澜园、苏州名园狮子林、杭州汪氏小有天园、南京瞻园于圆明园和长春园，仿造无锡秦氏寄畅园于清漪园（颐和园）内，故而收到了圆明园乃“天宝地灵之区，帝王游豫之地，无以逾此”（《御制圆明园后记》）的良好艺术效果。在外国传教士、建筑学家看来，圆明园“欲备天然野趣而得幽隐之便，非欲其仍若严整壮丽之皇居也”，故“身入其中者，莫不情为之移，正因其错杂不齐，盖见匠心独造”。[④]中国文人则认为:“行所流连赏四园，画师写仿双开境，谁道江南风景佳，移天缩地在君怀”（王闿运《圆明园词》)，而宫内“山水之间发清音，古今以上多同人”，“奇石尽含千古秀，好花长占四时春”，“景清神谧天常泰，水趣山情静可论”，“趣为永哉畅非俗，乐唯仁者寄于山”的联咏及“寄兴由来在山水”的诗句均反映了清朝皇帝尤其乾隆皇帝寄情山水，于宫内叠置假山赏石并配置以自然和人文景观的内心世界和审美意识。除山水园林艺术的发展及乾隆自身“师法自然”“别开新境”的需求等主客观原因之外，清代宫苑内假山赏石的叠置还与当时社会经济的发展和社会承受能力有关。清代经康雍二代的经营，社会经济已得到恢复和发展，至乾隆时期，由于政治稳定，经济繁荣，财政充裕，给国家整治各项建设事业提供了雄厚的物质基础和财政条件。[⑤]如若没有这样的条件，大规模地兴土木叠赏石也都是不可能的。

综上所述，皇家宫苑赏石流变过程表明，古代尤其清代乾隆皇帝对假山奇石的艺术欣赏和师法自然的追求已达到极高的水平。

（原载丁文父编《御苑赏石》，生活、读书、新知三联书店，
三联书店（香港）有限公司，2000年北京第一版）

---

① 清高宗撰:《乐寿堂全集定本》卷17《题唐岱重溪烟霭便面》，乾隆十三年武英殿刻本。

② 清高宗撰:《乐寿堂全集定本》卷18《唐寅山静日全图》，乾隆十三年武英殿刻本。

③ 清高宗撰:《御制诗》卷89《题致远斋》，乾隆十四年刻本。

④《中国营造学社汇刊》第二卷第一册，王致诚《圆明园纪事书札》，南溪（四川）：中国营造学社，1930—1945年。

⑤ 清高宗撰:《御制诗》卷85《降旨普免天下正供・诗以志事》，乾隆十四年刻本；乾隆退位“帑藏充盈，户部核计已至七千三百余万（两银）”，较其即位时国库存银三千余万两，超出四千三百余万两。

北京——民族融合的大熔炉

统一多民族封建国家都城地位的确立，使北京成为一个多民族聚居的城市。因社会发展历程的不同和地理环境的制约而形成的各民族独特的语言与服饰、头饰的文化，在这里进行了广泛的接触、渗透与融合。

一、语言

作为一种特殊的社会文化现象，语言伴随社会的产生而产生，伴随社会的发展而发展，孕育普通话形成与发展的基础方言，是中国封建社会后期在以北京为中心的广大地区形成的北京话，代表方言乃是北京话与北京官话，标准言是北京城市形成的北京语音。从某种意义上讲，普通话产生于北京话。

北京话的形成始于辽代初期。当时正值中原五代战乱，大批幽蓟汉人流徙塞外。契丹主耶律阿保机加以安抚存邺，为之建造城郭屋室，使各安生业，不复思归。而契丹贵族亦乘机犯塞，攻陷城邑，俘掠大量汉人北迁，并为之创置30多个州县，加以安置。辽天显十一年（后晋天福元年，936），契丹贵族攫取幽云十六州，并将幽州定为南京后，即开始将宫卫军户与渤海户等东北少数民族户共约一万余户迁移到南京地区。宫卫乃辽代既统军又领民的契丹社会军事行政组织，由契丹户及其他少数民族如室韦、奚及汉族人户等组成。大批幽蓟地区汉人的北迁和东北地区契丹、奚、室韦与渤海等民族人口的南进，自南京至上京临潢府这一狭长地带逐步形成多民族杂居的局面。这种局面要求有一种共同的交际语言作为相互联系与交往的纽带。在相互交往中，经济发达、文化先进的汉人显然处于优势与支配地位，幽蓟地区的汉语方言便充当了个民族间交际的共同的语言。辽末金初，“凡聚会处，诸国（按指诸族）人言语不通，则各为汉语以证，方能辨之”①，即充分证实了这一点。这里所说的汉语，已非晦涩难懂的古代文言，而是结构趋于简化，易于交际、便于理解、并受到某些少数民族语言影响的准白话。

金天辅六年（辽保大二年，1122年），女真人攻克辽南京。以完颜阿骨打为首的女真贵族同样大量驱掠燕京地区士民迁往金源内地——上京会宁府。仅天

① 《大金国志》卷40《许奉使行程录》。

会元年（1123），金人驱掠燕地家业在150贯以上者即达3万余户。金天会三年（1125），燕京复入金人之手。金天会五年（1127），金人灭北宋后，开始移徙女真猛安谋克军户于燕南州县，“令下之日，比屋连村，屯结而起，惟金主及将相亲属卫兵之家得留”[①]。金熙宗初年，金朝与南宋划淮为界，并于皇统五年（1145）创置屯田军，自东北地区徙居中原，与汉族百姓杂处。至海陵王迁都燕京，改燕京为中都，东北人口南迁形成高潮，共迁入女真等族人户大约2.4万户，20万人。同时，金朝政府还实行了“凡四方之民欲居中都者，给复十年，以实京师”[②]的政策。有不少北迁的原燕京地区的汉人，此时又重新返回了故里。南迁的女真等族人口，置身于以新的汉语方言为交际语言的环境中，自然不免要受到潜移默化的影响。到大定十三年（1173）距女真立国（1115）仅只有58年，金世宗就已经为女真人不能讲女真话忧心忡忡了。他对皇太子及诸王说：“汝辈自幼惟习汉人风俗，不知女真纯实之风，至于文字语言，或不通晓，是忘本也。”[③]太子太保、寿王宗爽亦曾对太子说：“殿下颇未熟本朝语，何不屏去左右汉官，皆用女直（即女真）人”[④]。金世宗为此下令：“应卫士有不闲女直语者，并勒习学，仍自后不得汉语。”[⑤]可见，至金大定中，上自太子下至朝廷卫士，均已普遍使用汉语了。

在蒙古骑兵的强大军事压力之下，金宣宗于金贞祐二年（1214），迁都南京（汴京）。此次迁都，直接诱发了中都地区人口的大量南迁，形成了“诸路之人辐凑河南”[⑥]的形势。翌年，蒙古骑兵攻取中都；在焚毁金中都宫阙之后，大量俘掠中都及河北河东人口北迁。到蒙古人占领中都及周围地区时，区域人口减少到金代极盛时期的约1/5，35万人聚居在中都城市和中都地区。中都地区人口的大量迁徙在某种程度上减缓了这一地区已经萌芽并正在发展的新的汉语方言的形成。但残存人口的存在，也造成了这种新汉语方言继续发展的语言环境和基础条件。

忽必烈继位、定鼎中都后，更大规模地向这里移民。所迁人口包括军人、匠户、官员及其眷属等。他们分属于汉人、蒙古人、色目人、女真人、回回人、阿速人等。在这些人口中，各地的汉人包括当时被称之为汉人的金朝汉人、女真人、契丹人及南人即南宋的汉人，也包括被蒙古人俘掠北去和金朝迁都南下的原燕京地区人口。各少数民族人口和各地汉人在大都城市与大都地区乃至上都地区

---

① ［宋］李心传：《建炎以来系年要录》卷68，绍兴三年九月，北京：中华书局，1988年。

② 《金史》卷83《张浩传》，中华书局，1975年。

③ 《金史》卷7《世宗纪》。

④ 《金史》卷19《显宗纪》。

⑤ 《金史》卷7《世宗纪》。

⑥ 《金史》卷107《高汝砺传》。

杂居共处、接触交往中，汉族作为经济文化先进且异常稳固的人口集团不断施加文化影响予其他民族人口，使他们吸收汉文化，包括使用汉族语言。同时，汉语也在不断吸收兄弟民族语言中优秀而通俗的成分丰富与充实自己，如“站”“胡同”等字词均来自蒙古语。幽燕方言于是便进一步地口语化、白话化、通俗化，而日益走向成熟，成为各族民间互相交往的共同交际语言。到元代中期，出现了大量用“白话”写作的通俗文学作品。

明朝攻克大都，改大都为北平府，为适应当时政治与军事斗争需要，明政府派遣官吏与军队进驻北平地区的同事，一面有计划地遣散元大都城市遗民，一面则招抚北逃军民，并有计划地迁徙北平山后之民、沙漠遗民、妫州、宣兴州沿边之民于北平府屯戍。他们大部分系元顺帝北遁被裹携而去、操大都白话的汉人及汉化的女真、契丹和蒙古人；一部分属燕山山后定居居民，他们所操乃属于大都白话的幽燕地方方言。

明成祖迁都北京后，又开始了向北京与北京地区的大规模移民。移民主要来自南京、山西、山东、苏州、浙江等地。其中迁入的工匠包括大量元代在籍工匠，他们曾生活并工作在大都。调入北京的不少卫所，则是由原本生活在大都城市与大都地区的汉人、蒙古人组成的，如腾骧四卫、大宁都司所属卫所等。他们的回归迁移增加了北京地区的原有户口，与靖难残存户口一起，保证了北京地区乃至东北地区汉语方言即大都白话的继续存在和连续发展。

与辽、金、元相比，明代移民的来源发生了重要变化。因此，与早期北京话即北方方言的白话接触最为频繁的，已不再是契丹、女真、蒙古等民族的语言，而是来自北方中原和长江下游各地的汉语方言。各地的汉语方言尤其北方方言之间虽有分期，但差距不大。所以永乐移民来源的改变，并没有逆转辽、金、元代逐渐形成和发展起来的北方汉语方言，“白话”即早期北京话的稳定发展。不过，北京人口五方杂处，来源不同的各地方言在长期交际与接触中，也必然给北京话产生深刻的影响。如《宛署杂记》记载的“父曰爹，又曰别，又曰大”的三种称呼中，唯父曰爹系北京话原有，曰大则来自山西的方言。

明代中后期崛起于东北的满族，其祖先乃辽代生女真的一支。在熟女真建立的金朝迁都中都之后，他们随之南迁，增加了与聚居在今辽宁、吉林和内蒙古东南部汉人接触的机会，开始较多地受到汉文化的影响。至明代，按其生产水平和聚居地区的差异划分为建州、海西和野人三大部分。其中，聚居于松花江流域的建州女真与汉人接触较多，较早且较深地接受了汉文化影响。明初，建州女真即已密切了与明朝的联系。明朝在此设立了建州卫，先后封其首领阿哈出和猛哥帖木儿为卫指挥使。女真人成为明朝的臣民。1583 年（明万历十一年）至 1619 年

（明万历四十七年），猛哥帖木儿的后裔努尔哈赤统一了女真各部，建立后金政权。这标志着我国一个新的民族共同体的形成，这就是满族。满族拥有自己的语言满语，但在满族形成时，由于与汉人数百年的交往、接触和通婚，汉语已处于优势地位，成为相互交际的通用语言。努尔哈赤自幼广交汉人，精通汉语，喜谈《水浒传》《三国演义》等书，深受汉文化影响，即为典型实例。

在皇太极称帝、改国号为清之后，除占领明辽东地区外，清军还5次长驱入关，直抵京畿、山东、山西等地，俘掠北方人口达百万人。

攻占辽东地区和俘迁大量汉人，使满族统治下的东北汉人大增。满族人在数倍于自己的汉人密切接触中使用的乃数百年间形成的幽燕汉语方言，满语进一步退居次要地位。至清顺治元年（1644），清兵入关时，满族民间一般也都用幽燕汉语方言交际对话，甚至地名与官名亦均使用汉语。皇太极对此极感忧虑："朕闻国家承天创业，各有制度，不相沿袭，未有弃其国语而反习他国之语者。""嗣后我国官名及城邑名，俱当易以满语"，"毋得仍袭汉语旧名"，"若不遵我国新定之名仍称汉字旧名者，是不奉国法恣行悖乱者也，察出绝不轻恕。"① 但满族人"弃其国语而反习他国之语"的大趋势已无法挽回。所谓"他国之语"，实乃辽金以来逐渐形成的以幽燕汉语方言为代表的北方方言。

清王朝定鼎北京，作为统治民族的满族大量迁入北京及近畿地区。大批满族、蒙古族人和东北汉人移居北京，大量被清军俘掠北迁的北方汉人也回归北京地区，这不仅改变了本地人口的民族构成，而且形成了北京地区和东北人杂居共处的局面，推动北京地区的汉语方言沿着已有的发展轨迹继续发展。

其实在旗汉人多系世居东北的汉族人，他们多数是辽金至元明时期北迁汉人的后裔，一部分则是被满族贵族俘掠北迁的北方汉人或降附的明朝军卒渠帅。前者在自辽迄清初人口的往返迁徙中至少有两次回归北京地区。他们在社会交际中所使用的语言，乃辽金时期萌芽的幽燕方言、元代形成白话方言，尔后继续发展的当今所说的北京方言和东北方言。因为这两种方言是在区域人口大量往返迁移中形成的，故具有惊人的一致性。

满族初入北京即圈占了北京内城，分驻八旗官兵与眷属，而驱赶内城汉官汉民商人回民等迁往南城，形成了旗人与汉回人口分区居住的严格界限。外城汉人说的是土生土长的北京话，内城旗人说的是东北汉语方言。值得注意的是，在东北汉语方言形成的过程中，也吸收了满族语词，如"妞儿""饽饽"等，丰富和充实了自身。其实，两种方言的源头均是辽金时期形成的以燕京话为中心的幽燕

① 《清太宗实录》卷18，天聪八年甲戌四月辛酉。

方言。但前者自元代以后一直与各地汉语方言保持密切接触，而后者则一直和东北各少数民族语言密切接触，因而初见产生了若干差异。但自辽迄明清之际，北京地区与东北地区之间的人口的不断大量流动，使两种方言始终保持密切的联系，故没有产生明显分歧。到了清代，两种方言在北京汇合，经过长时期密切接触和交流，逐渐融合，形成了现代的北京话，即普通话的基础方言。在当今年轻的北京人口中，甚至已经完全辨别不出原来内外城之间尚存的方言差异了。

二、服饰

早在阶级社会初期，中原地区即出现并形成了以衫、袍、裙为主的服装形制，秦汉以后，这种形制成为汉民族的传统服制，并以宽衣大袖为特色。历魏晋南北朝和中晚唐，随着北方少数民族两次大规模南下，胡服即北方少数民族服装中的紧腰身、圆领口、袍下摆开叉、下身着裤等便于行动的服装形式，被吸收、融合到汉族的传统服装样式中来，但袍衫宽大、裙裤废阔的服装形制特点至宋代仍然相沿未变。

辽、金、元三朝是北京少数民族建立的王朝，其礼服制度既保留着各自的民族特色，又明显地受到汉、唐、宋代礼服制度的影响，沿袭了汉族服制风格。

辽代实行南北面官制度，辽主与南面汉官用汉服，国母与北班番官用契丹服。左衽窄瘦袍为官属常服。士庶男子着圆领、左衽、窄袖缺胯胞，袍长至膝下，下着裤、腰束带。妇女上穿对襟直领和左衽高领袍，下着短而大的裙。

金代，百官多着盘领，窄袖襕袍，腰间系带，足着尖头靴。士庶男子多着圆领小袖袍衫，下着裤，仍如辽代脚着长筒或尖头靴，或麻鞋。妇女着对襟直领式或左衽交领袍，肥阔短裙等。

元代服制沿袭汉族制度，但具有自己的民族特色。质孙服即一便于骑射的戎服，为蒙古族主要衣式、上衣连下裳，类似周代深衣，衣袖紧窄。袍袄则参酌汉唐宋金服制，有衬袍、窄袖袍等，多为交领，衣长至膝下，腰束大带，士庶男子则着宋式圆领或交领袍，或唐宋圆领袍。下层劳动者多着右衽、交领短衣、窄裤口，腰系大带。汉族妇女保持宋代服制，上衣为瘦俏褙子，右衽大袖衫襦，下着多褶裙。蒙古妇女无论贵贱，多着右衽交领袍服，宽大且衣长触地，袖分大、窄二式。

明朝复汉衣冠，禁穿胡服。服饰制度多沿袭唐宋遗制，如冕服、礼服、常服及士庶巾服等。常服主要有盘领衣（袍衫），士庶男子所着盘领或交领衣，衣长离地5寸，袖口5寸。60岁以上老人着大袖盘领衣，袖长过手。同时流行背心式外套罩甲、短袖分宽窄二式，便于活动。妇女不分尊卑贵贱，均着长衫、长裙。大袖衫、褙子、比甲、长袄、长裙为常见服式。

清朝入关之初，颁布了强迫汉人剃发易服的命令。在他们看来，汉人宽衣大袖的服制不合满族崇尚武功的民族精神，并企图以易服剃发强制汉人臣服。此举激起汉族人民的强烈反抗情绪，天下骚然。为息事宁人，也为笼络汉族士民，清政府不得不采纳某些汉族官僚剃发易服"男从女不从、生从死不从"等"十从十不从"建议。因此，清代服饰既保留了汉族宽衣大袖的传统形制，又吸收了满族等少数民族特有风格的服装式样。

清代男服主要有袍、马褂、补服、马甲、裤等。清代袍为表里双层长衣，是吸取了满服窄袖和纽扣系结特点的汉族传统袍服。袍衫外面加穿马褂或罩以马甲，是清代普遍流行的一般男子套式服装。马褂为清代特有流行衣式，因襟袖形式以及季节的不同而有多种款式。它在清初流行于士兵中，由于穿着活动方便，行动快捷，易操胜券，故初名得胜褂。因马褂须套在袍服之外，所以又有"补褂"之称。裤为清代男服，以高腰、合裆、裤腿肥阔为特色。因受骑射风习影响，清代以袍、褂与裤取代了传统的宽衣大袖的裙服，成为男子主要服装套式。另一方面，满族习穿的马褂，因吸收了汉族服装特点而形成了长、短、宽、窄各种袖式，及对襟、大襟、琵琶襟多种襟式。

清代妇女服装主要沿袭明代，但在满族服饰影响下，将结带改为纽扣，传统的交领与圆领改造为高领。贵族与官僚妇女服制沿袭明代，主要有袍、褂、裙、金丝等。款式具有严格的等级界线。一般妇女则服用窄袖袄、衫、坎肩、马甲和裙。其中满族妇女多着衣与裳连属的长袍。其远效辽金，后受元代蒙古妇女长袍的影响，又富有本民族服装特色。因满族妇女均隶旗下，故称之为旗袍。旗袍腰身呈筒式，早期瘦长，中期宽大，清末又变为瘦长。高、低圆领，左衽，袖口窄狭，有单、夹、棉、皮之分，在满族妇女中十分流行。穿着时，外罩一件绣花坎肩。由于旗袍穿着舒适，且美观大方，到清末民初便逐渐流行于汉族妇女之中。它经过一定简化改造，成为上层妇女长时间喜尚的一种理想服饰。裙，则是清代汉族妇女下裳的主要形式之一，裙内套穿肥阔的绣花长裤。袄衫及袍则为妇女的流行上服。上着袍、袄、衫，下着裙、裤，这是清代妇女的流行套式。

清代以前象征尊严、权势与富贵的宽衣大袖博带服式，经过漫长的演变过程，至清代中后期逐步吸取满族的马褂服式，加上原有的长袍，便形成了男子服装中长袍马褂新套式，在中国延续了一二百年。

三、发式与发饰

中国古代发式，大体可以分为结发、辫发、披发与剃发四种类型。我国古代的汉人，在头上作髻和鬟，这都属于结发的形式，是中国阶级社会中男女发式的主流。辫发在少数民族和汉人中亦很流行。披发主要流行于少数民族，汉人最初也曾采用过这种发式。早期人类社会中剃发则是北方少数民族的发式。

我国古代最早的发饰，是在新石器时代及奴隶社会时期先后出现的笄（即簪）和额箍，是用来固定并装饰头发的。后来，逐渐出现了冠帽、巾帻等饰物。按《释名》“士冠庶人巾”的说法，冠为古代士大夫专用的帽子，巾乃庶民遮阳御寒的头饰。随着生产的发展，社会的进步，以及少数民族的影响，发式与发饰形式渐趋复杂多样。唐宋时期，仅发式中的髻就有数十种之多，鬟与鬓也有10种上下，发饰中的幞头，造型也多达20种左右。

髡发是辽、金、元三代契丹、室韦、女真和蒙古人男子特有的发式。它将顶发剃去，四周垂发。垂发的形式大致分三种类型：1. 额前及左右各留一撮，垂于耳后；2. 四周皆留，两耳旁稍长；3. 金、元男子左右耳后垂二发辫或两鬟。另外，元代的蒙古族，上至帝王下及庶人，男女皆梳“婆焦”。这是一种两耳后分结辫鬟，垂在左右肩上，而额正中散垂一撮短发的发式，又名“不狼儿”。至于汉人男女蓄长发的传统历辽、金、元代仍相沿不变。

辽、金、元三代，除在贵族妇女中流行华贵高耸的姑姑冠外，笠包括斗笠、圆笠、毡笠等，暖帽、貂帽亦相当流行，而且流行于汉人中间，成为当时乃至后来汉人喜用的一种冠饰。

明代汉人除保留了传统的蓄发习俗外，在妇女中还流行双螺髻、杜韦娘髻和假髻等几种发式。杜韦娘髻的髻式实心低小，利落易梳，不易蓬松，受到广大妇女的喜爱，在明清时期长期流传，成为流行一时的髻式。

明代的冠饰，除帝王、后妃及命妇的龙凤冠、品官的乌纱帽外，还有额帕、四方平定巾、六合一统一帽等。额帕又名头箍，在老少妇女、教坊与长班妇女中极为盛行。对四方平定巾、六合统一帽，明朝政府曾对其式样做出专门的规定，寓有国家安定统一之意。它们在士庶平民中间长期流行，一直延续到清末民初。

网巾是明代首创的帽饰形式。它最初是用丝帛制作的，看来改用落发和马尾鬃制作，呈鱼网状，“用以裹头，万发皆齐”。网巾可单独使用，也可套于冠帽之内。由于它具有束发的功能，人们便称它为“一统山河”或“一统天和”。

在清代，满族作为中国东北少数民族，也保持着剃发的民俗习俗。满族剃发与古代契丹、女真、蒙古族不同，是将额上的头发剃去，而两耳以上至头顶束发结辫垂于背后。满族入关后，清朝统治者除发出易服命令外，还做出了强制剃发的规定，限定自令下之日起十日内北京城必须实行剃发。由于清政府采用暴力强制的手段，剃发在一定范围内得到了推行。但至辛亥革命之后即被全部废止了。

清代妇女的发式，在汉族主要流行牡丹头或称荷花头，因髻式高大似牡丹、荷花而得名。清末以后，在少女和中青年妇女当中则流行梳辫，梳髻者已日渐减少。清末在满族妇女中流行"大拉翅"的发式，是由汉族妇女的"如意头"演变而来的，髻式从矮到高，从小到大，到民国初期便消失了。光绪庚子以后，妇女发式中的前刘海又流行起来。

清代，高冠、纂、簪、钗、鲜花等发饰物品日渐盛行，与乌发相点缀，增添了美感。

暖帽与凉帽为清代上自帝王下及品官、生员、侍卫，冬夏不同季节的冠饰。形制与制作均沿袭前代。小帽即明代六合一统帽，清代形制较多，于士庶民间流行。如老年人遮挡风寒用的风帽，有夹、棉、皮之分，亦在士庶民间流行。此外，翎冠则以孔雀尾的翎羽作为冠顶上的装饰。明代翎子在帽顶直竖，清代翎子拖在脑后，且根据孔雀尾端彩色斑纹即"眼"的多少区分官品，有三眼、二眼、一眼和无眼之别。官员增高，眼数也随之增多。

总而言之，在中华民族数千年的历史发展进程中，语言、服饰和头式既具有一脉相承的发展，又有汉族与各民族间的接触、融合、吸收。这种状况，从一个侧面反映了我国民族大融合的景象。

（原载侯仁之主编《黄河文化》，华艺出版社，1994年。标题有改动）

二　人口与粮食供应

北京人口的历史发展

北京市域是著名的“北京人”和“山顶洞人”的故乡，是人类远古文明的发祥地之一。经过70万年以来的长期发展，北京市域人口的增长大体经历了前封建社会（包括原始社会、奴隶社会和封建领主制社会）人口缓慢增长，封建社会前期（秦汉至隋唐）人口波动（或称间断式）增长，封建社会中期（辽金元明）人口呈阶梯式波动增长，封建社会后期（清代）以迄近、现代人口呈阶梯式连续性加速增长四个阶段。

目前已发现的新石器时代遗址的分布状况表明，自“北京人”出现直到距今约4000年之前，北京市域早期人类的生活空间局限于山麓带与河流阶地，人口数量较少，至商代才以蓟为中心兴起了最早的奴隶制国家蓟，为殷商属国。周灭商，在北京地区，分封燕、蓟二国。春秋初燕灭蓟并迁都于蓟。至战国时期燕国成为七雄之一，蓟城成为“天下名都”。这一过程恰恰表明了市域人口在前封建社会时期增长的一般状况：石器时期异常缓慢，青铜时代有所加快，战国时期市域人口约达20余万人。总体上看，在这一漫长时期市域人口增长较为缓慢。

自秦汉到隋唐，北京前身蓟城长期作为中原王朝的东北军事重镇和一方都会，其区域人口的增长受到中原王朝势力消长、政治治乱和民族分合的影响或者迅速增长或者锐减，徘徊在不足10万到大约70万人之间。其中以东汉永元二年（90）户口最盛，达10万余户，近70万人。盛唐天宝元年（742）约6万户，40余万人。而每逢政权更替或分裂割据时期，市域人口则又大幅度下降，从而形成人口增长过程的明显波动和间断。例如，十六国后燕长乐元年（北魏天兴二年，399），燕郡太守高湖在北魏军事压力下，率三千户降。三千户应是当时蓟城全部居民的户数。[①]

辽建唐之幽州城为陪都，号南京，导致了历史上中原王朝东北军事重镇向政治中心的过渡；至金代即成为北部中国的政治中心，元、明两代更上升为中华一统封建帝国的都城。伴随北京城市地位的上升，区域及城市人口迅速增长。

辽代天庆三年（1113）南京地区（相当北京今市域，下同）总计约10.5万户，58万余人；其中南京城市约2.5万户，15.8万人。

---

① 余念慈：《幽燕都会》，北京：北京出版社，2000年。

金代泰和七年（1207）中都地区共计约25万户，161万人；其中中都城市约6万户，40万人。

元代至元七年（1270）中都地区约18万户，63万人；其中中都城市约11.9万户，42万人。泰定四年（1327）大都地区共计约49万户，221万人；其中大都城市21万户，93万人。

明代洪武八年（1375）北平地区共约10万户，32万人；其中北平城市约4万户，14万人。万历六年（1578）北京地区总计约40万户，187万人；其中北京城市约19万户，86万人。

单就辽金元明各代北京地区极盛时期的户口规模（按明代北京地区户口极盛期当在正统中）而言，市域户口显然呈阶梯式增长。

但政权更替及伴随出现的其他原因又导致了市域人口在相当短的时期内大量减少。如辽末南京地区户口减少了半数左右，金贞祐初中都地区人口更减少了五分之四以上，明初元大都（明北平）地区残余人口甚至仅仅5万余人，明末北京地区人口减少了九分之七；表现了区域人口周期性增长与周期性减少交互出现的巨大波动，从而构成了辽金元明时期北京地区人口的阶梯式波动增长形式。

自清初以来近350年间，除民国迁都南京外，北京仍然一直是中华民族统一国家的都城。特别值得注意的是，近350年间在北京发生的两次政权更替都是没有经过激烈战争形式实现的，从而保障了市域人口发展过程的良好继承性和连续性，以及区域人口的阶梯式增长。

清代顺治初年北京地区包括进入北京的八旗人口，总人口为119万人，其中城市人口55万（包括四郊人口，下同）。乾隆四十六年（1781）总计204万人，其中城市人口86万人。光绪八年（1882）总计243万人，其中城市人口105万人。宣统二年（1910）总计269万人，其中城市人口110万人。

民国时期民国六年（1917）北京地区总计约54万户，292万人；其中城市（包括四郊人口，下同）25万户，122万人。民国二十四年（1935）总计约65万户，348万人；其中城市约31万户，157万人。民国三十七年（1948）总计75万余户，411万人；其中城市39万余户，200万人。

新中国成立后，1953年北京地区总计512万人，其中城市254万人。1964年总计156万户，765万人；其中城市94万户，449万人。1982年总计235万户，923万人；其中城市146万户，554万人。1990年总计313万户，1082万人；其中城市211万户，736万人。

近350年间，北京地区与北京城市年平均净增人口，清代分别为0.57万人和0.21万人；民国时期分别为3.7万人和2.4万人；新中国成立后分别为16万人和 8.4 万人。而北京地区与北京城市年平均人口增长率，清代分别为 3‰ 和 2.6‰；民国时期分别为 11‰ 和 15.8‰；现代分别为 23.3‰ 和 31.5‰（与市区范围扩大亦有关系）。

清初以来，北京地区和北京城市人口增长的连续性和继承性，为后来人口的发展，提供了一个日益庞大的人口基数，大大推动并继续推动着区域和城市人口的加速发展。

综上所述，人类历史时期北京地区和北京城市的人口过程表现了如下特点：一、由间断（波动）增长到连续增长；二、由波动式增长到阶梯式增长；三、由缓慢增长到加速增长。这些特点将以巨大的惯性在区域人口过程中继续长期发挥作用，不容忽视。

造成各时期北京地区和北京城市人口迅速增长的主要原因是：历代政府建都或迁都之初为填实京师、满足对各种职业人口的需要而进行的大规模人口内聚迁移；为稳定和增加京师人口而采取的各项政治与经济政策，和清初以来区域人口连续发展奠定的庞大人口基数，以及市区范围的不断扩大等。造成各时期北京地区和北京城市人口短期锐减、人口增长过程波动或间断则是由于政治危机导致政权更替，以及战争杀掠、严重自然灾害和城市粮食严重短缺等因素造成了人口大量离散迁移和饥疫死亡的结果。

在制约区域与城市人口过程的自然增长和迁移增长这两个因素中，迁移对北京地区和北京城市的人口规模更具有决定性作用，尤其历史上每个时期的初期和末期更是如此。为了直观地反映区域人口迁移的地理含义，不妨将这种迁移划分为内聚迁移和离散迁移。前者表示人口从周围地区向陪都或政治中心北京及其所在地区的迁移；后者表示人口由北京及其所在地区向周边地区的迁移。

辽代人口向南京地区的内聚迁移弥补了五代至辽初这一地区的人口损失，为区域人口的空前增长奠定了基础。金主完颜亮、元世祖忽必烈、明成祖朱棣、清世祖福临迁都北京（金中都、元大都），均曾大量内聚移民填实京师，这不仅满足了封建中央政权的各种人口需求，改变了政权更替时期离散迁移造成的北京城市和北京地区人口锐减的状况，而且为区域尤其是城市人口的迅速增长提供了庞大的人口基础。辽末金初，金贞祐初，元末明初，明末清初的人口离散迁移均使区域，尤其是北京城市人口迅速地减少了。清末民国初和 20 世纪 40 年代末北京城市和北京地区也曾发生过人口的离散迁移，但规模甚小，对人口过程的影响甚微；因此事后也未发生相应的短期大规模内聚移民。由此可见，人口内聚迁移和离散迁移是北京地区和北京城市人口短期迅速增减的根本原因。这是一对伴随北京政治中心地位的周期性升降而产生的对立统一的矛盾。早在明代中期即已萌芽了调节这一矛盾、即调节人口的迁移增长控制城市和区域人口规模的思想，并开始了初步实践，取得了一定效果。清代中期，面对京师八旗人口的急剧膨胀造成的严重社会经济问题，清政府及时地采取了有计划离散迁移京师八旗人口于各地的人口疏散政策，更取得了控制北京城市人口规模的良好社会效果，同时也为后来控制北京城市人口的增长和规模提供了历史经验。

辽代以后建陪都和国都于北京的辽、金、元、明、清、民国各代，以及中华人民共和国，分别由契丹、女真、蒙古、满族联合汉族及其他民族成分创立的政权，因此各时期人口的内聚迁移带有明显的民族色彩。如辽代南京城市和南京地区除大量汉人外，还迁入了一批契丹、室韦、渤海、奚人等；金代中都城市和中都地区除大量汉人外，迁入了一批女真人，契丹人，奚人等；元代大都城市和大都地区则迁入了大量蒙古人、色目人、女真人、回回人、阿速人、高丽人等；明代除汉人之外则迁入了一批蒙古族人、回族人、朝鲜族人等；清代北京城市和北京地区则随八旗迁入了大量满族人、蒙古族人、俄罗斯族人、朝鲜族人、回族人、叶尔羌人、安南人等。但在各时期北京城市和北京地区人口的民族构成中均以汉族人占多数。据现代人口的民族构成统计，1982 年北京市总人口 9230663 人，其中汉族 8908245 人，占 96.5%；回族 185228 人，占 2%；满族 116710 人，占 1.3%；蒙古族 9350 人，朝鲜族 3905 人，壮族 1783 人，藏族 820 人，维吾尔族 757 人，苗族 647 人，与其他少数民族人口一起共占市域总人口的 0.2%。1990 年全市总人口达 10819407 人，包含了全国 56 个民族的人口成分。其中汉人 10405591 人，占 96.2%。千人以上的少数民族增加到 9 个，万人以上的少数民族增加到 3 个，分别为回族 207006 人，占总人口的 1.91%；满族 164690 人，占 1.5%；蒙古族 16920 人，占 0.16%；其余少数民族人口共 25200 人，占 0.23%。1982 年以来北京市汉族与少数民族人口分别增长了 16.8% 和 28.3%；而少数民族人口的比重增加了 0.3 个百分点。

考察各历史时期北京地区与北京城市人口内聚迁移的过程发现，当今聚于北京的各少数民族人口是各时期，尤其清初和中华人民共和国成立以来先后迁居北京的人口。在长期生产与生活接触中，古代若干少数民族如契丹、女真人口已与汉族及其他少数民族融合。大多数少数民族的人口则在与汉族人民杂居共处中形成了血肉相连的亲密关系，共同创造了中华民族古老都城的文明历史和辉煌文化，成为新中国民族大家庭的重要成员。在某种意义上来说，北京是中华各族人民团结统一的象征，是各族人民共同缔造的伟大都城。历史时期北京地区人口主要沿自密云盆地东北端至涞水（拒马河）出山口的南西—北东向轴线呈条带状，和以中心城市为核心，由城区到郊区、到郊县，人口由密变疏的环圈半环圈状分布。整体上看，50米至200米等高线之间的平原区、盆地及河流阶地人口分布一直较密集，而50米等高线以下的低平原区、湖沼区及山地人口分布一直较稀疏或较稀有，表现了人口分布的良好的历史继承性。明代之后随着京畿屯田的广泛推行和山区驻军的增加，尤其近代破产农民增加和现代生产力的提高，山区和低平原人口增长加快、分布增密，表现了区域人口分布的变异。而在城市本身，人口分布则是由城市中心区的皇城，到环绕皇城的中城，再到环绕中城的东、西、南、北四城由稀疏变密集。城市手工业和商业集中的社区人口分布最密集。北京地区与北京城市人口分布的这种状况和特点是区域自然地理环境、经济类型和生产分布，社会政治与历史因素综合作用的结果。其中区域自然地理环境是影响人口分布的经常性因素，而经济发展类型和生产分布状况则是人口分布状况的最终决定因素。[①]

总之，城市的职能和性质决定城市的人口规模，也制约着区域总人口的多寡，北京城市政治中心地位的确定和暂时丧失是城市区域人口周期性增减波动的决定因素。因此，国都城市在其稳定发展的时期人口急剧膨胀带有历史的必然性。同时，北京政治中心地位的周期性升降导致了周期性的人口内聚迁移与离散迁移过程。正确处理北京城市人口内聚迁移与离散迁移的矛盾，着眼于减少城市人口基数，是控制城市人口规模的关键措施。这是历史的结论。北京地区人口分布的不平衡及环圈状况恰恰为调节区域人口分布的不平衡提供了广大的地域空间。明清两代均有一部分城市人口离散迁移到近畿人口分布相对稀疏地区，明显地起到了疏散城市人口与控制城市人口加速增长的作用，从而为今天提供了历史经验。

（原载《北京统计年鉴》1991年）

---

① 韩光辉：《北京历史人口地理》，北京：北京大学出版社，1996年。

北京市域人口数量的演变

一、远古至唐代人口数量

北京是著名的“北京人”的故乡。早在距今65万年至20万年之间，在距今20万年至10万年间及距今2.2万年至1万年左右，这里先后有“北京人”“新洞人”及东方广场古人类和“山顶洞人”繁衍生息，并已形成群体。这从周口店遗址发现的人类骨骼化石，分属于40个男女老少不同个体及“山顶洞”遗址发现8个人骨化石得到证明。

在距今1万年至4000年的新石器时代，人类开始在河流二级阶地及山麓地带定居，出现了原始农业，这就是“东胡林人”、镇江营、上宅、北埝头及雪山遗址所代表的新石器时代北京古人类。其中北埝头10座圆形或椭圆形半地穴式居住遗址表明，在距今六七千年前北京地区已出现了具有一定规模的聚落及一定数量的人口。

商代，在北京地区形成了两个小方国，这就是甲骨文中的“晏”以及蓟。周武王灭商，商之属国晏亡。武王封召公于燕，同时封黄帝之后于蓟，蓟当为续封。春秋初年蓟亡，燕迁都于蓟，故而蓟有燕京之称。战国时期，燕为七雄之一，蓟已成为天下名都。据《战国策》记载，战国中期，燕已是“地方二千余里，带甲数十万，车七百乘，骑六千匹，粟支十年”的大国。

秦统一，推行郡县制。与北京地区有关的是广阳、上谷、渔阳三郡所属蓟、良乡、居庸、上兰、军都、渔阳等县。汉承秦制，实行郡（国）、县二级政区制。北京地区分属广阳国之蓟、广阳、阴乡；涿郡之良乡、西乡；上谷郡之军都、昌平、居庸、夷舆；渔阳郡之渔阳、狐奴、路、平谷、安乐、厗奚、犷平及右北平郡之无终县西部。西汉元始二年（2）北京地区有95100户，353620人。见表2-1。

表 2-1　西汉元始二年（2）北京地区郡县户口①②

郡国	领县	户数	口数	属北京地区的县	属县户数	属县人数
总　计					95100	353620
广阳国	4	20740	70658	蓟、广阳、阴乡、方城 *	19100	64870
渔阳郡	12	68802	264116	渔阳、狐奴、路 *、安乐、平谷、厗奚、犷平	51600	196080
上谷郡	15	36008	117762	军都、昌平、居庸、夷舆	7500	24750
涿　郡	29	195607	782764	良乡、西乡、阳乡 *	16800	67440
右北平郡	16	66689	320780	无终县 *	100	480

资料来源：《汉书·地理志》。* 该县的部分区域属北京地区（下同）

东汉时期，北京地区郡县建制略有变化。永和五年（140）北京地区有109300户，688940人。见表2-2。

表 2-2　东汉永和五年（140）北京地区郡县人口

郡国	领县	户数	口数	属北京地区的县	属县户数	属县口数
总　计					109300	688940
广阳郡	5	44550	280600	蓟、广阳、昌平、军都、安次 *	40100	252540
涿　郡	7	102218	633754	良乡	14600	90500
渔阳郡	9	68456	435740	渔阳、狐奴、潞 *、安乐、平谷、傂奚	53200	338900
上谷郡	8	10352	51204	居庸	1300	6400
右北平郡	4	9170	53475	无终 *	100	600

资料来源：《后汉书·郡国志》

西晋时期，北京地区属燕、范阳、上谷三郡国。据《晋书·地理志》载，西晋太康初（约281），北京地区有26100户。按全国平均每户6.57人计算，北京地区有171477人。其中，燕国的蓟、昌平、军都、广阳、安乐5县和潞、安次的部分区域有23000户，151110人；范阳国的良乡县有1500户，9855人；上谷郡的居庸县有1600户，10512人。

① 历史上各时期北京地区户口计算方法是：利用各个时期的户口统计资料，依据人口空间分布、自然地理因素、社会经济类型和区域开发顺序，做出各该时期户口统计区域的户口分布图。再对相当今市域地区的户口分布进行数理统计，得出各该时期北京当今市域的户口规模。为提高工作精度，进行多次随机的分布统计，取其均值。

② 表2-1至表2-5及西晋太康初（约281）、唐贞观十三年（639），所列数字是各时期州县赋役户口，不是各该时期区域户口的总数。而且，多数是各朝代的盛期户口，朝代更替时期的衰减户口在史料中很少记录。

东魏时期，北京地区属燕、渔阳、范阳、密云、安乐、广阳、平昌、遍城、上谷9郡，19县。武定中（543—550），拥有郡县户17471户，约68032人。见表2-3。

表2-3　东魏武定中（543—550）北京地区郡县户口

郡国	领县	户数	口数	属北京地区的县	属县户数	属县人数
总　计					17471	68032
燕　郡	5	5748	22559	蓟、广阳、良乡、军都、安城＊	5200	20384
渔阳郡	6	6984	29670	渔阳、潞＊	1500	6300
范阳郡	7	26848	88707	苌乡＊、涿＊	3600	11880
密云郡	3	2231	9011	白檀、密云、要阳	2231	9011
安乐郡	2	1166	5219	土垠、安市	1166	5219
广阳郡	3	2008	8919	燕乐、广兴、方城	2008	8919
平昌郡	2	450	1713	昌平、万年	450	1713
遍城郡	2	374	1513	广武、沃野	374	1513
上谷郡	2	942	3093	居庸、平舒	942	3093

资料来源：《魏书·地形志》

隋唐时期，隋大业五年（609），北京地区有涿、安乐、渔阳3郡，54790户，284908人。见表2-4。

表2-4　隋大业五年（609）北京地区郡县户口

郡名	领县	户数	口数	属北京地区的县	属县户数	属县口数
总　计					54790	284908
涿　郡	9	84059	437106	蓟、良乡、昌平、潞＊、固安＊、安次＊、怀戎＊	46700	242840
安乐郡	2	7590	39468	燕乐、密云	7590	39468
渔阳郡	1	3925	20410	无终＊	500	2600

资料来源：《隋书·地理志》。隋大业五年，口数是按全国平均每户人口计算的

唐贞观十三年（639），北京地区州县拥有13137户，60028人。百年之后，盛唐天宝元年（742），北京地区有50609户，269120人。见表2-5。

表2-5　唐天宝元年（742）北京地区州县户口

州郡	领县	户数	口数	属北京地区的县	属县户数	属县人数
总　计					50609	269120
幽州（范阳郡）	11	67242	371312	蓟、广平、良乡、昌平、潞＊、固安＊、安次＊	36600	202032
檀州（密云郡）	2	6064	30246	燕乐、密云	6064	30246

（续表）

州郡	领县	户数	口数	属北京地区的县	属县户数	属县人数
妫州（妫州郡）	1	2263	11584	怀戎 *	500	2550
顺州	1	1064	5157	宾义	1064	5157
归顺州	1	1037	4469	怀柔	1037	4469
燕州	1	2045	11603	辽西	2045	11603
威州	1	611	1869	威化	611	1869
慎州	1	250	984	逢龙	250	984
崇州	1	200	716	昌黎	200	716
夷宾州	1	130	648	来苏	130	648
师州	1	314	3215	阳师	314	3215
鲜州	1	107	367	宾从	107	367
带州	1	569	1990	孤竹	569	1990
黎州	1	569	1991	新黎	569	1991
沃州	1	159	619	滨海	159	619
归义州	1	195	624	归义	195	624
瑞州	1	195	624	来远	195	624

资料来源:《新唐书·地理志》。《旧唐书·地理志》19州，有玄、昌、信、东山、凛五州

二、辽金元明至清代的人口数量

历五代战乱，契丹人攫取了幽云十六州之地，于是建唐幽州城为陪都，号南京，又名燕京。从此，燕京城市地位开始上升，区域和城市户口构成开始复杂化。例如辽代除州县赋役户丁之外，还有宫卫军户及僧道人口；明代除州县赋役人口外，还有卫所军户、匠户、皇室服务户口等；清代除州县赋役户口之外，还有京师八旗户口、外城及郊区户口等。

辽代，天庆三年（1113），南京地区共有州县赋役户9.3万户，18.6万丁。此处的丁是指男丁而言，不包含女口及老、幼男子。辽代每户平均约在5口左右。辽代南京地区总人口还应包括宫卫及汉军户口和僧道人口。据研究，天庆三年（1113），南京地区共计10.5万户，58.3万人。其中南京城市2.5万户、15.8万人。见表2-6。

表2-6 辽天庆三年（1113）南京地区州县户丁

县名	户数	丁数
总计	93000	186000
析津	20000	40000
宛平	22000	44000

（续表）

县名	户数	丁数
昌平	7000	14000
良乡	7000	14000
潞县	6000	12000
玉河	1000	2000
潮阴	5000	10000
怀柔	5000	10000
密云	5000	10000
行唐	3000	6000
缙山	5000	10000
范阳 *	3500	7000
三河 *	1500	3000
渔阳 *	1500	3000
兴化 *	500	1000

单位：户、丁　资料来源：《辽史·地理志》《辽史·兵卫志》

金代，泰和七年（1207），中都地区包括州县赋役人口、猛安谋克军事户口、宗室将军司户口、宫监户口等，共有250333户，约1612434人。其中，包括中都城市左右警巡院所属城市居民约6万余户，40万人。见表2-7。

表2-7　金泰和七年（1207）中都地区户口

路别	府州	县院镇	户数	口数	属北京地区的县院镇	户数	口数
总　计						250333	1612434
中都路							
	大兴府	13	225592	1434765	大兴、宛平、昌平、良乡、潮阴、左、右巡警院、广阳镇	150300	976100
	顺州	2	33433	212634	温阳、密云	33433	212634
	通州	2	35099	223230	潞县、三河 *	23400	148800
	涿州	5	114912	730840	奉先县	19100	121800
	蓟州	5	69015	438935	平峪县	9800	62300
西京路	奉圣州	6	80868	514320	缙山县	13500	85700
北京路	兴州	2	15970	101569	宜兴县	800	5100

资料来源：《金史·地理志》。金泰和七年（1207）口数是以金代极盛时期每户6.36口乘以各该府州户数得口数

按元代，户籍制度和户籍类型，大都地区由州县赋役户口、军站户口、匠役户口及僧道人口组成。而《元史·地理志》记载，至元七年（1270），大都（时

称中都，后改称大都）地区赋役人口只有 103600 户，281792 人。其中，中都路大兴府所属左、右巡警院、大兴、宛平、漷阴、昌平、良乡，通州潞县、三河 *，涿州奉先，顺州，檀州，蓟州渔阳 * 有 102400 户，278528 人；上都路所属，顺宁府奉圣州缙山县，兴州宜兴有 1200 户，3264 人。至元七年是由蒙古国向元朝过渡的年代，其户口数不足以代表元代大都地区的户口规模。同时，是年户口统计每户只有 2.72 人，显然偏低。这不仅与元代复杂的户籍制度和户籍类型有关，而且与当时户口统计的范围和对象有关。按元代户籍制度与户口统计特点，以及户口增长过程推算，元泰定四年（1327），大都地区共有 43.7 万户、208 万人；其中，大都城市约 21 万户、90 万人。

元代对大都城市实行专门行政管理，其户口即由专门行政机构警巡院管理和统计，直接户口统计结果并没有保留下来。按《元史 · 兵志》记载，世祖中统五年（1264），郡县设防盗弓手，“验民数多寡定立额数”，规定每一百户各类居民置弓手一名。《元文类 · 弓手》引《经世大典 · 序录》亦说：“每百户取中产者一人以充。”反之，每有一名弓手即当有 100 户城市各类居民。按历史文献有关每百户置弓手一名的原则和不同时期置弓手的人数来复原计算，元大都中统五年（1264）和至元八年（1271），城市弓手分别为 400 人和 1195 人，推算户数为 4 万户和 11.9 万户。至元十八年（1281）和至正九年（1349），包括大都新、旧二城在内的城市弓手分别为 2195 人和 2000 人，推算户数为 21.95 万户和 20 万户。

明代，北京地区分属于顺天府、延庆州及蒙古朵颜部西南部。嘉靖三年（1524）北京地区州县赋役户口[①]共有 53715 户，277006 人。州县赋役户口只是当时北京地区户口的一部分，除此之外，还有大量京师卫所户口、城市工匠铺户户口及皇族服务人口等。万历六年（1578），北京地区共计 37.5 万户，185 万人。其中北京城市 17.9 万户，85 万人。天启元年（1621），北京城市共计 151190 户，755950 人。见表 2-8。

表 2-8　明天启元年（1621）北京坊铺保甲户口人数

五城	铺数（个）	甲数（名）	户数（户）	人口数（口）
合计	525	15119	151190	755950
中城	53	2544	25440	127200
东城	173	3608	36080	180400
南城	135	4330	43300	216500
西城	101	3764	37640	188200
北城	63	873	8730	43650

资料来源：《明熹宗实录》卷 9

① 明代北京地区赋役户口即由顺天府、延庆州及朵颜部的部分户口组成。

按永乐《顺天府志》《明史·地理志》和万历《顺天府志》的记载，明代不同年代顺天府（洪武中名北平府）户口演变，见表2-9。

表2-9　明各时期顺天府户口的演变

	洪武二年（1369）	洪武八年（1375）	弘治四年（1491）	嘉靖三年（1524）	万历六年（1578）	万历二十年（1592）
户数	14974	80666	100518	91309	101134	88942
口数	48973	323451	669033	651337	706861	622044

资料来源：洪武二年、八年，户、口见永乐《顺天府志》；弘治四年、万历六年，户、口见《明史·地理志》；嘉靖三年、万历二十年，户、口见万历《顺天府志》

洪武初，迁山后居民于内地，元龙庆州及所属怀来县以及宜兴州等州县均废。永乐帝迁都北京，于十二年（1414）以废龙庆州地置隆庆州与永宁县。永乐十八年（1420）始隶京师，隆庆元年（1567）改名延庆州。延庆州及所属永宁县户口演变如下，见表2-10。

表2-10　明代各时期延庆州户口的演变

	永乐二十年（1422）	正统七年（1442）	弘治五年（1492）	嘉靖二十一年（1542）	万历四十六年（1618）
户数	2338	2698	2768	3420	2546
口数	10671	14725	18677	21118	15367

资料来源：嘉靖《隆庆志》、光绪《延庆州志》

清代，随着北京城属即郊区外部边界的划定，北京地区户口即由内城八旗户口、外城城市居民户口、城属户口和州县户口构成。清光绪八年（1882）北京地区共45.2万户，245.8万人，其中北京城市21.8万户，108万人。按《畿铺条鞭赋役全书》记录，不包括男性老幼和妇女人口的清代前期北京地区州县赋役男丁数，顺治四年（1647）44181人，康熙二十年（1691）58394人，乾隆三十六年（1771）73515人。《日下旧闻考》《顺天府志》《延庆州志》等文献记录，清代后期北京地区州县包括男女老幼在内的全部赋役人口，乾隆四十六年（1781）118.47万人，光绪八、九年（1882、1883）23.34万户，136.44万人。宣统二年（1910），顺天府属州县户口统计，赋役户口30.55万户，159.11万人。均不包括城市户口。见表2-11、表2-12。

表 2-11　清代前期北京地区州县赋役人丁

州县别	顺治四年（1647）	顺治十四年（1657）	康熙二十年（1691）	康熙五十年（1711）	乾隆三十六年（1771）	投充人丁数
合计	44181	48709	58394	59708	73515	3741
大兴县	6728	6977	7808	8286	9723	4
宛平县	8480	9017	11603	12779	16616	996
通州①	1354	1510	1616	1922	2762	1042
良乡县	2341	2354	2421	2433	2717	3
房山县	2789	2934	3804	3859	4667	260
昌平州	1650	1860	2532	3469	4530	141
平谷县	2196	2271	2756	2905	7236	796
密云县	5081	6858	8226	5670	4355	
顺义县	3541	3767	5039	5452	5994	
怀柔县	729	1339	1757	1946	2131	434
延庆州	8353	8817	9664	9675	10400	2
三河等县②	939	1005	1168	1448	2384	63

资料来源：《畿铺条鞭赋役全书》，①包括漷县人丁。②包括三河、固安、东安、涞水、蓟州、滦平等州县属北京地区的部分人丁

表 2-12　清代后期北京地区州县赋役户口　　　　单位：户、口

州县别	乾隆四十六年（1781）	光绪八、九年（1882、1883）		宣统二年（1910）	
	口	户	口	户	口
合计	1181977	233998	1367647	305479	1591109
大兴县	153450	19625	180184	27196	141963
宛平县	159856	45123	206456	27196	132988
通州	258284	47559	270885	58923	306399
良乡县	33796	7306	35233	10974	57274
顺义县	81113	19056	84077	28146	146922
房山县	64189	11601	79356	23621	123302
昌平州	100433	21248	120713	53194	277672
平谷县	29441	7098	39973	9970	52043
怀柔县	82914	5177	20263	8632	45059
密云县	72221	16207	116651	17978	93845
延庆州	66330	12449	67186	14790	79870
滦平县*	9244	4001	20178	5385	27142

（续表）

州县别	乾隆四十六年（1781）	光绪八、九年（1882、1883）		宣统二年（1910）	
	口	户	口	户	口
独石口厅 *	3998	1496	7003	2008	9440
三河县 *	42593	9323	60692	9963	64760
固安县 *	7421	1781	8905	2137	10686
涞水县 *	1962	529	2355	648	2872
蓟州 *	4945	1733	6761	1869	7476
东安县 *	9787	2691	10766	2849	11396

资料来源：1. 乾隆四十六年人口见《日下旧闻考》卷 145《户版》；

2. 光绪八、九年户口见光绪《顺天府志》卷 49《食货志》；

3. 延庆州户口见光绪《延庆州志》卷 3《赋役志》；滦平县乾隆户口见《热河志》卷 91《食货志》；独石口厅户口据《口北三厅志》卷 5 所载户口推算；

4. 宣统二年户数见《顺天府宣统二年统计表》，口数按当时顺天府每户平均口数计算；

5. 志书不载者，据前后已知户口数，以人口回测法推算

1908 年后，清代开始运用西方近代户口统计方法统计北京城市户口，使统计对象更加统一、全面，统计结果更加科学可靠。按当时统计内外城总人口，1908 年为 705604 人，1909 年为 674011 人，1910 年为 785442 人，1911 年为 783053 人。其中光绪三十四年（1908）分区统计，见表 2-13。

表 2-13　清光绪三十四年（1908）京师内外城户口统计

城区别			户数（户）	口数		
				总计	男	女
总计			112362	705604	437745	267859
内城	合计		62873	414528	229776	184752
	中分厅	一区	3608	17319	10581	6738
		二区	2499	11565	6840	4725
		三区	1107	4802	2622	2180
	左分厅	一区	3896	20302	10653	9649
		二区	4336	45217	26120	19097
		三区	5655	32093	21002	11091
		四区	9433	49761	31203	18558
		五区	3557	21358	12996	8362

（续表）

内城	右分厅	一区	5890	52270	27195	25075
		二区	4991	79284	30997	48287
		三区	3399	12185	6890	5295
		四区	7976	37520	23562	13958
		五区	6526	30852	19115	11737
合计			49489	291076	207969	83107
外城	左分厅	一区	5803	41161	33942	7219
		二区	4891	30459	24067	6392
		三区	4980	26459	17086	9373
		四区	1840	9415	5515	3900
		五区	6177	30738	24460	6278
	右分厅	一区	5579	35483	27236	8247
		二区	5822	39568	26987	12581
		三区	4223	23512	15788	7724
		四区	5179	28215	16387	11828
		五区	4995	26066	16501	9565

资料来源：光绪三十四年《民政部统计表》

三、“中华民国”时期人口数量

民国时期，北京城市户口统计在清末已建立起来的警察户口统计基础上愈加制度化，但不同部门的统计由于统计口径不甚一致，使不同文献记录的这些统计数据并不完全相同。为避免因统计口径不一可能造成的数据参差，本文尽量采用当时市政府和公安警察系统的统计数字。

（一）北洋政府时期（1912—1928）

北洋政府时期北京仍为国都。北京地区人口包括内外城人口、郊区人口和周围各县人口。这一时期，历年均有内外城警察户口统计。各县的户口统计，主要有民国六年（1917）的户口统计。当时郊区无警察户口统计，尚缺少郊区人口数据。从内外城人口看，北京城市人口在不断增长，只是比较缓慢。1912 年内外城人口 72.50 万人，1916 年为 80.11 万人，1927 年最高达 87.88 万人。内外城人口和民国六年（1917）各县户口，见表 2-14、2-15。

表 2-14　1912—1927 年北京内外城人口　　单位：口

年代	人口数	年代	人口数
1912	725035	1920	849554
1913	727803	1921	863209
1914	769317	1922	841945
1915	789127	1923	847107
1916	801136	1924	872576
1917	811556	1925	841661
1918	799395	1926	816133
1919	826531	1927	878811

资料来源：历年内外城警察户口统计

表 2-15　民国六年（1917）北京各县户口

州县	户数（户）	口数（人）
合计	289132	1700914
大兴	24780	130923
宛平	34138	159546
通州（县）	53221	259693
良乡	10846	62768
顺义	27035	156613
房山	21413	149146
昌平	36185	165741
平谷	9951	50676
怀柔	9898	48066
密云	19171	91917
延庆	15319	84080
滦平 *	7250	29654
独石口厅（沽源）*	2200	10314
三河 *	12470	66017
固安 *	1200	5820
涞水 *	910	4041
蓟州（县）*	2430	9485
东安（安次）*	1284	7014

资料来源：民国六年各县户口见《大中华京兆地理志》

(二)国民政府统治时期(1928—1937)

国民政府定都南京，设北平特别市。1925年开始有郊区户口统计。因此，北平市市域人口包括城市与郊区两部分。1928年至1935年，无论市域人口还是城区人口均在不断增长，1928年市域人口134.02万人，1931年达141.69万人，1933年跨入150万，1935年为本期最高值，达157.32万人。城区人口也由1928年的89.97万人，发展到1935年的111.40万人，成为这一时期城市人口最多的一年。而1936年至1937年市域人口和城区人口，因日寇侵占华北并进而占领北平而迅速减少。1937年市域人口和城区人口分别为150.47万人和106.72万人。比1935年分别减少6.85万人和4.68万人。见表2-16。

表2-16 1928—1937年北平市市域人口　　单位：口

年代	全市市域人口	其中：城区人口	年代	全市市域人口	其中：城区人口
1928	1340199	899676	1933	1504328	1061360
1929	1353273	919288	1934	1519603	1094690
1930	1365303	934787	1935	1573204	1113966
1931	1416915	983894	1936	1533083	1073843
1932	1473558	1036335	1937	1504716	1067152

资料来源：历年警察户口统计

十年间北平市周围各县的户口数字主要是民国二十四年(1935)的统计。是年，北京市周围各县尚未出现不同政权分割县域的现象。因而，各县户口数字相对真实可靠。民国二十四年(1935)，北平地区总人口为北平市市域人口与各县人口之和，即348.5万人。其中北平市人口为157.32万人，各县人口为191.18万人。1935年各县人口，见表2-17。

表2-17 民国二十四年(1935)北平地区各县户口　　单位：户、口

县名	户数	口数	县名	户数	口数	县名	户数	口数
总计	340468	1911810						
大兴	24372	145993	昌平	43323	234314	固安 *	1290	8464
宛平	49465	269109	平谷	12349	66508	涞水 *	1000	6466
通县	54141	303607	怀柔	12509	60712	蓟县 *	2360	11267
良乡	9495	67865	密云	28096	146100	安次 *	1500	9785
顺义	30838	156789	延庆	20339	110472	沽源 *	3380	15837
房山	25288	185872	三河 *	13540	80482	滦平 *	8165	32278

资料来源：国民政府民政部户口统计

（三）日伪（1937—1945）及战后（1946—1948）时期

这一时期北平市市域人口仍然包括城区和郊区两部分，其中城区人口占绝对多数。市域人口和城区人口，除1943年、1944年人口下降外，其余各年均呈增长趋势。市域人口1938年160.4万人，1939年170.4万人，1944年下降为163.91万人，1948年增长为191.82万人。城区人口也有1938年的116.52万人，下降到1944年的119.3万人，1948年增长为142.59万人。见表2-18。

表2-18 日伪及战后（1937—1948）北平市市域人口 单位：口

年代	全市市域人口	其中：城区人口	年代	全市市域人口	其中：城区人口	年代	全市市域人口	其中：城区人口
1938	1604011	1165178	1942	1792865	1306431	1946	1679176	1231714
1939	1704000	1234984	1943	1641751	1198132	1947	1727829	1328816
1940	1745194	1259876	1944	1639098	1193034	1948	1918200	1425925
1941	1794449	1298782	1945	1650695	1200484			

资料来源：《北平市政统计》《人口统计》

这一时期，北平市市域以外各县的户口数，很难找到各县统一完备的户口数。民国三十七年（1948）北京地区各县户口是国民政府内政部人口局，根据相关统计和数据估测所得，因而和区域实际户口情形尚存在一定差距。新中国成立之初，北京地区各县户口统计数据的分析对比中发现，1948年各县户口统计较实有人口差22.4万左右。见表2-19。

表2-19 民国三十七年（1948）北京地区各县户口 单位：户、口

县名	户数	口数	县名	户数	口数	县名	户数	口数
总计	350958	1879694						
大兴	24390	145889	昌平	43381	233131	固安 *	1360	7194
宛平	43417	236837	平谷	13659	65246	涞水 *	1890	8310
通县	43688	233704	怀柔	11002	86139	蓟县 *	2260	10535
良乡	22154	75985	密云	26300	236814	安次 *	1680	11160
顺义	32501	163827	延庆	24381	123286	沽源 *	3140	13715
房山	25205	182918	三河 *	20890	101138	滦平 *	9660	43867

资料来源：国民政府内政部《全国户口统计》

综上所述，古代各时期区域户口的构成极为复杂，而文献记录的户口数据一般只是承担封建赋役的赋役户口。此外，还应包括一定数量的其他户口，不能忽

视。而近代户口统计的完善，使北京地区户口统计数字益加完备可靠。只是民国初年郊区户口因未建立起警察户口统计制度而缺少有关记录。

（原载北京市地方志编纂委员会《北京志·综合卷·人口志》，北京出版社，2004年。文字有改动）

历史时期北京地区劳动力人口构成及特点

劳动力人口是劳动适龄人口中具有劳动能力的人口，是社会总人口中最基本的组成部分，是社会物质和精神财富的主要创造者。其由正在从事社会劳动并取得正常收入的人口和具有劳动能力而待业的人口两部分组成。

一、古代劳动力构成及特点

我国古代很早就出现了人丁统计，目的在于征集兵役或征收赋役，一般均是16岁至60岁的男丁，偶尔也有15岁至50岁的男丁是被征用的劳动力或兵役对象。例如辽代实行户丁统计，每户出2丁，所以《辽史·地理志》记录了户数，而《辽史·兵卫志》记录的则是可以承担兵役的丁数，每户均出两个丁。按照辽代检括诸道户丁的记录，《辽史·地理志》和《辽史·兵卫志》所载户、丁数分别为天庆三年（1113）和天庆六年（1116）的统计结果。是时南京（即北京）地区共计有9.3万户，18.6万丁（表2-20）。这一数据不包括在南京地区驻扎的宫卫兵丁及汉军兵丁。

表2-20　辽天庆中（1113—1116）南京地区户丁统计

县名	户数	丁数	县名	户数	丁数	县名	户数	丁数
析津	20000	40000	玉河	1000	2000	缙山	5000	10000
宛平	22000	44000	漷阴	5000	10000	范阳*	3500	7000
昌平	7000	14000	怀柔	5000	10000	三河*	1500	3000
良乡	7000	14000	密云	5000	10000	渔阳*	1500	3000
潞县	6000	12000	行唐	3000	6000	兴化*	500	1000
*该县的一部分属于南京地区。						总计	93000	186000

资料来源：《辽史·地理志》《辽史·兵卫志》

宋代，“以丁口供力役”（《续资治通鉴长编》卷277），因而设有丁帐又称丁簿，要求“死亡生长，以时书落”（《宋会要辑稿·食货》），并规定，“其丁口，男夫二十为丁，六十为老”（《续资治通鉴长编·宋太祖乾德元年诏令》）。因而

《宋史·地理志》所载一般认为是当时的户丁统计。明代中期，随着用以征发赋役的黄册与鱼鳞图册的名存实亡，而出现了用以编发赋役的《赋役全书》。《赋役全书》所载为16岁至60岁的男丁，即“不载户口，仅载丁数”。在北京地区，万历《顺天府志》则记录了顺天府及所属州县的人丁数目。除州县赋役人丁外，北京还有大量的卫所军人兵丁，其执兵役；还有匠户匠丁执匠役及铺户人丁等。这些正是明代构成北京城市及其近畿人口主体的劳动力人口。

至清初，除八旗兵丁执兵役之外，也有州县赋役人丁的编查和记录，其仍然是16岁至60岁的男丁。这是对明代丁役制度的继承和发展。直至康熙五十一年（1712）“盛世滋丁，永不加赋”和雍正初“摊丁入亩”的赋役新政策推行之后，人丁统计虽然还在继续着，但已无实质性意义。乾隆初全面恢复全国人丁户口统计制度之后，赋役人丁统计一直延续到乾隆三十六年（1771）才最终结束。清初州县赋役人丁就是劳动力人口。

由上所述，古代北京地区劳动力即人丁构成具有明显的社会劳动分工：有承担兵役的兵丁，有承担匠役的匠丁，有承担赋役的州县人丁及城市铺户人丁，还有直接服务于帝王宗室和贵族官僚的奴仆和仆役等。

二、近代人口职业构成及特点

北京城市人口职业构成状况的近代统计始于清光绪三十四年（1908）。清末“庚子之役”的发生和新政的推行，使长达200余年的京师旗民分居和内外城政治经济分离的传统封闭模式被打破，使内城亦同样出现了具有近现代意义的职业和从业人口的统计：1908年内城在业人口已占32.1%，外城在业人口占47.0%。值得注意的是，内外城均出现了一定数量的工业（实际多数为手工业）人口；而官员、士绅、书吏、差役、杂业职业人口的大量存在证明，近代北京城市功能结构虽然发生了历史性变化，但仍表现为以政治文化职能为主的城市特征（表2-21、表2-22）。内城八旗人口的职业构成仍以职官和兵役为主，闲散人口占有较大比重，可以满洲八旗人口职业构成为例说明（表2-23）。

表2-21　光绪三十四年（1908）京师内城职业人口统计

区域	官员	士绅	工业	商业	兵勇	杂业	书吏	差役	无业	合计
中1区	164	33	149	523	15	1253	12	164	20	2234
中2区	46	99	86	199	24	245		87	45	831
中3区	19	19	23	194	3	921	18	126		1361
左1区	359	75	1372	2961	1146	331	179	268	161	7057

（续表）

区域	官员	士绅	工业	商业	兵勇	杂业	书吏	差役	无业	合计
左2区	86	156	2522	2720	31	3671	12	123	133	12181
左3区	537	450	5870	7749	2640	3607	127	227	22	21229
左4区	1989	2070	1253	7615	10159	7599		158	213	31203
左5区	546	832	2351	3843	1215	2527	526	705	445	12990
右1区	490	465	667	1240	725	795	515	330	84	5347
右2区	351	104	1223	3488	1737	2745	58	145	527	10396
右3区	112	16	3258	1064	8	1320	24	100	982	6890
右4区	36	42	322	3511		1819		11	129	5870
右5区	856	42	379	5585	5625	1917	4	143	804	15496
总计	5591	4403	19475	40692	23328	31504	1475	2578	3635	133187
构成（%）	4.19	3.3	14.62	30.55	17.51	23.65	1.1	1.9	2.7	100

注：未列农业（363人）、乞丐（143人）

表2-22　光绪三十四年（1908）京师外城职业人口统计

区域	官员	士绅	农业	工业	商业	兵勇	差役	书吏	杂业	无业	合计
左1区	316	46		9242	9724	22	194	25	6402	188	26160
左2区	182	40	3	11067	4291	32	69	23	8902	111	24720
左3区	63	31	6	4631	1657	64	176	11	2420	1	9060
左4区	12	11	136	393	38	14	28	1	736	21	1390
左5区	129	43	2	1939	4146	56	108	16	4141	114	10694
右1区	441	101	4	7383	9161	41	201	66	4560	44	22002
右2区	502	34		5264	5088	49	239	15	7486	321	18998
右3区	203	48	44	2063	2502	70	86	19	2757	101	7893
右4区	450	67	236	1235	1558	57	297	12	3089	239	7239
右5区	231	32	30	2164	1881	39	304	12	3617	434	8744
总计	2529	453	461	45381	40046	444	1702	250	44110	1573	136899
构成（%）	1.85	0.33	0.35	33.15	29.25	0.32	1.24	0.15	32.22	1.15	100

资料来源：光绪三十四年《民政部统计表》

表2-23　光绪三十四年（1908）京师内城满洲八旗"职业"统计

区域	世爵	职官	马甲	步甲	养育兵	闲散	四孤	其他	合计
中1区	4	22	38	5	13	43	4	40	170
中2区	2	33	7	4	4	9	10		69

（续表）

区域	世爵	职官	马甲	步甲	养育兵	闲散	四孤	其他	合计
中3区	4	32	5	27	204		9		281
左1区	49	492	472	113	153	699	101	21	2127
左2区	2	116	239	25	175	998	97	1590	3314
左3区	22	187	736	300	302	519	109	227	2402
左4区	14	709	986	125	673	1751	36	1161	5553
左5区	24	119	417	229	187	1584	205	1671	4639
右1区	36	648	516	195	534	3168	324	468	6447
右2区	248	756	4466	220	760	3510	567		10527
右3区	121	1102	1330	105	282	2522	114	792	6682
右4区	60	22	141	175	361	1991	191	3	3030
右5区	5	274	145	43	71	297	20	640	1495
总计	591	4512	9498	1566	3719	17091	1787	6613	46736
构成（%）	1.26	9.66	20.32	3.35	7.96	36.57	3.82	14.15	100

按照民国元年（1912）统计，北京内城各区现住人口职业构成是：议员、官吏等共17297人，占内城总人口449973人的3.84%；教员、僧侣、律师、记者、医生、稳婆等自由职业者共2835人，占0.63%；生徒21788人，占4.84%；农业390人；商业54503人，占12.11%；工矿业9860人，占2.19%，其他各业（以社会服务业为主）77147人，占17.14%；未详实际主要是无业人口266153人，占59.15%。外城各区现住人口职业构成是：议员官吏共5954人，占外城总人口275062人的2.16%，教员等自由职业者3958人，占1.44%；生徒9820人，占3.57%；农渔业4725人，占1.89%；工矿业18624人，占6.77%；商业67423人，占24.51%；其他各业63416人，占23.06%；未详多为无业者100952人，占36.7%。

从内外城的职业统计来看，民国元年北京内外城均存在比重甚大的无业人口，尤其内城高达50%以上；内外城的商业服务业包括自由职业在业人口内城占29.88%，而外城占49.01%；官吏内城占3.84%，外城仅占2.16%；生徒内城占4.84%，外城占3.57%；工矿业内城占2.19%，而外城占6.77%；农业人口在内外城比重均甚微，由此看来，民国元年的北京内外城就业状况直接承袭清末，存在明显的差异，仍然显示了内城政治文化中心而外城商业服务中心的职能分工的传统特点。

民国元年寄居北京的外侨人口共935人，其中侨居内外城者864人，而居于内城左一区即后来的东交民巷者达 751 人，故当时外侨集中聚居是突出特点。外侨人口主要从事商业及其他各业达 666 人，占 77.1%，余则主要从事医教工业等 157 人，占 18.2%。

民国九年（1920）北京内外城城市人口的职业构成随着城市人口规模的扩大和工商业资本集聚亦发生了一定变化。其中官吏议员等达到 27361 人，占城市人口 840544 人的 3.26%，比民国元年内外城官吏总数所占比重 3.21%，略微有所增加；自由职业者 9195 人，占 1.09%，较 0.94% 也有所增加；商业服务占 39.2%，较民国元年明显扩大了；工矿业 6.51%，与民国元年大体相当；未详者多半是无业之贫民，达 372996，占 44.38%。较民国元年内外城未详者所占 50.63% 有所下降。

日伪统治时期（1937—1945）北平市人口的职业统计比较完备，一般划分为农、矿、工、商、交通运输业及公务、自由职业、人事服务和无业等职业类别。因这一时期郊区与城市的联系益加紧密及郊区行政管理的益加严密，郊区各业统计亦包含在北平市的职业统计之中，故农业从业人口一直占有较大比重（表 2-24）。

由表 2-25，总体来说，无业人口在不断减少；而就业人口有所增加，1937 年无业人员占总人口的 73.19%，而职业人口仅占 26.81%。各业就业人口共 403396 人，其中商业从业人数最多，占 33.28%；其次是工业就业人口占 18.72%；农业就业人口占 16.52%；人事服务占 15.48%；交通运输业占 6.26%；自由职业者占 5.79%；公务就业人数占 3.84%；矿业就业人数最少，仅占 0.11%。至 1945 年上述各项就业人口占总人口比重分别为：51.63% 和 48.37%，与 1937 年比，就业增加，无业减少，在各业就业人口中商业就业人口仍居第一位，占就业总人口 798113 人的 33.66%，工业占 19.81%，农业占 21.08%，人事服务占 9.15%，交通运输业占 4.3%，自由职业占 8.52%，公务职业占 3.19%，矿业占 0.29%。与 1937 年比较，就业人口比重增长的依次是自由职业、农业、工业、商业和矿业，比重降低的依次为人事服务、交通运输业、公务业。这应该是殖民地、半殖民地城市社会经济发展畸形的突出表现。

在社会各业就业人口中女性已占有一定比重，而且各业中女性就业人口均不断增加。1937 年北平市各业就业女性人口为 29307 人，到 1941 年则已增加到 109530 人，到 1945 年更增加到 155905 人（表 2-25）。但无业女性所占比重仍一直高于男性。

表2-24　日伪时期（1937—1945）北平市人口职业构成统计

年份	总计	农业	矿业	工业	商业	交通	公务	自由职业	人事	无业
1937	1504716	66645	441	75500	134271	25258	15484	23347	62450	1101320
1938	1604011	68717	485	105469	151060	23228	15968	25042	40353	1173689
1939	1704000	81522	412	122347	201917	33744	23295	27819	86260	1126684
1940	1745234	95380	821	153608	220271	40510	21379	35170	85686	1092401
1941	1794449	146462	1471	180331	221390	30048	26502	37191	58981	1093363
1942	1792865	143654	1256	178423	205380	40569	23000	36102	58390	1106230
1943	1641751	157074	2315	158765	253542	42823	22479	63166	91501	849086
1944	1639098	164883	2525	165588	272788	41773	21718	68482	71878	831402
1945	1650695	168266	2309	158092	268640	34325	25462	67993	73026	852282

资料来源：《北平市政统计》，1946

表2-25　日伪时期（1937—1945）北平市各业人口的男女统计

	1937			1941			1945		
	合计	男	女	合计	男	女	合计	男	女
总计	1504716	908995	595721	1794449	1095978	698471	1650695	971573	679122
农业	66645	61780	4865	146462	107538	38924	168266	118633	49633
矿业	441	438	3	1471	1184	287	2309	2035	274
工业	75500	71185	4315	180331	153136	27195	158092	130918	27174
商业	134271	132654	1617	221390	207741	13649	268940	249092	9848
交通	25258	25008	250	30048	29152	896	34325	33093	1032
公务	15484	15393	91	26502	26045	457	25462	23440	2022
自由职业	23347	20281	3066	37191	24404	12787	67993	39066	28927
人事	62450	47350	15100	58981	43646	15335	73026	46031	26995
无业	1101320	534916	566414	1092073	503132	588941	852282	329065	523217

资料来源：《北平市政统计》，1946

民国时期北京社会各行业就业人口除职业之间的差异之外，在内外城及郊区之间，在区与区之间也存在着就业人口数量的差异。造成这种现象的主要原因是各个区之间存在的功能分异，如内外城各区农业就业人口所占比重甚低，而在郊区所占比重甚高；自由职业、公务及交通运输等行业的就业者城区远较郊区高。可以民国二十六年（1937）、民国三十五年（1946）北平市各业就业人口在内外城区及郊区的分布状况说明这种现象（表2-26、表2-27）。

表2-26 1937年北平市各业人口分布

区别	农业	矿业	工业	商业	交通	公务	自由职业	人事	其他	无业	合计
内一	82	222	9821	22613	2038	1646	5522	10811	22555	21165	96460
内二	82	21	3937	5436	243	2556	3608	3633	2554	5402	27472
内三	178		4918	4474	8168	3996	119	5244	878	8649	36624
内四	424	22	5726	12712	81	5297	3797	1383	7511	76860	113813
内五	405	821	2938	5156	2060	2362	2663	6791	478	27045	50719
内六	62	1	4126	6426	2425	3508	4370	4884	1619	33761	61181
外一	17	120	9735	14423	1532	226	169	1895	451	16851	45419
外二	34	18	7666	12633	60	161	1331	1678	12276	29342	77179
外三	852	8	11561	11586	36	101	10311	3001	10106	34145	81707
外四	824	132	3926	5808	451	879	19539	1353	3357	54308	90581
外五	215	2	9583	14802	3706	419	867	5766	846	16910	53116
东郊	10410		9847	6205	116	1101	172	2678	5567	31574	67670
西郊	22627		3781	12528	2120	1038	501	3839	1760	38980	87174
南郊	20835		619	3591	906	176	2153	969	2080	23887	55216
北郊	6080	4	3867	6110	79	1028	2917	3723	1677	10092	35577
总计	63131	1371	92051	144503	24021	24633	70019	57648	73715	428975	975716

资料来源：《北平市警察局户口统计》

表2-27 1946年北平市各业人口分布

区别	农业	矿业	工业	商业	交通	公务	自由职业	人事	其他	无业	合计
第一区	2083	57	14113	28597	7307	3871	2894	11568	22941	43458	136887
第二区	2365	668	3655	11341	1592	5648	875	1008	577	68121	105860
第三区	1045	182	13419	7003	16221	1201	1918	4739	33460	78403	157591
第四区	6322	2811	13749	21168	18700	29029	19672	16614		1677	132742
第五区	4249	140	6095	5061	796	2097	3040	5983	1646	69669	98776
第六区	610	38	2357	4204	2439	3797	153	4330	615	47861	66401
第七区	385	2020	4239	3520	2260	2740	546	7089		11108	33907
第八区	347	22	15131	34630	1843	15	120	3448		16878	72434
第九区	2383	1170	6439	28727	3208	1997	18228	8667	10254	18301	99474
第十区	2707	1	9327	33349	1766	358	16	7804	25801	30047	111176
第十一区	1965	28	5092	20214	496	681	663	3120	1499	78415	112170

（续表）

区别	农业	矿业	工业	商业	交通	公务	自由职业	人事	其他	无业	合计
第十二区	766		12723	16113	5916	319	1578	3709	393	72738	112255
第十三区	22938		6422	6460	385	817	755	528	12009	70732	121036
第十四区	74046		6797	5363	816	906	243	3280	3000	34347	128698
第十五区	31755		5388	10397	1065	612	358	1223	265	70750	101182
第十六区	20750	13	1532	5127	53	425	429	2594	1009	31754	73666
总计	184716	7150	126478	241284	62843	54510	54588	85494	113469	754257	1684789

资源来源：《北平市政统计》，1946

劳动力人口，在古代主要指16岁至60岁的男丁或15岁至50岁的男丁，是被征用的劳动力或兵役，也是州县征收赋役的对象。近代以来，推行新政，出现了具有近现代意义的职业和从业人口。以北京为例，城市出现了一定数量的工业人口，以及矿业、商业、交通运输业、公务、自由职业、人事服务等各类行业，因此也就出现了相应的人口统计。这都是值得探讨的问题。

（原载北京市地方志编纂委员会《北京志·综合卷·人口志》，北京出版社，2004年。文字有改动）

历史时期北京地区人口迁移述要

北京处于华北、东北和蒙古高原三大地域单元交接地带的特殊地理区位，自古以来，无论作为古代幽燕都会，还是上升为国家政治中心，每当中原王朝实力衰微，北方游牧民族南下至王朝更替、都城地位确立前后，北京均会出现较大规模的人口迁移变动。按照各个时期人口迁移的方向，大体可以分为两种类型：一是向北京及其周围地区的向心型内聚迁移，一是由北京及附近地区的离心式离散迁移；对北京整个人口迁移变动过程来讲，这两种类型的人口迁移形式又是交替进行的。下文就历史时期北京地区人口迁移过程做较系统的研究，不妥之处，尚祈指正。

一、幽燕都会时期北京地区人口迁移

除军事攻伐直接涉及的人口移动外，最早见诸文献记载的古代北京地区移民是秦始皇统一东方六国后，“徙天下富豪于咸阳十二万户”①。燕作为战国七雄之一，秦王朝从其境内迁走一万户上下不成问题，经秦末农民起义和楚汉战争，“大城名都民人散亡，户口可得而数裁什二三”②；燕、齐、赵人往避高句丽、辰韩等东北及朝鲜半岛各地者达数万口③。汉高祖初年，除徙齐、楚大族于关中外，还徙燕、赵、韩、魏后裔及豪杰名家十余万口④。因此，秦至西汉初年是燕都蓟城及其周围地区户口离散迁移、人口减耗时期。

东汉初年，北部边疆受到匈奴南下侵扰，故有光武十五年（39）迁上谷（郡治今河北怀来县东南）吏民于居庸关东，据《后汉书·吴汉传》，是时连同迁至常山关东的雁门、代郡人口共计6万余人。东汉时期，匈奴不断寇抄，亦造成了幽州人口的流离迁徙。东汉末年刘虞任幽州牧，黄巾起义爆发后，中原离乱，“青徐士庶避黄巾之难归虞者百万余口，皆收视温恤，为安立生业，流民皆忘

① 《史记》卷6《秦始皇本纪》，北京：中华书局，1959年。

② 《汉书》卷16《高惠高后文功臣表》，北京：中华书局，1962年。

③ 《后汉书》卷85《东夷列传》，北京：中华书局，1965年。

④ 《汉书》卷43《刘敬传》。

其迁徙”[1]，成为历史上北京地区流民最多、安置最好的时期。在此后的战乱中，“乌丸（桓）承天下之乱，破幽州，略有汉民合十余万户”[2]，被迁往燕山山地及其以东地区。至建安十二年（207），曹操征乌桓，“胡汉降者二十余万口”，一部分被俘掠北去的汉人又回到了幽州的地区。魏晋北朝时期是历史上北京地区人口迁移变动最为频繁的时期（表2-28）。

表2-28　魏晋北朝时期北京地区人口主要迁移变动统计

年代	内迁	外迁	史料内容	资料出处
魏黄初三年（222）	千余家		“遣魏人（在鲜卑者）千余家居上谷”	《三国志·魏书》
太和二年（228）	七千余家		司马宣王斩新城太守孟达，“徙孟达余众七千余家于幽州”	《晋书·宣帝纪》
景初元年（237）	*		幽州刺史毌丘俭征公孙渊还，右北平、辽西乌丸居幽州辽东，“率部众随俭内附”	《三国志·魏书》
西晋永嘉中（307—313）		*	王浚为幽州刺史，“为政苛暴……下不堪命，多叛入鲜卑”	《晋书·王沈传》
西晋永嘉中（307—313）	数千余家		高瞻与“叔父隐率数千家北徙幽州，既而以王浚政令无恒，及依崔毖，随毖如辽东”	《晋书·慕容廆载记》
晋咸康五年（339）	七千余家		石季龙将夔安攻石城，略汉东，“拥七千余家迁于幽冀”	《晋书·成帝纪》
晋咸康六年（340）		*	后赵徙辽西、北平、渔阳万户于兖、豫、雍、洛四州之地	《晋书·石季龙载记》
晋咸康六年（340）		三万余户	慕容皝率骑二万，“长驱至于蓟城，……所过焚烧积聚，掠徙幽冀三万余户”	《晋书·慕容皝载记》
永和六年（350）		*	慕容儁率军陷蓟，“徙广宁、上谷人于徐无……”	《晋书·慕容儁载记》
永和七年（351）	数十家		慕容恪入中山，“迁其将帅、土豪数十家诣蓟”	《资治通鉴·晋纪二十一》
永和八年（352）	*		“燕王儁还蓟，稍徙军中文武兵民家属于蓟”	《资治通鉴·晋纪二十一》
永和十二年（356）	三千余户		慕容恪克广固，“徙鲜卑胡羯三千余户于蓟”	《晋书·慕容儁载记》

① 《后汉书》卷73《刘虞传》。

② 《三国志·魏书·武帝纪》，北京：中华书局，1982年。

（续表）

年代	内迁	外迁	史料内容	资料出处
兴宁二年（364）	万余户		“慕容评寇许昌、悬瓠、陈城、并陷之，遂略汝南诸郡，徙万余户于幽冀”	《晋书·慕容暐载记》
太元十年（385）		千余户	后燕“建节将军徐岩叛于武邑，驱掠四千余人，北走幽州。……乘胜入蓟，掠千余户去。所过寇暴，遂据令支”	《晋书·慕容垂载记》
北魏天兴元年（398）		*	“徙山东（太行山东）六州（当含幽州）民吏及徒何（鲜卑）、高丽杂夷三十六万、百工伎巧十万余口，以充京师（洛阳）”	《魏书·太祖纪》
北魏泰常三年（418）		*	“徙冀、定、幽三州徒何（即鲜卑）于京师（洛阳）”	《魏书·太宗纪》
延和元年（432）	三万家		“徙营丘、成周、辽东、乐浪、带方、玄菟六郡民三万家于幽州，开仓以赈之”	《魏书·世祖纪》
景明三年（502）	*		（鲁阳）“蛮众数万，屯据形要，以拒官军。（李）崇累战破之，斩北燕军，徙万余户于幽并诸州”	《魏书·李崇传》
建义元年（528）		*	“幽州北平府主簿河间邢杲，率河北流民十余万户，反于青州之北海”	《魏书·敬宗纪》
北齐天保八年（557）	*		“议徙冀、定、瀛无田之人谓之东迁，诣幽州宽乡以处之”	《通典·食货·四制》

由上表可知，魏晋北朝时期北京（幽州）地区人口迁移变动不仅规模大、范围广，而且内聚与离散迁移交互进行，甚为频繁；这恰恰是政治分裂、战乱纷繁的时代特征在人口迁移过程上的反映。

隋唐时期北京地区人口迁移变动亦较频繁，继北朝末年幽州人口严重流失，中经隋文帝开皇年间（581—600）的短期发展，至大业中炀帝开运河发达三次大规模征辽东的战争，虽然一方面推动了幽州城市的发展，但另一方面由于赋役严重，户口亦多所流离，尤其隋末战乱及唐初突厥南犯，使幽州地区均被其患。贞观初，唐灭亡东突厥将俘获男女 15 万人，安置于东起幽州西至灵州（今宁夏灵武）的边缘地带。贞观十九年（645），唐克辽东城（今辽阳市），降民 44000 人，安置幽州为民。万岁通天初，契丹陷营州（今辽宁朝阳），营州都督府被迫侨治幽州，所属羁縻州亦纷纷南迁，分置于幽州及其以南地区。神龙年间（705—707），内迁的游牧部落亦安置于幽州附近。开元五年（717）唐王朝平息了契丹南犯，营州都督府及一部分所属羁縻州迁回营州，但亦有滞留在幽州者。当时，归降唐王朝的突厥、辽东、契丹及奚人即被部分地安置于幽州地区，因置有顺州、归顺州、燕州、威州、慎州、崇州、夷宾州、师州、鲜州、带州、黎州、沃州、归义州、瑞州等领之。到天宝初，其总人口已有34876人。这些人口成为安禄山发动政变的军事力量的一部分。“安史之乱”历时八年，使包括幽州地区在内的河北“农桑井邑，靡获安居，骨肉室家，不能相保”①，区内人口大量流亡。

唐末五代的战乱和苛政使“幽涿之人多亡入契丹”②，使“幽蓟荆榛满目，寂无人烟”③。

二、帝都时期北京地区人口迁移

崛起于北方的契丹人亦趁机南下俘掠人口，劫夺财物，如《辽史·兵卫志》所载，阿保机即位“六年（912）春亲征幽州，东西旌旗相望，亘数百里。所经郡县，望风皆下，俘获甚众”。神册元年（916），“攻蔚、新、武、妫、儒五州，俘获不可胜纪，斩不从命者一万四千七百级”。六年（921）又“出居庸关，分兵掠檀、顺等州，安远军，三河、良乡、望都、潞、满、遂城等县，俘其民徙内地”等。

在契丹人攫取幽蓟十六州地之初，因政治和自然灾害原因，亦有大量人口流徙南下，据《旧五代史·周太祖纪》是时后周广顺元年（辽穆宗应历元年，951年），“北境饥馑，人民转徙，襁负而归中土者，散居河北州县，凡数十万口”。

契丹人得幽州建为陪都，号南京，导致古老的蓟城政治地位上升，为稳定并加强自己的统治，契丹贵族不仅停止了对这一地区户口的掠夺，而且派驻了大批宫卫军户，约达1.2万户。同时将驱掠和收降的中原户口建置了行唐县或安置于燕京近畿州县，并徙渤海名帐千余户于燕，因而使辽南京地区户口得到恢复和发展。

金代，在女真贵族推翻辽朝统治的进程中，推行了“每收城邑”，往往徙其

① 《旧唐书》卷141《田承嗣传》，北京：中华书局，1975年。

② 《新五代史》卷72《四夷附录一》，北京：中华书局，1974年。

③ 《辽史拾遗》卷1《太祖下》，引《唐明宗实录》，四库全书本。

民以实京师（按指上京会宁府）[①] 的政策；克辽南京之后，即“根据燕山府所管州县百五十贯已上家业者得三万余户，尽数起发”[②]，因而使辽南京几为空城。女真人攻略燕京，使“燕民破散，悉流转近地”，宋境“州县动数千口，至少犹不下五七百口”[③]。至女真人攻克汴京灭亡北宋，又驱掠宋国男妇二十万[④]北上，其强壮者至燕京，“各便生养……以类各相嫁娶”[⑤]。当时滞留燕京的宋朝宗室大臣即达 1800 余人。

在女真人确立对河北与河东地区统治之后即开始“起女真国土人散居汉地”[⑥]。熙宗初年，金与南宋划淮为界，始“创屯田军（按指猛安谋克军户），凡女真、契丹之人，皆自本部徙居中州，与（汉族）百姓杂处”[⑦]。

海陵王迁都燕京，改称中都，首先将上京全部中央机构官吏三千余员名迁往中都，并“以京城隙地赐朝官及卫士”[⑧]。其次将女真皇族掌管之猛安谋克及其宗室迁至中都，“以蕃卫京国”[⑨]。同时实行了“凡四方之民欲居中都者，给复十年，以实京师”[⑩]的政策，鼓励州县之民移居中都，因而加速了中都城市及京畿地区户口的迅速增长。

在成吉思汗的蒙古骑兵围攻中都，河北、山东诸郡失守，河东州县亦多残破，“燕京乏粮，不能应办”，“军民饥死者十四五”[⑪]的情况下，金宣宗决意迁都南京（汴京）。宣宗南迁，首先是宫眷、监户、近侍、百官、军将、宗室及其眷属皆偕行，“銮辂一动，北路皆不守”[⑫]。兼金朝政府进一步推行了“裒兵徙，徙豪民，以实南京”[⑬]的政策，使数年之内，仅“河北军户徙河南者几百万口”[⑭]，

---

① 《金史》卷 133《叛臣传》。

② ［宋］徐梦莘：《三朝北盟会编》卷 15《政宣上》，清许涵度校刻本。

③ ［宋］徐梦莘：《三朝北盟会编》卷 16 引《北征纪实》。

④ ［宋］确庵、耐庵：《靖康稗史》卷 6《呻吟语》，北京：中华书局，1988 年。

⑤ ［宋］徐梦莘：《三朝北盟会编》卷 98 引《燕云录》。

⑥ 《大金国志》卷 8《太宗纪》。

⑦ 《大金国志》卷 12《熙宗纪》。

⑧ 《金史》卷 5《海陵纪》。

⑨ 《金史》卷 44《兵志》。

⑩ 《金史》卷 83《张浩传》。

⑪ 《大金国志》卷 4《宣宗纪年》。

⑫ 《金史》卷 99《徒单镒传》。

⑬ 《金史》卷 105《张翰传》。

⑭ 《金史》卷 107《高汝励传》。

“河北失业之民侨居河南、陕西，盖不可以数记”[①]。而蒙古贵族驱掠山东、河北、河东少壮亦数十万，诸王大及诸将校所掠户口，寄留诸郡者，“几居天下之半”[②]。因而中都城市和中都地区户口迅速耗减了。

在忽必烈即帝位迁都中都并创建大都新城的过程中，更大规模地内聚迁移军户、匠户、官员及其家属于京师，即所谓“迁居民以实之”（按指大都新城）。因而使中都（大都）城市人口由至元元年（1264）的4万户迅速增加至至元十八年（1281）的21.95万户。短短18年间，大都城市增加了17.95万户，显然从各地户口的内聚迁移为主。但至元代中后期由于社会与经济原因，大都城市在京人口流徙日益严重，以坝河漕户为例，至元十六年（1297）开坝河，所设坝夫户、车户和船户共计14397户，但到至正初年，“坝夫累岁逃亡（按当在中期以后），十损四五”，所剩车船坝户总计仅5348户[③]，逃往户占原设总户数的63%，京畿站赤户和州县民户亦因负累不堪、生计困顿，致使“官司交忿，农民窘窜”[④]。及明军北伐，元顺帝仓皇北逃，有大量蒙古及汉人等被裹携北去，因而元末大都城市及近畿户口大规模离散迁移直接导致元末明初北京地区户口的锐减。

明初建都南京，降元大都为北平府治；北平成为明王朝北方军事重镇，除派驻大量卫所军人之外，有计划地迁散了大都城元朝遗民，其中包括“征元故宫送至京师（按指南京）”；“北平府应有南方之人，愿归乡里者听”；“徙北平在城兵民于汴梁”[⑤]。加以战争造成的人口流徙，明初北平地区人口锐减至历史最低水平，随之而来的就是大量迁移沿边迤北及山西人口于北平等府所属州县屯垦。其中仅洪武四年（1371）所迁沙漠移民即达32860户，置在254处，因而使北平府属户口迅速增加起来。

燕王朱棣发动的“靖难”曾使北平人口遭到严重损失，故至永乐迁都北京，在将南京卫所大量北调[⑥]的同时，迁移江浙富民与工匠于北京，迁移山东、山西人口于京畿屯田。因而使京师五方杂处，附近州县“地多卫官、陵户、皇庄、戚畹、戍守诸人所托处，其土著之民什仅三、四耳”[⑦]。明中期商业经济的发展，使

① 《金史》卷102《田琢传》。

② ［元］宋子贞:《中书令耶律公神道碑》,《元文类》卷57，上海：上海古籍出版社，1993年。

③ 《元史》卷183《王思诚传》。

④ 《续通典》卷3《食货三》，四库全书本。

⑤ 《明太祖实录》卷31，洪武元年十月戊寅、戊子。

⑥ 《明史》卷90《兵志》。

⑦ ［康熙］《昌平州志》卷6《赋役志·户口》，清康熙刻本。

北京“四方辐辏”“生齿滋繁”[①]。

至嘉靖、隆庆之际，京师商民铺户因征商严苛已“有散之四方，转徙沟壑者”[②],至万历中后期则出现了京师城乡坊铺人丁“率多逃绝不堪”,“户口渐耗”[③]的局面。至明末州县之民，“流移日众，弃地猥多”[④]；再经满洲贵族四次入关抄掠，京畿地区“百姓流亡十居六七”[⑤]。

清初，满人入关，定都北京，共有660.5个佐领（又称牛录）迁入北京及南下征伐，按当时每佐领编设壮丁的数目，入关之八旗官兵合计17.2万丁，总人口约58万人；另有旗下奴仆约41万人安置于近畿圈地上耕种[⑥]。为补充兵员打赢统一中国和镇压三藩的战争，自顺治至康熙初年不断地征兵于满蒙各地，充实京师八旗人口。因此清初是八旗人口大量内聚迁入京师的时期。但同时为安置旗人除圈占北京内城外，还圈占了京畿大量土地，使京畿人民流离失所。另一方面入关之旗仆和投充旗下汉人因不堪侵扰，多致逃亡，因而又有严苛的罚治逃人的法令，形成了“法愈峻，逃愈多”[⑦]的社会动荡局面。至顺治三年（1646）“（旗仆）逃亡已十之七”[⑧]。在康熙更订“逃人法”后的康熙二十八年（1689），一年之内旗下奴仆逃走男妇子女还在八千名以上。清代初期逃人的大量出现成为北京地区州县人口增长长期缓慢的重要原因。

在镇压三藩之后，京师八旗进入了迅速增殖的时期，因而到清代中期形成了“户口日繁，待食者众，无余财给之，京师亦无余地处之”[⑨]的严重局面。如何措置京师八旗人口的生计、减轻北京内城人口压力就成为清政府的当务之急，为此主要实行了四项措施：（1）政府拨款，建房城外，移内城兵丁携眷口分驻四郊；（2）增加直省驻防，迁移京师旗人于各地；（3）迁移京旗闲散人口于东北屯垦；（4）汉军出旗，占籍州县，编为民户[⑩]。运用这些措施前后自北京内城迁出官兵5.5万人，人口22万，这不仅在当时产生了控制城市人口规模的良好效果，而且

---

① ［明］张四维：《京师新建外城记》,《明经世文编》，卷373，明崇祯平露堂刻本。

② ［明］高拱：《议处商人钱法以苏京邑民困疏》,《高文襄公文集》卷3，明万历刻本。

③ ［明］沈榜：《宛署杂记》卷6《人丁》，北京：北京古籍出版社，1983年。

④ ［明］吕坤：《陈天下安危疏》,《明臣奏议》卷33，清武英殿聚珍版丛书本。

⑤ 《清世祖实录》卷12，顺治元年十二月庚寅。

⑥ 韩光辉：《北京历史人口地理》，北京：北京大学出版社，1996年，第120-125页。

⑦ 《清世祖实录》卷88，顺治十二年春正月庚戌。

⑧ ［明］史惇：《恸余杂记》卷1《圈田》，四库禁毁书丛刊。

⑨ 《清史稿》卷303《梁诗正传》。

⑩ 韩光辉：《北京历史人口地理》，北京：北京大学出版社，1996年，第302-310页。

一直制约着清代后期京师旗人的增长过程。

三、近代北京地区人口迁移

清末因太平天国北伐，英法联军及八国联军进攻北京，均曾导致北京人口的离散迁移。

民国时期北京（北平）人口曾因政治和战乱等原因发生过对人口增长过程产生了短期影响的离散迁移，如清末至民国初的政权更替，1924年至1926年北洋军阀混战及“七七”事变日寇武力占领北平的年代[①]。相比而言，这一时期北京（北平）仍以人口的内聚迁移为主，长期影响了城市人口增长的过程和规模，这主要是由于北京城市性质由帝都向近代利伯维尔场经济城市转变，导致社会资本和近代技术向城市集中，进而吸引了华北农村破产人口向城市的迁移。北京城市人口增长过程虽然受到政局和战乱等的影响出现过短时间迅速增减，但基本趋势是稳定增长的。在前述自然增长率相当低的情况下（即使考虑统计不完备的影响，将增长率提高到6‰或8‰），自1910年至1948年的38年间维持北京人口以17.4‰增长率增长的显然主要是人口的内聚迁移。除个别年份之外，每年均有大批外省区人涌入北京（北平）城市，也有大批城市人口迁出，因而使北京（北平）城市形成一个人口迁移的开放系统，但迁入常大于迁出（表2-30）。从历年市民的籍贯统计来看，移民以河北、山东、山西、辽宁省籍为主，来自全国各地。民国十八年（1929）、三十一年（1942）及三十七年（1948）省籍人口分别占49.4%、53%、51.6%。据民国二十五年（1936）6月的统计，北平市省籍人口占57.5%，其中河北籍占40.2个百分点，山东籍占5.6个百分点，其他省籍占11.7个百分点（表2-31）。因迁入的青壮年男性人口远多于女性，就导致了城市人口年龄构成不合理、性别比高等现象。

表2-29 1939年北平市迁入迁出口统计　　单位：人

区	迁入		迁出	
	男	女	男	女
总计	193456	147109	174525	128053
内一区	13112	8764	14331	9485
内二区	16904	13607	18312	14430
内三区	16134	13385	16294	13213

① 韩光辉:《民国时期北平市人口初析》,《人口研究》,1986年第6期。

（续表）

区	迁入		迁出	
	男	女	男	女
内四区	18131	15189	15415	12605
内五区	13504	11928	13176	11069
内六区	10016	8117	10606	8280
外一区	8110	4553	8633	4665
外二区	13070	8883	11524	8345
外三区	14810	10075	12508	7513
外四区	15604	12751	12995	10159
外五区	15120	10114	12844	8303
东郊区	12040	9647	9322	6960
西郊区	12541	9138	7907	5343
南郊区	7961	6057	6593	4643
北郊区	6408	5101	4065	3041

资料来源:《市政统计月刊》

表 2-30　民国二十五年（1936）六月北平市市民籍贯统计　　单位：人

	合计	男	女
总计	1533083	943429	589654
北平	651021	394084	256937
河北	616114	375342	240772
山东		61521	25046
山西	35977	27633	8344
辽宁	25310	13325	11985
江苏	22878	15270	7608
河南	17374	10649	6725
湖北	12136	5904	6232
浙江	10583	6353	4230
安徽	7131	4251	2880
广东	5914	3464	2450
福建	5401	3157	2244
湖南	5135	3099	2036
吉林	4627	2597	2036
察哈尔	4202	2872	1330
江西	3515	2000	1515
四川	2992	1816	1176

（续表）

	合计	男	女
绥远	2430	1572	858
陕西	2131	1323	808
热河	1767	1006	761
广西	1617	1082	535
黑龙江	1453	880	573
甘肃	1397	894	503
蒙古	1317	775	542
云南	1244	721	523
贵州	920	587	333
新疆	710	472	238
西藏	543	344	199
青海	363	258	105
宁夏	269	145	124
西康	45	33	12

资料来源：《北平市统计览要》

但个别年份也出现户口迁入少于迁出状况（表2-31）。

表2-31　民国二十五年（1936）六月北平市户口迁移变动统计　　单位：人

区	迁入				迁出			
	户数	口	男	女	户数	口	男	女
总计	51358	177184	105253	71931	59965	224131	134557	89574
内一区	4151	15916	10017	5899	4658	1909	12141	6968
内二区	4674	17720	9893	7827	4704	19689	11443	8246
内三区	4640	17057	9435	7622	5490	21610	12220	9390
内四区	5393	20097	11507	8590	9093	36223	20436	15787
内五区	3260	12043	6763	5280	3307	12981	7228	5703
内六区	2913	10521	5803	4718	3079	11760	6535	5135
外一区	2081	7107	4680	2427	2093	752	5273	2579
外二区	3334	10989	6624	4365	5547	20094	12190	7904
外三区	3859	12130	8054	4076	4846	17369	11598	5771
外四区	3443	10700	6494	4206	3551	11843	7223	4620
外五区	4211	13080	8326	4754	3768	12548	7990	4558
东郊	2651	7964	4772	3192	2613	8281	5047	3234
西郊	2948	9537	5671	3866	3217	10997	6739	4258

（续表）

区	迁入				迁出			
	户数	口	男	女	户数	口	男	女
南郊	1555	5032	2914	2118	1453	5005	3034	1971
北郊	2245	7291	4300	2991	2546	8910	5460	3540

资料来源：《北平市统计览要》

总之，本文研究了幽燕都会时期、帝都时期和近代北京地区人口迁移的复杂过程，希望在此基础上，进一步研究区域人口迁移的特点和人口迁移的机制，这将是后续工作。

（原载北京市地方志编纂委员会《北京志·综合卷·人口志》，北京出版社，2004年。文字有改动）

《大英百科全书》关于北京人口增长过程的误解

1974 年版的《大英百科全书》在关于北京的条目中专列“人口统计”一项。其中“自从 1949 年以来，北京成为中国人口增长速度最快的城市之一”的结论，以及这一时期北京市人口增长出于三方面原因的分析均是正确的。但是“直到北京重新成为这个国家的首都之前，北京的人口还没有发生急剧的增长”，尤其“历代北京人口的变化情况”及附表均发生了严重误解。见表 2-32。

表 2-32　北京历史时期人口演变

年代	人口
1270	401000
1578	707000
1913	728000
1916	801000
1930	1300000
1936	1551000
1948	1722000
1949	2360000
1953	2768000
1958	4148000
1959	6800000
1970	7600000

资料来源:《大英百科全书》

依据这一附表所列上述各年份北京人口数字,《大英百科全书》得到了这样的结论:“在封建王朝时期，从十三世纪北京成为首都时起，一直到二十世纪初，北京的人口增长非常缓慢，但在清朝覆灭以后，北京的人口增长速度加快了。从 1910 年至 1949 年这四十年间，北京人口增长速度的加快，归结于几个因素……”

事实上，在附表所列人口数字中，1270 年的 40.1 万人，是该年份中都路所领 27 个州县级行政单位（面积达 3.4 万 km^2，其中城区仅 21.5km^2）的赋役人口，不包括军户、匠户、驿站户人口。1578 年的 70.7 万人，是该年份顺天府所领 27 个州县（面积 3.4 万 km^2，其中城区仅 62km^2）的赋役人口；根据当时户籍制度，不包括卫所军户、当班匠户、奴婢及北京城市铺户人口。例如，按《明熹宗实录》卷9记录，天启元年（1621）北京坊铺保甲户口统计，共15119甲，151190户（表2-33），约75.6万人。这次城市人口统计要求“逐户编集，十家一甲，十甲一保，互相稽查，凡一家之中名姓何人，原籍何处，作何生理，有无父子兄弟、曾否寄寓亲朋，开载明白，具造花名清册呈报”。可见北京城市户口统计并不包含在顺天府属27个州县赋役户口中，而顺天府属27个州县赋役户口也不包含在北京城市户口统计中。

1913年和1916年的人口数是当时北京城区（面积仅62km²）的人口数，而不包括郊区尤其郊县人口。1930年、1936年、1948年的人口数，则是当时北平城区与四郊（总面积707km²）的人口数。1953年和1958年以后历年人口数则是各该政区范围内人口统计数。

表2-33 明天启元年（1621）北京坊铺保甲户口统计

五城	铺数	甲数（名）	户数（户）	人口数（人）
中城	53	2544	25440	127200
东城	173	3608	36080	180400
南城	135	4330	43300	216500
西城	101	3764	37640	188200
北城	63	873	8730	43650
合计	525	15119	151190	755950

资料来源:《明熹宗实录》卷9

由此可见,《大英百科全书》所列不同年代的北京人口拥有不同的含义。1270年和1578年的北京人口是在大范围政区内生聚的赋役人口；不包括非赋役人口；而20世纪前半的北京人口则是生聚于城市或城市与郊区小范围内的人口。1949年之后历年北京人口则是各该年份市域不断扩大之后，不同区域上的人口。1958年之后，北京市域范围已扩大到16406km²。

因此《大英百科全书》提供给读者的北京人口统计资料是不同地域范围，非全部人口成分的人口；这样的一组人口数字不能正确地反映北京历史人口演变的客观过程。

至于清王朝灭亡之后，北京人口增长速度加快的原因，除《大英百科全书》总结归纳的三个因素之外，人口统计范围由城区扩大到郊区，同样是不容忽视的重要因素。

严格地讲，人口是指一定时间在一定地域中生存的各类人口的总和，具有鲜明的时空内容。在户籍制度异常复杂的中国古代，还必须特别注意研究城市或区域人口的户籍类型及其构成。因此，研究中国城市及区域人口的演变，对时间、空间和户籍制度的探讨缺一不可。严格人口的时代断限，强调人口统计的空间范围和统计区域的前后一致性，提供人口动态过程的客观地域背景与可比性，是探讨城市和区域人口动态过程、演变规律及其空间特征的基础；而明确不同历史时期人口的户籍构成和沿革变化，才有可能提供符合历史实际的人口规模。因此，给不同时期的人口统计资料以户籍组成和地域范围的客观说明，避免因混淆户籍构成和参差统计区域而导致的错误结论，无疑至关重要。而《大英百科全书》恰恰在这两个方面发生了错误。

为避免上述问题的发生，在探索世界著名古都北京人口演变过程时，必须在考察各时期人口户籍构成的同时，将城区人口与市域人口的演变作为两个序列分别探索。在这方面《北京历史人口地理》取得了较为成熟的经验和较为可靠的成果，足资参考。

（原载《人口与经济》2002 年第 2 期）

《世界大都市》关于“北京的人口变迁”资料的疏误

由日本筑波大学高野史男等著名教授编著，大明堂有限公司1979年出版的《世界大都市》是一部有关世界大都市发展历史的有价值的重要参考书。其下册介绍了北京市政规划和城市建设的沿革变化与现状特点，并展望了其未来发展的趋势，但其中“北京的人口变迁”颇多疏误，有必要予以辨析。

按书中附表，北京的人口变迁如下：

表2-34 《世界大都市》所附北京人口变迁

年代	人口（万人）
1270年（元至元七年）	40.1
1491年（明弘治四年）	66.9
1578年（明万历六年）	70.7
1910年（清宣统二年）	76.4
1915年（民国四年）	78.9
1920年（民国九年）	84.9
1925年（民国十四年）	126.6
1930年（民国十九年）	138.4
1948年（民国三十七年）	172.1
1953年	276.8
1957年	401.0
1958年	414.8
1970年	757.0

据此附表，该书得出了如下结论：“元至元七年（1270），北京人口有四十万。到了明代达到七十万。此后，外城城区没有扩大，三百多年的时间内，人口一直停留在七十万的水平上。1920年代中期，人口超过一百万。如表所列，北京解放时，人口达到一百七十二万。新中国成立后，城区大幅度扩展，城市人

口更是明显地增长，1970年已达到七百五十七万人。”

由这一段文字叙述得知，这里所讲人口系指北京城市人口，但考诸文献、探求源流，《世界大都市》一书所列不同年代北京人口数字并不完全限于城区，其区域范围甚为参差。其中，1270年的40.1万人是元初中都路（1272年改称大都路）所属27个州县级行政单位领属之赋役人口。当时中都路面积为3.4万平方千米，其中城区（金中都旧城）仅21.5平方千米。大都新城建成后，新旧城面积扩大到71.5平方千米，户口也不断增加。元大都城市户口变化如表2-35。大都城市户口领属于警巡院，包括城市赋役户口、军、站、匠户等，城市户口统计结果则来自兵马都指挥使司所属弓手的变化。当时，“马步弓手，验民数多寡定立额数”，军站人匠等各类户口“每百户取中产者一人以充”。反之，每置一名弓手则有一百户居民。这一结果充分说明，1270年的40.1万人不能代表元代都城规模。

表2-35　元大都城市户口变化

年代		中统五年（1264）	至元八年（1271）	至元十八年（1281）	至正九年（1349）
户数（万户）	旧城	4.0	11.95	14.0	10.0
	新城			7.95	10.0
	合计	4.0	11.95	21.95	20.0
口数（万口）		11.0	42.0	88.0	83.4

资料来源：《北京历史人口地理》

1491年和1578年的两个人口数字则是明代各该年份顺天府属27州县的州县赋役人口数。当时顺天府面积约3.4万平方千米，其中1578年城区仅62平方千米。根据明代的户籍制度，这两个人口数均不包括军户、匠户、奴仆人口等，还不包括北京城市赋役人口。因此《世界大都市》所列明代北京的两个人口数只是当时区域总人口的一部分，既不代表区域人口规模，也不是北京城市人口。

1910年的76.4万是清末《京师内外城巡警厅统计书》统计的北京城区人口数，不包括城市郊区，也不包括顺天府属各州县人口，而当时城区面积仍为62平方千米。

1915年和1920年的78.9万与84.9万同样是民国初年北京城区的人口数，也不包括城市郊区和京兆地方各县人口。1925年、1930年、1948年三个年份的人口数则不仅包括北平城区人口，而且包括北京郊区人口。当时北平市域面积为707平方千米。

1953 年的 276.8 万人则是当时北京市城区、近郊、南苑及门头沟区的总人口。1957 年的 401 万人则是当年北京市城区、近郊区和远郊县的总人口。1958 年之后的人口数则是北京市域经过历次扩张总面积达 16406 平方千米的人口总数。

由此可见，《世界大都市》将不同时期不同区域，或中都路，或顺天府，或北京城区，或北京城区与近郊，或经历次调整之后的北京市域人口罗列在一起，以显示北京人口的历史演变，毫无可比性，显然不妥。而“1920 年代中期，人口超过一百万”，恰恰是扩大统计区域，增加了郊区人口的结果。因此，探索北京人口演变过程，也必须在考虑各时期人口户籍构成的同时，将城市人口和市域人口的演变作为两个序列分别探索。

（原载《城市问题》2002 年第 3 期）

建都以来北京城市人口规模的演变与户籍管理

金朝迁都燕京，改名中都，是一个重要的历史事件，作为国家政治中心和文化中心，开始了北京城市发展的新纪元，至今861年。元明清三代均建都于北京，为增加军事、建筑、工匠、商业、交通等各类服务人口政府实行了移民实京师的制度。在社会稳定、经济繁荣的历史条件下，京师人口大量自然增殖，更为各时期中后期提供了劳动力人口。同时政府为有效管理各类城市人口，不同时期采取了不同的管理方法，保证了社会的稳定，这些均是值得认真研究的问题。

一、建都初期移民“实京师”

“实京师”就是大量内聚迁移人口于京城和京畿地区，“以分田里，以令贡赋，以造器用，以制禄食，以起田役，以作军旅”①，以增加京师军事、建筑、工匠、商贸、交通、农业等各行业人口，来满足封建帝王和封建政权对各种职业人口的需要。

这一政策早在秦汉时期即已开始实行。如秦徙天下豪富12万户于咸阳②；西汉高祖九年（前198），“徙齐楚大族昭氏、屈氏、景氏、怀氏、田氏五姓于关中”③等。此后，“实京师”这一强本弱末或称强干弱枝的人口迁移政策为历代帝王所沿用。到金元明清时期，随着政权的更替与北京城市地位和职能的升降，“实京师”又具有不同的表现形式和具体内容。

在北京尚未获得政治中心地位之前和暂时丧失国都政治地位之后，即女真人建皇都于上京会宁府，蒙古人驻跸和林与开平，朱明政权建都南京，满洲人先后建都于辽阳和沈阳（盛京）时期，当时的北京城市和北京地区相对于这些都城来讲，处于“末”或“枝”的地位，故“实京师”就意味着俘掠和驱迫各地人口包括燕京地区城乡人口并劫夺燕京地区财物，去填实各自都畿的事实。辽末金初女真人“每收城邑，往往徙其民以实京师”④；蒙古人初入中原“尽驱山东、两河少

① ［汉］徐干:《中论》卷下,《民数第二十》，四部丛刊景明嘉靖本。

② 《史记》卷6《秦始皇本纪》。

③ 《汉书》卷1《高帝纪》。

④ 《金史》卷133《叛臣传》。

壮数十万而去（漠北）”，迁都中都后元世祖开始“迁居民以实之（中都）”，大都新城建设过程中，即不断有蒙古贵族、官僚、军队和工匠迁居旧城（中都城）和新城（大都城），到至元二十二年，元朝政府规定：“旧城居民之迁京城者，以资高及居职者为先，仍定制以地八亩为一份；其或地过八亩及力不能作室者，皆不得冒据，听民作室”[①]；明初朱明王朝迁移大都城乡人口至南京和开封等[②]，明末满洲贵族四次破关南下俘掠京畿士民徙往辽沈地区，均属将燕京地区城乡人口大量离散迁移，实其内地的实例。因而均给燕京地区城乡人口造成极大损失。金初经女真贵族俘掠席卷之后的燕京竟变成了一座空城[③]；蒙古初，整个河北，包括燕京地区，“户口亡匿，田畴荒芜”[④]；元末明初，经兵燹灾伤及人口大量离散迁移之后，北京地区“户口凋残，十室九空”[⑤]；清初，京畿“一望极目，田地荒凉，四顾郊原，社灶烟冷”[⑥]，荒地九万余顷，“兵燹之余，无人佃种”[⑦]。可见，每当民族矛盾与政治斗争交织在一起无法解决而激发了战争时，北京由于政治、经济、军事地位及其地理区位关系，总是首当其冲地遭受战争冲击和人口俘掠，结果使北京地区人口锐减，生产破坏，经济衰退，一片萧条。它不仅中断了北京地区人口增长的历史过程，而且成为日后在此建都的王朝，必须内聚迁移更多人口，弥补人力不足以填实北京的根本原因。其实每当政局稳定之后，新统治者即开始去掠夺或迁移其他地区，包括原来国都城市的人口内聚迁移到北京地区来，以增加兵员和劳动力，恢复生产，发展区域经济。

在封建统治者决定迁都或建都北京，北京城市职能与政治地位上升之后，“实京师”的内容便发生了本质的变化，即由人口从这一地区被迫离散迁出，转变为有计划有组织地内聚迁移，以满足封建政权对军事、工匠、商人及民户的人口需求。在金代人看来，“裒兵徒，徙豪民”，以实京师是固邦强本的需要[⑧]。在明代人看来，“京师天下根本，居重驭轻，武备不可不盛”[⑨]，人口不得不众。清

① 《元史》卷13《世祖纪》。

② 洪武初，朱元璋曾计划建北京于汴梁，作为陪都，因有移民实之的举措。

③ 《续资治通鉴》卷95，宣和五年四月，北京：中华书局，1957年。

④ 《金史》卷107《高汝砺传》。

⑤ ［康熙］《三河县志》卷2《户口》，国家图书馆藏稿本。

⑥ ［清］卫周胤：《痛陈民苦疏》，《皇清奏议》卷1，民国景印本。

⑦ 《清世祖实录》卷11，顺治元年十一月癸卯。

⑧ 《金史》卷105《张潮传》。

⑨ ［明］马文升：《为会集廷臣计议御虏方略以绝大患事疏》，《明经世文编》卷64。

王朝将“露宿风餐，汗马血战，出百死一生以开拓天下”[①]的满洲官兵视为“国家根本”[②]，因此定都北京，分列八旗，“拱卫皇居，星罗棋置”[③]。显而易见，这与汉初迁移各地大量人口实关中的初衷毫无二致[④]。同时，面对由于上述人口离散迁移和灾伤所造成的京畿荒残、人口殊稀的局面，各朝代建都北京之初内聚迁移人口于京畿，“填实所不免也”。因此，建都北京，满足封建政权对各种职业的人口尤其军队、工匠、商业服务和州县赋役人口的需要，恢复京畿的经济，发展生产，以建立稳固的统治基础，是金元明清代均曾大量内聚迁移人口填实京师的根本原因，带有历史的必然性。当然，如上所述，“实京师”政策的本身就包含着政治与经济两方面的因素。要巩固封建政权，加强京师防卫必须强化国家机器，集结军队；要恢复遭到破坏的经济，建立正常运转的城市生活，首先是满足皇室贵族必需的日用手工产品及各种服务，必须组织众多的工匠及商业服务人口，还必须有提供城市生活不可或缺的农副产品的农业人口等。这些构成了移民“实京师”的全部内容。

在历代政府为满足自己政治与经济生活的需要大量内聚迁移政府官吏、军队、工匠和赋役及服务人口的同时，均实行了鼓励和吸引各地商人内聚迁移的政策。这就是政府强制性迁移之外的吸引自发迁移。

金人迁都中都，“以京城隙地赐朝官及卫士”[⑤]，并实行了鼓励四方之民迁居京城的政策。元代集中天下工匠于京师，“给之食，复其户”[⑥]。明永乐中除于京城抑税置店，招商聚货外[⑦]，重申了“嫁娶丧祭时节礼物，自织布帛、农品、食品，及买既税之物，车船运己货物，鱼蔬杂果非市贩者，俱免税”[⑧]的恤商政策。所有这些政策措施无疑吸引了各地工匠、商人及农民的内聚迁移，加速了各时期北京城市人口的膨胀。如明代到正统初，北京已是“官府居民之鳞次，廛市衢道

---

① 《清世祖实录》卷 90，顺治十二年三月己亥。

② 《清圣祖实录》卷 32，康熙九年正月丁丑；卷 44，康熙十二年十一月辛丑。

③ 《八旗通志》卷 1《旗分志》，四库全书本。

④ 《汉书·刘敬传》：刘敬谓汉高祖：“陛下虽都关中，实少人，北近胡寇，东有六国强族，一旦有变，陛下也未得安枕而卧也。”并建议：“徙齐诸田，楚昭、屈、景，燕、赵、韩、魏后及豪杰名家，且实关中，无事可以备胡，诸侯有变，亦足率以东伐，此强本弱末之实也”。

⑤ 《金史》卷 5《海陵王纪》。

⑥ 《国朝文类》卷 42《杂著》，四部丛刊初编本。

⑦ 《宛署杂记》卷 7《廊头》。

⑧ 《明史》卷 81《食货志》。

之棋布，朝觐会同之麇至，车骑遄来之坌集"[①]的繁华城市。明代中期，中国商品货币经济的发展及农业经济的衰落加速了人口向城市的转移。北京"百货充溢，宝藏丰盈"，"四方之货，不产于燕，而毕聚于燕"[②]，"天下良工美材，皆聚都下"[③]。因此，当时的北京已是"生齿日繁，物货益满，坊市人迹，殆无所容"[④]的景象。

清初除前朝弊政，轻徭薄赋，招徕逃亡，开垦荒田，俾民间安居乐业的政策在某种程度上缓和了圈地、投充及逃人之法的祸害，推进了流民复业与生产恢复。尤其"盛世滋丁，永不加赋"和"摊丁入亩"政策的实施，大大削弱了农民对国家的人身依附关系，使"田夫贩竖，咸得优游康衢，而毕生无追呼之累"[⑤]，便于"民轻去其乡，五方杂处"[⑥]，为城市人口规模的扩大提供了前提条件。废除匠籍的同时，废止工匠当官差，削弱了官府手工业，提高并巩固了民营手工业的地位，推动了城镇民营手工业和城市商业的发展。在北京，出现了"致天下之民，聚天下之货，熙熙攘攘，骈阗辐辏"[⑦]的景象，在外城则形成了"中城珠玉锦绣，东城布帛菽粟，南城禽鱼花鸟，西城牛羊柴炭，北城衣冠盗贼"[⑧]等不同行业的区域分化。中城所在前三门外，更是"棚房栉比，百业云集"[⑨]，甚至在安定门外关厢"市廛栉比，屋瓦鳞次，充街溢巷，只见明驼；列肆连箱，惟陈服匿"[⑩]。京城内外仅大小当铺即达六七百家[⑪]。手工矿冶及商业服务业的发展，既繁荣了城市经济，又为劳动人口提供了就业机会，吸引了外地人口的内聚迁移。

总之，各时期的社会经济因素是造成各地人口内聚迁移北京与北京人口离散迁移各地的基本原因。同时，北京作为文化与教育中心，对辽金元明清与民国时期北京城市人口的内聚迁移与离散迁移也具有重要影响。

---

① ［明］杨士奇:《都城览胜诗后》,《明经世文编》卷16。

② ［明］张翰:《松窗梦语》卷4《百工记》，清钞本。

③ 《明世宗实录》卷54，嘉靖四年八月庚戌。

④ ［明］吴宽:《太子少保左都御史闵公七十寿诗序》,《匏翁家藏集》卷45，正德刻本。

⑤ ［光绪］《常昭合志稿》卷7《户口志》，南京图书馆藏稀见方志丛刊。

⑥ ［清］冯桂芬:《显志堂稿》卷11《稽户口议》，台北：文海出版社，近代中国史料丛刊79辑，第1013页。

⑦ ［光绪］《顺天府志》卷11《京师志・关榷》。

⑧ ［清］陈康祺:《郎潜纪闻初笔》卷6"京师谚"条，北京：中华书局，1984年，第130页。

⑨ ［清］于敏中:《日下旧闻考》卷55《城市》，北京：北京古籍出版社，1981年。

⑩ ［清］震钧:《天咫偶闻》卷8《郊坰》，清光绪甘棠精舍刻本。

⑪ 《内务府・广储司档案》卷2792，嘉庆九年九月十八日。

二、各时期人口规模的演变

在实京师政策鼓励大量人口迁入北京之后，为稳定社会、繁荣经济，各时期均制定了加强户籍管理的措施，及放奴为良，增加编户；婚嫁以时，鼓励生育；抚育幼稚，养赡老弱；发展医药，疗治士民；赈济灾歉，制止流亡等刺激人口增殖的政策，使京师均曾出现过人口的迅速增长。

贞元元年（1153）金人迁都燕京之后，在迁移政府官员、猛安谋克军户于中都的同时，“凡四方之民欲居中都者，给复十年”。[①] 再经大定年间（1161—1189）与章宗时期（1190—1208）的长期休养生息，至章宗末年，中都城市人口与金朝全境一样亦达到了极盛。当时，中都城市由左右警巡院管理，分领62坊，极盛时期每坊居民约970余户，共有城市人口6.2万户，以户量6.5人计算，泰和七年（1207）中都城市总人口约计40万人、城市人口平均密度为每平方公里18604人。在金宣宗迁都开封之后，经过战争破坏、人口流亡、中都城市户口锐减。经过蒙古国时期将近50年的缓慢发展，中统五年（至元元年，1264年），改燕京为中都，中都城市人口又缓慢地增长到4万户。

至元四年（1267）忽必烈始于中都东北郊外规划建筑新城，至元八年（1271），建立元朝，翌年改中都为大都。在这数年中，完成了实京师的过程。至元十八年，城市人口的迁移增长已经基本停止，南城14万户，北城7.95万户，合计21.95万户，以户均人口4.5人计算，到元代中后期大都人口增长到近百万人。至顺年间，南北二城均为10万户，城市关厢7500户，合计20.75万户。至正初，由于京师连续发生大地震，“所损人民甚众”；加以“连年水旱，民多失业”，“海运不通”，“京师大疾疫”，到至正二十年（1360），前后埋葬死者20万，城市人口迅速减少。

明初降大都为北平府治，废元代警巡院之后，划分城市为三十三坊，分属于附郭之宛平、大兴二县[②]。永乐迁都，开始迁移各类人口进北京与京畿地区，至洪熙元年（1425）七月，明宣宗诏令赏赐在京官吏军民人等达320950人。这是永乐迁都建设北京城市基本完成，城市居民构成较为完善的情况下，对凡有大小职任者的普遍奖励。如果加以无职任的老幼妇孺人口，当时城市总人口在70万以上应无问题。到成化十六年（1480）十一月，“查勘过五城兵马司所辖

---

① 《金史》卷83《张浩传》。

② ［清］朱一新:《京师坊巷志稿》卷下引《北平图经志书》，北京：北京古籍出版社，1982年。

地方人家，计一十四万三千四百五十七门，除例该优免外，审编时有坐铺人丁一十九万四千五百丁”①。在这里，门与丁两处数据，虽都不是可靠具体的户数与口数，但通过这两个数据可以大体推断明代中期北京城市应拥有十五万户上下，各类人口约九十万。

明代中后期北京城市编入坊铺的人户平均户量大约在5口上下。当时坊铺总人口约68万人，其中内城46.5万人，外城27.5万人。此外，依据上述，在坊铺编设对象中并不包括在营房居的卫所军事。明代中后期，京卫军事逃死者一般在半数左右。据《余太宰奏疏》载，至嘉靖二十九年（1550），因武备积弛，京军“见籍止十四万，而操练者不过五六万。”而且由于抽调京畿卫所军事及广召募以实京营的结果，致使卫所军事家属的居住日渐分散。即明代中后期相当一部分军事家属并不居于京师。据此推测，当时京师营居军事及其家属人口大约在16万人左右。明代中后期居于宫城内外直接为宫廷服务的宫人与太监人口总计约1万人。总之，明代中后期北京城市居民大约14万户，85万人。人口密度，内城（包括军事等）每平方千米15656人，外城每平方千米约9724人。

清代北京人口由内城、外城、城属和州县人口构成。根据研究，内城，即八旗人口，乾隆末年约计45万人（11万户）；到清末，内城人口，包括旗人与汉人共8.38万户，45.65万人。外城人口，乾隆末年大约有4.74万户，24万人。清末共55281户，304604人。②城属（郊区）人口，乾隆末年大约有21万人，清末有7.4万户，34万人。

康雍乾时期，北京内城八旗人口就出现了“户口日繁，待食者众，无余财给之，京师亦无余地处之”③的现实，清政府筹措各种对策，疏散京师旗人，减轻城市人口压力，势在必行。其具体措施如下：（1）政府拨款，建房城外，移内城兵丁携眷口分驻四郊，包括内城八门外，圆明园周边，香山和蓝靛厂地区，派驻京师八旗官兵2.2万员（名），约8万人。（2）增加直省驻防，迁移京师旗人于各地，包括右玉、西安、荆州、广州、江宁、德州、热河、郑家庄、天津、青州、密云、绥远、宁夏、凉州、庄浪、福州、乍浦、沧州等地，派驻官兵24265人，人口约计95000余口；（3）迁移旗下闲散人口于东北屯垦，包括京畿新城、固安、东北拉林、大凌河、杏山、松山、盛京、双城堡、迁移闲散人口4365丁（户），总人口2万人；（4）汉军出旗，占籍州县，编户为民，包括顺天府之宛

① ［明］戴金：《皇明条法事类纂》卷四十五《捕盗升赏分别应捕人并审编火甲》，台北：文海出版社，1980年。

② 梁方仲：《中国历代户口、田地、田赋统计》甲表86，上海：上海人民出版社，1980年。

③ 《清史稿》卷303《梁诗正传》。

平、大兴、昌平、房山、密云、三河、宝坻、武清、东安等州县约计4000丁，2万口；(5)增加外任旗员，挑用旗人为绿营兵缺。[①]

这些措施，互有区别，各具特点；实施的结果，前后自京师内城迁出旗下兵丁至少55000人(户)，人口至少25万。总体看，这些措施在解决清代中期对于京师八旗兵丁及闲散人口政府“无余财给之，京师亦无余地处之”的问题方面，均发挥了积极作用，产生了良好效果。经过疏散，在当时即产生过在京满洲旗仆挑取钱粮已觉容易的结果[②]，而且得以裁撤养育兵3000余名也在这个时期。历史地看，这些措施的实施减缓了京师八旗人口的增长过程，成为嘉庆以后京师八旗未再增编佐领的重要原因之一。毋庸讳言，在当时的历史条件下，这些措施的制定和实施，在有效控制剧增的京师八旗人丁户口方面，应该是成功的创举。同时清政府对外城人口不同时期采取了不同的政策。前期严格实行了限制外城人口机械增长的政策，严禁流民和致仕官员占籍京师；后期随着清政府限制直省流民占籍京师政策的变化，机械迁入北京外城的人口逐渐增加。为后来北京外城南部地区迅速住满提供了户口条件。

三、各时期的户籍管理制度

1.金中都城市户籍管理

中都城市赋役户　按金制，“京府州县郭下则置坊正，村社则随户众寡为乡置里正，以按比户口，催督赋役，劝课农桑。村社三百户以上则设主首四人，二百户以上三人，五十户以上二人，以下一人，以佐里正禁察非违”，每三年一次验实城乡户口，以实数报县(包括警巡院、录事司、司候司)申州、达上司(即路府)、到部呈省[③]；从而形成了主首、里(坊)正、县(警巡院、录事司、司候司)、州、路府、户部、尚书省这一州县及警巡院户籍管理和户口统计的完整系统。其中，坊仍然是中都城市中户籍管理和户口统计的基本单位。金主完颜亮于贞元初迁都燕京，改燕京为中都并拓广燕京城池，将辽南京城中的26坊扩建为62坊[④]，坊成为猛安谋克军户和城市民户的聚居区；同时恢复了城市警巡院制度，称中都警巡院[⑤]。至大定八年(1171)增置为中都左、右警巡院。这是女真统治者

---

① 韩光辉:《北京历史人口地理》，北京：北京大学出版社，1996年。

② [嘉庆]《八旗通志》卷35《兵制志四·八旗驻防兵制》。

③ 《金史》卷46《食货志》。

④ 赵万里辑:《元一统志》卷1《大都路·建置沿革》，北京：中华书局，1966年。

⑤ 《金史》卷89《梁肃传》、卷90《杨邦基传》、卷97《张大节传》。

迁都于此，城市职能完善、地位提高、人口增加、诸事日益繁剧，需加强对城市管理的必然结果。

警巡院设警巡使、副使、判官，并“通括户籍”[①]。为验实城市户口每警巡院下置司吏18人，其中女真3人、汉人15人；合计左右二院共置司吏36人，其中女真6人，汉人30人。中都城市62坊居民户籍管理和户口统计就是由这些司吏直接履行。

猛安谋克军户　按《金史·兵志》：“猛安者千夫长也，谋克者百夫长也。”自金太祖即位二年（1116），“始命以三百户为谋克，谋克十为猛安。继而诸部来降，率用猛安、谋克之名以授其首领而部伍其人”。至金世宗大定十五年（1175），“再定猛安谋克户，每谋克户不过三百，七谋克至十谋克置一猛安”。猛安谋克是以女真人为主体的军事行政组织，是女真人进行军事编制和户籍民政管理的基本单位。

在既得中原之后，女真贵族即迁移猛安谋克军户“散居汉地”，“棋布星列，散居四方”[②]，“与百姓杂处”[③]。其中迁入中都城市者达六猛安又二族，达18000余户。猛安谋克置吏之法，一如汉地郡县，“专掌通检推排簿籍”，包括户籍管理和户口统计的职责。在猛安谋克军户聚居的“猛安谋克部村寨，五十户以上设寨使一人，掌同主首”[④]，即按比户口，劝课农桑。在中都城市中，相当于寨使的当是族长。猛安谋克及其下属的寨使或族长构成了独立于州县及里（坊）正、主首之外的军政一体的管理系统，负有对猛安谋克军户籍管理和户口统计的职责。

中都城市的宗室将军户系女真贵族户，不入猛安谋克，领属于大宗正府和在都宗室将军司[⑤]，以下划分为若干族，由族长负责宗室将军户的户籍管理和户口统计。宫监户与官户是服务于金代帝王的奴婢户。宫籍监和太府监负责宫监户和官户的户籍管理与户口统计。

金代中期，所述的城市户籍管理多元系统发生了明显的变化，即已逐渐趋于统一。根据有二：一是金代为验实户口所设司吏，附郭之大兴、宛平二县除置有汉人司吏外，还置有识女真字司吏；在中都城市，左、右警巡院同时设有汉人和女真司吏，负责通括城市居民的户籍。二是户口验实统计的统一性和一时性。据《金史·食货志》：“凡户口计帐，三年一籍。自正月初，州县以里正、主首，猛

---

① 《金史》卷93《承裕传》。

② 《大金国志》卷8《太宗纪》。

③ 《大金国志》卷36《屯田》。

④ 《金史》卷46《食货志》。

⑤ 《金史》卷55《百官志》、卷46《食货志》。

安谋克则以寨使，诣编户家责手实，具男女老幼年与姓名，生者增之，死者除之。正月二十日以实数报县（院、司），二月二十日申州，以十日内达上司，无远近皆以四月二十日到部呈省”。这段史料非常明确地记录了金代中期每三年一次验实户口的全过程。至金章宗时期，文献只有“天下户口”，或“天下女真、契丹、汉户口”[①]之称，而无单独的猛安谋克及宗室将军户口的记录。在中都城市已上升为独立行政实体的左、右警巡院[②]，及其所属司吏和62坊坊正在管理和通括城市户籍的过程中亦应该遵循上述验实户口的统一性和一时性原则。无疑这是金代户籍管理和户口统计包括城市户籍管理和户口统计的重大进步。如果金代户籍管理有什么特殊，那只能是服务于金代帝王的宫、监户。

2. 元大都城市户籍管理

在蒙古贵族占领中原之初，即根据封建国家的各种特殊需要，签发并固定了某些人户的职业，进而确定其户籍，并分属于不同系统，形成户籍以类别纷繁为突出特点的管理制度。

城市赋役户　元世祖至元初，为了改变蒙古国时期户籍分类纷繁，多不入民编，不入州县，不贡赋役的状况，开始验人户事产多寡，以三等九甲为差，一切诸色户计，与民一体推定鼠尾[③]。即军户、匠户之外的各类户均并入赋役户籍（其实站户又例外）[④]，在大都城市同样存在承担封建赋役和供需的城市赋役户。

至元四年（1267），忽必烈迁都中都并始建新城，到至元九年（1272）改中都为大都。随着城市地域范围的扩大，作为古代城市居民基层行政单位的坊由中都城市的62个，最终增加到大都城市的138个（其中南城62个，新城76个），人口规模亦迅速扩大。

城市地位的提高和城市规模的不断扩大，对城市实行专门管理的独立城市行政实体警巡院随之恢复并发展起来。至元六年（1269）中都城市即恢复了左、右警巡院，“领民事及供需”[⑤]。其显然负有城市户籍管理和户口统计的职责。至元十二年（1275）又置大都（按大都新城）警巡院，“领京师坊事”。故这时，大都新旧二城共置有三个警巡院。到元武宗至大三年（1310），又“增大都警巡院二，分治四隅”[⑥]。大都新旧二城共置有五个警巡院，便于分领新城四隅的坊事民事。

---

① 《金史》卷46《食货志》。

② 韩光辉：《北京历史上的警巡院》，《北京档案史料》，1990年第3期。

③ 《通制条格》卷17《赋役》，明钞本。

④ 韩光辉：《辽金元明清代户籍制度研究》，《北京大学学报》（历史地理学专刊），1992年。

⑤ 《元史》卷90《百官志》。

⑥ 《元史》卷23《武宗纪》。

按《元史·百官志》，大都各警巡院，置达鲁花赤，使，副使，判官，典史，司吏若干。由各警巡院"领京师坊事"，"领民事及供需"的职能可知，警巡院及其领属的坊共同构成了大都城市户籍管理和户口统计的行政体系。按《元史·百官志》，"录事司，秩正八品。凡路府所治，置一司，以掌城中户民之事"。据上述史料:（1）警巡院和录事司均为元代城市独立行政建置，在都城为前者，在路府治所为后者;（2）职责均为"掌城中户民之事"，且按城市户口多寡确定置官额数，城市赋役户口差少，则不置司，而归附郭县管理。

同时，在大都南北二城置有兵马司，设都指挥使、副指挥使等官吏，在东关厢、西北和南关厢设巡检司，置巡检等官吏，专"掌京城盗贼奸伪拘捕之事"和"巡捕盗贼奸宄之事"①，兵马司和巡检司为维护治安、平理狱讼的专门机构。

军户（包括蒙古、探马赤和汉军等）　除上述军户另行攒造户籍册所反映的军户独立于州县城乡民户之外的事实以外，据《黑鞑事略》记载，蒙古"民户传统，十人谓之排（牌）子头，自十而百，百而千，千而万，各有长"。按规定，蒙古民户"家有男子，十五以上，七十以下，无众寡尽签为兵"，"上马则备战斗，下马则屯聚牧养"。据《元典章·兵部一》军士"所生儿男，继世为军"。至忽必烈时，"内立五卫，以总宿卫诸军，卫设京军都指挥使；外则万户之下置总管，……立枢密院以总之"②。因此，百、千、万户（卫）、枢密院共同的构成了一个既管部民、又管从部民中签发出来的军士的兵民一体、军政一体的军事行政系统。

蒙古贵族"既平中原，发民为卒，是为汉军"，亦设百、千、万户以统之。待"天下既平，尝为军者，定入尺籍伍符，不可更易"③。军户从民户中分离开来，便形成了"管民官理民事，管军官掌兵戎，各有所司，不相统摄"④的两个系统，造成了汉人中军与民两种主要户籍类型。显而易见，大都城市军户户籍管理和户口统计就是由军队系统履行的。

匠户　是一拥有特殊地位的户类。系籍官匠户分为军匠与官匠两部分，前者属军队，后者属局院。按规定，"诸匠户子女，使男习工事，女习黹绣，其辄敢拘刷者禁之"⑤。这不仅规定了官匠户的世袭权利，而且肯定了官工匠的法定地位。元代中期，曾因官工匠承荫过多，不得不敕罢"匠人任子（即承荫），其艺

① 《元史》卷90《百官志》。

② 《元史》卷98《兵志》。

③ 《元史》卷98《兵志》。

④ 《元史》卷5《世祖纪》。

⑤ 《元史》卷103《刑法志》。

精绝者择用之"[①]。

早在建都大都之初，元朝政府即将全国各地大量工匠户口集中迁移到大都城市，并专置"大都路官领诸色人匠提举司"，"掌大都诸色匠户理断昏（婚）田词讼等事"。大都官匠户籍婚姻词讼由专门机构管理，附郭州县不得干预。

怯怜口　为蒙语音译，意为"家中儿郎"。为蒙元皇室贵族私属人户，专设提举司、监寺、总管府掌管[②]。

因此，元大都城市并存城市赋役户、军户、匠户和怯怜户四个主要户籍管理和户口统计系统，分别由各自的行政系统履行户籍管理和户口统计的职责，其中大都城市诸警巡院为专门城市行政建置，在城市赋役户口管理和户口统计中发挥了重要作用。

3. 明北京城市户籍管理与户口统计

明初户籍承袭元制，"凡军民医匠阴阳诸色人户，许各以原报抄籍为定，不许妄行变乱；违者治罪，仍从原籍"[③]。原报抄籍即元代户籍。明代以此为基础把全部户籍划分为军、民、匠、灶四大类，以其业著籍[④]，从而形成了明代户籍管理和户口统计的不同类型和系统。在北京城市有皇族服务人口，因此同样存在四个户籍管理和户口统计的系统。

城市赋役户　早在洪武三年（1370），即确立了"籍天下户口，置户帖，具书名、岁、居地，籍上户部，帖给之民"的制度。洪武十四年（1381）明朝政府又建立了州县城乡以里甲为基础的户籍管理和户口统计的行政系统。时"诏天下编赋役黄册，以一百一十户为一里。……在城曰坊，近城曰厢，乡都曰里"[⑤]。因此，里甲、乡都、州县成为完整的赋役户户籍管理行政系统。当时北平城市户籍即由宛平和大兴两县管理。

据《宛署杂记》"国初悉城内外居民，因其里巷多少，编为排甲"。排甲就是里甲。因坊厢铺户排年应役当行，故又谓之排甲。永乐迁都之后，随着北京城市规模扩大，明朝政府对城市及其居民的管理体制日益完善。当时的京师之地分为五城，每城分坊，坊下分牌，牌下设铺，铺设总甲[⑥]。铺的编设原则是，"城内各

---

① 《元史》卷27《英宗纪》。

② 《元史》卷90《百官志》。

③ [万历]《大明会典》卷19《户部六》，明万历内府刻本。

④ 《明史》卷77《食货志》。

⑤ 《明史》卷77《食货志》。

⑥ [明]马从聘:《兰台奏疏》卷1《查参内臣疏》、《丛书集成初编本》，上海：商务印书馆，民国二十五年（1936）。

坊，随居民多少，分为若干铺，……而统之以总甲”[①]。铺是按照城市居民的多少划分的，且每铺皆统之以总甲。据《京师五城坊巷胡同集》记载，明嘉靖时北京内外城三十七坊及各关厢共划分为106牌、720铺，其中城市中97牌、670铺。

在京城内外，据《春明梦余录》，“京师虽设顺天府两县，而地方分属五城，每城有坊，……每城设御史巡视，所辖有兵马指挥使司，……后改为兵马指挥使……元设警巡院，分领坊市民事，即今巡城察院也”。明代在京师内外城分置东西南北中五城，城设巡城察院，犹元代警巡院，同样分领坊市民事及供需等。

关于京师地面的实际管辖权，据《宛署杂记》记载“城内总小甲悉属五城兵马司，近城地方三四十里犹籍隶厂卫，县官曾不得一轻拘摄。县门之外，率尔我而主宾焉”，“若五城正副兵马，既各司一城，一城之中，又各司一坊，临辖固亲，钤束亦易”，而“京城铺户，多非土著，两县未易制也。”这显然是明代北京城市赋役居民由五城而非两县管辖的重要原因之一。自永乐以后十年一次的京师铺行清审即城市赋役户口统计就由五城及其所属兵马司举行。五城、坊、牌、铺及各级官吏共同构成了明代北京城市户籍管理和户口统计的行政系统，而宛平、大兴两县对北京城市户籍管理和户口统计并不负有实质性管辖权，两县户口统计不包括城市户口。

至明代后期，京师编置坊铺，“于都重二城内，挨街挨巷挨门，以二十家为甲，十甲为一保（按即铺），编成保甲籍”，且“不分戚畹、勋爵、京官、内外乡绅、举监生员、土著流寓、商贾家下……”[②]。坊铺作为明代城市社会基层行政组织，不仅具有徭役当差、户籍管理和户口统计的职责，还具有捕盗治安的职能。明代北京城市和宛平、大兴两县户籍管理与户口统计的非包含关系是当时国都城市户籍管理与户口统计的突出特点。

军户　早在洪武二十年（1387），就建立了军籍勘合，即卫所军籍[③]。按明代规定，“户有军籍，必仕至兵部尚书始得除”[④]。当时“军皆世籍”[⑤]，即“尝为兵者，仍稗为兵”[⑥]。故有“盖终明世，于军籍最严”[⑦]之说。明制，自京师达郡县皆立卫所，军事（户）即被编组在卫所中。大率5600人为卫，1120人为千户所，

---

① 《宛署杂记》卷5《街道》。

② ［明］余懋衡：《余太宰奏疏・覆营务整饬疏》，《明经世文编》卷472。

③ 《明史》卷90《兵志》。

④ 《明史》卷92《兵志》。

⑤ 《明史》卷90《兵志》。

⑥ 《明太祖实录》卷17，乙巳年（1365）七月丁巳。

⑦ 《明史》卷92《兵志》。

112人为百户所，所设总旗二，小旗十，大小相维，联比成军，而统之以侍卫亲军指挥使司，或五军都府或都司，而军籍由兵部清吏司掌之[①]，因而形成了与前述京师城市赋役户籍管理和户口统计系统不同的军事系统。明代"图本户口文册，俱限三年一次造报"[②]，就由这一系统编审。与城市赋役户口十年一次编审显然不同。

匠户　洪武三年（1370），明太祖"令户部榜谕天下军民，凡有未占籍者许自首。军发卫所，民归有司，匠隶工部"[③]，可见明代匠户主要来源于元代官匠户。匠隶工部，明确规定了匠户的隶属关系，明代"供役工匠，则有轮班住坐之分，轮班者隶工部；住坐者隶内府内官监"[④]。"轮班，三岁一役，役不过三月，皆复其家"；"住坐，月役一旬，有稍食"[⑤]。住坐匠携带眷口居住京师，依其隶籍不同又有民匠与军匠之分，军匠隶军籍，属卫所；民匠隶内官监，暂寄于京师五城或宛、大二县。明代中期之后，由于官匠劳动的强制性质及经济待遇的低下，匠户不断逃亡，因而逐渐增加了雇募工匠代替官匠工作。

皇室服务人口　首先是直接服务于皇室日常生活的宫人、太监，其次是散居于京郊的上林苑苑户和南苑海户等。明代上林苑置监领良牧、蕃育、林衡、嘉蔬四署，所属苑户供给宫内各种生活必需品，"职专进退，于民无扰"[⑥]，与州县无涉，系独立户籍系统。南苑海户则属内府司苑局管辖。

总之，明北京城市并存城市赋役户、军户、匠户和皇室服务人口这四个主要户籍管理和户口统计系统，分别由各自的行政系统履行户籍管理和户口统计职责。值得注意的是，明代在北京城市赋役户籍管理和户口统计上存在着形式上的双轨制，不仅在当时给户籍管理和统计造成了一定困难，而且也给今天研究明代北京城市户口规模设置了障碍。

4. 清北京城市户籍管理与户口统计

清初大量旗人的内迁和北京内城的圈占，导致清代北京城市居民呈明显地域构成的特点，即内城为京师八旗户口的集中聚居区，外城为汉人及其他户口集中聚居区。

内城八旗户　满族入关，定都北京后，清政府为安置大量内迁的八旗户口，

---

① 《明史》卷72《职官志》。

② ［万历］《大明会典》卷132《兵部》。

③ 《明会典》卷114《兵部九》。

④ 《明会典》卷188《工匠一》，明万历内府刻本。

⑤ 《续文献通考》卷53《工部》，四库全书本。

⑥ ［明清］孙承泽：《天府广记》卷31《上林苑》，北京：北京古籍出版社，1984年。

于顺治五年（1648）下令圈占北京内城，汉官商人平民，除投充旗下及在衙属内居住之胥吏、寺庙中居住之僧道外，尽迁南城[①]，而“分置满、蒙、汉八旗于京城”（即内城）[②]。北京内城“八旗所居，……星罗棋峙，不杂厕也”[③]。直到清代晚期，尤其是光绪变法之后，满汉畛域日渐化除，移居内城的汉人才有了明显增加[④]。

按清代户籍制度，“八旗无分长幼男女，皆注籍于旗”[⑤]。八旗及旗下所属参领、佐领共同构成了八旗户口户籍管理和户口统计的独立体系。八旗户口每三年编审一次，且“深严邃密”，不“轻以示人”[⑥]，清代北京内城八旗户口是北京城市户口中的独立部分。

清代皇室贵族的服务户口称为包衣，编为管领或佐领，领属于内务府所属各旗分。因此其户籍管理与户口统计同样纳入了八旗系统。

外城赋役户　主要包括汉官、平民、商人等。旗人主要是康熙与雍正中派驻崇文和宣武门外的驻军及眷口，至清末，包括两个旗营及散居的旗下户口在内总共仅二千户[⑦]，同样由八旗负责户籍管理和户口统计。

清初即确立了对州县城乡赋役户的户籍管理和户丁编审办法，凡“编审责成州县印官察照旧例造册，……民年六十以上开除，十六以上增注。”顺治五年（1648）令，“三年编审一次，……凡造册人户，各登其丁口之数而授之甲长，甲长授之坊、厢、里各长，坊、厢、里长上之州县，州县合而上之府，府别造一总册上之布政司……总其丁之数而登黄册”。顺治十三年（1656）定五年编审一次[⑧]，从而形成了清代赋役户户籍管理和户丁编审的制度及相应的行政组织系统。编审对象是州县城乡赋役户丁。这一编审制度，直到乾隆三十七年（1772）才诏令停止[⑨]。自乾隆六年（1741）始，又开始了州县城乡户口的全面统计[⑩]。

城属（郊区）户口　大、宛二县与五城兵马司接壤之地，五城以京营所辖为

① 《清世祖实录》卷40，顺治五年八月辛亥。

② 《清史稿》卷13《兵志·八旗》。

③ 《清史稿》卷54《地理志》，明万历内府刻本。

④ ［清］林传甲：《大中华京师地理志》第10章《测绘》，北京：商务印书馆，民国八年。

⑤ 《清末筹备立宪档案史料》下册，北京：中华书局，1979年，第937页。

⑥ ［清］王庆云：《石渠余记》卷2《京营表序》，清光绪刻本。

⑦ 京师警察厅总务处：《京师内外城巡警总厅统计书》，宣统元年。

⑧ 《清朝文献通考》卷19《户口一》，四库全书本。

⑨ 《清朝文献通考》卷19《户口一》，乾隆三十七年，“疏入奉旨允行”。

⑩ 《清朝文献通考》卷30《征榷考》；《熙朝纪政》卷3《纪人丁编审》。

界，两县以外营汛所辖为界。京营即步军统领所辖中、南、北、左、右五营（顺治元年设南北二营、十四年增置中营、乾隆四十六年增定为五营[①]）。五营各汛所辖地面即《日下旧闻考》所谓郊垌之地。在雍正十二年前，京营汛地与州县营汛地犬牙相错，不便统辖，至雍正十二年始划定界线[②]。直到清朝末代皇帝溥仪逊位之后的民国初年，“城外四郊，步军统领京汛之地，亦仍旧制”[③]。

据《大清会典事例》载，清代中期五城所属之城属村庄共计400个。直至乾隆三十一年，五城所属的这些村庄一直未照州县之例编联保甲，它们不属州县统辖。据光绪《顺天府志·京师志》：京师虽“定制分五城，而实辖于步军统领”。即五城属步军统领管辖。至清末，“京师大城以内地方权责在京师警察厅，大城以外四郊各汛又属步军统领”[④]。自然城属人口由步军统领所辖营汛及五城专管[⑤]，而不是由州县负责编审。

在北京城市，自顺治初内城分八旗，外城即分为东西南北中五城。自顺治四年（1647）清政府开始全面沿用明代户籍管理和户丁统计制度，“都城之制，一因明旧”，每城有坊[⑥]，坊设司坊官，分领坊事民事。坊下置牌，只是外城由明代的49牌减少到39牌，从而形成了京师外城五城与坊、牌乃至铺的户籍管理和户口统计的行政系统。同时，顺天府属宛平、大兴两县附郭。“京师虽设顺天府大、宛二县，而地方分属五城”[⑦]。大、宛二县“各掌其县之政令，与五城兵马司分壤而治”[⑧]。据《大清会典事例》记载，清代顺天府所属州县与京师划界分治，“大、宛二县与五城兵马司接壤之地，五城以京营所辖为界，两县以外营汛所辖为界。各治境内，以重官守”。“坊市大抵皆属司城所辖，五方之民错居，尤为繁剧难治”。因此，清代京师外城户籍管理和户口统计既不属于大、宛二县，更不属于内城京师八旗，而是当时北京城市户口的独立部分。

清代北京城市并存外城城市赋役户、内城八旗户的两个主要户籍管理系统，分别由各自行政系统履行户籍管理。历史上北京城市户籍管理有两点尤其应该注意：一是城市户籍管理按不同系统分类进行，但有逐渐合并简化的趋势；二是城

---

① 《皇朝通典》卷69《兵二》，四库全书本。

② ［光绪］《大清会典事例》卷590《兵部·绿旗营制》。

③ ［清］林传甲：《大中华京师地理志》第2章《界说》。

④ ［清］林传甲：《大中华京师地理志》第1章《名义》。

⑤ 《北平市政研究资料》（二），北京大学图书馆藏。

⑥ ［清］于敏中：《日下旧闻考》卷38《京城总记》，北京：北京古籍出版社，1981年。

⑦ ［清］吴长元：《宸垣识略》卷1《建置》，北京：北京古籍出版社，1983年。

⑧ 《清通典》卷33《职官·京尹》；《清史稿》卷115《职官志》。

市专门行政建置和完善的行政组织系统是金元有效进行城市户籍管理的保证，而明清，尤其明代存在的城市户籍管理的双轨制，不是成功的经验。

总之，“实京师”就是大量内聚迁移各类人口于京城和京畿地区，以满足封建王朝对各类职业人口的需求，自古以来，毫无二致。封建王朝“实京师”为京师提供了各类职业人口并提供了人口增殖的社会经济条件和政策，使京师人口迅速增长并达于极盛，然后因吏治腐败、社会经济衰落及自然灾害、人口疫病，在短期内人口迅速耗减。新王朝兴起后，借鉴前朝户口管理的方法和理念，对京城进行完善的户籍管理，京师社会稳定，经济繁荣，人口数量又达到一个新的高峰。

（北京市西城区文委约稿）

元大都城市行政管理机构与户口管理

警巡院是城市行政管理机构，专“领京师坊事”，“领民事及供需”，“分领京师城市民事”。蒙古人占领金中都之后恢复左、右警巡院，至元九年（1272）改中都为大都，大都新城规划建设、人口聚集，城市规模迅速扩大，到元武宗至大三年（1310）大都设有五个警巡院。大都南、北二城置有兵马司，设都指挥使、副指挥使等官，专掌京城盗贼奸伪拘捕之事。大都巡军弓手即隶属于南、北二城兵马司。不同时期大都城市设置巡军弓手就标志了这一时期的城市户数，到至正九年（1349），大都人口增至20万户。

在元帝国行政区划中，都市警巡院，专“领京师坊事”，①“领民事及供需”，②“分领京师城市民事”。③作为城市行政管理及“专掌京城盗贼奸伪拘捕之事”的兵马司机构组成是值得深入研究的重要内容。

一

成吉思汗十年（金贞祐三年，1215年），蒙古骑兵攻占中都，仍改中都为燕京。燕京在蒙古国统治下被冷落了将近半个世纪。元世祖至元元年（1264），改燕京为中都；四年（1267），迁都中都并创筑新城于东北郊外；六年（1269），在中都城市恢复了左、右警巡院，文献首次明确了警巡院“领民事及供需”④的行政管理职能；这里的左、右警巡院是指在中都旧城所置。

至元九年（1272），改中都为大都。在大都新城修建过程中及竣工之后，即不断有贵族、官僚、军户、匠役及富商巨贾迁居新城，推动了大都城市规模的迅速扩大，城市警巡院亦随之不断增设。至至元十二年（1275），置大都（按指新城）警巡院，“领京师坊事”，⑤这里的警巡院显然是指大都新城的行政管理机构。这时的大都新、旧二城共置有三个警巡院。到至元二十四年（1287）省并其一，

① ［元］孛兰肹，岳铉等撰，赵万里校辑：《元一统志》卷1《大都路》，北京：中华书局，1966年。

② 《元史》卷90《百官志》。

③ 《元一统志》卷1《大都路》。

④ 《元史》卷90《百官志》。

⑤ 《元一统志》卷1《大都路》。

止设左、右二院，“分领坊市民事”，[1]或谓“分领京师城市民事”。[2]《元史·地理志》所谓大都路“领院二、县六、州十。州领十六县”中的二院，即指这时的左、右二院而言。左、右二院共同管理南、北二城，亦即新、旧二城。

成宗大德九年（1305），又置大都南警巡院，“以治都城之南”。[3]实际上是指在大都南城即中都旧城置警巡院以专门治理南城。在大都新城，随着城市居民的增加，行政管理机构警巡院也增加为两个。再至武宗至大三年（1310），又“增大都警巡院二，分治四隅”。[4]至此，大都新、旧二城已置有五个警巡院（图2-1），均隶属于大都路总管府。到至正十八年（1358），“于大都在城四隅，各立警巡分院，官吏视本院减半。”[5]四分院或即至大三年所置二院的分置，故官吏减半；以便加强对大都新城四隅的坊事管理。

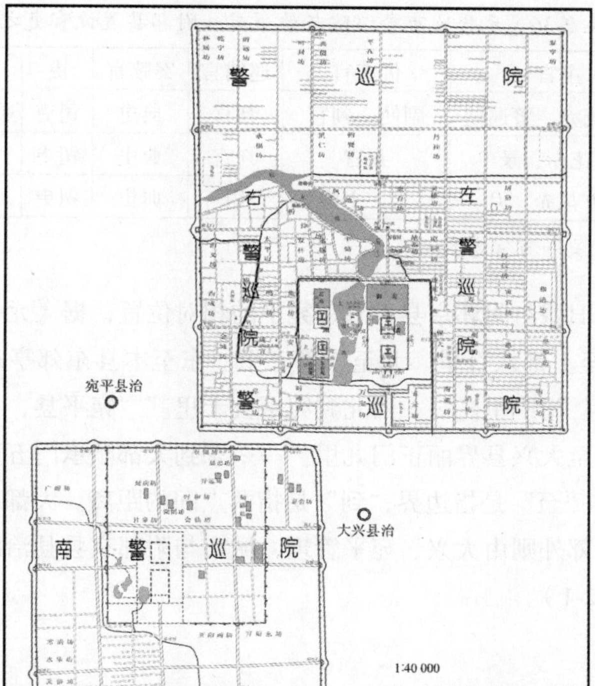

图 2-1　元大都新城和旧城警巡院及其与附郭京县县治相对位置

① 《元史》卷 58《地理志》。
② 《元一统志》卷 1《大都路》。
③ 《元史》卷 90《百官志》。
④ 《元史》卷 23《武宗纪》。
⑤ 《元史》卷 92《百官志》。

据《元统元年进士录》记载，及第进士除州县、录事司籍贯外，“韩璵，贯大都路南警巡院西开阳坊”，南警巡院是管理金中都旧城行政机构；“刘文□[①]，贯大都路警巡院附籍儒户，先里济南”，刘文□籍贯由济南转籍大都路警巡院，均说明警巡院和州县一样是元代都城居民的户籍管理机构。

大都城市左、右警巡院各置达鲁花赤一员，警巡使一员，副使、判官、典史均三员，司吏二十五名；两院设置官吏均为三十六员名。大都诸警巡院之秩均为正六品，与各附郭之赤县（大兴、宛平、开平）同秩。唯至元末，为加强对大都城市社会生活的管理，除在大都城市四隅各立警巡分院外，升左、右两警巡院为正五品。[②] 由是观之，诸警巡院官吏设置与录事司、附郭县官吏设置相一致（表2-36）。[③]

表2-36 元代城市警巡院与录事司、附郭县置设官吏之比较

机构名称	主官	佐贰官	巡捕官	案牍官	吏	行政职能
警巡院	达鲁花赤、警巡使	副使、判官	判官	典史	司吏	领城市民事及供需
录事司	达鲁花赤、录事	判官	判官	典史	司吏	掌城中户民之事
附郭县	达鲁花赤、尹	丞、主簿	尉	典史	司吏	执掌附郭县行政

资料来源：《元史·百官志》

大都新城和旧城与附郭京县大兴、宛平的相对位置，据《元一统志·里至》：“大兴县，西北至上都八百里。北至大都三里。东至本县东郊亭东通州界首三十里。西至旧城施仁门一里。……西北到宛平县十里。”“宛平县，……东北至大都平则门五里。东至大兴县界丽正门九里。……东到大都顺承门五里。……东南到大兴县十里。”[④]“至”是指边界，“到”是指两点间的距离。大都新城和旧城均由警巡院管理，而郊外则由大兴、宛平管理，城市与附郭京县县治的相对位置已十分明确。[⑤]（图2-1）

① “□”表示该字在碑文中已剥落。

② 《元史》卷92《百官志》。

③ 韩光辉、林玉军、王长松：《宋辽金元建制城市的出现与城市体系的形成》，《历史研究》，2007年第4期，第42-62页。

④ 《元一统志》卷1《大都路·里至》。

⑤ 李丙鑫：《大兴县县名由来及其治所迁移辨误》，《北京档案史料》，1987年第4期，第43-49页。

忽必烈迁都中都并建新城，则更多的“迁居民以实之”[①]。到至元二十二年（1285）元朝政府规定：“旧城居民之迁京城者，以资高及居职者为先，仍定制以地八亩为一份；其或地过八亩及力不能作室者皆不得冒据，听民作室”[②]。忽必烈迁入大都的人口大体上可分为军人、匠户、官员及其家属、商人、罪没官员及其妻奴等。按大都城市人口迁移过程推算至元元年（1264）到至元十八年（1281），十八年间迁入大都的各类人户大约在16万户左右。[③]随着人口的不断迁入和人口的自然增殖，大都新旧城市人口分布的空间格局发生了明显变化，城市社区的管理也随之加强。

元代于大都南、北二城置有兵马司，设都指挥使，副指挥使等官，专掌京城盗贼奸伪拘捕之事。大都巡军弓手即隶属于南、北二城兵马司。据《元史·兵志》，“元制，郡邑设弓手，以防盗”。“世祖中统五年（1264），随州府驿路设置巡马及马步弓手，验民数多寡定立额数。”而且“不以是何投下当差户计，及军站人匠、打捕鹰房、斡脱、窑冶诸色人等户内，每一百户内取中户一名充役，与免本户合着差发。其当户推到合该差发数目，却与九十九户内均摊”。[④]

据《元史·世祖纪》至元三年（1266）“添内外巡兵，外路每百户选中产者一人充之，其赋令余户代输，在都增武卫军四百。”据《经世大典·序录·弓手》：“中统五年，验郡邑民户众寡，置马步弓手，夜游逻……皆以防盗”，“每百户取中产者一人以充”[⑤]。并规定，弓手“除捕盗防转外，不得别行差占”。[⑥]这里不仅明确了设置弓手的目的，弓手的职责和权利，而且规定了选拔弓手的原则：每百户各类居民中出一名弓手。当时（中统五年），中都城市置弓手四百名，据

① 《元一统志》卷1《大都路》。

② 《元史》卷13《世祖纪》。

③ 韩光辉：《北京历史人口地理》，北京：北京大学出版社，1996年，第248-253页。

④ 弓手又称弓兵，唐宋金元郡邑州县均置，隶属州县府司，系地方治安军，掌夜游逻、捕捉盗贼、维持社会治安，类似近代以来的警察，与各朝代正规军性质不同。因这种兵多执闷棍，也发给一定量的弓箭，故称弓兵或弓手。弓兵以巡逻为职责，故又称巡军弓手，因弓手巡逻中，分作骑马与步行两种，故又称巡马弓手。因此，在有关文献中，有巡军弓手或巡马弓手的记载。

⑤ 《元文类》卷41《弓手》。

⑥ 《元史》卷101《兵志》。

《元史·世祖纪》，至元三年（1266）“添内外巡兵，……在都增武卫军四百。”[①]是年，共计设弓手八百名。至元十八年（1281）南城（即中都旧城）置一千四百名，北城（大都新城）置七百九十五名。[②]而至顺年间（1330—1333）定制，南、北二城均置一千人，又关厢置七十五人。[③]

至元八年（1271）曾有诸路“弓手数少者，亦宜增置”[④]的指令。再到至元十八年又增大都弓手一千人，[⑤]遂使大都城市弓手总数增加到2195人。这说明，在至元十八年之前，大都城市已有弓手1195名，因而除中统五年所置400名，至元三年增置400名外，至元八年（1271），“弓手数少者，亦宜增置”[⑥]，故大都城市所增弓手则为395名，即至元八年大都（时尚称中都）城市已拥有弓手1195名（表2-37）。

表2-37　元代大都城市弓手与户数的增长演变

年代		中统五年（1264）	至元三年（1266）	至元八年（1271）	至元十八年（1281）	至正九年（1349）
弓手	旧城	400	800	1195	1400	1000
	新城				795	1000
户数	旧城	40000	80000	119500	140000	100000
	新城				79500	100000

依上述弓手设置的原则，大都城市各时期的总户数分别为：中统五年4万户；至元三年8万户；至元八年11.95万户；至元十八年南城14万户、北城7.95万户，合计21.95万户；至正九年南、北二城均为10万户，合计20万户，又关厢7500户。由此可见，从中统五年到至元八年的七年间大都城市居民增加了7.95万户，再至至元十八年的十年间，大都新旧二城居民又增加丁10万户。元世祖忽必烈迁都并建都大都前后，大都城市“市坊辐辏，人物繁夥”[⑦]，人口的增长速度是相当惊人的。

南城户量按每户4口计，北城户量按每户5口计，至顺年间南北二城分别拥有人口40万与50万人，其分布如图2-2。

① 《元史》卷6《世祖纪》。

② 《元史·兵志》为至元十六年数，误。参见《元史·世祖纪》。

③ 《元文类》卷41《弓手》。

④ 《元史》卷101《兵志》。

⑤ 《元史》卷11《世祖纪》。

⑥ 《元史》卷101《兵志》。

⑦ ［元］魏初：《青崖集》卷4《奏议》，四库全书本。

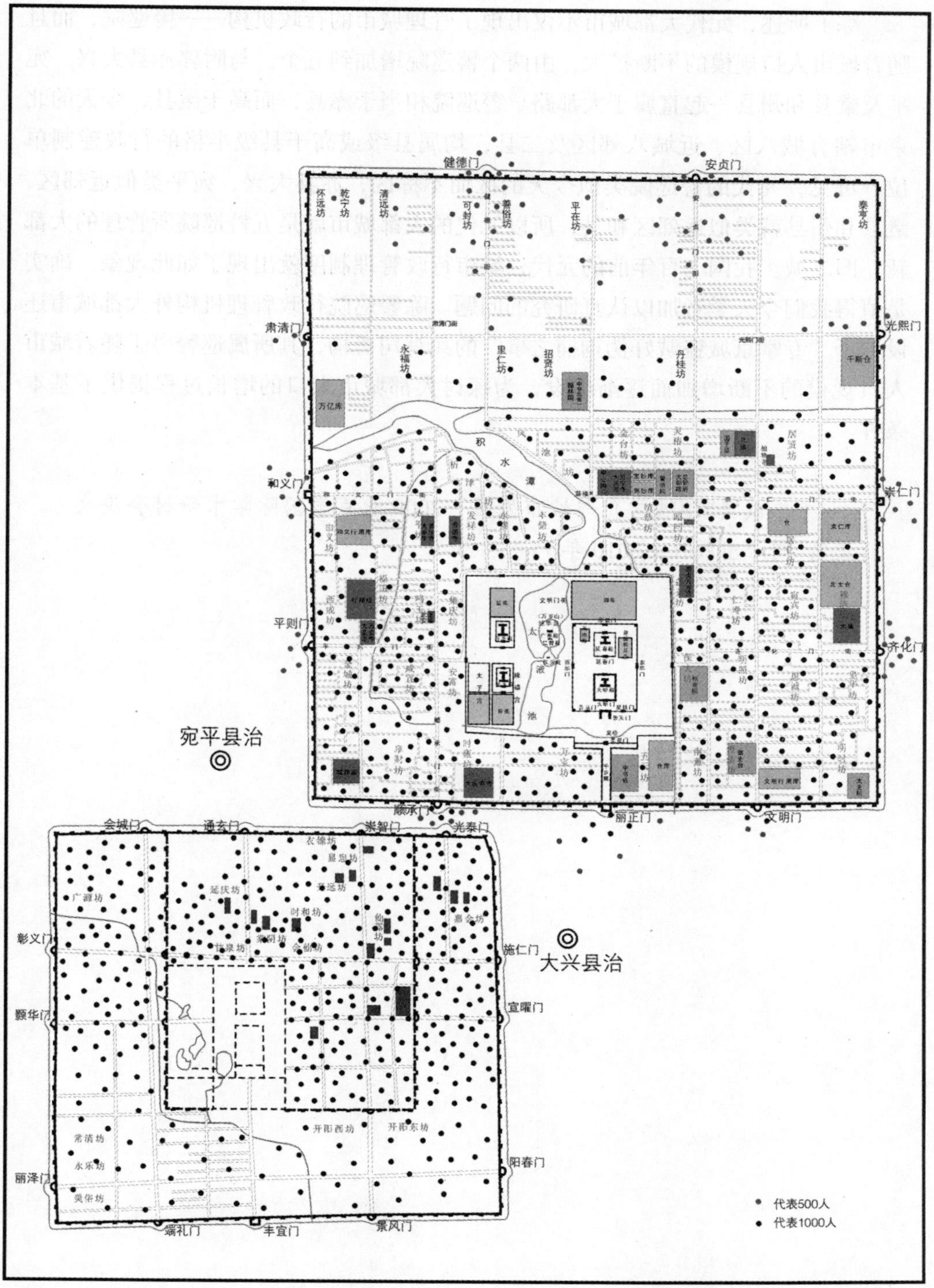

图 2-2　元代大都城人口分布图（至顺年间：1330—1333）

综上所述，元代大都城市不仅出现了管理城市的行政机构——警巡院，而且随着城市人口规模的不断扩大，由两个警巡院增加到五个，与附郭赤县大兴、宛平及畿县和州县一起直属于大都路。警巡院相当于赤县，而高于畿县，今天的北京市辖有城八区、近城八郊区及二县，均属县级或高于县级半格的行政建制单位。可见，元代的警巡院类似今天的区而不称区，赤县大兴、宛平类似近郊区，畿县和州县就类似远郊区和县，所以元代的大都城市就是五警巡院所管理的大都新、旧二城。我国七百年前的元代，城市行政管理制度就出现了如此现象，确实是值得我们今天学者加以认真研究的问题。除警巡院行政管理机构外大都城市还设置了“专掌京城盗贼奸伪拘捕之事”的兵马司机构，其所属巡警弓手随着城市人口规模的不断增加而逐渐增设，为探讨大都城市人口的增长过程提供了基本条件。

（原载《“地域文化与城市发展”2009北京学国际学术研讨会论文集》，同心出版社，2010年）

清政府对京城人口的控制政策

控制城市人口规模问题，对于北京来讲，早在明清时期即已存在。但当时还不可能实行人口计划生育，唯一途径是通过调节人口的迁移变动来达到控制城市人口规模的目的。全面考察当时控制京师城市人口规模的政策措施，对目前北京城市人口规模的控制或许有些参考价值。

由于清初满族入关建都北京后，旗人全部圈占了内城，而将原居内城的汉官、汉民与商人迁至外城，因而形成了旗人与汉人分居北京内、外城的局面。清政府对控制内、外城人口规模所实行的阶段性的政策措施不尽相同，故须分别加以探讨。

一、北京内城人口规模的控制

根据清代北京内城人口的增长状况和清政府所实行的控制人口政策措施的变化，对内城人口的控制大体可划分成三个阶段。

（一）清代初期，即康熙三十年（1691）以前，主要是迁入旗人填实京师，以巩固政权。这一时期，除入关之初迁入北京内城的30余万旗人外，为了维持统一中国的战争，补充战争中消耗的兵员，清政府还一再从满洲与蒙古各地征兵。至三藩平定之后的康熙三十年，连同奉调进京的汉军官兵在内，累计迁入官兵24000余名，使内城总人口接近35万。这种情况，在建都于北京的金、元、明三代初期也曾出现过。

（二）清代中期，即自康熙三十年至道光末年，内城人口进入休养生息、稳定增长的时期。这一时期，人口迁移的总特点是，迁入的旗下人口明显减少，迁出的旗下人口大大增加。随着北京八旗人口迅速增长，形成了“虽竭东海之正供，不足以赡”的局面，清政府的经济压力日益沉重。对此，清政府相继采取了如下对策：

1. 增添兵额和养育兵。这是清政府单纯为解决北京八旗闲散丁壮的生计问题而最早采取的措施。自雍正二年（1724）开始，实行养育兵政策，即给闲散人丁分配钱粮以赡养其家口，称之为养育兵。该年共增设养育兵5120名。至乾隆三年（1738），为赡养旗人又增添了八旗护军、甲兵和养育兵。此后，甲兵、养育兵人数不断增长，到嘉庆十一年（1806）已增至36073名。

清政府添设甲兵，增设养育兵，目的是为了专门赡养八旗闲散人丁及其眷属。但随着养育兵人数的增加，分给的钱粮却日渐减少。俸银由三两降至一两五钱，俸米从有到无。这一事实反映了国家财政收入的有限。实行养育兵政策，虽有助于改善旗人生计，但不能从根本上解决政府“无余财给之，京师亦无余地处之”这个根本问题。

2. 政府拨款，建房城外，移内城旗兵及其眷属分驻四郊。随着内城人口的增加，旗人住房日益紧缺，清政府除在内城挖掘原有住房潜力，紧缩官兵居住面积，并于内城空地建房外，还于康熙三十四年（1695）在内城八门外建房16000间，令旗下8000名无住房的贫穷兵丁携眷居住。以后，从康熙末年至乾隆中期，清政府又相继在内城八门外及圆明园、蓝靛厂、香山等处大批建房32069间，令八旗官兵携眷驻防。到清代中期，清政府于北京四郊建房已达48000间，派驻官兵2.2万余名，连同眷属共8万余口。

同时，清政府逐步放松了对旗下官兵必须集中在内城居住的限制，规定旗人除为官当差者外，不仅可在外城居住，还可到城外屯居。至乾隆十八年（1753），移居正阳、宣武、崇文三门之外的满洲官兵已有400余家，因内城房租昂贵而迁居郊区茔地附近居住者就更多了。这些措施，对于缓解内城旗人的居住困难起了一定作用。

3. 增加各省八旗驻防军，外迁内城旗人。为了控制京师的人口规模，雍正、乾隆两朝在实行上述措施的同时，还陆续增加了驻防各省地方八旗官兵的数量。本来，早自顺治初年到康熙年间，已有八旗官兵携眷赴各地驻防，但那时的驻防单纯出于军事目的，为镇压和防范各地汉人的反抗，而到雍、乾时期，在北京八旗人口迅速增殖之后，派驻各地的八旗官兵，数量大大增加，其驻防性质已发生了根本变化。整个雍正朝，派驻畿辅地区（包括热河）的八旗兵丁共达3535名；到乾隆时，派出驻防的地域范围已不限于京畿地区，而是扩及直隶省各地，官兵总数达20730名。雍、乾两朝的派兵驻防已明显地带有屯田兼疏散京师旗人于外省“辽阔”地方的性质。特别是，乾隆二十一年（1756），清高宗谕令：“自此之后，驻防兵丁，准其在外置产，病故后即着在该处埋葬，其寡妻停止送京。”这一重要的政策改革，彻底解除了自清初以来一百余年间八旗外任人员不得置产另居的束缚，同时限制了外地驻防旗人回京定居的可能性。这对于促进外地驻防旗人安家落户于当地，减少返迁京师人口，具有不可忽视的意义。

雍正、乾隆两朝由京师迁往外地驻防的八旗官兵累计共24265人，加上眷属总人口约95000人。这一措施在控制京城人口规模，解决北京旗人“京师亦无余地处之”的问题方面又前进了一步。

4. 迁移京旗闲散户口人丁去东北屯垦。雍正初年，清政府曾将新城、固安官地341顷定为井田，令无业旗人往耕，并给造住房，发口粮、牛、种子、农具等，还专设官员进行管理、指导。至乾隆初年，虽然在屯居住的180户中，已有90户回迁，但屯田办法却给后来的移旗屯垦东北提供了借鉴。

乾隆初年，随着京旗户口的膨胀，闲散旗人的生计愈益困窘。针对此种情况，清政府提出："为旗人万年之恒计，莫如开垦沿边一带地方。"决定：八旗闲散人中，有愿下乡种地者，上地给百亩，中地给百五十亩，下地给二百亩，令携家口居乡耕种。初种之年，量给牛、种子、房屋之资。对初下乡屯者，每户给房四间，每间折银十两；每户给牛具、种子、口粮等合银百两。先生活，后生产，使屯居旗人无后顾之忧。因此，从乾隆九年（1744）至二十一年（1756）的短短十二年间，遣往东北拉林屯种的京师闲散旗人达3000户。乾隆四十二年（1777）又迁京师闲散宗室115户到大凌河西北杏山与松山等地。到嘉庆朝，由于财政经费不足，仅迁移闲散宗室70户到盛京（即今沈阳）。

道光年间（1821—1850）清政府又迁移京旗1000户到双城堡。当时，为使屯居的闲散旗人安居乐业，除分给他们牛、种子、房屋外，屯地还设有义学，供垦殖者子弟就读，建有义仓，供储粮备荒；每屯还凿井两口，以便利屯户汲用。此外还规定，无力耕种者可雇募他人代耕；家属生活无依靠者，可给资令其回旗。这些措施，对屯居旗人起了稳定作用。

雍、乾、嘉、道四朝前后共外迁京师闲散旗人和宗室4365户，约计2万人口到京畿和东北屯种。尽管人数不多，但在解决京师闲散旗人居住困难和清政府"无余财给之"方面都取得了新进展。

其实，这一政策并非清政府首创。早在明代迁都北京以后不久，由于人口增长与粮食供应的矛盾，就已经开始实行除操练、造作官军外，其余驻京官军都到北京附近空闲田地屯种的政策。当时，明政府就曾迁调京军三万人于北京附近下屯。

5. 汉军出旗，定居州县，编户为民。早在康熙后期，就已准许部分旗下壮丁"出旗为民"，但未能推广。至乾隆初年，不但汉军旗下壮丁，而且汉军八旗兵丁自身，均已成为被动员出旗为民，定居州县的对象。

乾隆七年（1742），为了使八旗汉军能够广谋生路，清政府规定，有愿改归民籍者，可准其与该处民人同样编入保甲。乾隆二十一年（1756），又进一步明确规定，八旗开户人丁出旗为民，其情愿定居何处，各听其自便，所有本身田产准其带往定居处。当年，京师出旗汉军即达700户。据不完全统计，仅京师出旗为民定居京郊宛平、大兴、昌平、房山、密云、三河、宝坻、武清、东安等州县者，就约有4000户，2万人口，定居外地者未计在内。

除上述本身田产可准其带往定居处外，定居到各州县为民的旗人还享有“永不加赋”的优惠待遇。这些政策对于鼓励汉军旗人改归民籍，无疑具有很大推动作用。这种准许汉军八旗兵丁出旗为民、定居州县的政策，在解决汉军旗人生计，减轻国家经济负担方面，其效果与推行屯垦相近似。

6. 增加外任官员。自乾隆二十四年（1759）二月开始，为了疏散京师人口，清政府又决定对外任文武官员之空额，酌量选用京师多余的旗员去充任。至乾隆后期，直隶、山西沿边各协副将、各路营参将、游击、都司、守备等武职全都以京师旗员外任，数量日益增多。

早在明景泰末年，明政府曾考虑过从在京的多余官员中，选拔可用者去“补天下都司、卫所缺官”，而淘汰其余的措施，其目的就在于减轻国家财政负担，不过当时未能实行。只是到清代，这才把选调超编的国家政府官员（包括武职官员在内）到外地任职，作为控制京师八旗人口规模的一项措施。

总之，在清代中期，政府实行的上述几项措施，尤其是后五项措施，使京师内城迁出的旗下兵丁至少有5.5万户，25万人，对于解决当时京师内城人口膨胀、居住困难、国家财政负担过重等问题，发挥了积极作用。当时对于留居京师的满洲旗仆挑取钱粮就已经有了比过去容易的感觉。

（三）清代后期，即自道光末年至清末，京师八旗人口已较中期大为减少。减少的原因，首先在于清代中期政府对京师旗下人口的疏散大大减少了内城人口的基数，这对后期人口自然增长率的降低有重要影响。其次，这一时期内忧外患频仍，连年用兵，也是造成京师八族人口锐减的重要原因。如光绪年间，在5020户旗人中，竟有“四孤”1540户，占30.6%。“四孤”中间，尤以老年寡居者占绝对多数。

从道光末年开始，由于战争和巨额赔款，国家财政困难日趋严重。到咸丰年间（1851—1861），凡过去清政府对旗人所有优恤，几乎全部中止，而且官兵的正项钱粮也只能按成领取，旗人多数不能自养。京师旗人的贫困化，迫使清政府进一步放松了对京师旗人的禁锢，准许旗人出外贸易及在外入籍，还准许与当地人通婚。这不仅改变了京师旗人不士、不农、不工、不商，只依赖国家供给钱粮的状况，而且也达到了继续疏散京师内城旗人的目的。到清朝末年，内城旗人只有大约30万人。

二、北京外城人口规模的控制

对外城人口的控制大体可分为两个阶段。

（一）清代前期，即自清初至乾隆中期，外城人口增长依赖自然增殖，增长率极低。这一时期，清政府严格实行了限制外城汉族人口迁移增长的政策。

1. 严禁流民定居京师。这是一项自清初至清代中期长期实行的政策。当时，清政府对于破产流徙京师的各省人民，长期实行逮回、资送、摈逐的政策，从而极大地限制了外城人口的迁移增长。各省人民不得入居京师，便滞留或定居在大兴、宛平二县。早在明代中后期，对来京流民也是实行这样的政策。

2. 限制解任的政府汉族官员及办事人员留居京城。根据清代制度，汉族官员一律侨居外城。清初还规定，凡京官革职、退休、解任后一律限期离京，并严催起程。这种做法以后虽然有所改变，但事实上汉族官员亦少有留居京师者，即使留居京师，也多定居在大兴、宛平等县。至于各部、院衙门的一般书吏，五年役满考职后，不能升迁者即严催回原籍；若潜匿京城或私自来京，则要问罪。这些政策的制定虽多出于政治原因，但却根本阻滞了外城人口的迁移增长。这一制度实际上始于明代，自永乐末至宣德初，遣回政府庶官居乡者达 4319 人。

但是，清政府在严格限制上述人员定居京师的同时，却准许候补候选之人、读书之人、贸易经商之人在京城居住。这显然是一种特殊政策。

（二）清代后期，自乾隆中期至清末，限制各省人口定居京师的政策有所改变。自乾隆中期开始，即已逐步放松了对各地迁入京师的流民的摈逐，这就为流民定居北京外城谋生，提供了机会。当时流移京师的人口，依次以京畿、山东、山西及南京等地者为多。正是由于这一政策的实行，到清代后期外城人口才逐步增加到 30 余万人。

三、清代控制京城人口规模的直接原因

综上所述，可见清政府在不同阶段对于控制京师内、外城人口规模的政策共有极大的差异和灵活性。在康、乾之际所实行的，以迁出内城旗人与限制各省人口迁入外城为特征的京城人口控制政策，有效地控制了京城人口规模的扩大。直到清末，北京城市总人口也只有 76 万。在当时的历史条件下，并不存在人口控制理论，更谈不上限制人口的自然增殖，而清政府面对和平时期人口不断增长的现实，能够通过调节人口的迁移增长（积极外迁和限制内迁同时并举）来控制京

城人口规模，这也可谓是一个成功之举。

清代中期政府之所以同时采取上述两项控制迁移增长的人口政策，其直接原因有以下几个方面。

1. 京师八旗人口的迅速增长，造成了城市生活困难。在开国初巩固政权的大规模战争基本结束之后，京师八旗人口在安定的社会环境和优越的生活待遇等有利条件下，休养生息，致使人口的自然增长率以 8‰ 以上的速度迅速增长，终于形成了京师八旗“户口日蕃，待食者众，（政府）无余财给之，京师亦无余地处之”的严重局面。因此，严格控制内城人口的增长，就成为亟待解决的问题。

2. 闲散旗人的增加，给京师社会秩序带来了不良影响。到清代中期，八旗兵额的增长远远落后于人丁的增长，旗下闲散丁壮大量出现，结果形成了：闲散宗室饱食终日，无所事事，屡为不法，甚至潜往外城，滋生事端；一般中年闲散旗人，或是闲散坐废，或是血气方刚，游荡滋事。这些都严重危害了正常的社会秩序。

3. 随旗下人口的增加，内城住房日益紧张，房屋租价愈益昂贵。清初，政府赏给八旗官员兵丁的住房均有定例，一般披甲之人可分到住房两间，住三至四口人。但自顺治十六年（1659）开始，官员住房酌减，披甲之人也只能分到一间，居住面积减少了一半。至康熙二十二年（1683），政府被迫将驻防兵丁的在京房屋全部撤出，重新分配，但也未能解决问题。

到康熙三十四年（1695），已有 7000 余名兵丁需要租房居住，为付房租他们不得不节衣缩食。后来虽然几经建房赏住，并增加各省的驻防兵丁，但到乾隆初年，依然存在八旗无业贫人居无定宅的现象。由于在城内租房居住的闲散兵丁日益增多，遂使内城房价不断上涨，最终导致旗人自发地迁离内城，移居城郊或自家坟茔附近居住。到嘉庆初，甚至出现了连宗室觉罗也栖身无所的现象。京师旗人住房的日趋紧张，虽与达官贵族的兼并有关，但根本上还是由于旗下人口的大量增加。

4. 随着北京内、外城人口的增加，京师物价明显上涨。清代中期，京师物价的上涨与人口增加后所带来的消费需求的增长关系很大。以粮价为例，康熙四十八年（1709），在京师，一石米值银一两三钱，一石小麦值银一两八钱；而在口外，一石米仅值银二钱，一石小麦不过值银三钱。康、乾年间，发给京师八旗甲兵的粮饷是有限额的，政府不因其赡养人口多而增加粮饷，致使旗下闲散人丁无法单纯依赖粮饷生活。乾隆初，京师八旗的闲散人丁已达数万人，其中除增设的养育兵由政府供米外，其余并无固定的俸米收入，这部分人丁连同其眷属所需的粮米，只能从市场购买。旗下闲散人口的增加是导致京师米价上涨的因素之一。而米价的上涨，又给这些人的生活带来了很大困难。同时，大量流民的经常存在，也是导致京师米价上涨的一个原因。至乾隆末年，清政府为平抑京师内、外城昂贵的米价，除采取行政措施严禁米店囤积涨价外，又不断自外地采购粮米运至京师，并发仓米平粜。尽管如此，收效并不大。这种情况也使清政府不得不设法控制京师人口规模。

由此可见，清代中期政府对京师人口同时采取上述两项控制迁移增长的政策，是有其历史必然性的。

参考文献：

韩光辉：《试论清代北京城市人口增长机制》，《京华旧事存真》第一辑，北京：北京燕山出版社，1992年。

（原载《北京研究》1988年第8期）

清代皇族的管理

清代皇族，以显祖宣皇帝即努尔哈赤的父亲塔克世的本支为宗室，以其叔伯兄弟之支为觉罗，从而因支派远近分为宗室和觉罗两支。清王朝为使皇族宗支繁衍，人口素质提高，以强化自身统治而采取了诸如组织、经济、教育等有效措施以加强对这个享有特殊权益的社会集团的管理。具体措施又因皇族有宗室和觉罗之分而有别。但总体上考察，这些管理措施在一定历史时期取得了良好效果。

一、皇族的组织管理

组织管理是清代皇族进行有效管理的基本形式，其分为宗族与行政两个系统。

宗族管理。按清代制度，宗室分为左、右翼，每翼划分为二十族，族设族长。各族之中，又根据人丁多寡各设教长一至三人不等。而觉罗族长左翼十一人，右翼二十九人。至乾隆二十一年（1756），始于宗室左、右翼总部族长二人，因而在宗人府之下形成了总族长、族长、教长系统。

按《清会典》，设置宗室觉罗族长的目的在“治族务”；总族长“专令稽查宗室，监管各该族长”；教长“协理族务”。族务包括管理皇族属籍、为修辑玉牒每年造送宗室觉罗册籍、序爵禄、奠昭穆、丽派别、申教诫、议赏罚等事务。因此，上述组织系统是以血缘关系为基础的封建宗族组织系统，是我国古代宗法制度的产物。严格管理皇族属籍是这一组织系统的主要职责。

随着皇族人口的增长，社会问题不断出现，皇族宗族组织系统的职责扩大，出现了教养宗室，“时加稽查，严行管束”① 的责任。按规定，三年之内，尽心劝导，认真管束的总族长、族长、教长等各给记录一次；而不能善加管束，族内仍出现“非分妄为”之人，则将总族长、族长、教长一并议处。清中期不仅族长职责扩大，而且族长、总族长也在不断增设。如正蓝旗远派宗室十三族、原止设总族长二人，至嘉庆中添设二人，共四名。

清代，按宗室支派的远近封授爵秩是当时皇族宗族组织管理的重要组成部分。宗室封爵，男性上自亲王下及奉恩将军共十四等；此外还有因降等袭爵而出

---

① 《大清会典事例》卷5《宗人府》。

现的大批闲散宗室。女性自固伦公主以下也有十四等爵秩。宗室尤其近派宗室是皇族中享有比觉罗更多政治特权的社会人口集团。

行政组织。管理清代八旗及旗下参领、佐领是一军政合一、军民合一的组织管理系统。入关前，觉罗人丁户口即已被编设为十个佐领（时称牛禄）。觉罗人口的增加使旗下觉罗佐领至光绪中增加到二十八个。宗室佐领出现的具体时间待考，但迟至雍正初即已有记载，至乾隆二十五年（1760）一次即添设了宗室佐领十六员。其职责是“承办宗室事务”[①],此外还有以佐领为单位定期编审和呈报宗室与觉罗户口的职责。其户口册籍与八旗其他佐领的户口册籍形式、编审时间、过程及呈报方式完全相同。

总之，清代皇族存在宗族与行政双重组织管理系统，其性质与职责有别，但共同加强了对皇族的组织管理。

二、皇族的经济管理

经济措施是清王朝对皇族进行有效管理的主要形式，其包括给宗室觉罗以田产壮丁、俸饷、养赡和优恤银两等经济优待。

给予田产。壮丁入关之前，宗室和觉罗自诸王以下即按等级规定配给田产壮丁；入关后，内务府又在大量的京畿圈地中按爵级拨给封授爵位者田庄等。如亲王一般可得关内外大粮庄二十一座，银庄二座，半庄二座，瓜园一，果园和菜园各二，各类工役四百五十户（丁）。[②]当王公因罪革爵或子孙承袭降等时，他们又必须将庄园户丁的一部分或全部缴还内务府。颁给俸饷皇族除拥有田庄外，自顺治七年（1650）开始实行王公贵族食俸制度。历经演化，宗室俸给共分二十一等，最高者亲王岁支俸银一万两，最低者奉恩将军岁支俸银一百一十两，每俸银一两，兼支俸米一斛。公主格格之俸则分为十四等，每俸银一两亦兼支俸米一斛。[③]乾隆中又规定了未满年岁（18 岁）的袭爵之人，按将来袭爵等级，支半俸的优惠政策。

养赡闲散。指给无正式职任的宗室人丁及幼丁、孤寡人口以生活资助。各历史阶段的养赡银米略有变化。顺治初，每个觉罗幼丁月给银二两；康熙十年（1671）规定，年二十岁以上闲散宗室，月给养赡银三两，年给米四十五斛；残

① 《大清会典事例》卷 5《宗人府》。

② 《大清会典事例》卷 1198《内务府》。

③ 《大清会典》卷 21《户部》。

疾者，月给银二两，岁给米二十一石二斗。[1] 为解决子女众多的闲散宗室一份月饷难以敷用的问题，乾隆十一年（1746）开始，宗室十岁以上，即月给银二两，待年至二十岁，仍给三两。[2] 同时，寡居之王公福晋夫人、宗室孀妇及孤女等亦均享有一定数额的养赡银米。从而保障了在正常情况下皇族生计无虞。

婚丧赏恤。康熙初，面对特别贫穷之闲散宗室每遇婚丧之事即称贷积逋的现象，曾实行按族分自相资助的办法。至四十一年（1702）改由政府赏恤。凡宗室婚或丧礼，分别给银六十两和八十两。至五十五年（1719），分别增至一百两与一百二十两，同时享受范围扩大到宗室七品笔帖式。乾隆初，更扩大到觉罗人户，婚丧银分别为二十两与三十两，且自七品官以下至闲散觉罗，皆准给予。[3] 清代中期皇族婚丧赏恤银两的增加及赏恤范围的扩大，避免了皇族下层每遇婚丧之事即称贷积逋的困境。

解决闲散宗室住房。清代中期，京师旗人“户口日增，待食者众，（政府）无余财给之，京师亦无余地处之”[4] 的社会经济问题，同样困扰了无房舍产业的闲散宗室的生计。据《大清会典事例》，乾隆十一年（1746），“查出宗室内家贫无产业者二百余人”，遂将每年冬季分赉恩赏八旗闲散宗室的万两库银中的八千两，先给甚贫之宗室四十人，每人二百两，各交族长、教长，代置房地，不许典卖。其余无业宗室，于以后每年为四十人陆续代置房产，使之渐次立业。余银二千两，留作奖赏用。从而逐步为无产业闲散宗室提供了住房条件。至嘉庆中，仍存在无房产而于各处浮居之宗室与觉罗，对此清政府采取了或择地建房，或酌量归入八旗城外营房通融居住，或迁移闲散宗室于东北屯住的措施，在一定程度上改善了栖身无所的皇族的居住条件。

三、皇族的教育管理

教育是清代对皇族进行有效管理的重要形式和有效措施，它是通过教育与惩治双重手段实现的。其包括教养、考封、考验骑射及禁约惩治诸项。

教养。除清初规定宗室与觉罗荫生可入国子监学习，及八旗各设宗学、凡十岁以上未封宗室子弟入学学习清书外，雍正初始设左、右两翼满汉学各一处，令王公以下至闲散宗室十八岁以下子弟入学分习满汉书及骑射。乾隆中确定每届五

① 《大清会典事例》卷 6《宗人府》。

② 《大清会典事例》卷 259《户部》。

③ 《大清会典事例》卷 6《宗人府》。

④ 《清史稿》卷 303《梁诗正传》。

年，左、右翼学额分别为七十人与六十人。嘉庆中划一学额，左、右翼先后均增至七十人及一百人。凡入学“读书子弟，月给银三两，米三斗，川连纸一刀，笔三支，墨一笏”，且冬给碳、夏给冰，岁给衣服。乾隆初还建立了每年定期考核、优奖劣罚的制度。“考列一等，赏笔三十支，墨十笏；二等笔十支，墨五笏；三四等留学肄业；五等教诫，仍许留学；六等黜出。”[①] 对肄业年满考列优良者，补用宗人府笔帖式。

宗学之外，雍正中还设立了八旗觉罗学，凡“觉罗子弟八岁至十八岁，入学读书习射，规制略同宗学。”[②] 八旗觉罗学名额通计三百四十名，月给银米，笔墨纸张，均与宗学相同。春秋考验，三年考试，分别奖惩。学成，与旗人同应岁试、科试及乡试、会试，并考用中书及笔帖式。

可见，清代对皇族的教养包括教与养两个方面。通过教养达到“睦族敦家”的目的。事实上，前者提高了皇族的文化素质和水平，首先收到了“宗室子弟俱讲究清文，精通骑射”的成效；其次，其中的优秀者，习编译，经会试，赐进士；习汉文，历殿试，赐进士及第。[③] 而后者使皇族青少年获得了良好的学习环境和优裕的生活待遇，保障了身心健康成长。

考封。清代在实行王公“以嫡长子孙承袭”的袭封制度的同时，还确立了考封制度。除亲王至奉恩将军年至二十岁，需辨其文艺骑射之优者授封外，还规定，王、贝勒以下至奉恩将军之子，年及二十岁，应授封者，考试国语、汉字、步射，优者照例封授应得之爵，平者降一等，劣者降二等封授。显然这是清王朝加强皇族管理、激劝进取的重要措施。乾隆初钦定的考试授封表规定，以马、步射、翻译三项考试的优劣为封授王公爵秩的依据，唯三项皆优者，以应得之爵授封，以下递降有差。而应封奉恩将军，凡考试降等授封而又无更低爵秩可封者，皆停俸有差。清王朝考封劝勉宗支的制度和措施如此完备具体，最终目的在“使宗室勤习骑射翻译”，“砥砺人才”[④]。

考验骑射。清代规定，宗室自亲王至闲散十岁以上，每月演习骑射三次；二十岁以上有品秩者，每步射二次，兼骑射一次；每岁春秋二季，各擐甲习射二次，并考其勤惰优劣注册。至乾隆中通过若干新规定使考验王公宗室及其子弟骑射愈以严格并制度化。用嘉庆皇帝的话说，就是令王公宗室“练习弓矢，以时校

---

① 《大清会典事例》卷4《宗人府》。

② 《清史稿》卷106《选举志》。

③ 《清史稿》卷106《选举志》。

④ 《大清会典事例》卷2《宗人府》。

阅”，“籍可造就人才”[①]。

禁约惩治。早在清王朝定都北京之初即有对诸王以下宗室溺于逸乐、致扰居民的行为不时稽查议处的规定。清中期乾隆谕令对王公宗室严加管束、加意体察的同时，决定给“身无职级，竟至与齐民无别”的闲散宗室以四品顶戴。闲散宗室腰系黄带子，又享受四品顶戴，一方面显示了宗室的尊崇，另一方面也是对闲散宗室行为的约束和限制。嘉庆中甚至针对皇族中出现的“好勇斗很”“酗酒滋事”的劣迹，训谕皇族，若“仍有滋事者，不唯重治犯法之人，必将失察之管理宗室王公、总管、族长……一并治罪，决不轻贷。”[②]同时重申了宗室王公以下安身立命的封建道德规范及行为准则，即“立身之要，曰孝弟忠信、礼义廉耻，”“应为之事，曰国语骑射、读书守分”[③]。

四、清代后期皇族管理的松弛

首先是组织管理的松弛。以嘉庆中，宗室王公生子不报，以有作无，而总族长、族长竟毫无觉察为标志。以至于宗室闲散违背禁令，好为不法，形同市井无赖者层出叠见。

其次是经济优惠逐渐丧失。道光中除将皇族婚丧赏恤银减成减半支放外，将享受养赡银两的闲散宗室的年龄由原来的十岁提高到十五岁；历咸丰中紧缩各项赏恤银两后，同治中虽恢复了宗室红白事赏恤银两制度，但分别减少到二十两及三十两。光绪初每月原食三两的闲散宗室每月所得已不及二两。因此出现了某些四品宗室“求其一饱而不可得”[④]的事实。广大下属宗室与觉罗已陷入冻馁交迫的严重困境之中。

再次是教育的日渐萎缩。生计困窘使宗室子弟的学业日渐荒废。以左翼宗室为例，其学额由嘉庆时的百名，至道咸中减少到二十六、七名，至同治末减少到十三四名，光绪时更减少到一二人。究其原因，在于“向之领米三斗者，今领米不及二分”，“每月所领仅够两日之食，欲责令常常入学读书作文，势必有所不能”[⑤]。

（原载《满族研究》2002年第4期）

---

① 《大清会典事例》卷8《宗人府》。

② 《大清会典事例》卷9《宗人府》。

③ 《大清会典事例》卷9《宗人府》。

④ ［清］刘体仁:《异辞录》卷2，北京：中华书局，1988年。

⑤ ［清］王榕吉:《论整顿宗学疏》，《清经世文续编》卷53《礼政四》，清光绪石印本。

晚清民国时期北京地区人口分布

北京地区人口分布，即人口的地域构成，在不同历史时期有不同的特点。自远古、先秦历中原王朝北方军事重镇乃至上升为一统国家都城，以迄民国各个时期，北京地区人口分布特点和变化趋势，既表现在各时期之间人口分布的明显历史继承性上，又表现在明显的区域差异性上。

一、古代北京地区人口分布大体状况

北京早期人类包括“北京人”“新洞人”和“山顶洞人”，均生活在山地洞穴中。进入新石器时代，人类普遍离开山地洞穴来到河流阶地、山前洪积冲积扇及台地上，傍河流而居、赖黄土为生，因而萌芽了原始农业，出现定居，创造了新石器时代的灿烂文化。金属工具尤其铁制生产工具的出现为人类开发土地，发展农业提供了更为有力的生产力。在可以耕垦的平原、台地、河流阶地和沟谷中均出现了人类生产和生活定居的场所，人口分布的地域空间不断扩大。封建时代，北京地区除低洼的平地和高亢山地尚未能充分开发外，基本上均已有了人口的分布，只是疏密情况有所差异。

自密云（檀州）盆地东北端点至西南涞水（拒马河）出山口为轴线，形成了一条中间宽阔、两端狭窄的人口分布密集的条带，在平面形态上犹如纺锤形。这一人口分布形态在秦汉至隋、唐、辽、金、元、明、清与民国时期各人口分布图中均未发生明显变化。燕都蓟城、汉唐幽州城、辽南京、金中都、元大都、明清北京城及民国北平城均位于人口分布密集的条带上，也正是由于中心城市的存在，使这条人口分布带的中间段变得宽阔起来。在其右侧的西山、军都山山地则形成了一条平行轴线而人口分布稀少的条带，在其左侧的泊淀低地分布区则形成了一条基本平行轴线的人口分布稀疏的条带。此外，在延庆（居庸、缙山、龙庆、隆庆）盆地与平谷盆地中人口的分布一直比较密。而东部燕山山地人口分布稀少。若将延庆盆地、平谷盆地和燕山西部山地视为独立的三块，则形成了北京地区人口分布的三带三块形式。

以中心城市（古代蓟城、辽南京、金中都、元大都、明清北京城、民国北平城）为各时期人口分布密集的核心，在其周围地区形成了若干人口分布由密变疏、规则或不规则、封闭或不封闭的圈层。这一人口分布的圈层形式自战国历秦汉、隋唐及辽、金、元、明、清直到民国各时期亦未发生明显变化。延庆盆地的人口分布仍独立一块。各时期人口圈层分布同样反映了各时期该区域人口分布的极端不平衡。城区人口分布，辽代之后，以内城（辽南京）和皇城（金中都、元大都、明清北京城及民国内中区或内六区）较稀疏，而环绕这个人口分布稀疏区的各区尤其四隅城区人口分布稠密得多，因而形成城区人口分布由皇城到东、西、南、北四城及四隅由疏变密的圈层分布特点。

北京人口数量和密度分布，唐宋以前缺少确切记述。仅以元泰定四年（1327）大都地区人口分布情况计，当时城区（包括新、旧两城）人口密度达每平方千米13000余人，环绕城区的大兴、良乡、顺义、潞县及宛平县东部人口密度平均在每平方千米100至200人之间，而外部圈层中的房山、昌平、密云、平谷、三河（部分地区）等人口密度均在每平方千米50至100人之间。在近郊，包括关厢和蔬菜园艺区在内还形成了一个人口密度仅次于城区而高于外部圈层的人口分布密集圈。

二、晚清民国时期北京地区人口分布

清光绪八年（1882）城属（郊区）人口密度为每平方千米508人，高于京郊州县中人口密度最大的通州（每平方千米269人），而又远低于城区的人口密度。民国时期，北平郊区的人口密度更增加到每平方千米710人，是通州人口密度的2.3倍。

城区人口分布密集区，如金中都商业市场所在的北城区、元大都皇城以北积水潭以东的城区及旧城区、明清至民国时期的前三门外均是各该时期北京城市人口分布最密集的地区，当时的工商业、服务业及劳动人民多聚居于此。如明清至民国时期，这里人口密度每平方千米高达3万至4万人以上。皇城外围至城市周边和四隅（元大都新城的北部因人口未住满例外），仅次于上述人口分布最密集地区，如元大都城皇城东西两侧，明清和民国北京城东西两侧及四隅各区人口密度一般均在每平方千米2万人上下。城区人口密度较小的地区：如元大都新城北部，明清至民国北京外城南部各区因大面积空地存在，人口分布相对稀疏，平均密度在每平方千米1万人至1.5万人左右。

现以清代和民国时期为例展示历史时期北京地区人口分布状况。据《八旗通志》《清会典事例》《顺天府志》记载，光绪八年（1882）北京地区城乡总人口为243.4万人，平均人口密度为每平方千米148人，但各州县之间存在极大差异。

见表2-38。

表2-38 清光绪八年（1882）北京地区人口分布①

城州县	面积（平方千米）	人口（万人）	密度（人/平方千米）
合计	16405.8	243.4	148
内城	36.6	45.2	12350
外城	25.4	28.7	11300
城属（四郊）	613.8	31.2	508
大兴	745.2	18.1	242
宛平	2311.2	20.9	90
通州	995.5	26.8	269
良乡	330.0	3.5	106
顺义	714.0	8.4	118
房山	1504.0	8.0	52
昌平	1929.8	12.2	63
平谷	333.5	4.0	120
怀柔	520.7	5.0	96
密云	1874.3	12.9	68
延庆	1447.0	6.7	46
三河 *	328.0	6.1	185
滦平	1653.4	2.0	12
独石口厅	735.9	0.7	9
固安	47.0	1.1	234
东安	44.0	0.7	159
蓟州	171.0	0.7	40
涞水	45.5	0.3	66

① 包括八旗及驻军在内

资料来源:《八旗通志》《大清会典事例》《畿辅通志》《顺天府志》等史料

民国二十四年（1935）北平地区总人口达350万人，平均人口密度为每平方千米213人，但分布密度仍存在着明显的地域差异。见表2-39。

表2-39 民国二十四年（1935）北平地区人口分布

城县	面积（平方千米）	人口（万人）	密度（人/平方千米）
合计	16405.8	349.9	213
内城	36.6	69.3	18937
外城	25.4	42.2	16608
四郊	613.8	43.8	710

（续表）

城县	面积（平方千米）	人口（万人）	密度（人/平方千米）
大兴	745.2	14.6	173
宛平	2311.2	26.9	123
通州	995.5	30.4	305
良乡	330.0	6.8	205
顺义	714.0	17.1	240
房山	1504.0	18.6	123
昌平	1930.0	23.4	121
平谷	333.5	6.6	166
怀柔	521.0	6.1	116
密云	1874.0	14.6	78
延庆	1447.0	11.0	76
三河 *	328.0	7.8	239
滦平	1653.4	3.2	19
沽源	736.0	1.6	21
固安	47.0	1.1	227
东安	44.0	1.2	267
蓟州	171.0	1.0	60
涞水	45.5	0.6	113

资料来源：国民政府内政部《户口统计》

民国时期，北京（北平）城市已有较为详尽的户口统计资料，可具体展示城区人口分布状况。

北洋政府初期（1912—1917），北京内外城各区人口从1912年的72.5万人，增长到1917年的80.65万人。同期分布在内城人口比重从62.06%，下降到59.24%，外城人口比重从37.94%，上升到40.76%。见表2-40。

表2-40　北洋政府初期（1912—1917）北京内外城人口分布　　单位：人

区域	1912	1913	1914	1915	1916	1917
合计	725035	727803	769317	789123	801136	806470
内城小计	449973	447276	456163	470130	479490	477742
中一区	30091	32311	35135	34785	35322	32092
中二区	10710	10730	11100	11312	10333	10724
内左一区	47014	50188	53670	57580	54870	58017
内左二区	69838	62951	55691	56494	61224	67949
内左三区	46469	47083	50208	52277	53482	54722
内左四区	56851	54059	56176	57476	60279	65558

（续表）

区域	1912	1913	1914	1915	1916	1917
内右一区	45706	40181	41029	41080	44290	42589
内右二区	48364	51201	53150	56236	52965	39165
内右三区	37352	39874	42307	42237	41194	41633
内右四区	57578	58698	57697	60653	65531	65293
外城小计	275062	280527	313154	318993	321646	328728
外左一区	35319	33382	35874	36272	36283	35274
外左二区	27282	28914	32956	34851	35731	34679
外左三区	25960	26664	38844	32082	32153	31832
外左四区	10253	10466	10501	11053	11151	12200
外左五区	35213	35158	34805	38111	37638	41704
外右一区	29146	32510	33859	34151	34728	34966
外右二区	36914	35093	40076	43667	44119	44847
外右三区	21737	23378	27066	28992	28041	28730
外右四区	28469	30197	32507	33685	34945	36094
外右五区	24769	24765	26666	26129	26857	28402

资料来源:《统计月刊》，1918 年

民国政府时期（1928—1936），北平城区人口从 1928 年的 89.7 万人，增长到 1936 年的 107.38 万人。同期，内城人口比重从 55.73%，上升到 58.43%，外城人口比重从 44.27%，下降到 41.57%。见表 2-41。

表 2-41　民国政府初期（1928—1936）北京内外城人口分布　　单位：人

区域	1928	1929	1930	1931	1932	1933	1936
合计	896952	967331	928954	981625	1033808	1071767	1073843
内城小计	499874	513205	528492	563580	597397	619086	627478
内一区	94065	100918	104908	110456	114997	117672	115883
内二区	87618	95276	100641	105398	111126	113952	113946
内三区	101243	98369	104589	112675	118218	121253	129106
内四区	98441	97943	99226	105907	114258	116700	115405
内五区	72353	69797	68426	74261	80915	89420	92135
内六区	46154	50902	50702	54883	58183	60089	61003
外城小计	397078	404126	400462	418045	436411	452681	446365
外一区	68794	70398	70963	71903	74078	76756	76767
外二区	82172	84011	86001	90283	94740	97675	84185
外三区	88061	90966	88737	93987	98595	102486	105563
外四区	80256	79925	79078	81541	84229	87446	90591

（续表）

区域	1928	1929	1930	1931	1932	1933	1936
外五区	77840	78826	75683	80331	84769	88318	89259

资料来源:《北平市统计览要》，1936 年;《北平市政统计》，1946;《北平市政府二十二年度行政统计》，1934 年

1936 年北平市城近郊区人口密度差异较大，人口密度最大的是外一区和外二区，均在 3、4 万人以上，内城各区除内六区外，均在 2 万人左右，四个郊区人口密度在 500—900 人之间，市区人口平均密度为 2133 人。见表 2-42。

表 2-42　1936 年 6 月北平市各区人口分布密度

区域	面积（平方千米）	人口（人）			密度（人/平方千米）
		计	男	女	
总计	718.689	1533083	943429	589654	2133
内一区	7.317	115883	74257	41626	15838
内二区	6.099	113948	69411	44537	18683
内三区	6.127	129106	76303	52803	21072
内四区	5.170	115405	68214	47191	22322
内五区	5.584	92135	55167	36968	16500
内六区	6.930	61003	35110	25893	8803
外一区	1.849	76767	60099	16668	41518
外二区	2.652	84185	57803	26382	31744
外三区	7.447	105563	73129	32434	14175
外四区	7.584	90591	54508	36083	11945
外五区	7.551	89259	60337	28922	11821
东郊	151.278	127704	71662	56042	844
西郊	262.398	130171	74068	56103	496
南郊	129.762	114153	63565	50588	880
北郊	110.939	87210	49796	37414	786

资料来源:《北平市统计览要》，1936 年

日伪侵占时期（1937—1945），北平市城近郊区人口数量和密度分布，见表 2-43、2-44。

表 2-43 日伪时期（1937—1945）北平市人口分布 单位：人

区域	1937	1938	1939	1940	1941	1942	1943	1944	1945
总计	1510103	1623473	1735281	1781858	1834176	1835053	1683954	1680490	1680780
内城小计	623906	678229	715661	728574	756614	759671	686601	696166	702197
内一区	118411	122524	124475	126369	129108	131849	129926	130255	132071
内二区	118628	128574	133116	135124	136880	141467	121894	121177	123458
内三区	134381	148441	158348	164279	172737	163491	136533	137557	140360
内四区	112668	123766	135061	135807	137579	135403	129766	135598	133701
内五区	84674	92030	97366	95951	108245	112596	97267	99182	101892
内六区	55144	62894	67295	71044	72065	75265	68704	68961	68009
内七区							2511	3436	2706
外城小计	448420	506077	549992	567275	581064	587981	552180	537354	528233
外一区	78247	93403	101023	100124	102071	86974	85112	81378	76268
外二区	83740	97462	106728	108533	108476	111759	108903	103842	100196
外三区	104319	118450	129999	138417	141177	126352	109974	111879	112117
外四区	92026	102652	112883	117927	123190	131148	118725	119049	120732
外五区	90043	94110	99359	102274	106150	131748	129466	121206	118920
郊区小计	437777	439167	469628	486009	496498	487401	445173	446970	450350
东郊区	122536	122836	130999	133849	135679	135640	118965	119344	119652
南郊区	111487	112633	117759	122481	125036	116310	111136	112287	114170
西郊区	123475	124433	135848	140343	142715	144848	132461	133468	134348
北郊区	80279	79265	85022	89336	93068	90603	82611	81871	82180

资料来源：《北平市政府统计》。各年份均含外侨人口

表 2-44 日伪时期（1937—1945）北平市人口密度分布 单位：（人 / 平方千米）

区域	1937	1938	1939	1940	1941	1942	1943	1944	1945
内城	16946	18109	18855	19077	19796	19800	17799	18068	18539
内一区	17221	17271	17256	17434	17838	18198	22829	22891	23415
内二区	21534	22814	23182	23281	23561	24201	20592	20573	21952
内三区	21627	23591	24912	25782	27122	25558	21226	21391	22047
内四区	20223	22052	23834	23847	24021	23611	22707	23699	23762
内五区	17285	18712	19672	19296	21662	22525	19456	19849	20068
内六区	7104	7865	8209	8556	8710	8965	8180	8210	8395
内七区							1011	1638	1617
外城	17628	19813	21489	22186	22667	22922	21539	20973	20586
外一区	49773	59180	63896	63301	64539	54921	53842	51495	48361

（续表）

区域	1937	1938	1939	1940	1941	1942	1943	1944	1945
外二区	36641	42223	46105	46872	46796	48212	47034	44858	43131
外三区	15518	17603	19312	20687	20944	18739	16318	16611	16653
外四区	12695	14132	15509	16164	16864	17955	16261	16310	16532
外五区	11850	12326	12968	13349	13831	17161	16870	15810	15431
郊区	669	671	717	742	757	743	679	682	688
东郊区	810	811	865	884	896	895	785	787	791
南郊区	859	868	907	943	961	893	855	864	880
西郊区	470	474	517	534	543	551	503	507	512
北郊区	723	714	765	804	838	816	744	737	741

资料来源：《北平市政统计》。各年份均含外侨人口

1948年北平市总人口已达1918200人，平均人口分布密度按当年区划统计为每平方千米2713人，而第八、九两区（位于前三门外）人口密度高达4.6万人上下。其次是位于内城周边的第一至第五区每平方千米2.5万至3.1万人上下，第六区系明清皇城所在，在城区中人口分布最稀疏。在外城中位于八、九两区周外的十、十一、十二区若将未建城区扣除，其人口分布密度与八、九两人区相当，这里集中大量中小企业和大量城市贫民。就北平城来讲以外城商业中心区人口分布密度最大。见表2-45。

表2-45　民国三十七年（1948）北平市人口密度

区域	面积（平方千米）	人口	密度（人/平方千米）
总计	706.928	1918200	2713
内城			
第一区（内一区）	5.278	165054	31272
第二区（内二区）	3.933	114757	29178
第三区（内三区）	6.197	165678	26735
第四区（内四区）	5.556	159675	28739
第五区（内五区）	4.888	122105	24980
第六区（内六区）	7.597	90759	11946
第七区（内七区）	3.124	51077	16350
外城			
第八区（外一区）	1.569	72879	46449
第九区（外二区）	2.274	104037	45750
第十区（外三区）	6.719	121809	18129

（续表）

区域	面积（平方千米）	人口	密度（人/平方千米）
第十一区（外四区）	7.238	124077	17142
第十二区（外五区）	7.580	134018	17680
四郊			
第十三区（郊一区）	76.884 ①	68255	888
第十四区（郊二区）	65.016	61479	945
第十五区（郊三区）	57.276	56901	993
第十六区（郊四区）	89.268	84942	951
第十七区（郊五区）	181.632	56537	311
第十八区（郊六区）	63.984	79331	1240
第十九区（郊七区）	55.212	55578	1006
第二十区（郊八区）	55.728	29270	525

① 第十三区至二十区面积根据民国三十七年《北平市四郊地形图》用方格法测算

资料来源：民国三十七年《北平市政统计》

新中国成立后，首都北京人口分布，继承历史上形成的格局，仍是以城区为中心，向四周扩延，形成城区、近郊区、远郊区、远郊县梯级下降的分布特点。随着城市范围的扩大和人口的增长，北京人口分布数量和密度都有较大幅度增长。

（原载北京市地方志编纂委员会《北京志·综合卷·人口志》，北京出版社，2004年。文字有改动）

元大都城市贫民购粮证

元世祖迁都燕京，城市户口剧增。自中统五年（至元元年，1264 年）到至元十八年（1281）的短短十七年间，城市各类居民即由 4 万户增加到 21.95 万户，增加了 17.95 万户。因此，粮食消费与日俱增。

海运成功之前，大都城市人口所需要的粮食主要依赖河漕和陆路。政府漕运外，私人贩卖亦为大宗。据《元史 · 崔彧传》："大都民食唯仰客籴，顷缘官括商船载递诸物，致贩鬻者少，米价翔涌。"《秋涧先生大全集》亦谓：因"附京地寒不可麦，而岁用不啻数千万斛，止仰御河上下商贩以资京畿"。可见私贩粮米数量之巨，影响之大。难怪元朝政府一再申令，"京师籴贵，禁有司拘顾商车"①，甚至法定，"诸漕运官，辄拘括水陆舟车，阻滞商旅者禁之"②。由此可见，元朝迁都之初，河运、陆挽、私贩是供应大都城市官私人口粮食需求的主要来源。

大都城市户口增加，粮食供应紧张，米价昂贵，迫使元朝政府开拓新的粮食供应渠道，这就是海运。至元二十年（1283）海运成功，运至京师的江南米仅 4.2 万余石，当时因"养济百姓，食用粮数多"，到二十五年（1288）即增运至 100 万石，以后逐年递增，泰定三年（1326）增加到 335 万余石。直至元顺帝初年，每年海运米还保持在 300 万石以上。每年如此巨额的海运粮食主要用于供应贵族、官僚、军队与工匠人口；同时也赈济城市与近畿州县贫民和饥民。

京师户口繁凑，人烟众多，米价昂贵，贫困乏粮者大有人在。面对这种状况，元朝政府"岁发米数十万石减价粜之，自世祖以后，岁一举行"③。据《元史 · 世祖纪》，元朝政府赈济大都城市贫民最早的一次是在世祖至元十四年（1277），粜米万石。《元史 · 食货志》谓，"京师赈粜之制，至元二十二年（1285）始行。其法于京城、南城设铺各三所，分遣官吏，发海运之粮，减其市直以赈粜"。"凡白米每石减钞五两，南粳米减钞三两，岁以为常"④。此后，用以赈粜贫民的粮食不断增加。据《元史 · 世祖纪》，到元世祖末年，每年已达到 45.5 万石。成宗元贞元年（1295）以京师米贵，设米肆 30 所，发粮 7 万余石粜

① 《元史》卷 15《世祖纪》。

② 《元史》卷 103《刑法志》。

③ ［明］于慎行：《谷山笔麈》卷 12《赋币》，明刻本。

④ 《元史》卷 96《食货志》。

之；二年（1296），减米肆为10所，但每年所粜多至40余万石；少亦不下20余万石。武宗至大四年（1311）后，每年所粜，率50余万石，占当时海运米的六分之一左右。因此，当时有“内外官府，大小吏士至于细民无不仰给于此（按指海运）”[①]之说。

初行赈粜之法，赈粜粮多为豪强嗜利之徒，用计巧取，与贫民争利，弗能周及贫民的问题严重存在。为保证城市贫民的粮食供给，元朝政府法定，“不许权豪势要及有禄之家籴买，否则笞二十七，追中统钞25贯，以示惩罚”[②]。

除上述一般性赈粜之外，元朝政府还实行了“贫乏之家，计口赈恤，尤甚者，优给之”[③]的红贴粮制度。据《元史·食货志》，“赈粜粮之外，复有红贴粮。红贴粮者，成宗大德五年（1301）始行……令有司籍两京贫乏户口之数，置半印号簿文贴，各书其姓名口数，逐月对贴以给。大口三斗，小口半之。其价视赈粜之直，三分常减其一，与赈粜并行。每年拨米总二十万四千九百余石”。这种加盖有印戳，编有号码、书写有贫乏居民户主姓名、大小口数的文贴，实际上就类似于20世纪60年代到80年代中期城镇居民的购粮证。借此，贫乏之家每人每月可领取3斗或1.5斗价格低廉的红贴粮。因此，这种文贴应该是北京历史上最早出现的居民购粮证。其出现于元成宗大德五年，使用到元顺帝至正初年，前后大约50年。

至大元年（1308）二月，刑部规定：“大都红帖户，将籴到米粮，添价粜卖，追取红帖除名，决四十七下，追中统钞二十五贯，付告人充赏，其粮没官。粜米官或监临米铺巡军，与籴买户通同作弊，粜卖者，监临官笞四十七下，罢见役，受财者以枉法论，巡军决三十七下，籴买户决五十七。元籴米粮没官，仍于犯人名下，追中统钞一定，付告人充赏。红帖人户，除应籴本户红帖米粮外，又于散粜米铺内籴买者，笞一十七下，元籴米粮，付告人充赏。”[④]由此看来，元代实行的红贴粮制度虽然只有四五十年，政府管理非常严格，有一套法律条文保障它的有效实行，保障了京师社会贫民的生计。通过这一活动，元代出现了红贴户和红贴粮的制度。红贴粮和赈粜粮并行，但政府针对贫乏之家“尤甚者，优给之”，较赈粜价格“三分常减其一”。红贴户即享受“其价视赈粜之直，三分常减其一”

---

① 《元文类》卷40《杂著·经世大典序录》。

② 《元史》卷103《刑法志》。

③ 《元史》卷103《刑法志》。

④ 韩国国学中央研究院：《至正条格》校注本卷10《断例·赈粜红帖罪赏》，2003年，第274页。按：这里的“红帖”与上述《元史·食货志》的“红贴”，意思相同，但严格来讲，“红贴”更贴切。

的贫乏户。为保证他们红贴粮的领取，政府还颁给“半印号簿文帖”。之后，海运不通，京师粮食供给十分困难，红贴粮制度也就废弃了。

如上所述，元代中期京师赈粜不仅由少到多，而且制度也日益完善。无疑，这有力地保障了大都城市贫民的生计，稳定了社会，也推动了人口的增殖。因此，史称，元朝政府“爱民之仁，于此亦可见矣”①。但在至正初发生“海运不给”，尤其至正十二年（1352）海运不通后，京师赈济包括京师红贴粮制度已成为历史的陈迹，致使“京师料钞十锭，易斗粟不可得”，因而“强贼”四起。到至正十四年（1354），“京师大饥，加以疫疠，民有父子相食者”②。再到至正十八年（1358），京师大饥疫；至二十年（1360）四月，前后埋葬饥疫而死者20万③。其中绝大多数为城市贫民和各地饥民。

（原载《燕都》1992年第6期）

① 《元史》卷96《食货志》。

② 《元史》卷43《顺帝纪》。

③ 《元史》卷224《宦官传》。

元末大都城市的粮食供应

粮食是人类赖以生存、增殖、发展的基础，也是城市社会稳定和繁荣的基本条件。古代，受一些因素的强烈制约，粮食的生产与供应并不稳定，也缺乏保障。至元代，人们更总结出了“宝者，米粟是也，一日不食则饥，三日则疾，七日则死，有则百姓安，无则天下乱”①这一人口与粮食供求关系的客观规律。元帝国建都大都历时百余年（1264—1368，包括蒙古国定中都为陪都时期），大都城市户口经历了一个复杂的变迁过程。据《庚申外史·卷上》，后至元六年（1340）“京师人烟百万”。根据当代的研究，大都城市人口在极盛时已达百万上下。②在大都新城建修过程中，就不断有贵族、官僚、军队和工匠等移居旧城与新城。到至元二十二年（1285），元朝政府规定：“旧城居民之迁京城者，以资高及居职者为先，仍定制以地八亩为一份；其或地过八亩及力不能作室者，皆不得冒据，听民作室。”③从这时起，旧城拥挤的居民才开始陆续迁居新城，自然是权贵与富商巨贾占多数，而一般士民则是被拒于新城之外的。随着旧城居民的减少，新城人口数量增加了。大都城市户口的迅速增加必然导致粮食消费的日益扩大，对城市腹地粮食供应的需求也与日俱增。元代前期，政府在积极发展京畿农业生产的同时，一面鼓励私贩，一面组织官府调运。至元代中期，随着京畿人口的增长，近畿农业生产已不能满足大都的粮食供给，政府不得不把注意力转向南粮北调。元末，随着大都粮食危机的发生和加剧，政府采取了多种筹粮措施和节粮办法，以图挽救政局的全面颓势。

元代中、后期大都城市人口对海运米极度依赖，“百司庶府之繁，卫士编民之众，无不仰给于江南”。④这种依赖的背后隐伏着巨大的粮食供应危机——如果海运断绝，将造成饿殍遍地、人口星散、国亦不国的结局。在元顺帝至正元年（1341）就发生过“海运不给”的问题。此后，元朝政府赈济京师贫民与州县灾民的行动即已罕见，大都粮食的供应进入了困难阶段。到至正十一年（1351），

---

①《元史》卷170《尚文传》，北京：中华书局，1976年。

② 韩光辉：《北京历史人口地理》，北京：北京大学出版社，1996年。葛剑雄主编，吴松弟著：《中国人口史辽宋金元时期》（第三卷），上海：复旦大学出版社，2005年。

③《元史》卷13《世祖纪》。

④《元史》卷93《食货志》。

"京师料钞十锭，易斗粟不可得"。[①] 翌年，张九四起义军据浙西，方国珍据浙东海道，"运道遂梗"，[②]"海运不通"[③]。至大（1308—1311）以后，每年二三百万石海运粮食的供给一时之间中断了。京师乏粮，饥民不赈，使大都城市"强贼四起"。时人认为，"所在盗起，盖由岁饥民贫"，并建议"大发仓廪赈之，以收人心"，但元顺帝不允。[④] 行之数十年的京师赈济至此销声匿迹。到至正十四年（1354），终于酿成了"京师大饥，加以疫疠，民有父子相食者"[⑤] 的恶果。然而《元京畿都漕运使王德常去思碑》却称，自至正十二年至十四年，京师"仓廪充实，国用以赢、颂声载途"[⑥]，此纯属谎言。但它却揭露了元顺帝与王德常君臣勾结，不顾京师军民的死活，积粮于仓，不行赈济的事实。再到"至正十八年（1358），京师大饥疫，……至正二十年（1360）四月，前后瘗（葬死）者二十万。"[⑦] 时人叶子奇在其笔记中记述："元京军国之资，久倚海运，及失苏州，江浙运不通，失湖广，江西运不通，元京饥穷，人相食。"[⑧]

同时，元代后期京畿水旱、蝗、雹、饥、震等自然灾害日渐频繁。而元末政治的腐败，经济的衰落更加重了自然灾害对农业经济和粮食生产的破坏力，激化了粮食供应危机。大都城与近畿人口饥疫、流离、死亡的过程随之加速。据《元史·五行志》统计，大都地区，自中统元年（1260）至至治三年（1323）的63年间发生危及人民生计乃至生命的灾害计48次，平均每三年2次稍强。而自泰定元年（1324）到至正末的44年间共发生灾害64次，平均每三年4.4次。元代后期京畿地区自然灾害不仅频率大大提高，而且其强度和造成的破坏亦更加严重。如至顺四年（元统元年，1333年）六月，大霖雨，京畿平地水深丈余，饥民达40万人。[⑨] 其后，后至元三年（1337）八月壬午京师地震持续达六日夜，所损人民甚众。[⑩] 附近顺州（顺义），龙庆州（延庆及怀来）城乡亦"坏官民房舍，伤

---

① 《元史》卷97《食货志》。

② 《草木子》卷3上《克谨篇》，北京：中华书局，1959年。

③ 《元史》卷42《顺帝纪》。

④ 《元史》卷41《顺帝纪》。

⑤ 《元史》卷43《顺帝纪》。

⑥ 容肇祖：《元京畿都漕运使王德常去思碑发现记》，《文物参考资料》，1953年第1期。

⑦ 《元史》卷204《宦者传》。

⑧ 《草木子》卷3上《克谨篇》，北京：中华书局，1959年。

⑨ 《元史》卷38《顺帝纪》。

⑩ 《元史》卷38《顺帝纪》。

人及牲畜”[①]。至正十九年（1359），大都通州、霸州皆蝗，“食禾稼草木俱尽，所至蔽日，碍人马不能行，填坑堑皆盈，饥民捕蝗以为食，或爆干而积之，又罄，则人相食”。[②]这些百年不遇的特大自然灾害均集中发生在顺帝年间，不仅造成了京畿地区社会经济的空前破坏，粮食歉收，“连年水旱，民多失业”；[③]还直接制约其向大都城市输入粮食的能力。其时，“银一锭得米仅八斗，死者无算”[④]。

元代中期有效的海运保证了大都城市的粮食供应，促进了人口的增殖和发展，推动了城市社会与经济的繁荣。而元末海运断绝，加上京畿灾害频仍，粮食生产日渐萎缩与破坏，终使大都城市粮食与人口的供求矛盾迅速尖锐化，造成大量人口因饥疫而死亡的结局。

面对海运断绝与京畿粮食生产的破坏与衰落的困境，元朝政府为保障贵族、官僚、军队和工匠人口的粮食供应，除断然取消对大都城市贫民每年数十万石的赈济之外，还采取多种筹粮措施与节粮办法。

一、兴京畿水利、行畿内屯田

海运断绝后，始行大规模畿内屯田实属权宜之计，幸运的是取得了一定效果。其实，早在泰定中，虞集就颇有远见地认为：“京师恃东南运粮为实，竭民力以航不测，非所以宽远人而因地利也。”并建议：“京师之东，濒海数千里，北极辽海，南滨青、齐、萑苇之场也。海潮日至，淤为沃壤，用浙人之法，筑堤捍水为田，听富民欲得官者，合其众分授以地，……三年，视其成，以地之高下，定额于朝廷，以次渐征之，”“则东面民兵数万，可以近卫京师，外御岛夷；远宽东南海运，以纾疲民。”[⑤]大行近畿屯田的社会经济效益明显，推行措施具体可靠，但终因遭到权贵非议而事寝。

事隔近四十年，在海运不通的当年，即至正十二年（1352）十二月，元丞相脱脱建言：“京畿近地水利，召募江南人耕种，岁可得粟麦百万余石，不烦海运而京师足食。”[⑥]翌年初，脱脱用左丞乌古孙良桢、右丞兀良哈台议，屯田京畿，以二人兼大司农卿，而脱脱领大司农事。当时，“西至西山，东至迁民镇，南至

① 《元史》卷51《五行志》。
② 《元史》卷51《五行志》。
③ 《元史》卷41《顺帝纪》。
④ 《元史》卷51《五行志》。
⑤ 《元史》卷181《虞集传》。
⑥ 《元史》卷42《顺帝纪》。

保定，河间，北至檀、顺州，皆引水利，立法佃种，岁乃大稔”[①]，屯种当年“岁入二十万石”[②]。在上述区域，“凡系官地及元管各处屯田，悉从分司农司（按乌古氏配分司农司印）立法佃种；合用工价、牛具、农器、毂种、召募农夫诸费，给钞五百万锭，以供其用”[③]。同时于江浙、淮东等处召募能种水田及修筑围堰之人各一千名为农师，教民播种。立司牧署，掌司农分司耕牛；立玉田屯署，管理耕牛、督劝屯种。[④]可见，元末为开发京畿屯田元朝政府花费了巨大的精力与代价。倘若四十年前徐而行之，或不至于如此。

除大兴民屯之外，至正十五年（1355）初，又“以各卫军人屯田京畿，人给钞五锭”，“仍给牛、种、农器，命司农司令本管万户督其勤惰”。且诏定，“凡有水田之处，设大兵农司，招集人夫，有乘机进讨，无事栽植播种，”且战且耕，自行养济。翌年决定，权豪所占系受牧马草地，由大司农召募耕垦，岁收租课，以资国用。并命大司农司屯种雄、霸二州，以给京师。[⑤]至正十九年（1359），置大都督兵农司，仍置分司十道，专督屯种。[⑥]至正二十一年（1361），屯田成，收粮 40 万石。[⑦]在付出了巨大努力之后，政府所得屯粮由 20 万石增加到了 40 万石。无疑，这在一定程度上解决了京师乏粮的燃眉之急。

二、籴粟催漕、济屯粮不足

近畿大规模屯田所能提供的粮食每年仅 20 万石至 40 万石，充其量不过 50 万石。与中后期海运的数百万石比较，远不能满足元末政府官吏、军队，官匠等数十万人口的需要。因此，元朝政府不得不在广行京畿屯田的同时，籴粮于外地，催漕于江浙。早在至正初“海运不给”之后，至正九年，即已开始于京畿和籴，并重新整治运河，以通漕运。[⑧]至正十二年，因京师食不足贡，师泰奉命和籴浙右，得粮百万石以输京师。[⑨]十六年（1356），辽阳籴粟以给京师甚

① 《元史》卷 138《脱脱传》。

② 《元史》卷 187《乌古孙良桢传》。

③ 《元史》卷 43《顺帝纪》。

④ 《元史》卷 43《顺帝纪》。

⑤ 《元史》卷 44《顺帝纪》。

⑥ 《元史》卷 45《顺帝纪》。

⑦ 《元史》卷 46《顺帝纪》。

⑧ 《元史》卷 42《顺帝纪》。

⑨ 《元史》卷 187《贡师泰传》。

多。[①]二十年（1360），以闽盐易粮，由海遭转运京师，凡为粮数十万石。海运不通，元政府和籴的范围渐次扩大，数量颇丰，以至"朝廷赖焉"[②]，此外，在海运不通之后，岁输新乡的保定粮数十万石亦输入京仓。[③]据此推断，元末京畿州县税粮也是输入京师，以供京储的。至元二十七年（1367），"福建行宣政院以废寺钱粮由海道送京师"。[④]因此，每个数百万石海运粮之后，于各地籴粟，并将腹里税粮输入京师成为元末补救京师乏粮的一个重要措施。

与此同时，元政府于至正十九年（1359）九月，遣兵部与户部尚书"以御酒、龙衣赐张士诚，征海运粮"。翌年五月，张氏海运粮11万石至大都。[⑤]此后三年中海运至京师的江南粮分别为11万石、13万石与13万石。至正二十三年（1363）九月，元政府又遣官征粮于张士诚，但士诚不与，[⑥]元朝政府因河南平定的客观条件，以御酒、龙衣为代价换取的每年十余万石的海运，至此完全断绝了。

至正二十一年（1361），外任官员亦曾贡粮于京师。[⑦]据《元史·察罕帖木儿传》：自"中原乱，江南海漕不复通，京师屡苦饥，至是（至正十九年八月）河南既定，檄书达江浙，海漕乃复至。"当时察罕帖木儿"乃日修车船，缮兵甲，务农积谷"，保障了江南有粮食上输京师。

凡此数举，乃元末京师粮食供给的主要来源，维系着大都城市人口的粮食供应，由这一时期输入京师的粮食数量推测，元末大都城市官吏、军队、工匠等人口大约在40万人左右。

三、资遣流民、汰减冗官、减少粮食支出

元代中后期，随着大都城市及其周围地区流民的增加，元朝政府即已开始采取由抚存变为赋济资遣、令其返回本部或原籍的政策了。[⑧]至正五年（1345）进

---

① 《元史》卷140《太平传》。

② 《元史》卷187《贡师泰传》。

③ 《元史》卷41《顺帝纪》。

④ 《元史》卷47《顺帝纪》。

⑤ 《元史》卷45《顺帝纪》。

⑥ 《元史》卷46《顺帝纪》。

⑦ 《元史》卷46《顺帝纪》。

⑧ 《元史》卷41《顺帝纪》。

一步实行了官给路粮、遣大都流民还乡的政策。[①] 无疑这与政府企图一次性解决流民的耗粮，以缓解城市粮食供求矛盾有关。到至正十八年，那些没有回籍或新流入京师的各地人口因得不到应有赈济，贫病交加，大量死于该年发生的大饥疫。自此之后即罕见京师流民的记录了。

元代中后期元朝官员的冗滥已相当严重，加重了政府的经济压力。在“海运不给”之后，这一状况变得更为突出。因此，至正九年（1349）元朝政府为满足大都城市的俸饷供应，压缩支出，除疏浚运河、整顿漕运、和籴各地粮食、资遣流民、发展京畿屯田外，还开始了汰冗官、均俸禄。[②] 尽管具体执行情况因资料有限无法弄清，但其减少财政支出、均平钱粮、企图合理配给粮食、以保障重点供应的目的是相当明确的。同时，在各项需索本有专贡的宫廷中压缩各项开支、减少靡费。如太庙祭祀自世祖以降累朝均每年四祭，但因兵兴岁歉，品物不能丰备，减为春秋二祭。到至正二十年（1360），元顺帝企图恢复旧制；但由于以粮食为首的各项物品供应没有丝毫好转，终未实行。[③]

元朝末年，政府为了维系其摇摇欲坠的统治，稳定大都城市人口中直接为封建政权服务的贵族、政府官吏，军队、工匠等，保证其粮食供应，采取了上述各项应急的筹粮措施，取得了一定效果。其中，以京畿屯田的成效最为显著，若没有京畿屯田的成功，要维持至正后期十余年的统治是根本不可能的。从大都城市户口增长与粮食消费和供应的变化过程分析，要满足作为政治中心的国都的众多人口对粮食的需求，仅仅依赖直接腹地的供应远远不够，还必须更多地输入间接腹地的粮食。换言之，前者不足以依赖，而全盘依赖后者亦不可靠。最可靠的粮食供应方案就是努力发展直接腹地的农业经济和粮食生产，同时开拓、发展多向交通网络，保障间接腹地粮食的高效输入。总之，对于人口众多的都城来讲，近畿的粮食生产与外地的粮食输入不可偏废。

（原载《北京社会科学》2012年第2期）

① 《元史》卷41《顺帝纪》。

② 《元史》卷42《顺帝纪》。

③ 《元史》卷45《顺帝纪》。

明代京粮的海运与河运

明永乐十九年（1421）迁都北京，北京人口大增。时“京师百司庶府、卫士编氓仰哺于漕粮”[①]。北京的粮食供应遂成为明朝政府的先务之急。

当时，南粮北运只有三种途径，即陆运、河运（或称河漕）与海运。陆运以车，水运以舟，皆赖于人力。其中河漕视陆运之费省十之三四，海运视陆运之费省十之七八[②]。故以陆运费用最高，河漕次之，海运又次之。按运费之高低，以选择海运为最佳方案。元朝建都大都，就是选择了海运这一方案，且行之六七十年。每岁海运米最多达三百三十五万余石，而河漕仅几十万石。元代由于采用海运，“民无挽输之劳，国有储蓄之富”，为“一代良法”[③]之说。

到了明代，情况发生了巨大变化。永乐迁都后的二百余年间，明朝政府南粮北运，依赖的主要是河漕而非海运。而且初行未数十年，漕额即达四五百万石，较元代超出了百万余石。依赖并不发达的交通运输条件，自长江南北各地将如此巨额的粮食河运到北京，明代军民付出了巨大代价是不言而喻的。

明代运粮，并非一开始即行河漕的。“明初输饷辽东，北平亦专用海运。”[④]洪武年间至永乐初年凡饷于辽东、北平的粮食皆为海运。如洪武三十年（1397）海运七十万石饷辽东。永乐元年（1403）海运粟四十九万余石饷北京及辽东。“自是岁以为常”[⑤]。“海运饷北平、辽东为定制”[⑥]。显然，这时由于会通河淤塞，河运尚未引起重视。这就是明代北京（北平）粮饷北运的第一个阶段，即单纯依赖海运的阶段。

“永乐初，建北京，河海兼运”[⑦]。永乐四年（1406）始命陈瑄“督转运，一仍由海，而一则浮淮入河，至阳武，陆挽百七十里抵卫辉，浮于卫，所谓陆海兼

---

① 《天府广记》卷14《仓场》，北京：北京古籍出版社，1982年。

② 《大学衍义补》卷34《制国用》，四库全书本。

③ 《元史》卷93《食货志》。

④ 《明史》卷153《宋礼传》，北京：中华书局，1974年。

⑤ 《明会要》卷15《食货四》，清永怀堂刻本。

⑥ 《明史》卷79《食货志》。

⑦ 《明史》卷153《宋礼传》。

运者也”[①]。所谓陆海兼运与河海兼运是一回事。当时，在运河尚未疏浚畅达，利用淮河、黄河与卫河等天然河道又不能一次性直接完成漕运的情况下，必须以陆路递运衔接之，由河运与陆运交替进行才能完成。这种由陆运与河运共同完成的漕运又称水陆兼挽。即将漕粮自淮抵河，达阳武（或称八柳树），陆运入卫河，转入北京。水陆兼挽既可称为河运，还可称为陆挽。在这一水陆兼挽的全程中，除阳武至卫河一百七十里陆路外，通州至北京的陆路也还有五十里。所以这一水陆兼挽的漕运路线至少有四次转运，其中两次水运，两次陆运，首尾相衔，交错递进。反复装卸递运，使运输费用浩繁，人工的浪费就显而易见了。到永乐九年（1411），终因“海运多险，陆挽亦艰”[②]，始令修浚元代所开会通河。但直至永乐十二年（1414）实行的仍然是卫河儹运与海运并举办法，即海陆兼运。该年海运粮48万余石于通州，又卫河儹运粮45万余石于北京[③]，共计达93万余石。而且卫河儹运额已接近了海运额。这就是明代京粮漕运的第二个阶段，即河海兼运阶段。前后为期9年。

永乐十三年，疏通会通河的工程完成，“遂罢海运”[④]。按《明史·河渠志》：“会通河开，海陆并罢。”在海运废而不用的同时，将漕粮浮淮入河，陆运入卫，转输京师，曲折递运的路线亦废止了。这期间曾屡有再行海运的建议，但因种种原因，终未果行。明代专事河运之后，岁输北京的粮食在永乐后期即增加到二百万石；再经宣宗时的治理，运河的航运功能进一步加强，遂使每年输入北京的糟粮逐渐增加到四五百万石，而“国用以饶”[⑤]。至成化八年（1472）始以四百万石为漕运定额，且“自后以为常”[⑥]这就是明代京粮漕运的第三个阶段，即依赖河漕阶段，为期二百二十余年。

明代南粮北运变化的客观原因是多方面的，为充分揭示这些原因，仍依三个阶段叙述。

第一阶段：洪武建都南京，直到永乐初年，北平一直是北方军事重镇和地方行政中心。这里长期驻扎的军队还不是太多。洪武初年，以北平运粮困难，曾以白银、棉布就附近郡县易米，以饷将士。洪武年间，北平驻军在该地区的屯田已普遍展开，且颇著成效，军队粮食基本可以自给，故不需要更多的外地粮

① 《明史》卷85《河渠志》。

② 《明史》卷85《河渠志》。

③ 《续通典》卷14《食货》，四库全书本。

④ 《明史》卷153《宋礼传》。

⑤ 《明史》卷153《陈瑄传》。

⑥ 《明史》卷79《食货志》。

饷供给。直到永乐元年，因“靖难之役”对屯田的破坏，粮食供应紧张，才有四十九万石粮食输入北京（其中一部分输入辽东）。其次，南北运河重要河段会通河河道，在元代初开时，即存在“岸狭水浅，不能负重”的问题，以致“每岁之运不过数十万石，非若海运之多”①。至明初因长期失治，几乎淹塞。洪武二十四年（1391）河决武原，漫过安山湖，会通河遂淤。在战争创伤尚未治愈，流徙人口尚未完全复业，北平尚不需要大量粮饷的情况下，明朝政府对这一不是一时可以治理好的河道，不急于修浚是合乎情理的。因而通漕自然无法进行。另外，元代积累的丰富的海运经验，完全可以解决数量有限的漕运任务，即使海运有漂溺之苦，但总比花费大量人力物力去浚治长期淹废的运河省力。这大概就是第一阶段明朝政府南粮北运实行海运的原因。

第二阶段，永乐四年（1406）之后，北京粮食需要量大为增加，“时驾数临幸，百费仰给，不止饷边”②。尤其兴筑北京城池宫殿，每年都要征调数万、十数万军人与匠夫到北京，大大增加了粮食的需求量。要满足供给，必须增加漕运。而海运漂溺，不宜扩大。元代每年漂失粮米少则数千石、数万石，多则十数万石，甚至二十四五万石③。元史谓：海运“风涛不测，粮船漂溺者无岁无之，间亦有船坏而弃其米者”④。总之，海运损失严重。明代也是一样，“海运经历险阻，每岁船辄损败，有漂没者”⑤。甚至“岁溺不止十万（石），载米之舟，驾船之卒，统卒之官，皆所不免”⑥。因此，在粮食需求不断增加的情况下，只好开辟新途径。

第三阶段，永乐九年（1411）决定浚治淤塞的会通河。至永乐十三年，会通河疏通了。这一挖深拓宽工程以及江淮间其他诸河疏通工程的完成，使河运大为便利，从而为罢海运、行河漕创造了有利的条件。当时明政府对罢海运、行河漕颇为慎重，曾举行过“廷议”，议论两者的利弊得失，最后才做出了改行河漕的决定。当时的工部尚书宋礼算了一笔账，谓每岁船只漂没损坏，“有司修补，迫于期限，多科敛为民病，而船亦不坚。计海船一艘，用百人而运千石，其费可办河船容二百石者二十，船用十人，可运四千石。以此而论，利病较然”⑦。因而才

① 《大学衍义补》卷34《制国用》。
② 《明史》卷79《食货志》。
③ 《元史》卷93《食货志》。
④ 《元史》卷93《食货志》。
⑤ 《明史》卷153《宋礼传》。
⑥ 《明史》卷86《河渠志》。
⑦ 《明史》卷153《宋礼传》。

有会通河的修浚以及海运的最终罢废。另外，海运途中，经常有倭寇出没掠夺，也是一个罢海运不可忽视的因素。如永乐初年，陈瑄总督海运饷北平，在归途中，曾“会倭寇沙门岛”，交战结果，“焚其舟殆尽”[①]，给了倭寇以有力打击。为防范倭寇的袭击，明朝政府不得不每“海船一艘用百人而运千石”。依此计之，永乐元年，海运四十九万石赴北平与辽东，仅护卫官军及船工，即达四万九千人。按明政府规定，海运中“溺死者厚恤”，漂溺一只海船，即有百名官军丧生，一旦遭遇倭寇，损失更大。海运备倭，大大增加了政府的经济压力和精神负担。因此明朝政府决定罢海运专行河漕。

（原载《北京地方志》1992年第3期）

① 《明史》卷153《陈瑄传》。

金元明清北京粮食供需与消费

北京历为金元明清四个王朝的都城。国都地位的确立，城市与区域人口呈周期性急剧增长，使粮食供需矛盾尖锐化，解决粮食来源遂成为历代之急务。当时北京粮食供给主要仰赖输入外地粮食和发展区域农业两大措施。供给北京的巨额粮食除用于皇粮、官俸、兵饷和匠吏工食外，还大量用于市场平粜、贫民赈济和近畿州县的救灾等。历史地看，为稳定和确保京师粮食供应，输入外地粮食和开发京畿农业应该是并行不悖的政策。

人是生产者和消费者的统一体。人作为消费者需要一定的生活资料维持自身的生存和发展。在各种生活资料中又以粮食居首要地位，“粮食问题是一切问题的基础。”① 其实，在中国古代即已形成了“宝者，米粟是也，一日不食则饥，三日则疾，七日则死；有则百姓安，无则天下乱”② 这一人口与粮食供求关系的客观认识。民以食为天，故粮食的供需成为历代王朝关注的重大问题。但由于农业资源和种植条件的差异，粮食的生产存在巨大的地域差异，兼人口集聚状况的不同，使粮食供需产生了极大不平衡性。为此，除开发和发展区域农业之外，进行区际间粮食的调配和运输成为不可回避的决策。建都于北京，而财赋之区在东南的金元明清四代，为解决国都众多人口的粮食供给，恰恰正是采用了大量输入外地粮食和发展区域农业这两项措施。

一、人口急剧增长与粮食供需矛盾突出

辽初建幽州蓟城为陪都，号南京，这导致古代北京城市地位上升。之后，北京历为金元明清四个封建王朝的都城长达六七百年。各王朝移民实京师的政策均曾使北京城市和北京地区人口发生过周期性急剧增长。金代，在徙上京猛安谋克军户和政府官员吏士于中都之外，实行了“凡四方之民欲居中都者，给复十年，以实京师”③ 的政策，鼓励州县之民移居中都，使中都城市和中都地区人口

① 《列宁全集》卷30，北京：人民出版社，1985年，第159页。

② 《元史》卷170《尚文传》。

③ 《金史》卷83《张浩传》。

在短期内迅速增长。至泰和七年（1207）中都城市和中都地区总人口分别增加到40万与161万人。[①]元代，忽必烈即位，迁都中都之初，即有大批军队、官吏、工匠迁入中都。在大都新城竣工之后，更多地“迁居民以实之”，使大都城市和大都地区户口迅速膨胀起来。至元七年（1270）中都城区11.95万户，42万人；十八年（1281）大都城市达21.95万户，其中新城7.95万户，南城（原中都城）14万户，总人口88万人；泰定四年（1327）21.2万户，93万人。大（中）都地区总人口，至元七年18.4万户，62.8万人；泰定四年达49.8万户，221万人[②]。

明永乐迁都北京，“在南（京）诸卫多北调”，有“太宗建都燕京，仍立五府，增七十二卫”[③]之说。同时迁入北京的工匠和富户亦在6万户以上。而自洪武初历永乐至宣德中迁入京畿的屯田民户更为众多。因此，北京城市户口和北京地区总户口分别由洪武初4.7万户、14万人和10万余户、32万人，增加到万历初年的19.4万户、86万人和39万户、187万人。[④]

清朝定都北京，迁入北京城市和北京地区的八旗军户和民户人口达80余万人，不仅填补了明末北京城市和北京地区人口的严重损失，而且使城市和区域总人口到顺治四年（1647）即迅速增加到58万人和120余万人；再至乾隆四十六年（1781）则分别增加到90万人和210余万人。[⑤]

各时期北京城市人口和区域总人口的短期膨胀，必然导致粮食供需矛盾的突出和尖锐化。若以每人每年平均消费粮食（包括米、面、杂粮等）3石计，各时期仅城市人口每年消费粮食则分别为：金泰和中120万石；元至元七年126万石，至元十八年264万石，泰定中达279万石；明初42万石，万历初258万石；清顺治初174万石，乾隆中达270万石。因此，如何解决北京粮食供需矛盾，保障国都城市粮食供应成为历代王朝不可回避的急务。

金代，早在大定初，即因京师用粮数量甚大，同时为积储以备水旱，于山东等地广行和籴，每年仅山东籴运京师的粟米即达45万余石。元代，养济京师百

① 韩光辉：《辽金元明时期北京地区人口地理研究》，《北京大学学报（哲社版）》，1990年第5期。

② 韩光辉：《辽金元明时期北京地区人口地理研究》，《北京大学学报（哲社版）》，1990年第5期。

③ ［明］徐学聚：《国朝典汇》卷150《兵部十四·京营》，北京大学图书馆藏善本丛书，明清史料丛编。

④ 韩光辉：《北京历史人口地理》，北京：北京大学出版社，1996年。

⑤ 韩光辉：《北京历史人口地理》，北京：北京大学出版社，1996年。

姓，食用粮数甚大，以致内外官府，大小吏士至于细民，无不仰给于海运。[①]明代，“京师百司庶府，卫士编氓，仰哺于漕粮”[②]。清代，同样是“国家不可一日无漕，”谓“岁有定额，兵民生计攸关。”[③]因而长期形成了京师城市人口仰赖输入外地粮食生计，而近畿人口主要依赖发展区域农业的局面。

二、解决粮食来源的主要措施

1. 大量输入外地粮食

大量输入外地粮食是建都北京的各个王朝保障北京城市人口粮食供给的基本措施。输入方式有两类，其中以漕粮（元以海运）为主，辅以民间商贩。

早在辽代，南京地区（按：即今北京地区）农业生产虽然取得了一定发展，但每遇灾歉乏粮，除政府所置转运司组织陆运外，还鼓励民间商贩，进行区际间粮食的调配。据《辽史·圣宗纪》，统和初，因南京秋霖害稼，“民艰食，请弛居庸关税，以通山西籴易”。统和四年（986），又“以古北、松亭、榆关征税不法，致阻商旅，遣使鞫之。”开泰六年（1017），“南京路饥，挽云、应、朔、弘等州粟赈之”。此后，赈济南京灾歉贫民之举，在《辽史》中不乏记载。由此亦可见，古代北京地区区域粮食生产和供应潜力有限。

金代 尽管中都地区已拥有较为发达的农业和粮食生产。但由于区域，尤其中都城市人口的空前增长，即使正常年份，近畿粮食生产也不能满足中都城市人口的粮食消费。海陵王迁都之初即于中都设置了都转运使司，以进行区际粮食调剂，保障中都城市的粮食供应；并在高梁河、白莲潭诸水置闸，“以通山东、河北之粟”。[④]大定初，为解决兵兴久欠的乏粮问题，金政府除实行纳粟补官和卖放度牒等筹粮的权宜之计外，于山东等地广行和籴，至大定二十一年（1181）漕至通州和京师的山东恩、献等州粟已达170万石。[⑤]大安初，又“诏运大名粟，由御河抵通州”。[⑥]粟之外，漕粮还有麦、豆等。如《金史·河渠志》载，承安中，漕边河仓州县折纳菽20万石入京师，“仍漕麦十万石”。

商旅贩运同样是金代中都粮食的重要来源。明昌中，曾因通州米粟甚贱，章

---

① 《元文类》卷40《杂著·海运》。

② 《天府广记》卷14《仓场》。

③ 《清史稿》卷122《食货志》。

④ 《金史》卷27《河渠志》。

⑤ 《金史》卷49《食货志》。

⑥ 《金史》卷104《温迪罕达传》。

宗谕令以平价官粜之。由户部奏称，“中都路去岁不熟，今其价稍减者，以商旅运贩继至故也，”[①] 可知当时商贩各地粟米至通州及京师数量之大。

元代 世祖迁都至海运开辟，大都城市粮食供给仰赖河运。故《元史·河渠志》称：“河运二千余里，漕公私物货，为利甚大。”据《大元海运记》，元代河运江南粮至大都始于至元十二年（1275），时运河尚未畅达。到至元二十二年（1285）前后，漕运京师的江淮米仅百万石。其中包括有限的海运。为便公私漕贩，先后筑会通河、通惠河。当时，近畿州县亦输米京师，[②] 主要依赖河运和陆运。据《元史·崔彧传》，“大都民食唯仰客粜，顷缘官括商船载递诸物，致贩鬻者少，米价翔涌，”可知当时私贩运达京师的粮食亦为大宗，对大都城市粮食供应影响甚大。麦亦如是。因“附京地寒不可麦，而岁用不啻数千万斛，止仰御河上下商贩以资京畿”[③]。京师人口大量消费的杂粮同样亦赖商贩。难怪元朝政府一再申令，“以京师粜贵，禁有司拘顾商车”[④]，甚至法定，“诸漕运官，辄拘括水陆舟车，阻滞商旅者禁之”[⑤]。按《通制条格·杂令》记载，大都百姓每年食用的粮食，多半的确系民间沿运河贩运来的。由此可见，元世祖至元中河运、陆运、私贩粮食是供应大都城市人口粮食消费的主要来源。

而宫中米面粟油之类则有专贡。按《元史·百官志》，供膳司置兴中州等处油户提领所，“岁办油十万斤，以供内庖”；置蔚州面户提领所，掌办白面葱菜，岁计十万余斤，供内膳之用。宣徽院置龙庆栽种提举司，管领缙山岁输粱米，以供上用；置弘州种田提举司，掌输纳麦面，以供内府。至元十七年（1280），“割建康民二万户种稻，岁输酿米三万石，官为运至京师”[⑥]。故当时有“辟田收粮，以供内府之用，不为不重”[⑦] 之说。

至元中大都城市人口的迅速膨胀，使粮食供给紧张，米价昂贵。据《大元海运记》，当时“江南粮多，若运至京师，米价自贱”，于是开拓了海运新渠道。到至元二十年（1283），海运成功，运达京师米为4.2万余石。因“养济百姓，食用粮数多”，至元二十五年（1288）即使海运猛增至100万石。以后逐年递增，至大四年（1311）277万石，泰定三年（1326）更增至335万余石，天历二年

---

① 《金史》卷50《食货志》。

② ［元］苏天爵：《元朝名臣事略》卷4《丞相顺德忠献王》，北京：中华书局，1962年。

③ ［元］王恽：《秋涧先生大全集》卷86《议范阳种麦事状》，上海：商务印书馆，民国16年。

④ 《元史》卷15《世祖纪》。

⑤ 《元史》卷103《刑法志》。

⑥ 《元史》卷11《世祖纪》。

⑦ 《元史》卷64《河渠志》。

（1329）为 334 万余石。因此，《京畿都漕运使善政记》谓：“运外郡之粟以饷京师，数日以广，大江以南浮海而至者，岁以数百万石计，公府之储待，官府之廪稍，宿卫之供亿，至以京城游食之民，其用至夥，而所系甚重。”若依平均每人每年食粮三石计，至大四年的海运米可供 92 万人消费；泰定三年海运米则可供 110 余万人消费。

明代　初以“海运饷北平、辽东为定制”①。每年海运粟 49 万石。永乐四年（1406）建北京，“转漕东南，水陆兼挽仍元人之旧，参用海运”，每岁运抵京师粮增至百万石。十三年（1415）疏浚会通河，海陆并罢。②初行河漕，每年运抵京师的淮、扬、徐、兖、江西、湖广、浙江粮米即达 200 万石；宣德中增至 400 万石，正统中更增达 500 万石，因而“国用以饶”。③至成化八年（1472），始以 400 万石为定额，“自是以为常”。④其中北粮 75 万余石，南粮 324 万余石；加以耗米，通计入京、通二仓者，达 518.9 万余石。

据《明史·食货志》，“漕粮之外，苏、松、常、嘉、湖五府，输运内府白熟粳糯米十七万四十余石，内折色八千余石；各府部糙粳米四万四千余石，内折色八千八百余石，令民运，谓之白粮船”。故漕粮之外，每年民运白粮合计 21.4 万余石，其中折色 1.68 万石。另外，许令漕船“附载土宜，……孝宗时限十石，神宗时至六十石”。依定额漕船 11770 支计，每年附载京师的各地土产杂粮则由孝宗时的 11.77 万石增至万历中的 70.62 万石。

清代　据《清史稿·食货志》，清朝定都北京，“漕运初悉仍明旧”，顺治二年（1645）即“奏定每岁额征漕粮四百万石。其运京仓者为正兑米，原额三百三十万石，……其运通漕者为改兑米，原额七十万石”。其中江南 179.44 万石，浙江 63 万石，江西 57 万石，湖广 25 万石，山东 29.56 万石，河南 38 万石。山东、河南除漕粮外，有小麦、黑豆，其中麦 6.95 万余石，豆 20.81 万石，而黑豆系粟米改征，无定额。漕粮之外，江浙“岁输糯米于内务府，以供上用，及百官廪禄之需，谓之白粮”。原额正米 21.74 万石。因此，《顺天府志·经政志》谓“岁入漕额……凡四百五十余万石”。其中山东漕粮为粟、麦、豆，江苏、安徽（即江南）漕粮为粳、糯、籼、稜、粟，浙江漕粮为粳、糯、籼，江西、湖广漕粮为稜，奉天为粟、豆等。同时规定，“凡正粮一石，正兑加耗二斗五升，改兑则一斗七升”。显然，清代前期每年漕运京师的正耗粮米已超过明代。

---

① 《明史》卷 79《食货志》。

② 《明史》卷 85、86《河渠志》。

③ 《明史》卷 153《宋礼·陈瑄传》。

④ 《明史》卷 79《食货志》。

后经改折，至乾隆十八年（1753），“实征正兑米二百七十五万余石，改兑米五十万石有奇，其随时截留蠲缓者不在其例”[①]。故清代中期漕额已减少到325万石。乾隆二十年（1755）后，白粮实征亦减少至10万石，“以纾民力”[②]。故加以麦、豆，乾隆之后漕额已不足400万石，正耗总计约450余万石。

道光四年（1824），“南河黄水骤涨，高堰漫口，自高邮、宝应至清江浦，河道浅阻，输挽维艰。……于是海运之议复兴”[③]。自道光五年（1825），河海分漕；至三十年（1850），每年运达北京的米约280余万石，其中海运160余万石。咸丰初降至220余万石，以后又降至110余万石。历同治中骤降运额，到同治末始增至140万石左右。光绪元年（1875），漕运及白米、米豆等项一度增加到160万石，中经升降，至光绪十年（1884），通计各项运额已不足90万石。光绪二十七年（1901），“以财用匮乏”，备省河运海运，一律改征折色；而于应办白粮之外，每年采办漕粮百万石，由海道或火车运抵北京。[④]

总体上看，清代运达京师的漕粮、白米、豆等项，总额呈递减趋势，尤其是光绪改征折色后，商人采办米石贩运至京师，日渐占据重要地位。[⑤]其实，清代规定漕船随带土宜私货[⑥]包括土特产品和杂粮等，也带有商贩性质。

总之，金、元、明、清建都北京，均有大量外地粮食输入京师，保障了城市人口的粮食消费，较为成功地解决了京师众多人口的粮食供需矛盾。

2. 开发与发展区域农业

开发与发展北京地区农业，增加粮食生产是建都北京的各王朝保障京畿人口粮食供给，并繁荣京师城市粮食消费市场的重要措施。

辽初即确立的“以国制治契丹，以汉制待汉人”，“因俗而治”[⑦]的方针，不仅促进了南京地区社会的稳定，而且推动了这一财赋之区农业经济的开发和发展。中叶则进一步确立了务本重农的思想和政策。按《辽史》记载归纳，当时在南京地区实行的农业政策包括：（1）辽主观稼、劝农桑，遣使阅视禾稼，赐贫户耕牛，督导、奖劝农业；（2）均赋役、免租赋、设义仓、赈灾歉、禁妨农事；（3）开垦荒地、兴举水利；（4）以户等定徭役、计田亩输赋税；促进了南京地区

① 《清史稿》卷122《食货志》。

② 《清史稿》卷122《食货志》。

③ ［光绪］《顺天府志》卷50《经政志·漕运》。

④ 《清史稿》卷122《食货志》。

⑤ 《清史稿》卷122《食货志》。

⑥ 《清史稿》卷122《食货志》。

⑦ 《辽史》卷45《百官志》，北京：中华书局，1974年。

农业经济的发展，在非灾歉年份保障了南京地区人口的粮食消费及南京城市粮食和农副产品的供给。辽代后期南京，“城北有市，陆海百货，萃于其中，僧居佛寺，冠于北方，锦绣组绮，精绝天下。蔬蓏、果实、稻粱之类，靡不毕出，桑柘麻麦，羊豕雉兔，不问可知”①，恰恰反映了区域农业经济的发展给南京城市市场经济带来的繁荣景象。

金代　在阿骨打对辽战争中，已开始注意招抚流亡、安籍降附、恢复生产，并初步形成了重农思想。金太宗灭北宋后，进一步注意到农业生产的恢复与发展，树立了农本思想，谓“苟不务本业而抑游手，欲上下皆足，其可得乎”，因而“令所在长吏，督劝农功”②。熙宗至海陵王初期均坚持了农本方针，推行了专置农官，督劝农功；减轻租赋，复苏民力；储粮积谷，赈贷灾荒；迁移猛安谋克军户散居汉地，与汉人杂处，授以官田，使自耕食，减轻州县负担等发展农业生产的措施，保护并调动了农民生产积极性，推动了京畿农业的发展，并为世宗及章宗时期农业的进一步发展奠定了思想和物质基础。在经过海陵迁都和南伐签军、敛财括马，“民皆被困，衣食不给”③的困扰之后，金世宗除拨乱反正、加强吏治外，进一步加强了对农民生计和农业生产的关注；对中都地区，更给予了特别重视。据《金史》记载，世宗至章宗时期所推行的农业发展措施包括：（1）招抚流移，观稼近郊，督劝农功，并专设捕蝗官吏；（2）开辟水田，发展水稻生产；（3）禁杀耕牛，禁军士蹂践禾稼，制止土地兼并；（4）扩大耕地，推行区种，改进工具；（5）减轻赋役，蠲赈灾伤；（6）储粮积谷，躬行俭约，休养民力；“以长吏劝农立殿最”。因此，金代中期，“君臣守职，上下相安，家给人足，仓廪有余”④，中都地区农业经济和粮食生产获得了空前发展，既保证了京畿粮食消费，也为中都城市粮食供给提供了重要来源。

元代　蒙古贵族初入中原，“生杀任情，至孥人妻女，取货财，兼土田”，甚或“杀人盈市”⑤，给燕京地区农业生产带来严重破坏。

世祖“即位之初，首诏天下，国以农为本，民以食为本，食以农桑为本”⑥，将农政置于国家政治的首位。据《元史》记载，元世祖之后积极可行的农业发展措施有：（1）建立完善的劝农组织系统：中央置司农司，置大司农；全国设十道

① ［宋］叶隆礼：《契丹国志》卷22《四京本末》，上海：上海古籍出版社，1985年。

② 《金史》卷3《太宗纪》。

③ 《三朝北盟会编》卷230，绍兴三十一年七月。

④ 《金史》卷8《世宗纪》。

⑤ 《元史》卷146《耶律楚材传》。

⑥ 《元史》卷93《食货志》。

劝农司，择通晓农事者充劝农官；地方郡县长吏提点农事，并规定岁终第其成否，“以为殿最”，无成效者究治。州县乡村成立村社，规定以高年晓农事者为社长，专为劝农。按立社法令十四条，兴水利、辟土地、灭蝗虫、置义仓、生产互助、栽植桑枣、奖劝农功均有详尽说明和规定，故“行之五六年，功效大著，民间垦辟种艺之业增前数倍”①。（2）推广农技、改进农具、兴筑水利。元初司农司奉敕编纂的《农桑辑要》一书是我国历史上第一部全面推广耕垦、播种、栽桑、养蚕、孳畜及培植瓜菜、果实、竹木、药草等农业技术的普及性官修农书。因其具有“详而不芜，简而有要”，“一一切于实用”②，通俗易读的特点，故自至元十年（1273）修成，二十三年（1286）诏颁诸路到至顺三年（1332）六十年间，出版印刷六次，使“利布四方，灼有明效”③。它与皇庆中私修《农书》及《农桑衣食撮要》合称元代三农书，在总结农业生产经验、推广农业技术方面发挥了很大作用。而提倡改进生产工具为三农书共同特点之一，当时全国各地已有农具二百余种，其中在大都地区实用的铁农具亦达数十种，④有力地显示了京畿农业发展的水平。在水利开发方面，中央设都水监，外设河渠司，以兴举水利。在大都地区，将浑河治理纳入了京郊水利建设的议程，同时旱地灌溉农业亦获得了新发展，凡“地高水不能上者，命造水车。……田无水者凿井，井深不能得水者，听种区田”⑤。据《析津志》（辑佚）记载，大都地区仅谷类作物即达18种，其中“最柰上，平川田宜布之，猛风烈日无妨”的高苗青等六种，“高山上柰风，宜种之”的八稜等六种，均为抗旱耐风作物；此外还有黍三种、豆十种，均为经过长期培育、抗旱耐风、适宜京畿地理环境和生存条件的旱地作物。（3）严法令，禁侵扰，辑流民，蠲赋税，赈贫乏，推行军卫屯田，减轻地方负担，稳定农业人口，促进了大都地区农业经济的发展，使元世祖至元之后到元代中后期的大都地区出现了“人乐升平”“家给人足”的富庶景象。

明代　洪武初，为恢复元末残破的社会经济，巩固北部边防，鼓励农民耕垦兵后荒田，规定“各处人民先因兵燹遗下田土，他人开垦成熟者，听为己业。业主已还，有司于附近荒田拨补”⑥。还规定，凡尽力耕垦，不限顷亩，免租税三

---

① 《农桑辑要·序》《丛书集成本》。

② 《四库全书总目提要》卷102《农家类》。

③ 《元文类》卷35《农桑辑要·蔡序》。

④ 《本市发现一批元代铁器》，《北京日报》1962年3月28日（二）。

⑤ 《元史》卷93《食货志》。

⑥ 《明会典》卷17《户部四·田土》。

年。[①] 这些规定否定了旧有土地占有关系，促进了原本缺少土地的农民耕垦复业、与土地结合的过程。同时，在北平（京）地区广行军民屯田。其中彭城等十四卫在北平府属十九州县创置军屯342处。军屯实行“官给牛种，各卫分拨军士，开垦荒田”[②] 的办法，收到良好效果。而“移民就宽乡”，“皆领之有司”为民屯，一般以110户为一屯。洪武初移屯北平地区的各地民户至少在8.6万户以上，其中洪武四年（1371）所迁沙漠遗民即达32860户，于北平府管内州县置屯254处。如大兴县49屯，5745户；宛平县41屯，6166户；良乡县23屯，2881户；昌平县26屯，3811户；通州8屯，910户；漷州（县）9屯，1155户，顺义县10屯，1370户；三河县26屯，2832户等。[③] 因此，自洪武二年（1369）至八年（1375）各州县不仅户口大幅度增加，而且耕地面积亦迅速扩大。如怀柔县由575户增加到4213户；北平府耕地则由780余顷增加到29014顷，[④] 六年间分别增长了6.3倍和36.2倍。洪武末年又规定，“二十七年（1394）以后新垦田地，不论多寡，俱不起科，若有司增科扰害者，罪之”[⑤]。进一步鼓励民间开垦荒闲田土、扩大耕地。

靖难之后，为加速恢复农业生产，令免田税二年，禁京师军民私宰耕牛，减官私田税十之二至十之三，以保护农耕和农民生产积极性。同时恢复并推行更大规模的军民屯田。首先是将靖难所剩48万精兵分置72卫，给赐屯田牧地种子，于顺天府所属州县地方安插屯居。[⑥] 当时对卫所屯军“养以屯田，栖以营房”，“择地为营，联房以居”。[⑦] 与洪武中比，永乐至宣德中北京地区不仅屯军增加，而且军屯的分布范围扩大。如在密云县境，由8屯增加到35屯。因此获得了屯田米常溢三之一，京师常操军19万，以屯军4万供之的良好效果。其次，在北京地区进一步恢复和推行州县民屯。其中包括迁移江浙富户3800户“充北京宛、大二县厢长，附籍京师”[⑧]，及移山东、山西等地平民屯种北京州县。屯田的推行，一方面增加了京郊粮食生产，另一方面缓解了当时漕运的压力。因而出现了

① 《明太祖实录》卷53，洪武三年六月丁丑。

② 《永乐大典》卷3587《屯》，中华书局，1986年。

③ 《明太祖实录》卷62，洪武四年三月乙巳；卷66，洪武四年六月戊申；卷75，洪武五年七月戊辰；《明史》卷2《太祖纪》。

④ ［永乐］《顺天府志》卷12《怀柔县》；卷8《田粮》，北京：北京大学出版社，1983年。

⑤ 《明太祖实录》卷243，洪武二十八年十二月壬辰。

⑥ ［明末清初］孙承泽：《春明梦余录》卷36《户部・田土》，北京：北京古籍出版社，1992年。

⑦ ［康熙］《通州志》卷6《兵防志》。

⑧ 《明史》卷77《食货志》。

“仓庾充羡，闾阎安乐，岁不能灾，”“百姓充实，府藏衍溢”[①]的社会景象。京郊州县，若无水旱，且能勤劳耕作，岁入厚可给二年温饱，薄则可一岁无忧。[②]

明中期，景帝于战乱后在畿内举廉能，专司劝农，授民荒田，贷牛种；宪宗蠲减民赋，添设顺天府州县劝农官；穆宗许俺答封贡，减赋息民，使“边陲宁谧”，“田野日辟，商贾日通”。[③]而正统后军屯虽生齿繁衍，但因屯政渐弛，遂形成了屯丁游手坐食、屯粮锐减，京运日益的局面。

永乐迁都，在北京采取了抑税置店、招商聚货，及“嫁娶丧祭时节礼物，自织布帛、农器、食品及买既税之物，车船运已货物，鱼蔬杂果非市贩者，俱免税”[④]的恤商恤农政策；兼北京城市生活的需求，有力地刺激了京畿商品化农业的发展。据《顺天府志》记载，明代京畿粮食生产主要包括粟、黍、谷、小麦、稻、荞麦、脂麻、豆类及高产作物蜀黍等。产品除满足京畿农业人口自身需要外，则供给北京城市市场，在北京“百货充溢”的市场供应中发挥了作用。

清代　明末清初的战乱及清初大规模京畿圈地，滥收投充、惩治逃人等，使京畿之民流离失所，京畿地区“一望极目，田地荒凉，四顾郊原，社灶烟冷”[⑤]，农业生产遭到空前破坏。康熙为缓和民族和阶级矛盾，先后废止圈地、制止滥收投充、废弃追捕逃人之法之后，实行了一系列恢复与发展京郊农业生产的政策措施：

（1）劝民复业、鼓励耕垦、扩大耕地。据《畿辅通志·经政略》《古今图书集成·职方典·顺天府》等文献记载，圈地后顺天府所剩民田仅6528顷余，顺治中垦田1339顷余。而至康熙十九年（1680），顺天府新增、退出、开垦并清查民地共计28475顷余，其中新增开垦地约占三分之一，近万顷。

（2）观稼郊外、熟谙农事，减轻赋税，督劝农功。除清初蠲除明末诸多加派外，康熙之后实行了“盛世滋丁、永不加赋”；“摊丁入亩”；禁止旗地“增租夺佃”；在旗地停设庄头等政策。

（3）兴修水利、扩大灌溉、推广稻作。[⑥]至雍正时，顺天府所属州县稻田已增加到13.3万余亩。当时，“中熟之岁，亩出谷五石，为米二石五斗，凡

---

① 《明史》卷9《宣宗纪》；卷77《食货志》。

② ［明］余继登：《典故纪闻》卷10，宣德五年二月，清畿辅丛书本。

③ 《明史》卷222《方逢时传》。

④ 《明史》卷81《食货志》。

⑤ ［清］卫周胤：《痛陈民苦疏》见《皇清奏议》卷1，台北：文海出版社，2006年。

⑥ 《清史稿》卷220《诸王传》，北京：中华书局，1976年；［光绪］《顺天府志》卷48《河渠志》，北京：北京古籍出版社，1987年。

三十万二千五百石，举而不废，年增一年"，因被誉为"万世根本之利"[①]。

（4）圈占土地，计旗丁给田，设立旗庄，推行屯田。这是一项预想良好而推行失败的措施。

但在京师粮食供给过程中也发生过短期效益。在清政府定都北京，大量旗人及所属户口迁居北京及近畿，而统一战争尚未结束、粮食供给尚未根本解决的情况下，清政府推行圈占"无主荒地及前明皇亲、驸马、公侯、内监殁于寇乱者之荒田"[②]，分配旗丁使自养济的办法，显然是唯一选择。

按规定，圈地以京畿三百里内无主荒地为限，但实际上，三百里内不足，则远及五百里；无主荒地不足，则圈及于有主，"以致民众失业，苦不忍言"。[③]另一方面，长期的统一战争，使旗人所得圈地，"因奉命出征，必需随带之人，致失耕种之业，往往地土旷废"[④]，"广连阡陌，多至抛荒"[⑤]。为此，清政府又不得不推行八旗官兵的食饷制度。尽管如此，圈地屯种既保证了八旗官兵食饷之前官兵自身及其隶属户口的粮食供给，又保障了食饷之后隶属户口的粮食消费。因此，清初的圈地在保证内迁京师及近畿的旗人及其隶属户口的粮食供给方面曾发挥了作用。

总之，金元明清京畿农业的开发和发展既保障了京畿州县城乡人口的粮食供给，还为北京城市提供了一定数量的粮食及农牧产品，丰富了城市粮食消费市场和供给。

三、粮食消费状况

发展区域农业和粮食生产，除用于京畿州县人口的粮食消费外，还有相当一部分与东南漕运一起进入北京城市粮食消费市场，保障都城众多人口的粮食供给。其中，除用于皇粮、官俸、兵饷和匠吏工食外，还大量用于市场平粜、贫民赈济和近畿州县救灾等。

金代　按《金史·百官志》，输入京师中都的米麦主要用于百官俸给、百司承应俸给、燕赐各部官僚以下、诸局作匠人俸给以及皇族及护卫亲军俸给等。如正一品，"钱粟三百贯石，曲米麦各五十称石"；正七品，"钱粟二十二贯石，麦

① ［光绪］《顺天府志》卷48《河渠志》。

② 《清世祖实录》卷12，顺治元年十二月丁丑。

③ ［清］向玉轩：《畿地圈拨将尽本》，《掌故丛编》第6辑，北京：中华书局，1990年。

④ 《清世祖实录》卷80，顺治十一年春正月乙卯。

⑤ ［清］向玉轩：《畿地圈拨将尽本》，《掌故丛编》第6辑。

四石”；省令史、译史，“钱粟一十贯石”；侍卫亲军百户，十二贯石；绣女都管，钱粟五贯石；作头五贯石，工匠四贯石，军夫除钱粮外，日支米一升半等。同时，“诸孤老幼疾人，各月给米二斗”。①

除此之外，金代漕粮还用以赈济中都城市贫民。据《金史·章宗纪》，中都城置有暖汤院，“日给米五石，以赡贫者”；设普济院，赐米千石，煮粥以食贫民；还曾以十万石粮食减价粜给城市艰食百姓等。

元代　据《元史·食货志》，元代自世祖以降百官始有俸禄，“内而朝臣百司，外而路府州县，微而府吏胥徒，莫不有禄”。历经变动，至大德三年（1299），“益小吏俸米”。七年（1303），“始加给内外官吏俸米。凡俸一十两以下人员，依小吏例，每一两给米一斗。十两以上至二十五两，每员给米一石。余上之数，每俸一两给米一升”。其中以太师、太傅、太保，中书省左、右丞相禄米最高，月米15石，以下递减，同提领最低，月米五斗；枢密院知院月米一十三石五斗，递降至都目月米五斗等。其余诸监、署、局、库官及胥吏、工匠皆以品级之高下定其俸米之数。

宫中粮食消费则由供膳司和宣徽院专供，前已述及。而民间粮食消费仍以私贩为主。但到元代中后期，因京师人口繁凑，米价昂贵，贫困乏粮者亦唯赖政府赈济生计了。按《元史·食货志》，元代赈济大都城市贫民，分赈粜和赈贷两种形式。其中，赈粜即“元时以京师米贵，岁发米数十万石减价粜之，自世祖以后，岁一举行，其良法也”②。据《元史·世祖纪》，至元十四年（1277），粜米万石。这是元朝政府赈济大都贫民最早的一次。到至元末每年用以赈粜的海运米已增加到45.5万石。

据《元史·成宗纪》，大德五年（1301），赈济京师贫民，大都城市设米肆达36所。那些“老幼单弱不能自存者，廪给五月”。至大四年（1311），大都增置米肆10所，日平粜800石，以赈贫民；③自是每年粜米，率50余万石。④自延祐六年（1319）始，大都冬夏设食于路，以食饥者。⑤泰定中（1324—1328）大规模赈济达13次，最多的一次赈粜米达80万石。⑥为防止豪强巧取，赈济“弗能

① 《金史》卷58《百官志》。

② ［明］于慎行：《谷山笔麈》卷12《赋币》，《明史资料丛刊》第三辑，南京：江苏人民出版社，1983年。

③ 《元史》卷24《仁宗纪》。

④ 《元史》卷96《食货志》。

⑤ 《元史》卷26《仁宗纪》。

⑥ 《元史》卷29《泰定帝纪》。

周及贫民”，始“令有司籍两京贫乏户口之数，置半印号簿文贴，各书其姓名口数，逐月对贴以给，大口三斗，小口半之。其价视赈粜之直，三分常减其一，与赈粜并行。每年拨米总二十万四千九百余石”①。即所谓“贫乏之家，计口赈恤，尤甚者，优给之”②的红帖粮。而且法定，凡赈粜米，不许“权豪势要及有禄之家”籴买，否则笞二十七，追中统钞二十五贯，以示惩罚。③由此可见，元代中期京师赈粜不仅由少到多，而且制度日益完善。因此有京师“百司庶府之繁，卫士编民之众，无不仰给于江南”④之说。

此外，元代海运米还用于州县灾赈。如《元史·仁宗纪》载，皇庆元年（1312）二月，“通、漷州饥，赈粮两月”。

明代　按《明史·食货志》，明代输入北京的粮食有漕粮、白粮之分，“(漕)粮皆军运，而白粮民运如故”，“军运以充军储，民运以充官禄”。事实上，民运白粮除折色外，不足20万石，大部分系内府专供，而作为官禄者仅3.5万余石，一如前述。

据《明史·食货志》，明代京军军饷，早在永乐宣德中，主要来源于军屯屯田子粒。正统之后，屯政渐弛；至宪宗时，屯粮所入，已不足过去的十分之一。及正德中，京畿屯军多逃死，常操军止八万，皆仰给於仓。漕粮除用于京军月俸外，还“混支以给边饷”，以及吏士，工匠等。在嘉靖以前，岁支京师卫所军人、百官、吏士、工匠等的俸饷米已达到267万石，又蓟镇军饷30万石。至嘉靖中、蓟镇、密云、昌平军饷共原拨与添拨已增加到60.5万石有奇。⑤俺答部南侵，蓟、密、昌镇守军增加，边粮每年更增至78万石。⑥同时，大同与畿南驻军也均曾以漕粮充饷。⑦

此外，明代漕粮还用于京师平粜、赈济、收养无籍穷人，资还各地流迁京师的灾民和难民等。据《明史·食货志》，“凡岁灾，尽蠲二税，且贷以米，甚者赐米布若钞”。在京师，“饥民还籍，给以口粮。京、通仓米，平价出粜。兼预给俸粮以杀米价，建官舍以处流民，给粮以收弃婴。养济院穷民各注籍，无籍者收养蜡烛、幡竿二寺”。凡“振（赈）米之法，明初，大口六斗，小口三斗，五岁以

① 《元史》卷96《食货志》。
② 《元史》卷103《刑法志》。
③ 《元史》卷103《刑法志》。
④ 《元史》卷93《食货志》。
⑤ ［明］马森：《马恭敏公奏疏》卷1《明会计以预远图疏》，明万历刻本。
⑥ 《明会要》卷31《职官志》，北京：中华书局，1956年。
⑦ ［明］余继登：《典故纪闻》卷11，正统四年，北京：中华书局，1981年。

下不与。永乐以后，减其数”。永乐以降，有关京师平粜、赈济的记录不绝于史。其大体可以划分为五种类型：

（1）赈京师饥民和贫民；

（2）赈顺天府州县灾民和饥民；

（3）给京师流民米，人各三斗；

（4）赐被寇者米，人各二石；

（5）设养济院，收养京师弃婴、冻饿穷人和就食流民；收到了“存活甚众”的社会效果。史称：“宋礼、陈瑄治河通运道，为国家经久计，生民被泽无穷”。[①]

清代据《清史稿·食货志》，除江浙岁输白米于内务府以供上用及百官廪禄之需外，清代漕粮的十分之六用于官俸及甲米。雍正前，又有京仓米的百分之一用养工匠和王公贵族，即所谓匠米和恩米。清代中期，因“工匠既倍于昔，而九王之后亦愈衍愈众”，匠米和恩米数额大增。

同时，“间遇京师粮贵，复发内仓米平粜”，康熙之后，“京师平粜，有五城米局，八旗米局”[②]。其中八旗米局凡 24 处，为雍正中设。米局粥厂之外，雍正四年（1726），始于内城添设米厂，并添五城、通州厂各一处；乾隆初，五城增为十厂，并添设八厂于京郊四乡；九年（1731），又于四路同知设四厂。举凡局、厂实乃清政府于京师内外平粜漕粮与赈济贫民灾黎的固定场所。

根据光绪《顺天府志·故事志》和《户部漕运全书·京通粮储》记载，清政府所行京师赈济大体可以分为如下类型：

（1）降价粜卖康熙六十年（1721）四月，“京通仓米石，交侍郎张伯行，比时价减五分粜卖”。雍正四年，于“城内添设五城米厂，每城拨米一万石，半平粜”。十一年（1733），“发粜稜米一百万石，节年粜卖十万余石。”乾隆二年（1737），“京城雨泽愆期，米价稍长，拨米五城各厂平粜”。十三年（1748），“京师米价渐昂，拨京仓米石减价出粜，以平市价”。十六年（1751）二月，“京师米贵，命附京分设四厂，各发米二千石平粜”。并“奏准将春季俸米放剩之气头、廒底米石，于四月内即行粜卖，以济贫民”。五月，“再命拨京仓米十万石于四乡平粜”。二十八年（1763）四月，“命五城各拨黑豆八十石平粜”。三十四年（1769）正月，“拨通仓米三十万石，补直隶霸州等十二州县赈粜”。四十五年（1780）八月，“以京师麦贵，命五城米商买通仓麦，运京平粜”。嘉庆七

---

① 《明史》卷 153《宋礼·陈瑄传》。

② 《清史稿》卷 121《食货志》。

年（1802）正月、二月两次发京仓稜米、粟米共五万石，于五城平粜。十一年（1806）三月，以米价涨，“拨京仓米麦各五万石，于五城平粜”。道光四年（1824）二月，“平粜十厂，每厂拨米一千石，发交五城御史及顺天府尹，于京城内外饭厂，酌量加米，展期散放。顺天四路饭厂，每厂拨米一千五百石平粜，每人以一斗为限”。十二年（1832）六月，“五城正副十厂，拨米五万石平粜，……每人准籴米自一、二升至二斗止”。宛、大二县七厂，通永、霸昌二道所属七县同时分厂平粜。

由上所述部分史料，清代京师平粜包括米、麦、豆等，涉及京师及近畿州县，具有延续时间长、数量大、范围广的特点，因而发挥了平抑京师粮价的良好作用。

（2）赈给粟米如康熙二十三年（1684）三月，“被灾之霸州、永清等州县，发粟赈济”。四十三年（1704）四月，“赈山东流民之就食京师者”。雍正二年（1724）十月，令发仓粮赈济霸州等七州县所（按梁城所）。乾隆五十九年（1794）六月，“给京师贫民籽种”。嘉庆六年（1801）六月，“发京仓稜米二千四百石，……赈右安门外饥民”。“拨米二千四百石，……赈西路长新店、卢沟桥等处被灾居民”。七年（1802）三月，“展赈京城内外灾民一月”。道光三年（1823）七月，宛平及京南固安等七州县被水，“分别抚恤”，户五口以上者，给米四斗，四口以下者，给米三斗。光绪五年（1879）二月，“文安等积水，截漕米六百石赈之”。九年（1883）八月，“通州等县，村庄田庐被水淹没，合境成灾，再拨京仓米四万石振济”。这些并不完全的资料表明，清代无偿赈给京师灾黎贫民乃至流民粟米，同样具有上述平粜的三个特点。

（3）煮粥赈济饥民这是清代赈济京师贫民使用更为频繁更为直接的方法。如，雍正元年（1723）三月，“五城粥厂展期一月，并各增加银米一倍”。三年（1725）十月，“五城粥厂，每日增米二石，柴薪银亦加倍”。四年（1726）正月，“东直、西直、安定、右安、广宁五门，添设饭厂，每日每城赈米六石外，加米二石”。乾隆六年（1741）夏，京师霖雨数旬，数百里秋禾尽伤，“放散饼饵，日以数百万计，建席棚以处灾黎，活者数百万人。特命大臣四出查赈，截南漕数十万石以济”。五十七年（1792）六月，“京城附郭增设五厂煮赈。”嘉庆五年（1800）四月，“五城及普济堂粥厂，加广一月”。因近畿“雨量不足，贫民糊口维艰，顺天府再行煮赈一月”。七年（1802）二月，“添设卢沟桥、黄坝村、东坝、采育四处粥厂”。二十二年（1817）九月，“拨京仓米三千石，交大兴、宛平二县煮赈一月”。道光初，又于近郊添设饭厂六处，且“于京城内外饭厂，酌量加米，展期散放”。至光绪初年，京师煮赈展限、加粟、添厂更为频繁。如光绪四年（1878）有9个月份出现煮赈活动。其中，正月，“通州地方歉收，给通仓粳米二千石”；二月，“普济堂、功德林、安定等六门、礼贤等镇、卢沟桥、鲍家村、赵庄各粥厂，均展限两个月，加给粟米一千八百石”，并“添设永定、左安、右安、广安、广渠门外粥厂五座，安插外来饥民”；三月，“通州张家湾添设粥厂”，“五城十五厂，再展限两个月”；五月，“六门、四镇及卢沟桥、赵村、鲍家庄粥厂，展限两个月，赏给粟米一千四百石。五城十五厂、朝阳阁、育婴堂、打磨厂、长椿寺、关帝庙、圆通关、梁家园各粥厂，按月拨给仓米”；八月，“普济堂、功德林赏加小米五百石，卢沟桥粟米四百石，资善堂粟米三百石”；九月，“崇善堂、百善堂暖厂，给小米五百石，教子胡同回民粥厂，南下洼、太清观公善堂粥厂，各三百石”；十月，五城各粥厂，“月给米三百十一石”；十一月，“通州王恕园粥厂，赏给籼米八百石”；十二月，“普济堂、功德林，均加赏小米三百石”。其他年份煮赈亦有增加趋势。清末京师及近畿州县赈粜减少，而煮赈频率明显提高，反映了京师及畿辅人口生计的日渐贫困化。

（4）以工代赈是劳动力人口以自己的劳动获取政府赈济的重要方式。如乾隆六年（1741）夏，京畿霖雨数旬，“截南漕数十万石以济筑永定河西堤”。二十七年（1762），近畿秋成稍歉，在命京师五城增厂煮赈的同时，于次年春加筑永定河月埝，“开减河、以工代赈”。嘉庆六年（1801），京师水灾，七月，“浚京师护城河，以工代赈”。

举凡上述各历史时期实行的各项赈济措施，不仅平抑并稳定了京师粮食的价格，保障了粮食的市场供应，维持了京师贫民的生计，而且直接有效地救济了饥寒交迫的饥民灾黎，显然起到了稳定社会、巩固封建统治的作用。

综上所述，金元明清四代王朝为稳定和确保京师及近畿州县的粮食供应，在大量输入外地粮食的同时，还采取了开发和发展京畿传统农业的措施。历史地看，输入外地粮食和开发京畿农业是保障北京粮食供应并行不悖的政策。

（原载《中国农史》1994年第3期）

嘉兴县人口变迁初探

嘉兴县地处向有“浙江粮仓”之称的杭嘉湖平原东北部，面积约 1075 平方公里，人口 66.08 万。其地左杭右苏，土壤肥沃，河湖错列，港汊密布，运河穿行，铁路纵横，水陆交通堪称便利。气候温暖湿润，历年平均气温 15.7℃，平均降水量 1085 毫米。这种重要的地理位置和优越的自然条件，为当地经济社会的开发提供了得天独厚的条件。

嘉兴具有悠久的历史，经历了一个漫长的发展过程，终于成为“鱼米之乡”“丝绸之府”。翻开它的历史，就不难发现，是历代劳动人民用智慧的双手创造了它的文明和繁荣。因之讨论这里人口发展变迁的历史，也就有了一定的价值。

但是，讨论一个小范围的人口历史变化，要比探讨某一朝代特定年份人口问题困难得多。这不仅因为涉及时间长、历史人口统计资料的缺乏，而且由于政区沿革多变、区域面积不定，给我们讨论的课题带来了重大困难。作为探讨人口问题最敏感的尺度——人口密度区需要首先确定各个时代的准确面积和人口数字。既不能凭主观臆断，就只有以仅存的历史资料为据，加以分析判断，以争取获得较为接近的结果。作为有关人口研究的一次尝试，本文拟采取表格统计，做出人口密度曲线的方法，企望对嘉兴历史人口变化的概况取一目了然之效，然后再分段解说其形成原因。

一、人口密度的表格统计和曲线作法

把从历史文献中获取的人口资料，按年代顺序有选择性地将户口数、密度等项逐一列出，即得出所需要的表格（表 2-46）。

表 2-46　嘉兴历史人口变迁

朝代	年号	公元年份	户数	口数	户均口数	人口密度	资料来源
西汉	元始二年	2	8578	39716	4.63	14	《汉书》卷 28《地理志》
东汉	永和五年	140	12628	53922	4.27	18.7	《后汉书》卷 22《郡国志》
三国吴	赤乌五年	242	5342	24520	4.59	8.6	《晋书》卷 14《地理志》《三国志・吴书・吴主传三》

（续表）

朝代	年号	公元年份	户数	口数	户均口数	人口密度	资料来源
西晋	太康初年	280	2273	14933	6.57	5.24	《晋书》卷14《地理志》
刘宋	大明八年	464	4607	38746	8.41	13.5	《宋书》卷35《州郡志》
隋	大业五年	609	6126	31672	5.17	11	《隋书》卷31《地理志》
唐	贞观十三年	639	2965	13618	4.59	4.73	《旧唐书》卷40《地理志》
	天宝元年	742	12737	105451	8.28	36.66	《新唐书》卷41《地理志》
	元和年间	806-820	14401	95478	6.63	39	《太平寰宇记》《畿辅本》
吴越		978	6403	42452	6.63	26	《宋史》卷38《地理志》
北宋	崇宁元年	1102	40938	204690	5.0	124.6	《宋史》卷42《地理志》
南宋	绍兴三十二年	1162	46740	250526	5.36	152.8	《宋会要》卷69《食货·户口》
元	至元二十七年	1290	157513	828518	5.26	499	《元史》卷62《地理志》
明	宣德五年	1430	101696	341838	3.4	318	光绪《嘉兴府志》卷20《户口》
	嘉靖年间	1522-1566	95165	252751	2.7	235	同上
清代	康熙六十年	1721		269146		251.2	《嘉兴新志》上编民国十七年本
	乾隆五十四年	1789	153256	781678	5.2	726	光绪《嘉兴府志》卷20《户口》
	嘉庆二十五年	1820	157149	801463	5.1	744	《清宣宗实录》卷11《宣宗纪》
	同治十二年	1873	92331	424725	4.6	392.2	同治十二年《户部清册》
	光绪二十四年	1898	73798	317333	4.3	295.2	光绪二十四年《户部清册》
	宣统二年	1910	113370	481926	4.25	445	《中国经济年鉴》上册

注：嘉兴历代面积系根据《中国历史地图集》（中国历史地图集编辑部编），参照《中华人民共和国分省地图册》，用方格术积法求出。

计算人口密度的关键是确定嘉兴历代的面积。这一工作是依赖当地沿革的记载，并参照《中国历史地图集》和《浙江省地图》，用网格求积法完成的。当然这远不是十分准确的。

1. 嘉兴县的历史沿革。嘉兴古属扬州。秦置由拳县。三国吴黄龙二年，改由拳县为嘉禾，后避太子孙和之讳，于赤乌五年改嘉兴①。嘉兴之名始此。隋代省入吴县。唐贞观八年复置，天宝十年析嘉兴、海盐置华亭县②。吴越王钱元瓘七

① 《三国志》卷47《吴主传》，北京：中华书局，1959年，第1132页。

② ［光绪］《嘉兴府志》卷2《建置志》，清光绪五年刊本。

年析嘉兴县置崇德。北宋秀州、南宋嘉兴府均领有嘉兴、崇德、海盐、华亭四县。元代嘉兴路领有附郭嘉兴县外还领管理城市的行政机构录事司，及海盐和崇德二州，华亭析出，属于松江府。明宣德五年析嘉兴置秀水、嘉善二县，析崇德置桐乡。清改崇德为石门，至清末不变[①]。由此观之，唐天宝十年之前的嘉兴，包括清代的嘉兴、秀水、嘉善、桐乡、石门五县地和松江县的一部分。根据《中国历史地图集》海岸线的绘制和海盐县盐场的分布情况，嘉兴面积约为2850平方公里，析置华亭县后面积约为2450平方公里。析置崇德县之后嘉兴县面积约为1640平方公里。待明宣德五年析出嘉善后，嘉兴和秀水总面积约为1077平方公里。因为秀水和嘉兴同驻一城，人口交叉，为便于计算，合为一县。上述的面积数据基本上是正确的。至于零星的政区调整，无史料作证，自不能以揣测为据。

有了如上各时代嘉兴县的土地面积数字，也有了相应的人口数字，人口密度的变化情形也就可求得了。

2. 关于各时代人口密度的说明。西汉元始二年嘉兴人口数高于会稽郡26县的平均数。从嘉兴县的位置和26县在会稽分布状况看，取高于平均数是合理的。东汉永和五年嘉兴县人口数为吴郡十三县的平均数。此十三县均处太湖流域的水网地区，自然条件和开发历史是极近似的，故也是合理的。吴赤乌五年的人口数系吴国313县的总平均数，从三百余县的地理分布和开发、经营状况看，取平均数偏低，处江右又为建康之腹地的嘉兴，人口增加平均数的一倍是合理的。西晋太康初的户口统计仅存户数，时吴郡十一县，每县均户2273，嘉兴取此数似偏低，而以全国较高的每户口数倍之，得人口总数则比较接近。刘宋大明八年人口数系吴郡十二县的平均数。隋大业五年，嘉兴省入吴县，其时人口按吴郡原来五县再加一县的平均数计之。虽然撤销建置的原因是人口的减少，但从五县（吴、昆山、常熟、乌程、长城）的分布和开发过程看，取吴郡人口的1/6是可取的。唐贞观十年嘉兴人口为苏州四县户口的平均数2965户，时嘉兴尚不属“望”县[②]，故应当是合理的。天宝元年，吴郡六县，其中四“望”县，二紧县，故取平均数就略低于实际人口数。而元和年间户口取苏州七县平均数较适宜，因这时已从嘉兴析出一部分建置了华亭县，相应人口应当比其余望县有所减少。吴越末年嘉兴户口数，取其十三军州诸县的户口平均数，因当时已有崇德析出，随着新县域的析出，附郭之嘉兴县人口密度增大。北宋崇宁元年，嘉兴府四县中，嘉兴为望县，华亭为紧县，海盐为上县，崇德为中县，若取平均户口数，嘉兴显

① ［光绪］《嘉兴府志》卷2《建置志》，清光绪五年刊本。

② 《旧唐书》卷40《地理志》，《文献通考》卷63《职官》十七。

然是低了些，根据宋代诸县“四千户为望，三千户以上为紧，二千户以上为上，千户以上为中”的规定①，嘉兴县户口取全府户口的1/3，是比较接近实际的。南宋绍兴三十二年的户口数是按崇宁年间嘉兴府所占两浙路总户口数的比例（约为1/16），求得全府户口数，再取1/3得到的，只要前者恰当，则后者亦无可怀疑之处。元代至元二十七年，嘉兴路所辖三县一录事司，其中嘉兴为上县，海盐、崇德为中县，取总户数的1/3比较接近嘉兴县户口实际数字。录事司作为嘉兴县治所城市行政管理机构，单独另有城市户6581，县、司共计157513户。明清两代已有有关嘉兴县户口的记录，一般取其为据，故不作具体分析。

在取得以上数据之后，即建立直角坐标系，以横轴表示时间，以纵轴表示人口密度。将表中数字一一对应地在坐标系中表示出来，用圆滑曲线连成一气，就是一条较完整的人口密度变化曲线。这既直观又较真实地反映了当地在两千多年的历史进程中人口变化的大体趋势。

很显然，表中有些数据是不连续的，有些人口数据上下相距上百年，但人口的变化，却像任何事物的运动变化一样是持续不断的。而且这种连续不断的变化一般是非直线式的，在一段时间上升，在另一段时间下降；有时快，有时慢，变化速率的不同，必然导致人口变化在图形上表现为圆缓波动的曲线形态。

应该指出的是，这条曲线的取得尽管只以有限的数据统计为依据，但由于系统地分析比较了每相邻两已知点之间曲线升降的可能性，即又凭借着史料提供的有关可能引起人口变化的诸因素，诸如社会的治乱、经济开发的状况，以及当时的政策方略等，进行综合性分析，从而确定其人口消长，曲线升降，因此曲线基本上是合理可靠的。（图2-3）

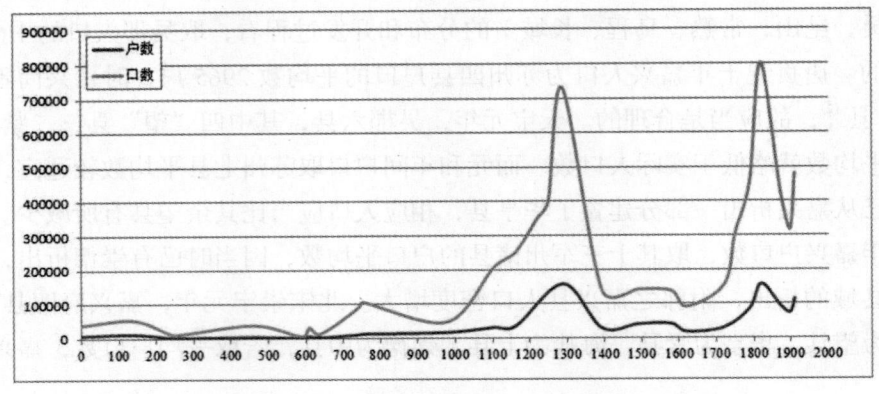

图2-3　嘉兴历代户口升降图

① 《文献通考》卷63《职官》十七。

既然年代和与其对应的人口数字可以用波动曲线表示，则曲线上任意一点，就给出了该点对应的年代嘉兴县应有的人口密度数字，若再乘以当时的政区面积，即可得到当时的人口总数。故此曲线不仅大体上反映了嘉兴县人口发展变动的总趋势，而且可以近似求得不同年代的人口总数。

二、如何理解波动曲线机制

将整条曲线分为四段，以人口密度曲线为例，逐一探讨其形成原因。

第一段，汉代包括三国吴及其以前的人口变化情况。从曲线形态看，在这一漫长时期，嘉兴人口稀少，田土未辟。近年考古所发现的遗址和遗迹①及实地考察、俯拾皆是的古代陶片都说明，早在七千年前，这里就出现了以马家浜文化为代表的母系氏族社会和定居农业。当时尽管有了制陶、建房、制造石器、骨器的手工工艺技术，但水平原始，故征服自然的能力微乎其微。生活水平的低下，环境的恶劣使这里人口繁衍的能力不足以改变高死亡率造成的人烟稀少的状况，只能维持种族而已。这种状况一直延续到战国之前。我国最早的历史地理著作之一《禹贡》称扬州为"荒服之国"，而嘉兴古属扬州。春秋时代称槜李，为吴越交战之地，至战国又为楚越战场。秦置由拳县，西汉属会稽郡。史称"地广人稀""火耕水耨"②,"伐木而树谷,燔莱而播粟"③,"江南卑湿,丈夫多夭"④。凡此种种历史记载，正是当时人口稀疏的有力证据。

东汉永建四年（129），析会稽置吴郡，嘉兴隶之。永和五年（140），吴郡统十三城（县），仅有户 164164，口 700782⑤。每县平均 12628 户，53906 人。此十三县之一的由拳县为今天嘉兴市、嘉善县、桐乡县、海宁县（旧盐官县）的一部分和上海市松江县、金山县的一部分⑥。偌大地区（大约 2875 平方公里），仅有五万有奇的人口，密度当然不高，而这还是东汉一代举国统一、铁器使用推广、生产力有新提高的历史条件下的人口数字，此前人口数字之寥寥，是可以想见的。

三国吴黄龙三年（231），改由拳为嘉禾，史言，野稻自生之故。概孙氏"父

① 《浙江省文物考古所学刊》，1981 年，《嘉兴市古遗址调查》及《桐乡县罗家角遗址发掘报告》。

② 《史记》卷 30《平准书第八》，北京：中华书局，1959 年，第 1437 页。

③ ［汉］桓宽:《盐铁论》卷 1《通有》，四部丛刊景明嘉靖本。

④ 《汉书》卷 28《地理志八下》，北京：中华书局，1959 年，第 1668 页。

⑤ 《后汉书》卷 112《郡国四》，北京：中华书局，1959 年，第 3488 页。

⑥ ［光绪］《嘉兴府志》卷 2《建置志》，清光绪五年刊本。

子亲自受田……亦欲与众均等其劳”[①]。因而农业初有进步，孙氏感奋为之。后避太子孙和之讳，于赤乌五年（272）改嘉兴[②]，嘉兴之名始此。尽管当时亩产可达176斤（二十亩，得六十斛米[③]），但人口较永建、永和年间大为下降，概因东汉末年三国争雄的连年征战，使“国无一年之蓄，民有离散之怨，国有露根之渐”[④]，人口死亡离散之数是惊人的。

诸如上述，汉代及其之前，嘉兴人口密度曲线低平是显而易见的。《汉书·食货志》云，汉代尚“地有遗力，民有余力，生谷之土未尽垦，山泽之利未尽出也，游食之民未尽归农也”，这说明人口的增殖和生产力的发展，大有余地，因此这就为后来嘉兴的进一步开发及容纳更多的居民提供了条件。

第二段，从西晋始（365）迄五代十国的吴越王钱俶献两浙之地（978）止，凡660余年。此间发生过两次较大的人口波动，均为北方少数民族的侵扰，引起移民壅塞所致。

晋初，嘉兴因受“兵久不辍，民困于役”[⑤]之害，徒有得天独厚的自然条件，“而江淮有猛虎，犹北土之鸡豚”[⑥]的虎狼之祸患，更从另一个侧面反映了包括嘉兴在内的江南一带地广人稀，一片荒凉，经济凋敝的实况。

晋使三国40余年分裂混战局面归于一统，社会日趋稳定，使得生产发展和人口增殖的可能性变为现实性，人口有所增长。至晋怀帝永嘉年间（307—312），五胡乱华，中州士女不堪胡人骚扰，纷纷渡江南下，是为史学家所称中国历史上第一次人口大迁徙。

“永嘉之乱，天下崩离，长安城中户不盈百，墙宇颓毁，蒿棘成林”、“五岳三涂，并皆沦寇”[⑦]、“百官流亡者十八九”[⑧]、“百姓流亡，中原萧条，千里无人烟”[⑨]，真朝野萧然。“时海内大乱，独江东差安”[⑩]，江南尽管生产尚粗放，但“因

① 《三国志》卷47《吴主传》，北京：中华书局，1959年，第1132页。

② 《三国志》卷47《吴主传》，北京：中华书局，1959年，第1145页。

③ 《三国志》卷60《钟离传》，北京：中华书局，1959年，第1392页。

④ 《三国志》卷61《陆凯传》，北京：中华书局，1959年，第1402页。

⑤ 《资治通鉴》卷79《晋纪》，清十万卷楼丛书本。

⑥ 《后汉书》卷41《宋钧传》，北京：中华书局，1959年，第1412页。

⑦ 《晋书》卷5《孝愍帝纪》，北京：中华书局，1974年，第132页。

⑧ 《晋书》卷26《食货志》，北京：中华书局，1974年，第791页。

⑨ 《晋书》卷109《慕容皝传》，北京：中华书局，1974年，第2823页。

⑩ 《资治通鉴》卷87《晋纪》，清十万卷楼丛书本。

天地之利，而总山海之饶……可以长孺齿，可以养耆老”[①]，相对安宁，便成为北方士民避乱安居的理想场所。待元帝南渡，建都扬州[②]，君主制思想影响尤其深刻的江北吏民更是竞相南迁，以充忠顺臣民，以取生存机遇。因此东晋初年嘉兴人口大有增长趋势。据《晋书·地理志》《宋书·州郡志》等有关记载，刘宋仅有户籍的南迁人口约占西晋北方人口的八分之一，约占刘宋时南方人口的六分之一。而时扬州吏民荟萃，占全部南迁人口的半数以上。有“今之会稽，昔之关中”[③]之说。而居会稽、扬州之间的嘉兴人口数字和经济状况自不待言。而有户籍者似不包括侨置郡县所领吏民，他们“往往散居，无有土著”[④]，更不包括无籍而入私门的奴客[⑤]。若加上这些，人口增加当更显著。表现在人口密度曲线上就是波峰状形态。

刘宋之后，齐梁陈诸小朝廷，国祚短暂，虽则相对稳定，但“坟籍亦同灰烬”[⑥]，故又形成了人口略有下降的趋势。表现在人口密度曲线上即波谷状形态。

隋朝结束了东晋以来三百余年分裂对峙局面，走上国内统一。战乱之后，生产和人口发展的恢复性质，加以文帝杨坚苦心经营，嘉兴和国内他地一样，迅速恢复。

此时嘉兴省入吴县，属苏州。至大业五年，嘉兴约有口 36669 人[⑦]，当刘宋时水平。若无人口的增加，足够的劳动力资源和物力资源的支柱“敕穿江南运河”[⑧]之举是不可想象的。正是江南运河的开凿使绵延二千余里的南北大运河沟通了海河、黄河、淮河、长江和钱塘江五大水系，构成全国主要水道交通网，对当时和其后我国南北经济文化的交流发展都起了积极作用。“平河七百里，沃壤二三州”[⑨]，而嘉兴滨河雄居，水上运输四通八达[⑩]“川泽沃衍，有海陆之饶，珍

① 《晋书》卷 26《食货志》，北京：中华书局，1974 年，第 780 页。
② 《晋书》卷 15《地理志下》，北京：中华书局，1974 年，第 463 页。
③ 《晋书》卷 77《诸葛恢传》，北京：中华书局，1974 年，第 2042 页。
④ 《隋书》卷 24《食货志》，北京：中华书局，1973 年，第 673 页。
⑤ 《资治通鉴》卷 87《晋纪》，清十万卷楼丛书本。
⑥ ［唐］杜佑：《通典》卷 7《食货志》，清武英殿刻本。
⑦ 《隋书》卷 29《地理志》。
⑧ 《资治通鉴》卷 181《隋纪》，清十万卷楼丛书本。
⑨ 《白氏长庆集》卷 27《想东游五十韵》，宋本影印，1955 年。
⑩ 《水道提纲》清乾隆刻本：运河嘉兴府城分支，至今仍如此势，概后世凿东城壕使通运河，西运即古代运河河道。

异所聚，故商贾并凑”[1]，“商旅往还，船乘不绝”[2]，是一派物阜民丰、繁荣兴盛景象。

隋炀帝的残暴统治及连年的对外战争，兼以农民起义和长期军阀混战，帝国三世而亡。至唐初各地已是“人烟断绝，鸡犬不闻”[3]的局面。人口速降，嘉兴自不例外，贞观十三年仅有 13618 人[4]，每平方公里土地上尚不足五人。可见武德年间人口更为稀少。因而这里也还发生过较普遍的虎患，使统治阶级不得不为之一顾[5]的事实，也是很好的证明。唐初迁徙高丽人于江淮以南各地，嘉兴应在其列[6]。故曲线在这前后表现为波谷形态。

贞观八年，嘉兴县复置，省吴郡，天宝十年析分嘉兴、海盐，置华亭县（即今松江县）[7]，至此嘉兴面积约 2700 平方公里。

唐“贞观之治”后，社会稳定，劳动力和土地重新结合，生产发展，人口日增，到天宝年间嘉兴人口已达到 90393 口[8]，此尚不包括被地主大户隐蔽的佃户之数[9]。

天宝末年，幽燕变起，两京覆没，中原残破，又是一次历史的倒退。南北相对比，越发显示了环境的优劣。南方在原有开发的基础上，继续上升，一派承平。而广大中原“井邑榛棘，豺狼所嗥”，“人烟断绝，千里萧条”[10]，“万室空虚”[11]，“兽游鬼哭”[12]，实在是满目创伤，惨不忍睹，迫使北方吏民相结为伴，争相迁移南下。

据《元和郡县志》载，中原之河南府开元年间有户 12 万，到元和时仅 18000 户，减少了七分之六。与之相反，长江以南户口却在剧增。苏州，包括嘉兴共七县，由开元时期 68093 户，至元和时 100808 户，六十年间增加了三分之一[13]。

---

① 《隋书》卷 31《地理志》，北京：中华书局，1973 年，第 887 页。

② 《旧唐书》卷 67《李勣传》，北京：中华书局，1975 年，第 2483 页。

③ ［唐］吴兢:《贞观政要》卷 2《直谏篇》，北京：中华书局，2003 年。

④ 《旧唐书》卷 40《地理志》。

⑤ 《全唐文》卷 27《命李全确往淮南授捕虎法诏》，清嘉庆内府刻本。

⑥ ［唐］杜佑:《通典》卷 7《食货志》，清武英殿刻本。

⑦ ［光绪］《嘉兴府志》卷 2《建置志》，清光绪五年刊本。

⑧ 《新唐书》卷 41《地理志》。

⑨ ［唐］杜佑:《通典》卷 7《食货志》，清武英殿刻本。

⑩ 《旧唐书》卷 120《郭子仪传》，北京：中华书局，1975 年，第 3457 页。

⑪ 《元次山集》卷 10《请省官状》，四部丛刊本。

⑫ 《旧唐书》卷 123《刘晏传》，北京：中华书局，1975 年，第 3513 页。

⑬ 若从开元元年至元和十五年共九十年。

“中夏多难，衣冠南避，寓于兹土，参编户之一，由是人俗舛杂”[①]，“士君子多以家渡江东”[②]之说是可信的。

由于人口剧增提供的充足劳动力，使得地广人稀的矛盾进一步得到解决，而北方移民带来的先进的工具和技术，使生产力水平提高，为长江下游以南地区进一步开发奠定了基础。诸如汉塘（今平湖塘）等大型水利工程均至此时竣工。农田水利设施兴起，使土地平畴掌舒，水患安然，江淮诸州“每一岁熟，则旁资数道”[③]，“嘉禾一穰，江淮为之康；嘉禾一欠，江淮为之俭”[④]。故道大历年间升为“望县”[⑤]。“安史之乱”猝发，朝廷得以“辇越而衣”“漕吴而食”[⑥]，朝廷“兵食所资在东南”[⑦]，“赋出天下而江南居十九”[⑧]，“今天下以江淮为国命”[⑨]，足见江东已上升到决定王朝命运的地位，而“国用半在”[⑩]的三吴之地正是嘉兴所在。嘉兴漕赋甲杭湖[⑪]，更见嘉兴经济开发之一斑。我国历史上南粮北运的局面概从此始，“故天下大计仰于东南”[⑫]。经济开发状况正是人口繁盛的尺度，从而又出现了上升的曲线形态。

唐末积弊日深，割据势力拥兵自重的危机日甚一日，生产下降，国力衰竭，终于酿成五代十国的分裂局面。战争和流离，剥削和压抑，使得人口和土地重新分离，人民破产，户口下降，从而完成了第二个波峰状曲线形态。

后晋天福三年，即吴越王钱元瓘七年（938），置秀州，析分嘉兴置崇德，故嘉兴面积尚有2050平方公里。居江浙及太湖流域十三州的吴越国统治的八十年间，其实行的是与民休养生息的政策，兴修水利，扩大圩田[⑬]，使得农业生产旱涝无虞，因此嘉兴人口未发生波动，基本维持着原有水平。这一阶段经济开发，

---

① 《全唐文》卷519《吴县令厅壁记》，清嘉庆内府刻本。

② 《旧唐书》卷148《权德舆传》，北京：中华书局，1975年，第4002页。

③ 《权载之文集》卷47《论江淮水灾》，四部丛刊本。

④ 《全唐文》卷430《苏州嘉兴屯田纪绩颂并序》，清嘉庆内府刻本。

⑤ 唐代4000户以上的县称为望县。

⑥ 《吕和叔文集》卷6《故太子中保赠尚书左仆射京兆韦府君神道碑铭并序》，粤雅堂丛书本。

⑦ 《新唐书》卷202《萧颖士传》，北京：中华书局，1975年，第5766页。

⑧ 《昌黎先生文集》卷19《送陆歙州诗序》，宋蜀本。

⑨ 《全唐文》卷753《上宰相求杭州启》，清嘉庆内府刻本。

⑩ 《文苑英华》卷977《崔公行状》，明刻本。

⑪ [光绪]《嘉兴府志》卷26《漕运》，清光绪五年刊本。

⑫ 《新唐书》卷165《权德舆传》，北京：中华书局，1975年，第5073页。

⑬ 《宋史》卷5《太宗本纪》，北京：中华书局，1977年，第101页。

生产力提高，正孕育着后来经济的繁荣，人口的跃进。

第三阶段，978年吴越王钱俶献两浙诸军州[①]始，至元末1368年，包括宋之两朝，凡三百九十年，其面积仍为2050平方公里。

如前所述，中原几经祸乱的践踏蹂躏，正处于萧条破败的颓势。相反，江南，特别是太湖流域一片升平，经济文化继续发展的结果，重心转向杭嘉湖一带的端倪已经显露，只是尚未完成。至南宋之后，终于羽翼丰满，达于最盛时期。

吴越王入朝称臣的结果，使长江下游长期处于和平环境，四方无事，百姓康乐，户口繁庶，田野日阔。至崇宁元年，仅嘉兴府户已达到122813[②]，这在当时是史无前例的。按平均计，时嘉兴县应有20万人。概出于“国家根本，仰给东南”[③]的认识，北宋统治者比较重视杭嘉湖地区的水利建设，一再兴工浚治，使“苏湖常秀，膏腴千里”[④]，“膏蟹之利，转徙数州”[⑤]。尽管出现过“吴中大饥，殍殣枕藉”[⑥]的严重自然灾害，时两浙路发运京师米尚150万石，占长江中下游运漕总数的四分之一。太平兴国初，两浙路运米竟已达到四百万石，至此漕粮之数已升至全国首位。“天下无江淮，不能以足用”[⑦]。这既反映了北宋“赋役繁重，官吏侵渔”[⑧]的残暴，也揭示了当时经济发展和人口繁庶的概况。同时这一时期随着商业经济和手工业生产的发展，出现了定期集市。“籴米买束薪，百物资之市”[⑨]正是这种写照。而“江南一都会”的嘉兴，以王店绸著称的王店镇，织锦地濮院等均为贸易荟萃之地。清代凿的宋政和三年记有“人丰翕集，市井骈阗”[⑩]的刻碑，真实地反映了这一点。

靖康之乱，北宋灭亡。高宗建炎元年（1127），宋室被迫南渡，国家政治、军事、文化中心再次南迁，几经颠沛，定都临安[⑪]。至此杭州成为南宋偏安小朝廷的统治中心，而嘉兴及其周围地区成为事实上的畿辅重地，这对嘉兴日后发展

---

① 《宋史》卷5《太宗本纪》，北京：中华书局，1977年，第58页。

② 《宋史》卷88《地理志四》，北京：中华书局，1977年，第2177页。

③ 《宋史》卷337《范祖禹传》，北京：中华书局，1977年，第10796页。

④ 《三吴水考》卷10《主事姚文灏治水奏》，四库全书本。

⑤ ［光绪］《嘉兴府志》卷3《疆域》，清光绪五年刊本。

⑥ ［宋］沈括：《梦溪笔谈》卷11《官政》，四部丛刊本。

⑦ ［宋］李觏：《直讲李先生文集》卷28《寄上富枢密疏》，四部丛刊本。

⑧ ［宋］方勺：《青溪寇轨》，见陆揖编纂《古今说海》不分卷，文渊阁四库全书本。

⑨ ［宋］苏轼：《苏文忠公全集》卷6《籴米一首》，明成化本。

⑩ 《嘉兴历史资料》嘉兴博物馆未刊稿。

⑪ 《建炎以来系年要录》卷106《绍兴六年》，四库全书本。

产生了深远的影响。

北宋王朝的腐朽和南宋王朝的不抵抗政策，使得半壁江山为金人的铁蹄蹂躏。“草莽弥望，狐兔出没”[①]，国土残破，人民涂炭，“衣冠人物萃于东南”[②]。而破产农民，手工业者和商人不堪外族凌辱，或“怀土故恋，以死坚守”[③]故土，或纷纷南迁。“高宗南渡，民之从者如归市”[④]，“四方之民，云集两浙，百倍常时”[⑤]，故历史学家称为第三次人口大迁徙。都城所在的两浙路乃成为四方移民的中心，至绍兴三十二年，户达224万余[⑥]，人口数自崇宁至绍兴三十二年五十余年间增加了559981人[⑦]。其中多为北方移民，且多分布于运河一线，嘉兴亦是移民集中之地。

绍兴年间之所以四方之民云集两浙，首先应归于经过唐代开发，所奠定的经济基础。经济繁荣，生产力水平提高，决定了可以容纳更多的人口；此外便利的交通条件，又为京畿之地，环境相对安定；而且高宗还推行了一系列挽救危难，招募流民，奖励农耕的政策[⑧]。

随着移民的大量涌入，消费大增，于是“围田相望，皆千百亩”[⑨]，扩大了耕地面积;引进占城稻良种，提高了产量[⑩]，增加复种，“劝民种麦，务要增广”[⑪]，以提高土地利用指数，因之稻麦两熟和双季稻的种植已相当普遍[⑫]。“二麦收刈后，合重行耕犁，再种晚禾”[⑬]，“腰镰刈晚禾，荷锄种新麦”[⑭]，这正是稻麦两熟的忠实记录。故嘉兴及周围地区“中稔之利”亩产可达五六百斤[⑮]，甚至可达

① 《大金国志》卷23《东海郡侯》，清四库全书本。

② ［宋］朱熹:《朱文公集》卷83《跋吕仁甫诸公帖》，四部丛刊本。

③ 《大金吊伐录》卷上《宋再遣使乞免割三镇增岁币书》，四部丛刊景钱曾述古堂钞本。

④ 《宋史》卷178《食货志上》，北京：中华书局，1977年，第4340页。

⑤ 《建炎以来系年要录》卷158《绍兴十八年》，四库全书本。

⑥ 《宋会要辑稿》食货69《户口》，稿本。

⑦ 《宋史》卷88《地理志》，北京：中华书局，1977年。

⑧ 《宋史》卷173《食货志上》，北京：中华书局，1977年，第4165页。

⑨ 《宋史》卷173《食货志上》，北京：中华书局，1977年，第4188页。

⑩ ［宋］吴泳:《鹤林集》卷39《隆兴府劝农文》，文渊阁四库全书本。

⑪ 《宋史》卷173《食货志上》，北京：中华书局，1977年，第4176页。

⑫ ［宋］朱长文:《吴郡图经续记》卷上《物产》，民国影宋刻本。

⑬ ［宋］叶梦得:《石林奏议》卷11《奏措置买牛租赁与民耕种利害状》，清光绪十一年陆心源皕宋楼影宋刻本。

⑭ ［宋］虞俦:《尊白堂集》卷1《和姜总管喜民间种麦》，文渊阁四库全书本。

⑮ ［宋］范仲淹:《答手诏条陈十事》，见《政府奏议》四部丛刊本。

六七百斤[①]。

同时，“大抵南渡后水田之利富于中原，故水利大兴”[②]，人力资源和物力资源的集中，使杭嘉湖平原终于成为“其壤沃，其田腴”，“水田之美无过于浙右”[③]的肥田沃土。河渠纵横，“非止通饷运，资国信往来而已，苏秀常润田之高仰者实赖之”[④]。农业生产，生机盎然，有“苏湖熟，天下足”之谚语[⑤]。而“嘉兴之民终岁勤劳，饷给于国，而尺寸之土必耕”[⑥]，更深入地揭示了南宋一代这一地区的开发之普遍和人口集中之真谛。

农业生产的跃进，推动了蚕桑河纺织业的大发展。“比年以来五谷屡登，蚕丝盈箱，嘉与海内共享阜康之乐”[⑦]，“有鱼盐、布帛、粳稻之产”[⑧]，可谓五业俱兴。凡此种种，都是南北人民并肩努力的结果，南宋一代的人口不断跃升，至宋绍兴末年嘉兴人口约在25万左右[⑨]，故以上升曲线表示。

应该指出，宋代手工业、商业、交通运输业的不断发展，嘉兴周围出现了一批新的市镇，为容纳大量人口提供了新的场所。

至元十二年忽必烈率蒙古军队占领了嘉兴府城，夷平罗城，横加破坏，人口流移死亡，故人口密度曲线在此前后微显下降趋势。时隔十五年后，到至元二十七年，嘉兴县包括录事司人口跃变为828518口[⑩]，盖靖康之后的一百六十余年间，北方士女沿大运河南下，多荟萃于太湖流域的都会城市及其周围一带，或投入私门充作家奴，或自行经商，置田务农，或捕鱼纺织，充作手工而不占籍，重复着“往往散居，无有土著”的做法，以期南宋朝廷光复北方半壁江山，重建家园，安居故土。蒙古贵族的崛起，相继覆灭金朝，亡南宋，终使自唐以来云集此地的北方移民破灭了返回原籍的希望，只好落户著籍，无奈就地做蒙古贵族的臣民。而且蒙古军队驱入中原之初，掳掠人畜，焚烧屋舍，践踏禾稼，毁伤树

① ［宋］朱长文：《吴郡图经续记》卷上《物产》，民国影宋刻本。

② ［宋］朱长文：《吴郡图经续记》卷上《物产》，民国影宋刻本。

③ ［宋］周文英：《周文英书一篇·附金藻论》见《三吴水利录》卷3，清咸丰涉闻梓旧本。

④ ［明］陈懋仁：《泉南杂志》卷下，明末刻广百川学海一百三十种本。

⑤ ［宋］高斯得：《耻堂存稿》卷5《宁国府劝农文》，武英殿聚珍版丛书。

⑥ ［弘治］《嘉兴府志》卷2《农桑》，弘治五年刻本。

⑦ 《宋史》卷174《食货志上》，北京：中华书局，1977年，第4219页。

⑧ 《宋史》卷88《地理志》，北京：中华书局，1977年，第2177页。

⑨ ［清］邵远平：《元史类编》卷1《世祖一》，康熙三十八年原刻本。

⑩ 《元史》卷62《地理志》，北京：中华书局，1976年。

木，“民居官寺，百不存一”[①]，如此境遇，北方士民更大规模的南迁也属自然。

从南宋以来嘉兴的经济结构看，也是有可能容纳这么多人口的。农业、手工业、商业、水利、服务、运输，各行各业兴盛发达，“百工技艺与苏杭等”[②]，足见工商业和城市人口的比重迅速上升。时嘉兴城内外坊巷多达六十处[③]，更是有力的证据。虽经元初破坏，但基础雄厚，易于恢复和发展。“生齿繁而货财阜，为浙右最”[④]，正是对恢复后嘉兴的描述。

南宋亡后，元世祖实行了招抚流亡，奖励耕垦，“使百姓安业力农”[⑤]的政策，于江南设立大司农司和营田司，大力提倡耕垦[⑥]，编行《农桑辑要》一书，推广“农桑之术，畜孳之方，天时地利之宜”，而《农书》一书授以生产技术，常备工具，选种育苗，审时收储等方法，终使“刊行四方，灼有明效”[⑦]，至浙江行省岁粮年达449万余石，占全国三分之一。设立织造局等各种局院，商业的迅速恢复和发展，对人口的职业分配，稳定和蕃衍大为有利。元代之所以在江南设立大司农司和营田司，大概是人口和垦殖均已达到饱和，只有靠改进农业技术，提高单产的方法解决粮食问题的缘故。

但是，元朝统治者的刻剥、徭役、敛聚和民族压迫政策导致了江南“人民失业，田地荒芜”，“饥饿贫困，死于道途”的惨景[⑧]，两宋发展起来的经济，特别是农业遭到严重破坏，造成连年饥荒，仅江浙饥民即达到百万[⑨]。《元史·卷十五》载：“近以江淮饥，命行省赈之，吏与富民因缘为奸，多不及于贫者。今杭苏湖秀四州复大水，民鬻妻女易食”[⑩]。更为严重的是至大元年九月，疠疫大作，死者相枕藉，致使年内江浙流亡民户百三十三万九百五十有奇[⑪]。这便是嘉兴人口迅速跌降的最主要原因。

也正是频年灾祸，引发了农民的反抗斗争，时民谚云“死不怨泰州张（士

---

① ［金］元好问：《遗山集》卷32《赵州学记》，四部丛刊景明弘治本。

② ［雍正］《浙江通志》卷99《风俗上·嘉兴府》，文渊阁四库全书本。

③ ［弘治］《嘉兴府志》卷32《坊巷》，弘治五年刻本。

④ ［雍正］《浙江通志》卷256《碑碣·重修嘉兴路总管府记》。

⑤ 《元史》卷8《世祖纪》，北京：中华书局，1976年，第166页。

⑥ 《元史》卷7《世祖纪》，北京：中华书局，1976年，第132页。

⑦ 《元文类》卷36《农桑辑要·序》，四部丛刊景元至正本。

⑧ 《元典章》户部卷12《夫役·主簿论差搬运人夫》，元刻本。

⑨ 元统二年达59万户，至正三年达40余万户，四年之内两次被灾。

⑩ 《元史》卷15《世祖纪》，北京：中华书局，1976年，第311页。

⑪ 《元史》卷22《武宗纪》，北京：中华书局，1976年，第499页。

诚），生不谢宝庆杨”[①]，充分反映了嘉兴人民揭竿而起，拥戴义军，反对元朝统治的历史潮流。时江浙一带有徐寿辉、朱元璋、张士诚三支义军，均拥兵数十万，大都是破产的农民、商人、手工业者。嘉兴作为义军主要活动地区，当地人民大量投入义军是可以想象的，这自然成为嘉兴人口速降的重要原因。

诸如上述，即成为宋元二代曲线形态的异常机制。尖峰形曲线的事实还应做进一步深入讨论和阐述[②]。

第四段，明初至清末，凡五百四十余年。

明宣德五年析分嘉兴置秀水[③]和嘉善二县，析分崇德置桐乡，析海盐置平湖。清代嘉兴府统嘉兴、嘉善、秀水、桐乡、石门（即崇德）、海盐、平湖七县[④]。嘉兴县面积为1080平方公里。

元末农民起义经过1351年至1368年十八年的浴血战斗，“驱除胡虏，恢复中华”[⑤]的号召实现了。明朝初年，曾经是农民出身的朱元璋及永乐、宣德帝几代出于“农为国本，百需皆其所出”[⑥]的认识，实行了一系列利于耕垦的政策，广大佃农获得了一定的人身自由，农业生产迅速恢复和发展。资本主义萌芽的产生，使前代已有相当基础的商业、手工业获得了新的生机，取得了新的发展。当时，商业、手工业荟萃的市镇星罗棋布于嘉兴周围一带[⑦]。仅嘉兴石门镇就有二十家大油坊，雇佣油工计八百余，且内部有明确的分工[⑧]。因而无论农业，还是手工业、商业、交通运输业都超过了前代。对劳动力更大规模的需求和社会经济发展的分工，为人口增长创造了适宜的土壤。

人民安居，生产繁荣，使人口增殖的可能性变为现实。尽管有明初多次徙嘉兴之民于他地的事实[⑨]，都起到了疏散人口、减少当地压力的作用，但嘉兴人口还是迅速地回升，至洪武二十六年增至137334人[⑩]，除至元二十七年前后若干年

---

① 张士诚泰州起事，宝庆杨即鄂勒哲，元嘉兴守将。

② 据至元《嘉禾志》载，嘉兴县人口在至元时为十二万七百余户，全县上交税粮20万石。

③ 宣统三年，嘉兴、秀水合，改为嘉兴县。光绪《嘉兴府志》两县同城而治，西部属秀水，东部属嘉兴。为便于分析统计，本文故合二为一，此两代面积均为1080平方公里。

④ ［光绪］《嘉兴府志》卷2《建置》，光绪五年刊本。

⑤ 《明太祖实录》卷26，吴元年冬十月丙寅。

⑥ 《明太祖实录》卷42，洪武二年五月乙巳。

⑦ ［康熙］《嘉兴府志》卷4《城池附市镇》，康熙二十一年刻本。

⑧ ［光绪］《嘉兴府志》卷14《古迹·贺灿然碑记》，光绪五年刊本。

⑨ 《明太祖实录》卷25，吴元年九月辛巳；卷182，洪武二十年五月辛亥。

⑩ ［明］《万历会典》卷19《户部六·户口一》。

的人口高峰期外，对嘉兴来讲，是史无前例的繁庶时期。

洪武三年（1370），重筑嘉兴城垣，谓九里十三步，四城门，四水门，四吊桥，“诚为泽国之雄，江东一都会也”，“非上古之荆蛮，偏安之畿辅”[①]。事实上，作为浙江一大织染局所在地[②]的嘉兴，“稻禾、蚕桑、组绣工作之技，衣食海内”[③]，“正德、嘉靖间生齿日繁，市河两岸，结屋如鳞次”，“城郭罗森，市廛错列”，“高门纳驷，甲第连云”[④]，一派兴盛发达景象，终成为“浙江首藩，嘉兴大都”，是为明代全国三十多个大城市之一[⑤]。

永乐元年，夏原吉曾领导当地人民疏导吴淞江，使“苏松农田大利”[⑥]。永乐九年，宋礼又领导运河西岸三十万人修浚南北大运河，重新沟通了南北经济联系，提供了灌溉之利[⑦]，使嘉兴一带“田稻熟米每亩三石，春花一石有半，然间有之大约共三石为常耳。下路湖田有亩收四五石者，田宽而土滋也”[⑧]。这里所说的下路湖田，即嘉兴一带水网地区农田。故时亩产能达到850—1000斤左右。

至弘治时，嘉兴人口上升至顶峰，直至万历初年，嘉兴人口处于相对稳定时期[⑨]，故从洪武二十六年至万历初年人口密度曲线是和缓平直的，没有突变现象。这也反映了彼时彼地人民安居乐业的事实。

万历初之后，明朝中期自英宗发展起来的宦官专权[⑩]的危机日益加深，而且这时土地兼并之风大盛，大量农民相继失掉耕地，沦为新的佃户。浙江有田者仅有十分之一，为人佃做食力者占十分之九。赋役之重更是惊人[⑪]。人民为衣食所迫，或流离他乡，或负耒荷梃，举兵起义。似应指出的是，自嘉靖中期之后，倭事日繁，“江南北并受其毒，大都无城者屠，城敝而不为备者陷”，“灰烬室庐，鱼肉民命，又掳子女，括玉帛”[⑫]。嘉兴前后四次受骚扰寇略，嘉靖三十二年三月

① [弘治]《嘉兴府志·李东阳序》，明弘治五年刻本。

② 《明史》卷82《食货六·织造条》，北京：中华书局，1974年，第1998页。

③ [明]王世贞:《檇李往哲列传序》，见光绪《嘉兴府志》卷34《风俗志》，光绪五年刊本。

④ [明]李贞开:《烟雨楼赋》，见光绪《嘉兴府志》卷34《风俗志》，光绪五年刊本。

⑤ [光绪]《嘉兴府志》卷4《城池》，光绪五年刊本。

⑥ 《明史》卷149《夏元吉传》，北京：中华书局，1974年，第4150页。

⑦ 《明史》卷153《宋礼传》，北京：中华书局，1974年，第4204页。

⑧ [明末清初]张履祥:《补农书》卷下，清刻杨园先生全集本。

⑨ 《明万历会典》卷19《户部六·户口一》，明万历内府刻本。

⑩ 张萱:《西园闻见录》卷100《内臣上》，民国哈佛燕京学社印本。

⑪ [清]叶梦珠:《阅世编》卷1《田产》，北京：中华书局，2007年。

⑫ [明]吴鹏:《修城纪略》，见《嘉兴府志》卷4《城池》，光绪五年刊本。

“倭奴入犯，直抵城下，室庐生聚，劫掠无遗”[①]。足见嘉兴遭受破坏之严重。这恐怕就是明朝后期嘉兴人口迅速下降的直接原因。其下降趋势在曲线上表现为陡直，说明变率之大。

明末嘉兴人口并没有降至当时的最低限度。到清军入关后，各地人民反抗清人入主的斗争此起彼伏，其中江南人民对剃发和迁海的斗争，遭到清军野蛮镇压，堕城郭，烧庐舍，老弱转死沟壑，少壮流离四方，而嘉兴人民亦无幸免。因此这时，即顺治初年，嘉兴人口应为最少[②]。至康熙六十年已有明显回升，这主要是自康熙始，面对汉族人民的顽强抵抗，收敛和改变了其反动统治的策略，推行了新措施。诸如民间新垦田亩，“自后永不许圈”，勿许欺凌佃户[③]，立“社仓”[④]，废“世仆”入民籍，“无主仆名分”[⑤]，在一定程度上改变了历代相沿的“世仆”制度，提高了下层劳动者的政治、经济地位，缓和了阶级矛盾，对生产的恢复发展起了推动作用。

特别自康熙五十年起，“盛世滋丁，永不加赋”[⑥]，虽则“富者田连千亩，竟少丁差，贫者无地立锥，反多徭役”[⑦]的弊端尚未革除，但增丁不增赋，使赋税的征收与人口增长再不相干，即解除了对人口增长的经济束缚，一定程度上减轻了广大农民纳赋服役的重压。既改变了历来因生计窘迫，“无以赡养，生子多不举”[⑧]和“村童半壮丁”[⑨]的状况，使长期隐匿的人口大量登记入籍，又有力地刺激了人口增殖。

雍正朝又实行了“地丁合一”“摊丁入亩”的办法，丁银随粮起征，成为清代划一的赋役制度。这种制度与过去历朝的赋役制度相比显然是合理了一些，且又革除了丁银征税存在的弊端，对广大贫苦农民来讲，进一步减轻了经济负担，因而在一定程度上调动了广大农民的生产积极性。故时江南稻米生产出现了新的突破，单位面积产量大幅度提高，嘉兴上田每亩收获至五六石或六七石。无疑这

---

① ［光绪］《嘉兴府志》卷 88《兵备》，光绪五年刊本。

② 《清朝文献通考》卷 19《户口一》。

③ 《史学工作通讯》1957 年第一期载雍正时《开豁奴婢为良》碑文。

④ 中国第一历史档案馆:《雍正朝起居注册：第 1 册》，北京：中华书局，1993 年，第 580 页。

⑤ 乾隆年间的刑部档案中，逐渐出现了地主与佃农“无主仆名分”的记载，嘉庆时更为增多，见《刑部档钞》。

⑥ 《清圣祖实录》卷 249，康熙五十二年十二月壬寅。

⑦ 《清世宗实录》卷 24，雍正二年九月甲寅。

⑧ 《宋史》卷 173《食货一》，北京：中华书局，1977 年，第 4193 页。

⑨ ［宋］沈说:《仁福道中》，见《两宋明贤小集》卷 284《庸斋小集》，文渊阁四库全书本。

又为人口的增加提供了衣食条件，加以长时间和平安定的社会环境，大概就是有清一代人口大增的根本原因所在。

随着农业生产和交通的发展，以农副产品为主要原料的手工业及商业、运输业也都有了长足的发展。明代开始萌芽的资本主义经济又有了新的长进，一改顺治年间久经兵火，农村破产，城市凋敝，交通阻塞、市场萎缩的局面，城市经济更显兴盛发达。嘉兴城中银匠、锡匠……油漆匠……杂匠、织匠等共一千六百九十五户[①]，专业性手工业街道打铜街“前后左右击打之声，昼夜不绝”[②]。而“咿轧村齐响纬车，松明火烧照河斜”，“横塘十里尽桑麻，飘絮渺渺共作家”[③]的描写却是另一番景象。商业服务的“茶坊酒家，至不能容膝”，“烟火万家，密无隙地，号为繁庶”[④]，以致乾隆皇帝竟銮舆六幸，足见嘉兴经济繁荣，令人神往的魅力之大。正是清代中前期“轻徭薄赋，休养生息，百有余年，故海内殷富素封之家，比户相望”[⑤]，才出现了乾隆至嘉庆末人口又一次飞跃上升，密度达到每平方公里740人，表现在图像曲线上是直线上升形态。但这次的人口剧增与元代不同，前者因北方移民涌入，后者因当地增殖加速的缘故（图2-4）。

整个清代“天下丝缕之供皆在东南，而蚕桑之盛，惟此一区”[⑥]“舞榭绮罗都出此”[⑦]，嘉兴的蚕桑、纺织业继续处于全国首要地位，但粮食生产，四川、两湖、江西却成为“天下第一出来处”[⑧]，而江浙百姓全赖湖广米粟[⑨]，此语虽不免有夸张成分，但也说明了另一方面的问题。概江浙人口稠密，虽农业技术和亩产仍处于全国领先地位，但已无余粮可言了。可见，在当时生产力的条件下，人口密度已经达到饱和的程度了。

至清代后期，积弊日重，土地兼并，奢侈糜烂，贪污腐化之风，上下蔚然，赋税日增，生产下降，国势日衰。导致农民破产，起兵响应太平军。江浙一带适逢太平军与清军作战据点，故“浙商叠经兵火，小民流离失所”，“户口减少，物

---

① ［康熙］《嘉兴府志》卷4《城池》，康熙二十一年刻本。

② ［光绪］《嘉兴府志》卷4《城池》，光绪五年刊本。

③ ［光绪］《嘉兴府志》卷88《旧志序录》，光绪五年刊本。

④ ［崇祯］《嘉兴县志》卷22《遗文·登烟雨楼记》，明崇祯十年刻本。

⑤ ［清］昭梿:《啸亭续录》卷2《本朝富民之多条》，清钞本。

⑥ ［光绪］《嘉兴府志》卷首二《圣祖仁皇帝御制文·桑赋》，光绪五年刊本。

⑦ ［光绪］《嘉兴府志》卷首二《嘉兴道中杂咏》，光绪五年刊本。

⑧ 《朱批谕旨》，雍正四年十二月四日，故宫博物院，1930年。

⑨ 《清圣祖实录》卷193，康熙三十八年六月戊戌。

力凋残”[①]，“尽荒烟蔓草”[②]，这正是同治年间嘉兴人口迅速减少的主要原因。

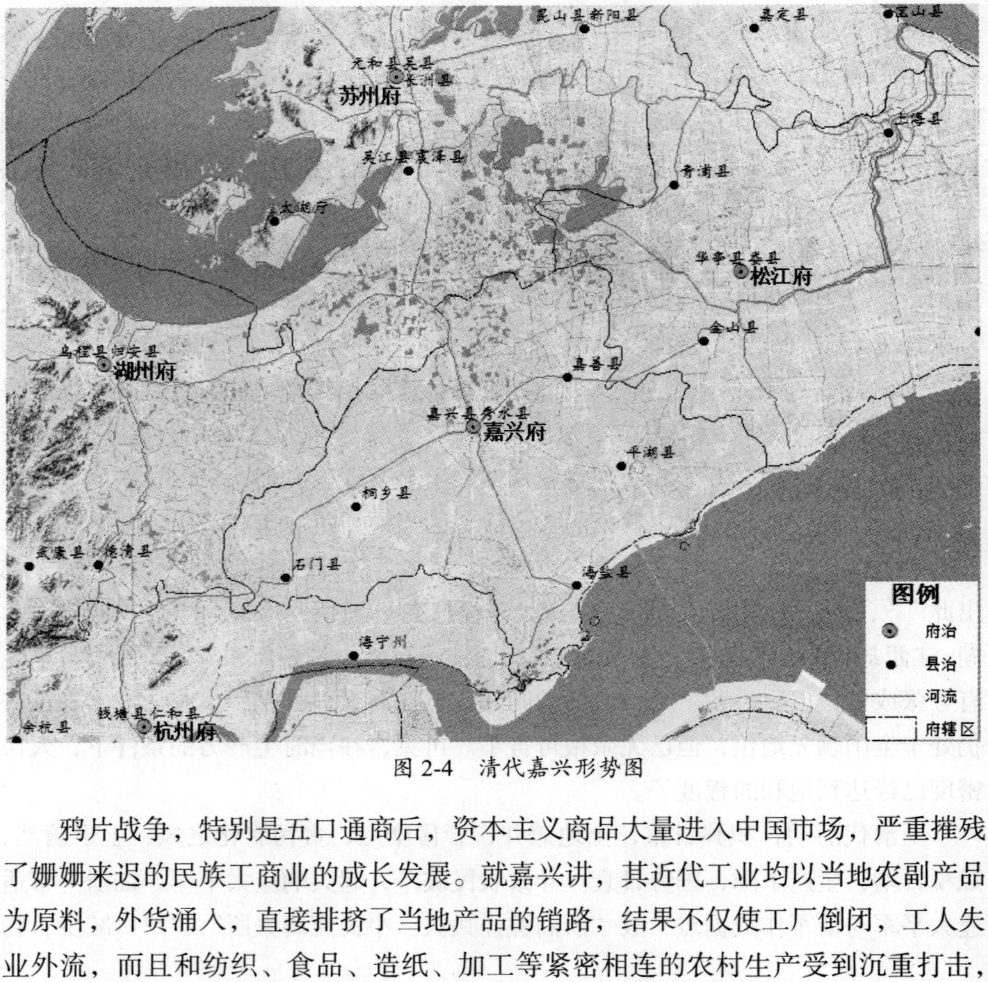

图 2-4　清代嘉兴形势图

鸦片战争，特别是五口通商后，资本主义商品大量进入中国市场，严重摧残了姗姗来迟的民族工商业的成长发展。就嘉兴讲，其近代工业均以当地农副产品为原料，外货涌入，直接排挤了当地产品的销路，结果不仅使工厂倒闭，工人失业外流，而且和纺织、食品、造纸、加工等紧密相连的农村生产受到沉重打击，以致一蹶不振。农民破产，背井离乡。嘉兴人口随经济的凋敝，至光绪二十四年降至当时的最低点[③]，从而表明了清代人口变化的主要趋势。

此后嘉兴人口又有所回升。至宣统末的十几年间，兵荒稍解，外敌影响虽在，但人心稍定，流离者陆续返回故土，故曲线又呈上升趋势，但终不能复原到隆庆末年的水平了。

① ［光绪］《嘉兴府志》卷 22《田赋》，清光绪五年刊本。

② ［光绪］《嘉兴县志》卷 3《镇市》，清光绪三十四年刻本。

③ 《光绪二十四年户部清册》，光绪刻本。

总之，明清二代嘉兴户口变迁的历史，造成了一个特殊的曲线形态，即大写的“S”形。

三、结论

综上所述，嘉兴市历史人口的变迁，经历了极为漫长和复杂的过程，有进有退，有升有降，但总的趋势是呈螺旋式上升的，形成了与整个中华民族人口变迁相仿佛的特点。这不是偶然的，其与社会政治、经济开发、文化信仰的深刻影响紧密相关。每当社会稳定、政治清明，特别是经济大繁荣，往往加速人口的增殖。而政治腐败，战乱突变，经济凋敝，又给人口增殖带来相反结果。在嘉兴，应该强调的是，两次人口大迁徙，解决了其地广人稀的矛盾，给经济开发提供了大量劳动力资源和先进工具、技术条件，使田土日辟，耕地日阔，经济日益繁荣，终成为鱼米之乡。经济的繁荣，更创造了人口增殖的衣食条件。安居乐业，丰衣足食，增加了该地容纳更多人口的弹性。

（1982 年夏在嘉兴参加嘉兴市城市规划习作，未发表）

三　城市

郁林城何以在此兴起

今天的玉林城是由古代郁林州城发展而来的。郁林州创置于宋太祖开宝七年（974），领兴业、南流二县（南宋时博白县亦隶之）。初无州城，先后寄治于兴业、南流县。至道二年（996）始筑新城（即今玉林城上十字街西北部），并由南流县城徙治于此。这就是郁林州城——最早的玉林城，方圆2里余。距今已992年。

当初为什么要把州城建在这里？这首先要从当时的交通运输形势说起。早在宋代以前，北流江与南流江即日渐成为南北交通运输的热线，而当时还要通过一段陆路才能将两江水上交通衔接起来。顾名思义，这段连接相邻两江的陆路就叫作联水陆路。借助联水陆路的运输便称作联水陆运。在南、北流江之间的这条联水陆路东端转运站就是北流县治。而这条联水陆路西端的中转站，因选置在南流江上游，河床淤浅，影响航运，曾多次沿江岸下移。其最早的位置就在今茂林附近，即南流江自茂林以下可以航行。直到唐代，茂林西端中转站的地位和职能未变。

宋初对桂东南地区大规模的有效经济开发造成了两个基本事实：一是南流江上游的水土流失使径流减少，航运能力降低。因此，南流江上游中转站不得不自茂林沿江下移。当时最理想的地点就是位于南流江南岸的南流县城。中转站下移的结果，使联系两江的陆路由15千米延长到约30千米。二是桂东南区域经济获得了较大发展，南、北流江的经济联系日益紧密，而且湘桂水路南延构成的中国古代南北交通干线的经济与政治地位也日益重要。进一步加强行政管理，驻扎官兵，以保障南北交通干线南段的安全和全线畅通，进而提高物资集散和客货中转能力，已成为当时客观交通形势的迫切要求。因此徙郁林州于南流县城。但南流县城方圆不足1.5里，州、县同城，局促拥挤，诸多不便；扩建县城，根据城外地势，显然不如于江北创筑新城，既不偏离交通枢纽的地位，也不丧失联水陆运的中转职能，又能与县城成犄角应援之势。因此，新的州城在南流江北岸建成，与南流县城隔江对峙，共同履行了联水陆运中转站和交通枢纽的职能。行政地位的加强，标志着经济地位的提高，城市直接服务范围和吸引范围与客货吞吐能力空前扩大，人口空前增加。明初，州城迅速兴起，郁林城成为五属（郁林州、兴业县、北流县、陆川县、博白县）中心，州城扩建为周长2100多米的城市。另一方面，明初对大容山地区大规模土地垦殖加重了水土流失，加以灌溉农业的扩大，使南流江运载能力又一次受到不良影响。其上游港埠不得不再次沿江下移至定川江口。故称定川埠，俗称船埠。但小型船只仍可航行至州城南门之外。当年徐霞客所见“泊舟鳞次”的情景即说明了这一点。而随着南流县城的衰落和废弃，郁林州城联水陆运的中转职能和交通枢纽地位，至清与民国时期得到了进一步加强。清乾隆中，州城户口繁殷，人烟辐辏，市肆骈阗，已成为岭南一大都会。

总之，联水路运的中转作用和水路与陆路交通枢纽的地位，从根本上决定了郁林城市在这里的兴起和发展，带有历史的必然性。

（原载广西《大众报》1988 年 11 月 9 日第 3 版）

辽南京城的方圆与警巡院

辽南京是今天北京的前身。据《辽史·地理志》记载，南京又曰燕京，城方三十六里，统州六、县十一。细读《辽史》，佐以其他文献，笔者认为：城方三十六里不是辽南京城的周长，而是金中都城的周长；辽南京警巡院的具体建置时间失载。

一、辽南京城的方圆里数

路振《乘轺录》记燕京城“幅员二十五里”。许亢宗《宣和乙巳奉使行程录》记燕京城周长二十七里。前者是北宋使臣路振于大中祥符元年（1008）出使辽朝路过燕京所记；后者是北宋使臣许亢宗于宣和乙巳（1125）出使金朝路经燕京所记，这时辽朝已亡于金，但距后来金人拓广燕城尚早三十年。因此，二位使臣所记燕京的方圆里数均是金海陵王拓广燕城之前的情形。当时的燕京城周长应在二十六里上下。据《金史·海陵纪》与《金史·张浩传》记载，金代增广燕城在海陵王天德三年（1151），增广的里数史料无载。至新中国成立之后，有关学者借助于考古学手段考察并实测了金代增广之后燕京城（海陵迁都之后称中都），周长约三十七里[①]。据完颜亮诏书：燕京“实为要会，将因宫庙而创官府之署，广阡陌以展西南之城”[②]。《元一统志》也称“西南广斥一千步”[③]。古代文献均强调了在西南两面增广了燕京城。赵翼《二十二史札记》认为金广燕京在东、南二面。侯仁之据此考证之后认为金广燕京除东、南二面，西面也有扩大。既然三面增广，燕京城周长才能增广到三十七里。如果笼统地认为三为二之误（按指三十七为二十七之误），是没有根据的。

《辽史》修成于元朝末顺帝至正初年，时距金代拓城已一百九十年。脱脱等人修成该书仅用了十一个月。因“没有认真搜集和考订史料”，致使“史实错误，缺漏和自相矛盾之处很多”[④]，而且同时修成的《金史》亦仅记海陵“诏广燕城，

① 阎文儒：《金中都》，载《文物》，1959年第9期。

② ［宋］李心传：《建炎以来系年要录》卷162，绍兴二十一年十二月，北京：中华书局，1985年。

③ ［元］孛兰肹等撰：《元一统志》卷1《大都路·古迹·十方万佛兴化院》，北京：中华书局，1966年。

④ 《辽史》出版说明，北京：中华书局，1974年。

建宫室”一事，竟然没有增广的细节和金中都城周长的记录。据此大概可以推断，当时的修史者根本就没有看到海陵增广燕城的详细资料，而将当时金中都城实测周长记入了《辽史·地理志》。这应该是错误产生的根源。

二、辽南京警巡院

《辽史·百官志》载，五京（包括南京）均设有警巡院，置有警巡使、副使。据《辽史·兴宗纪》，契丹警巡院为重熙十三年（1044）三月所置。又据《辽史·重元传》，“重元奏请五京各置契丹警巡使，诏从之”。五京均设置了契丹警巡院和契丹警巡使及以下官吏。设置的原因，“先是契丹人犯法，例须汉人禁勘，受枉者多”的问题。同年十一月，“改云州为西京”，随之建置了汉人警巡院和汉人警巡使，这是在五京汉人警巡院设置最晚的一处。设五京警巡院、置警巡使的目的在于治刑狱、理治安。据《辽史·马人望传》云：人望为南京警巡使，“京城狱讼填委，人望处决，无一冤者。会检括户口，未两旬而毕”。可见警巡使的职责不仅仅在治狱讼，而且还要检括户口。马人望乃汉人，道宗“咸雍中，第进士”。据《辽史》，道宗年间唯大康九年（1083）六月诏诸路检括户口，故马氏任南京警巡使当在大康九年之前。看来，当时的五京中均置有汉人警巡院和契丹警巡院，均置有汉人警巡使和契丹警巡使，分别治事。汉人警巡使初置年代最晚是重熙十三年十一月。据《张绩墓志铭》，张绩任西京警巡使是在兴宗重熙二十二年（1053），显然不是初置。《马人望传》还云，人望先为松山县令。又徙知涿州新城县，再擢中京度支司盐铁判官，又转南京三司度支判官，迁警巡使。警巡使之秩显然高于县令或京县；而且其职责在于治理刑狱，阅实户口，似与京县的主要职责相类似。由此两点看，南京警巡院应该是治事辽南京城市的京县一级行政单位，而警巡使应该是京县一级的行政长官。因南京警巡院取代两附郭县析津、宛平，治事京城，故秩高于知县。据《董承德妻郭氏墓志·乾统七年八月》，“大辽西京警巡院右厢住人，久居系通百姓董承德，今为亡妻郭氏于京西南约五里买到云中县孙权堡刘士言地五亩”。该资料说明，董承德夫妇的籍贯是西京警巡院右厢，董在其妻郭氏病逝后，在西京西南郊外云中县购买了墓地下葬郭氏。因此，《辽史》纪传和石刻文献记载了辽代南京城市包括其他四京在内专门建置行政管理机构契丹警巡院，只是汉人警巡院具体建置年代还有待考察。

综上所述，《辽史·地理志》的上述记载似乎应该是“南京又曰燕京，城方二十六里，领院二，州六，县十一”。

（原载《燕都》1987 年第 4 期）

辽代五京警巡院

本文利用《辽史》等有限的文献资料，探讨了辽代中后期五京都市警巡院的设置、职能、性质及其时空特征等历史城市地理问题；同时，注意到辽代后期出现的州治城市行政管理机构司候司，显示了辽代对都市行政管理和城市建设的重视。

据《辽史·百官志·南面京官》："辽有五京。上京为皇都，凡朝官、京官皆有之；余四京随宜设官，为制不一。大抵西京多边防官，南京、中京多财赋官。五京并置者，列陈之；特置者，分列于后。"除东京、中京、南京三宰相府，上京、东京内省司，五京诸使即上京盐铁使司、东京户部使司、中京度支使司、南京三司使司和转运使司、西京计司，五京留守司兼府尹即上京、东京、中京、南京、西京留守司，五京都总管府和五京都虞候司，五京处置使司，五京学外，五京警巡院即上京、东京、中京、南京、西京警巡院。其中留守司兼本路兵马都总管，形成五京道，管理辖区军民之政；都总管府掌统诸城隍兵马甲仗、总判院事，常由所在留守府尹兼任，兼管军民之政。都虞候司，辽南面五京都虞候俱为统兵官。警巡院设在五京都城内，置有警巡使、警巡副使等职官，组成一个专门治理都城城市的行政管理机构。[①] 南面方州官："辽东、西，燕、秦、汉、唐已置郡县，设官职矣。高丽、渤海因之。至辽，五京列峙，包括燕、代，悉为畿甸。二百余年，城郭相望，田野益辟。冠以节度，承以观察、防御、团练等使，分以刺史、县令，大略采用唐制。"[②] 辽代在五京道下列置了大量州县，沿用了唐末五代行政区划制度。

---

① 警巡即警戒巡逻，警巡院则是相关的行政管理机构。《辽史》未载明辽代五京警巡院设置的具体时间，契丹国时期宋辽之间战争频仍，民族杂居，城市社会治安问题较多。唐末五代至宋初诸都城设置了军事治安机构——厢。据此推测，契丹国时期陪都南京同样设置了类似的专门城市社会治安机构——警巡院。因此，警巡院也是辽代前期特殊社会环境下在上京、东京、南京专门设置的维护社会治安的机构。都城内民政则仍由附郭蓟北、幽都二县管理。"澶渊之盟"使宋辽之间交往密切起来，辽朝都城的社会经济文化得到迅速的发展，城市社会经济文化事务日益繁剧，警巡院逐渐由军事治安机构演变为城市行政管理机构，而附郭县不再管理城内民事、供需等民政，使其统辖区域局限于城外郊区。

② 《辽史》卷48《百官志》，北京：中华书局，1974年，第812页。

在契丹南下过程中，首先在契丹东京建置了军巡院，进而在五京先后建置了警巡院，完成了对京城从巡察到巡警的过程，并最终演变为五京城市管理行政机构，应发生在辽圣宗（983—1030）年间。

宋真宗景德元年（辽统和二十二年，1004）“澶渊之盟”订立后，辽宋之间不仅在边境开放了榷场，而且发展了民族关系和经济文化往来。辽朝通过更定法令、改革社会，使国家进入鼎盛时期，在城市规划建设和管理制度方面也深受北宋影响，发生了明显的变化。

《辽史·地理志》记载了辽代行政建置和长城内外城市群体形成过程及其疆域：

> 太宗以皇都为上京，升幽州为南京，改南京为东京，圣宗城中京，兴宗升云州为西京，于是五京备焉……总京五，府六，州、军、城百五十有六，县二百有九，部族五十有二，属国六十。东至于海，西至金山，暨于流沙，北至胪朐河，南至白沟，幅员万里。①

在《辽史·地理志》中，未记载的属于南面京官的五京警巡院，值得深入研究。

辽代五京，上京是辽“太祖创业之地”。史称太祖“起临潢，建皇都”，“神册三年（918）城之，名曰皇都。”②天显元年（926），“平渤海归，乃展郛郭，建宫室，名以天赞。起三大殿：曰开皇、安德、五鸾。中有历代帝王御容”。③在上京规划建筑过程中，韩延徽“请树城郭，分市里，以居汉人之降者”，“凡营都邑，建宫殿，正君臣，定名分，法度井井”。④契丹“俗旧随畜牧，素无邑屋，得燕人所教，乃为城郭宫室之制于漠北，距幽州三千里，名其邑曰西楼邑（上京）”。⑤事实上，直接实施规划建设的版筑使康默记是蓟州汉人，“始建都，默记董役，人咸劝趋，百日而讫事”⑥。至会同元年（938）辽太宗升“幽州为南京”的同时，“诏以皇都为上京，府曰临潢”⑦，“辖军、府、州、城

① 《辽史》卷37《地理志》，北京：中华书局，1974年，第438页。

② 《辽史》卷37《地理志》，北京：中华书局，1974年，第437、438页。

③ 《辽史》卷37《地理志》，北京：中华书局，1974年，第440页。

④ 《辽史》卷74《韩延徽传》，北京：中华书局，1974年，第1231-1232页。

⑤ 《旧五代史》卷137《契丹传》，北京：中华书局，1976年，第1830页。

⑥ 《辽史》卷74《康默记传》，北京：中华书局，1974年，第1230页。

⑦ 《辽史》卷4《太宗纪》，北京：中华书局，1974年，第45页。

二十五[①]，统县十"，临潢县附郭。按上述《南面京官》，上京城内设有警巡院。

东京，辽阳故城，属汉之辽东，唐"于此置安东都护府，后为渤海大氏所有"。"并吞海北，地方五千里，兵数十万……拟建宫阙，有五京、十五府、六十二州，为辽东盛国"。契丹"太祖建国，攻渤海，拔忽汗城，俘其王大諲（yīn）譔（zhuàn）"。[②]忽汗城即渤海上京龙泉府。神册三年"幸辽阳故城"，翌年"修辽阳故城，以汉民、渤海户实之，改为东平郡，置防御使"，神册六年，"诏徙檀、顺民于东平、沈州"[③]。天显三年"诏遣耶律羽之迁东丹民以实东平……升东平郡为南京"[④]。天显十三年，在升幽州为南京的同时，改契丹原"南京为东京，府曰辽阳"[⑤]。史称"辽东重地，非勋戚不能镇抚"[⑥]。东京"辖州、府、军、城八十七[⑦]，统县九"，辽阳县附郭。按上述《南面京官》，东京城内也设有警巡院。

南京，古代蓟城，唐之幽州。辽会同元年，太宗坐受石晋割让的幽云十六州汉地，"升幽州为南京"，府曰析津。这里"地处雄要"，"控制南北"，[⑧]析津"兵戎冠天下之雄，与赋当域中之半，跨浩穰于三辅，据会要于万邦"。[⑨]"大内壮丽，城北有市，陆海百货，聚于其中；僧居佛寺，冠于北方。锦绣组绮，精绝天下。"[⑩]南京"统州六、县十一"，析津、宛平二县附郭；六州领县十四。南京又辖节度州一、刺史州二，州统县七，形成南京道城市行政体系，南京是区域中心城市。按上述《南面京官》，南京城内也设有警巡院。

中京，"中京之地，奚国王牙帐所居……由古北口至中京北，皆奚境"，"奚地居上、东、燕（南）三京之中，土肥人旷"。[⑪]辽圣宗"尝过七金山土河之滨，南望云气，有郛郭楼阙之状，因议建都……统和二十四年，（奚）五帐院进故奚王牙帐地"[⑫]。即"奚王府五帐六节度献七金山土河川地"，为辽之中土。至统和

---

① 《辽史》卷37《地理志》，北京：中华书局，1974年，第452页，注九："辖军、府、州、城二十五"与文中统计数字不合。

② 《辽史》卷38《地理志》，北京：中华书局，1974年，第456页。

③ 《辽史》卷2《太祖纪》，北京：中华书局，1974年，第15、17页。

④ 《辽史》卷3《太宗纪》，北京：中华书局，1974年，第30页。

⑤ 《辽史》卷38《地理志》，北京：中华书局，1974年，第457页。

⑥ 《辽史》卷93《萧惠传》，北京：中华书局，1974年，第1373页。

⑦ 《辽史》卷38《地理志》，北京：中华书局，1974年，第457页，注四："辖州、府、军、城八十七"与文中统计数字不合。

⑧ 《金史》卷96《梁襄传》，北京：中华书局，1975年，第2134页。

⑨ 向南：《辽代石刻文编·兴宗编》，石家庄：河北教育出版社，1995年，第260页。

⑩ 叶隆礼：《契丹国志》卷22《州县记载》，上海：上海古籍出版社，1985年，第217页。

⑪ 叶隆礼：《契丹国志》卷22《四京本末》，上海：上海古籍出版社，1985年，第216页。

⑫ 《辽史》卷39《地理志》，北京：中华书局，1974年，第481页。

二十五年正月，“建中京”，“十月丙申，驻跸中京”，二十六年五月己巳，“遣使贺中京成”[①]。号曰中京，府曰大定。在营建过程中，任版筑都部署、中京大内都部署的王说，“建彼皇都（中京），营筑劳神，板图任重，加授户部使，掌户籍，辖民夫。大内既成，宏基已就。功名未显，疾病俄萦”，[②] 于二十五年七月三日薨于中京。王说为中京城市规划营建做出重要贡献。中京辖府一、节度州六、刺史州六、县二十一、统州十、县九、州领县十二，其中大定县附郭。按上述《南面京官》，中京城内设置警巡院。

西京，元魏都城，唐代云中郡，或称云州；石晋代唐，“以契丹有援立功，割山前、代北地为赂，大同来属”，“初为大同军节度，（兴宗）重熙十三年（1044）升为西京，府曰大同”。“辽既建都，用为重地（临制西夏），非亲王不得主之”。[③] 据《辽史·兴宗纪》，契丹警巡院为重熙十三年（1044）三月所置。又据《辽史·重元传》，“重元奏请五京各置契丹警巡使，诏从之”。西京辖节度州六、刺史州六、边防州一、军二、领县二十六，统州二、县七，其中大同县附郭。按上述《南面京官》，西京城内也设有警巡院。

至此，辽代形成五个政治中心，五京就是相应辖区的行政中心。一个辖区就是一个“道”，共五京道，即上京道、东京道、南京道、中京道、西京道。道下辖属若干府州县城镇（表 3-1）。因此，“由三京到五京，表明国家的区域管理；五京分工，也部分地透露地区差别”。[④]

表 3-1　辽五京道所属城镇统计

京道名	治所	京府	附郭	辖府	节度州	观察州	防御州	刺史州	头下军州	散州	边防州城	军	县
上京道	上京	临潢	1		8	1		2	16		9		29
东京道	东京	辽阳	1	7	21	4	4	35		14	2	2	79
中京道	中京	大定	1	1	6	3		13					41
南京道	南京	析津	2		1			8					30
西京道	西京	大同	1		6			8			1	2	35
合计		5	6	8	42	8	4	66	16	14	12	4	214

资料来源：《辽史·地理志》

① 《辽史》卷 14《圣宗纪》，北京：中华书局，1974 年，第 158、163 页。

② 向南：《辽代石刻文编·圣宗编》，《王说墓志》，石家庄：河北教育出版社，1995 年，第 132 页。

③ 《辽史》卷 41《地理志》，北京：中华书局，1974 年，第 506 页。

④ 陈述：《契丹社会经济史稿》，北京：生活·读书·新知三联书店，1963 年，第 109 页。

五京中，上京虽为皇都，但契丹皇帝一直保持本民族的生活习俗，没有长期居住于此。中央政府随契丹皇帝的宫卫行动，形成游牧政治和游牧政治中心。据统计，辽代二百余年，九个皇帝到达五京的次数，依次为南京 50 余次，上京 30 余次，中京 26 次，东京 12 次，西京 6 次，而且驻跸时间一般寥寥数日，少有超过数月者。[①] 因此，辽代五京均是名义和礼仪上的都城。由此可见，辽代"京城不是政治中心，不是全国的司令台，它也不是全国的经济中心。但它对于繁荣经济和各族间文化交流，起过一定的积极作用"[②]。

辽朝的政治中心在行宫而不在京城的制度，决定了辽代特殊的官制。据前述《辽史·百官志·南面京官》载："辽有五京。上京为皇都，凡京官、朝官皆有之；余四京随宜设官，为制不一。"除三京宰相府、五京留守司兼府尹，五京都总管府、五京都虞候司、五京警巡院、五京处置使司外，诸京管理财政的机构有：上京盐铁使司、东京户部使司、中京度支使司、南京三司与转运使司、西京计司，反映了五京及五京道农业、手工业生产的发展，保障了国家对赋税的征收。其中，辽代诸京留守成为固定的方镇职任，使留守制得到了特殊发展，并形成了完整的留守官署机构。"留守司掌管宫钥及京城守卫、修葺、弹压之事，畿内钱谷、兵民之政皆属焉。"[③] 按《辽史·百官志》，诸留守司下属诸京都总管府，即诸京府，在京府之下领以州、县，形成三级行政区划。

五京城市人口的增殖、经济的繁荣、城市的发展，给城市管理带来了更高的要求；同时在辽宋"澶渊之盟"后两国关系日趋正常的情况下，受北宋汴梁城市都厢制度的影响，到辽圣宗之后，辽朝为加强五京城市的管理，在五京先后建置了城市警巡院管理机构。五京警巡院均设警巡使和警巡副使，[④] 一般来讲，南面京官中的警巡院是管理诸京城市的机构，警巡使、副使等官员是诸京地方官而不是朝官。据《辽史·兴宗纪》，至重熙十三年（1044）三月，"置契丹警巡院"，原因："先是契丹人犯法，例须汉人禁堪，受枉者多。重元奏请五京各置契丹警巡使。诏从之。"[⑤] 看来，从辽重熙十三年三月始，在五京同时设置了契丹警巡院，解决了在这之前契丹人犯法一直由汉人警巡使"禁堪"、受枉者多的问题；这也说明，至辽代中后期，五京都市契丹人口也已明显增加。在五京中，西京设

---

① 参见杨若薇：《契丹王朝政治军事制度研究》，北京：中国社会科学出版社，1991 年，第 186 页。

② 陈述：《契丹社会经济史稿》，北京：生活·读书·新知三联书店，1963 年，第 109 页。

③ 《文献通考》卷 63《留守·副留守》，上海：商务印书馆，1936 年。

④ 《辽史》卷 48《百官志》，北京：中华书局，1974 年，第 806 页。

⑤ 《辽史》卷 112《重元传》，北京：中华书局，1974 年，第 1502 页。

置最晚。据《辽史》:"改云州为西京",时在重熙十三年十一月丁卯,随之建置了汉人警巡院。西京汉人警巡院和契丹警巡院于同年设立。十二月己丑,辽兴宗幸西京。因此,王圻《续文献通考》总结说:

辽"五京各置警巡院,官曰警巡使……兴宗重熙十三年,又置契丹警巡院",[①] 五京汉人警巡院创置除西京警巡院之外,其他四京建置都应在重熙十三年之前。至此,辽五京均建置了汉人警巡院和契丹警巡院。

据《辽代石刻文编·张绩墓志》,张绩"于(辽兴宗)太平末岁,属而立,进士乙科登第","(重熙)十九年冬,改除兴中府判官、奉议郎、守尚书刑部郎中、借紫。二十二年春,除西京警巡使……二十三年七月,兴宗皇帝以天下生财,云中旧壤,飞挽之计,礬麴尤盈。"重熙二十二年(1053)春,张绩升任西京警巡使,西京郊外云中地方的农业生产更是一片丰稔景象。到天祚帝乾统七年八月,据《董承德妻郭氏墓志》,"大辽西京警巡院右厢住人,久居系通百姓董承德,今为亡妻郭氏于京西南约五里买到云中县孙权堡刘士言地五亩"。该史料说明董承德夫妇的籍贯是西京警巡院右厢,[②] 董在其妻郭氏病逝后,在西京郊外云中县购买了墓地下葬郭氏。云中作为附郭县为西京警巡院右厢居民有偿提供了墓地。由此可见,在五京中,西京建置虽然最晚,但保留的有关警巡院的资料最为丰富,充分证实了西京警巡院就是独立的西京城市行政建制。

关于南京警巡院,在《辽史·马人望传》中,马人望"咸雍中,第进士,为松山县令",后"徙知涿州新城县……擢中京度支司盐铁判官,转南京三司度支判官,公私兼裕。迁警巡使。京城狱讼填委,人望处决,无一冤者。会检括户口,未两旬而毕。同知留守萧保先怪而问之,人望曰:'民产若括之无遗,他日必长厚敛之弊,大率十得六七足矣。'保先谢曰:'公虑远,吾不及也'。"从他迁任警巡使前后的事迹来看,警巡院警巡使职责在于治刑狱、理治安,检括户口,阅实赋役,实属"亲民之官",诸京警巡院是独立的城市行政实体。[③] 警巡院与京府所属京县、县皆属于京府,形成辽代五京道行政管理系统。

辽代警巡院均属县级行政机构,而秩高于县,警巡院管理城市社区的城市就是古代建制城市。辽代有上京、东京、南京、中京和西京五个建制城市,它标志着中国古代建制城市的出现。同时,还应该注意"上京为皇都,凡京官、朝官皆

---

① 王圻:《续文献通考》卷 96《职官考》,明万历刻本。

② 据《辽代石刻文编·天祚编·董承德妻郭氏墓志·乾统七年》,他们是"大辽西京警巡院右厢住人、久居系通百姓",西京有右厢,就应该有左厢,左、右厢隶属于西京汉人警巡院,警巡院是县级行政管理机构。

③ 韩光辉:《北京历史上的警巡院》,《北京档案史料》,1990 年第 3 期,第 55-59 页。

有之；余四京随宜设官，为制不一”[①]的制度。这种制度又在某种程度上保障了辽圣宗统和末年迁都中京以前上京城市的首要地位，又保障了辽圣宗统和末年迁都中京以后中京城市的首要地位，形成了诸京建制城市的城市体系。辽代五京警巡院建置之外，《辽史》还记载了录事参军、录事等职官，作为唐代官制的延续，应该有其治事机构的录事司，只是尚未发现类似警巡院的城市行政管理机构。但据《辽代石刻文编·天祚编·朔州李省建幢记·天庆三年》：“朔州司候司陇西郡李省，奉为亡考立光明陀罗尼幢记。”朔州司候司是李省的籍贯，原籍是陇西郡。司候司应该是辽代州治所城镇行政管理机构，与警巡院相同，只是城市职能、规模、级别不同，与后来金元时期的警巡院、录事司、司候司性质应该一致。因此，辽代前后出现的警巡院、录事司、司候司为金朝初年城市管理机构的继承和发展提供了基础。如果没有辽代的警巡院、录事司、司候司，就不会在金初天会六年至天会十五年全面建置起来。

总之，经过五代至辽宋时期，管理都市的官制、职能和范围都发生了重要变化，核心的变化在于由县管理城市转变为由专门机构警巡院、录事司和司候司管理城市，只是由于文献记载的缺失，还不能将这一系列管理机构梳理得更全面、更清晰。

（原载北京市社会科学院历史研究所编《北京史学论丛（2016）》，中国社会科学出版社，2017年）

① 《辽史》卷48《百官志》，北京：中华书局，1974年，第801页。

北京历史上的城市行政管理机构警巡院

任何一级行政建制都是顺应社会发展的客观要求产生并且日渐完善起来的。北京历史上的警巡院就是伴随北京城市职能与地位的提高和城市人口规模的不断扩大而出现的。到元代，警巡院职能明确为专“领京师坊事”，[①]“领民事及供需”，[②]“分领京师城市民事”。[③]自辽代中后期警巡院的出现，历金、元在北京建都时期，至明初被取消，前后历时约三四百年。警巡院的取消，不是出于它自身的弱点，而完全是出于明初的政治原因。因其存在的历史不长，而且由于与其相关的资料欠缺或失载，要做深入研究相当困难，因而有关的研究成果罕见。事实上，因警巡院这一建制与国都北京的历史紧密关联，故深入研究它的发生、发展、职能及其历史作用，无疑对进一步揭示北京城市发展的历史具有重要意义。本文即以现有资料，就这些方面做一粗浅的探讨。

一、辽南京警巡院

契丹贵族攫取幽云十六州后，升幽州为南京，建陪都，为辽初三京之一，又为辽中期五京之一。据《辽史·百官志》记载，五京均设有警巡院，置有警巡使、警巡副使。《辽史·兴宗纪》载，契丹警巡院为重熙十三年（1044）所置。当时秦王重元“奏请五京各置契丹警巡使，诏从之”。设置原因：“先是契丹人犯法，例须汉人禁勘，受枉者多。”[④]但禁勘契丹人犯法的汉人官员是否就是汉人警巡使，虽不明确，但应是《百官志》所置五京警巡院及警巡使。据《张绩墓志铭》，张绩任西京警巡使是在辽兴宗重熙二十二年（1053），可知西京汉人警巡院在重熙二十二年前即设置了。自然，确立陪都地位更早的辽南京设置汉人警巡院的时间肯定不会更晚些。王圻《续文献通考》：辽五京各置警巡院……兴宗重熙十三年，又置契丹警巡院。据此，汉人警巡院的创置当在重熙十三年之前。至重熙十三年，南京城市建置了汉人警巡院和契丹警巡院，共计二院。

---

① ［元］孛兰肹等撰：《元一统志》卷1《大都路》，北京：中华书局，1966年。

② 《元史》卷90《百官志》。

③ ［元］孛兰肹等撰：《元一统志》卷1《大都路》，北京：中华书局，1966年。

④ 《辽史》卷112《重元传》，北京：中华书局，1974年，第1052页。

由上述重元奏置契丹警巡使的原因知，设警巡院、置警巡使与警巡副使的目的在于治刑狱，理治安。据《辽史·马人望传》，马人望为南京警巡使前，“京城狱讼填委，人望（莅任）处决，无一冤者。会检括户口，未两旬而毕”。可见警巡使的职责不仅仅在治狱讼，而且还要检括户口。显然，这与警巡院“所掌实即唐左、右巡之事”[①]的说法并不完全一致。

按《旧唐书·百官志》：殿中侍御史，凡两京城内，则分知左、右巡，各察其所巡之内有不法之事。按《新唐书·百官志》监察御史分左、右巡，纠察违失，左巡知京城内，右巡知京城外尽雍洛二州之境。月一代。将晦，即巡刑部、大理东西徒坊，金吾县狱。搜狩则监围，察断绝失禽者。《通典》：监察御史分左、右巡，纠察违失，以承天、朱雀为界。《唐会要》：所谓不法之事，包括“左降流移停匿不去，及妖讹宿宵、蒲博盗窃、狱讼冤滥、赋敛违法”等。

相互比较发现，辽南京警巡使之责除维护社会治安、治理刑狱与唐左、右巡之责相类似外，有两点明显不同：（1）唐代京师左、右巡并不检括城市户口；（2）唐代左、右巡并非专职官员，而以监察御史或殿中侍御史领衔，且定期一月一代。

又据《辽史·马人望传》，马人望先为松山县令，又徙知涿州新城县，再擢中京度支司盐铁判官，又转南京三司度支判官，迁警巡使，显而易见，警巡使之秩高于县令或京县，而且平理刑狱，维护治安，阅实户口的职责与京县的主要职责相一致。因此辽警巡院不仅较唐京师左、右巡职专权大，而且较辽代县令秩高位重。辽警巡院至少是诸京城市独立行政建制的一种过渡形式，甚至已成为独立的城市行政实体。后来，主要行政职能继承辽制的金代诸京警巡院的行政地位也证明了这一点。

二、金中都左、右警巡院

按《金史·百官志》，金代诸京均置有警巡院，其中中都、南京皆置有警巡使与警巡副使，而东京、西京、北京（按大定府）、上京仅置有警巡使，而不置警巡副使。据文献记载，金代最早设置警巡院的都市是汴京，在天会十五年（1137）。是年废伪齐，差除“契丹（人）韩睿为都城警巡使”[②]。

① ［清］纪昀：《历代职官表》卷20《五城》，丛书集成初编本。

② ［宋］徐梦莘：《三朝北盟会编》卷182，绍兴七年九月十八日丙午，上海：上海古籍出版社，1987年。

金主完颜亮贞元初迁都燕京，改燕京为中都，拓广燕京城池将辽南京城中26坊扩建为62坊，[①] 并恢复了城市警巡院制度。[②] 直至大定初年，中都城市仅置一个警巡院，称中都警巡院。[③] 至大定八年（1171）中都警巡院已增设为左、右两个，[④] 即中都左、右警巡院。这是女真统治者迁都于中都，城市职能完善、地位提高、人口增加、诸事日益繁剧、需要加强对城市管理的必然结果。

《金史·地理志》除透露了警巡院设置的年代之外，关于警巡院的行政地位同《辽史》，亦未予明确肯定。但事实上，其行政职能进一步加强了。根据有关史料推断，金代中都等诸京警巡院独立行政实体的地位已经确立。理由如此：

（1）行政职责。

金代警巡院所设警巡使，"掌平理狱讼，警察所部，总判院事"；副使"掌警巡之事"，判官"掌检稽失，签判院事"。[⑤] 并"通括户籍"。[⑥] 而县令的职责在于"掌养百姓，按察所部，宣导风化，劝课农桑，平理狱讼，捕除盗贼，禁止游惰、兼管常平仓及通检推排簿籍（按包括检括户口），总判县事"，县尉若干员"专巡捕盗贼"。[⑦] 两相对比，警巡使，副使与县令等官吏的主要职责基本一致。至于县令劝课农桑，兼管常平仓等事，在城市中并不存在，故警巡使无此职责。因此，《金史·百官志》谓警巡使为厘务官。厘乃市厘，有整理，治理的意思；故厘务官实乃管理城市行政的行政官。当时，做左警巡事的焦旭被金世宗视为"亲民吏"[⑧]，足资说明。

（2）考课方法。

金章宗泰和四年（1204）定考课法，准唐令作四善、十七最之制。"十七最之一曰礼乐兴行，肃清所部，为政教之最。二曰赋役均平，田野加辟，为牧民之最。三曰决断不滞，与夺当理，为判事之最。四曰钤束吏卒、奸盗不滋，为严明之最。五曰案簿分明，评拟均当，为检校之最。以上皆谓县令、丞簿、警巡使

① 《元一统志》卷1《大都路·建置沿革》，北京：中华书局，1966年。

② 《金史》卷89《梁肃传》，卷24《地理志》、海陵贞元迁都改燕京为中都的同时，改辽中京为北京、置警巡院，中都当同置。

③《金史》卷90《杨邦基传》。

④ 《金史》卷97《张大节传》。

⑤ 《金史》卷57《百官志》。

⑥ 《金史》卷93《承裕传》。

⑦《金史》卷57《百官志》。

⑧ 《金史》卷97《焦旭传》。

副、录事、司候、判官也。”[①] 警巡使、副使与县令考课项目与考课内容完全一致表明，诸京警巡院与诸县在行政职责上平行而不相从属，警巡使与县令一样，属于牧民之行政长官。

（3）验实与检括户口。

金代，为验实户口各级各类行政机构均专门置有司吏。金中都有大兴、宛平两个附郭县，据《金史·百官志》，其分别置有用以验实户口的司吏10人，其中一名识女真字与汉字。而中都城市一个警巡院下则置有这种司吏18人，其中女真3人，汉人15人。左、右二院则应共设司吏36人，其中女真司吏6人，汉人司吏30人。这表明两赤县与中都左、右警巡院验实户口是分别单独进行的：两院负责验实中都城市各类户籍，即前述“通括户籍”，而两赤县则负责验实中都城市之外属两县的乡村户籍，户口管理与验实互不统属。

关于官员吏民的户籍管理和籍贯，诸京警巡院和赤县及京县一样可以接受占籍。如郭元弼，“充尚书省译史、迁仪鸾局副使，遂占籍大兴（府）左警巡院”。[②] 尚书省译史和仪鸾局副使均系京官，故占籍与京县平行隶属于京府的京师城市行政建制左警巡院。据《题登科记后》，金章宗承安五年（1200）经义榜登科的33人中籍贯隶属县者18人，隶属诸京府警巡院者6人，隶属录事司者3人，隶属司候司者3人。籍隶警巡院者即张孺卿（大兴府左警巡院）、朱焕（开封府警巡院）、孔天昭（大兴府左警巡院）、王毅（大兴府左警巡院）、赵铢（大兴府左警巡院）和杜实才（南京警巡院）。凡此，均足以证明，诸京警巡院和赤县、诸京县、诸县是相互独立的行政实体，不相统属。

（4）赋役负担。

附郭县与警巡院同样向金代封建国家承担赋役、且相互独立。这一点可由大定六年（1166）五月，金世宗至西京幸华严寺，诏“云中大同县及警巡院给复一年”[③] 的事实来说明。这里将西京附郭县大同与西京警巡院并列，且均给复一年赋役说明两者也不存在领属关系，而是独立的平行关系。自然中都也不例外。

由此数点推断，金代中都左、右警巡院确已上升为独立的行政实体，专门从事平理狱讼、阅实户口、推排物力、均平赋役等都市民事及各项行政事务，是统一封建政权之下的独立都市行政建制，和附郭赤县及京县平行地隶属于诸京府。

---

① 《金史》卷55《百官志》。

② ［清］张金吾编纂：《金文最》卷104《费县令郭明府墓碑》，北京：中华书局，1990年。

③ 《金史》卷6《世宗纪》。

因而至行政建置多承金制的元代，警巡院一恢复，即领“民事及供需”①，成为独立的，与宛平、大兴两县平行地隶于大都路的行政单位。而且，如果没有金代警巡院行政职能的完善和独立，就不会有元初对这一城市行政建置职能的迅速明确，这是毫无疑问的。

三、元大都五警巡院

成吉思汗十年（金贞祐三年，1215）蒙古骑兵攻占中都，并改中都为燕京。元世祖至元元年（中统五年，1264）改燕京为中都。至元四年（1267）迁都中都并规划始建新城。至元六年（1269）中都城市恢复了左右警巡院，“领民事及供需”。历史文献第一次明确了警巡院为正式的行政建置。至元九年（1272）改中都为大都。此后，大都城市警巡院的设置已非至元初的两个。至元十二年（1275）又置大都（按大都新城）警巡院，“领京师坊事”。故这时，大都新旧二城共置有三个警巡院。到至元二十四年（1287）省并一个，只设左、右二院、分领京师城市民事。②这时的左、右二院所领应包括大都新城的50坊与旧城的62坊在内。《元史·地理志》谓大都路领院二，即指这时的左、右二院而言。成宗大德九年（1305）置大都南警巡院，“以治都城之南”。③这里实际上是指在南城（按即旧城）再置警巡院以治南城。因大德间新城中又增设了26坊，新城中坊的总数已增加到76个，即由左、右二院领属，而南城原来的62坊则由南警巡院领属。再到元武宗至大三年（1310）又“增大都警巡院二，分治四隅”。④到此，大都新旧二城已设有警巡院五个，无论与金代比，还是与元初比，警巡院的数量均明显地增多了。

同时，元代于大都南北二城置有兵马司，设都指挥使，副指挥使等官，专掌京城盗贼奸伪拘捕之事。

元代，京师各警巡院的行政职能已明确为“领京师坊事”，“领民事及供需”，而且《元史·地理志》也将警巡院附系于大都路的领属之下，成为与各州县平行独立的行政实体。

---

① 《元史》卷90《百官志》，北京：中华书局，1976年。

② 《元一统志》卷1《大都路·建置沿革》，北京：中华书局，1966年。

③ 《元史》卷90《百官志》，北京：中华书局，1976年；又《元一统志》卷1《大都路》。

④ 《元史》卷23《武宗纪》，北京：中华书局，1976年。

大都路：
- 警巡院：左、右警巡院、南警巡院、警巡院二（分治新城四隅）
- 赤县：大兴、宛平
- 畿县：良乡、永清、宝坻、昌平
- 大都路州县：涿州：范阳、房山；霸州：益津、文安、大城、保定；通州：潞县、三河；蓟州：渔阳、丰润、玉田、遵化、平谷；漷州：香河、武清；顺州；檀州；固安州；龙庆州：怀来

这是城市规模发展到一定阶段、城市职能提高到国都地位、必须建立独立的行政建制以加强城市管理与城市建设的历史必然。

四、警巡院的机构组成及其历史作用

辽南京设有汉人警巡院，同时作为统治民族的契丹人以宫卫户身份大量移居南京，故又设有契丹人警巡院。两院均置有警巡使与警巡副使。其余官吏组成因史料缺载不详。金代，中都左、右警巡院除均置有警巡使、警巡副使外，还分别置有判官二员，司吏18名。元代，大都左、右警巡院，设达鲁花赤各一员，警巡使各一员，副使、判官均各三员，典史各三员，司吏各25名。大都南警巡院，设达鲁花赤一员，警巡使一员，副使二员、判官二员、典史二员，司吏20名。其余分治四隅的二警巡院官员设置情况因资料缺乏不详。但据大都左、右二院与南警巡院官员设置情形推测，亦应设有达鲁花赤、警巡使、副使、判官、典史与司吏等，是完整的一套行政机构。金中都左、右警巡院与元大都诸警巡院之秩均为正六品。按前述辽代警巡使之秩高于县令的事实推测，辽代警巡院之秩亦当为正六品。总之，各时期的警巡院实乃县级行政建制，而因治事京城，故秩高于县。

北京历史上城市警巡院的设立，由辽代早期的一个汉人警巡院到中后期增设一个契丹警巡院，到金代中期的两个，再增加到元代中期的五个，是伴随两个基本历史事实发生的：其一，契丹人升中原王朝北方军事重镇、经济都会的幽州为辽之陪都，城市的政治地位提高，女真人迁都燕京，建为中都，成为北部半个中国的政治中心，城市的政治地位已明显提高；蒙古人迁都燕京，建为大都，成为中华大一统帝国的政治中心，城市的政治地位和城市的职能又进一步得到提高与完善。其二，伴随上述事实，城市的规模迅速扩大。从城市坊（中国古代城市居民的基层行政组织）的数量来看，辽南京城市共划分为26坊，金中都城市则增加到62坊，元大都城市更增加到138坊（其中南城62坊，北城76坊）。从城市

的人口规模来看，辽代中后期南京城市人口约计 15 万人，远多于当时一个大县的人口，金代中期中都城市人口增加到约 40 万人；元代中期大都城市总人口增加到 90 余万人。[①] 这些坊和人口即分属各时期的警巡院。从城市的地域范围来看，辽南京城市面积仅 8.8 平方千米，而金中都城市面积扩展到 21.5 平方千米，元大都包括新、旧二城，城市面积更扩大到 71.5 平方千米。

城市地位的提高和城市规模的不断扩大，继续依赖附郭县实行传统的治理和统治方法显然已经不够。于是，对城市进行专门管理的行政实体——警巡院就从附郭县中分离开来。因此，北京历史上的警巡院应该是我国最早的独立的城市行政建制之一。其无论对城市的管理，还是对城市的发展都具有毫无疑义的积极作用。辽南京置警巡院，马人望为警巡使，原来“京城狱讼填委，人望处决，无一冤者。会检括户口，未两旬而毕”。这里除马人望个人的才能之外，警巡院机构的设立和职责的专门化在客观上发挥了积极作用，使社会治理的效率大大提高了。金代与元代对京师中都和大都城市卓有成效的治理，独立的城市行政实体警巡院发挥了不可忽视的历史作用。其中对城市贫民的有效赈济即为典型实例。

而至明初，朱明封建政权建都南京，降元大都为北平府治，并裁撤元代诸警巡院，城市改由宛平、大兴两附郭县分治。永乐迁都北京，依南京例将北京城市划分为东、西、南、北、中五城，城置兵马司，并实行御史监察制度，进而形成了巡城察院，实乃元大都五警巡院之遗意。城下分坊，坊下设牌，牌下置铺，以居民多寡而定，从而形成了城市管理的新体系。虽则系统完善，但在管理体制上却是五城与附郭之大兴、宛平二县共同治理，出现了对京师城市双重管理的现象。这是明代高度发展的封建专制主义在城市建设与管理上的具体体现。结果是造成了严重的混乱。据《宛署杂记》记载，北京“城内分土，前从棋盘街，后从北安门街以西，俱属宛平；城外，东与大兴联界”。但实际上，“城内总小甲悉属五兵马司，近城地方三四十里犹籍隶厂卫，县官曾不得一轻拘摄。县门之外，率尔我而主宾焉”。明代对北京城市实行双重管理的办法，不利于城市的统一治理和健康发展已是显然的事实。

与辽、金、元时期的城市警巡院制比较，明代对北京城市实行形式上的双重管理不是成功的经验，而是失败的教训。因此，辽、金、元各代建立独立的城市行政机构警巡院是中国古代加强城市治理的成功创举，也是中国古代国都城市文明与发达的重要标志。

（原载《北京档案史料》1990 年第 3 期）

---

① 拙作《建都以来北京历代城市人口规模蠡测》，见《人口与经济》，1988 年第 1 期。

宋辽金元建制城市的出现与城市体系的形成

中国古代城市是区域经济开发及地方行政区划与建置的产物。不同等级的地方行政区划与建置的治所，相对于本地区来说就是不同等级规模的城市。

宋代城市革命打破了唐代城市的坊市制度。首先是城市商业的发展，逐渐打破了城市坊墙的限制，商人纳税开设铺店形成了新的商业街道与市场，出现了商业与居民区混杂交错的现象。在城市内部区划上出现了厢、坊、街、巷管理制度。

北宋在都城汴梁设立厢制。至道元年（995），诏改京城内外坊名，旧城内左第一厢二十坊，第二厢十六坊，右第一厢八坊，第二厢二坊；新城内城东厢九坊，城西厢二十六坊，城南厢二十坊，城北厢二十坊。[①] 在这次诏改都城坊名之前，或即五代以来在汴梁城中已普遍存在厢制。大中祥符元年（1008），又将厢制推行于京城城外郊区，"置京新城外八厢，真宗以都城之外，居民颇多，旧例唯赤县尉主其事，至是特置厢吏，命京府统之"[②]。即厢吏直隶于开封府，遂使厢成为独立于附郭之京县开封与祥符的城市行政机构。至神宗熙宁中，"置勾当左、右厢公事所，以文臣一员主之，自断讼贼盗，杖六十而下皆决之，以分天府之剧也。民间谓之都厢"，都厢上属开封府，下领厢坊，遂形成了都厢制度，[③] 都厢行政地位相当于赤县或县。

城市规模的扩大，人口的增加，管理制度益加完善，使城市本身及附郭县与古代坊市间增设了厢这一管理体制。除开封设有都厢外，北宋文献中明确记载设厢城市有：北京大名府，"左右四厢，凡二十三坊"[④]；楚州（今淮安），"城外旧有西北两厢官"[⑤]，城内亦应设有厢官；许昌有"内外厢界"[⑥]，应设有厢；太原城南草市有厢巡，"以厢四人巡逻"[⑦]；钱塘州城旧有左右厢巡检二人；温州城外

---

① ［清］徐松辑：《宋会要辑稿·方域一之一二》，北京：中华书局，1957 年。

② ［清］徐松辑：《宋会要辑稿·兵三之一》，北京：中华书局，1957 年。

③ ［宋］高承：《事物纪原》卷 6《抚字长民部》，四库全书本。

④ ［宋］王应麟辑：《玉海》卷 16《宋朝四京》，杭州：浙江古籍出版社，1987 年。

⑤ ［清］徐松辑：《宋会要辑稿·兵》三之十二，北京：中华书局，1957 年。

⑥ ［宋］叶梦得：《避暑录话》卷上，北京：中华书局，1985 年。

⑦ ［清］徐松辑：《宋会要辑稿·兵三之一》，北京：中华书局，1957 年。

"四厢八界"[①]。至南宋时期，设厢城市数量更多。地方城市的厢只是城市社区的分区管理机构，上属附郭县，下设坊，负责城区的治安和民事，又与乡镇行政平行隶属于县。

总之，城市厢制是伴随着城市发展和城市社区管理专门化过程逐渐出现的，是一个新事物，在宋代三百年中仅东京和临安两都城形成了这种建制，与唐代城市管理显然不同。

宋真宗景德元年（辽统和二十二年，1004 年）"澶渊之盟"订立后，辽宋之间不仅在边境开放了榷场，而且发展了民族关系和经济文化往来。辽朝通过更定法令、改革社会，使国家进入鼎盛时期，在城市规划建设和管理制度方面也深受北宋影响，发生了明显变化。

辽代逐渐形成五个政治中心，五京就是相应辖区的行政中心。一个辖区就是一个"道"，共五京道，即上京道、东京道、南京道、中京道、西京道。道下辖属若干府州县城镇。因此，"由三京到五京，表明国家的区域管理；五京分工，也部分地透露地区差别"[②]。

五京中，上京虽为皇都，但契丹皇帝一直保持本民族的生活习俗，没有长期居住于此。中央政府随契丹皇帝的宫卫行动，形成游牧政治和游牧政治中心。

五京城市的发展，给管理带来更高的要求，同时在辽宋"澶渊之盟"后两国关系日趋正常的情况下，受北宋汴梁城市都厢制度的影响，到圣宗之后，辽朝为加强诸京管理，在五京先后建置了城市警巡院管理机构。五京警巡院均设警巡使和警巡副使，一般来讲，南面京官是管理诸京城市的机构和官僚，是诸京地方官而不是朝官。警巡院警巡使职责在于治刑狱、理治安，检括户口，阅实赋役，实属"亲民之官"，诸京警巡院是独立的城市行政实体。[③]据《辽史·兴宗纪》，至重熙十三年三月，"置契丹警巡院"。原因"先是契丹人犯法，例须汉人禁堪。受枉者多。重元奏请五京各置契丹警巡使。诏从之。"[④]看来，至辽代中后期，五京都市契丹人口也已明显增加。警巡院与京府所属京县、县皆属于京府，形成辽代五京府行政管理系统。

宋代都厢和辽代警巡院均属县级行政机构，而秩高于县，由都厢和警巡院管理城市社区，形成古代建制城市。尽管宋代只有东京和临安两个建制城市，辽代则有上京、东京、南京、中京和西京五个建制城市，但它却标志着中国古代建制

① ［宋］刘宰：《漫塘文集》卷 14，四库全书本。

② 陈述：《契丹社会经济史稿》，北京：生活·读书·新知三联书店，1963 年，第 109 页。

③ 韩光辉：《北京历史上的警巡院》，《北京档案史料》，1990 年第 3 期。

④《辽史》卷 112《重元传》，北京：中华书局，1974 年，第 1502 页。

城市的出现。同时，还应该注意“上京为皇都，凡京官、朝官皆有之；余四京随宜设官，为制不一”[①]的制度。这种制度又在某种程度上保障了上京城市的首要地位，形成了诸京建制城市的城市体系。

金代都市警巡院制度是对辽代都市警巡院制度的继承，而城市录事司、司候司却是新置。天会五年（宋靖康二年，建炎元年，1127）北宋灭亡，中原战乱，民族矛盾尖锐。据洪武《太原志》：金太宗天会六年八月，“以代州置振武军节度使，领县四：雁门、五台、崞、繁峙，录事司一，支郡二：宁化军、火山军……”[②]天会七年三月，金人“以刘豫知东平府，节制河南州郡”[③]。并发布告谕：“若诸州县职员内见有阙，或不任职事，至于计运劝农等事，须至设官，即许便行差填替换，旋报监军点验”[④]。天会六、七年间，由于战乱和民族矛盾尖锐，发生两个重要变化：一是在代州府镇城市设置管理机构录事司，二是在州县根据形势需要可以设官。天眷元年（1138）八月初一日，熙宗“颁行官制”，即“熙宗颁新官制及换官格……而后其制定”[⑤]。金熙宗统一官制，也确定了金朝行政区划制度，并形成城市等级体系。《金史·地理志》载：金“袭辽制，建五京，置十四总管府，是为十九路。其间散府九，节镇三十六，防御郡二十二，刺史郡七十三，军十有六，县六百三十二。后复尽升军为州，或升城堡寨镇为县，是以金之京府州凡百七十九，县加于旧五十一，城寨堡关百二十二，镇四百八十八”[⑥]。金代行政区划，分路府、州、县三级制，相应形成了不同行政等级和户口规模的城市，按城市行政建制与等级规模也划分为三级，即警巡院城市、录事司城市和司候司城市。六京府置有警巡院，十三个总管府和所辖诸府节镇，置录事司，防刺州则置有司候司。[⑦]

在“金之壤地封疆，东极吉里迷兀的改诸野人之境，北自蒲与路之北三千余里，火鲁火疃谋克地为边，右旋入泰州婆卢火所浚界壕而西，经临潢、金山，跨庆、桓、抚、昌、净州之北，出天山外，包东胜，接西夏，逾黄河，复西历葭州

---

① 《辽史》卷48《百官志》，北京：中华书局，1974年，第801页。

② 《永乐大典》卷5200《原字韵·太原府》，北京：中华书局，1986年。

③ 《宋史》卷25《高宗纪》，北京：中华书局，1977年。

④ 佚名编，金少英校补：《大金吊伐录校补》下，《差刘豫节制诸路总管安抚晓告诸处文字》，北京：中华书局，2001年。

⑤ 《金史》卷55《百官志》。

⑥ 按《金史·地理志》统计，金章宗泰和八年（1208）共置建制镇519个。见林玉军《金代镇诸问题研究》，《中国历史地理论丛》，2009年第2期。

⑦ 《金史》卷57《百官志》。

及米脂寨，出临洮府、会州、积石之外，与生羌地相错。复自积石诸山之南左折而东，逾洮州，越盐川堡，循渭至大散关北，并山入京兆，络商州，南以唐邓西南皆四十里，取淮之中流为界，而与宋为表里”①的广阔地域上，第一次出现了较完善的不同等级城市行政管理机构，通过水陆交通条件把首位及次首位警巡院城市、录事司城市、司候司城市等不同等级和规模，有职能分工、联系紧密、分布有序的城市有机联系起来，形成了古代城市体系。这在中国古代乃至当时世界无疑都是新事物。

元朝创建的行省是地方最高行政机构，也是一级行政区，同时保留了宋、金时代的路、府、州、县地方行政机构和相应的行政区划。在拥有一定规模的行省和路府治所建置了城市行政机构。除大都、上都等警巡院建制城市外还有诸府录事司建制城市，共同形成了完善的城市体系。另外还有散府州县治所城镇和建制镇。

元代的地方行政区划实行省、路（府）、州、县四级制。在《元史·百官志》和《元史·地理志》中，明确记载城市行政机构警巡院和录事司，把建制城市分为两级。值得注意的是，日本学者爱宕松男《元代的录事司》对元代的录事司做了较系统研究，认为录事司是“一个新机制”，“只有以考察录事司为中心才能说明元代的都市制度”。②但需要指出三点：研究元代城市录事司应和都市警巡院相结合；考察录事司包括警巡院应系统地从金代城市行政管理制度开始；元代录事司的产生并非来自达鲁花赤职能的变化。在元太祖庚辰（1220）、太宗、宪宗时期，已陆续有录事司在路府城市中恢复建置，而录事司达鲁花赤从现有资料看，最早置于元世祖至元初年。

蒙古国时期中原地区建制城市的演变过程，大体经过了三个阶段：一是成吉思汗至窝阔台初期（1206—1234），此为严重破坏时期；二是窝阔台初期至忽必烈初期（1235—1265），“始张官署吏”③，建制城市得到逐渐恢复时期；三是忽必烈前期（1265—1278），为建制城市全面、正常发展时期。作为古代建制城市的司候司城市已全面并入府州的附郭县，而警巡院和录事司建制城市得以保留并减少数量、提高质量，为大一统的元帝国最终形成完善的城市体系做好了准备。

宋、辽、金、元是分别由汉族、契丹、女真、蒙古等不同民族建立国家，并由分裂走向统一的时期，长达四百余年。这一历史阶段的社会、经济、文化都发

---

① 《金史》卷24《地理志》。

② ［日］爱宕松男著，索介然译:《元代的录事司》，《日本学者研究中国史论著选译》第5卷，北京：中华书局，1993年。

③ ［金］李俊民:《庄靖集》卷8《泽州图记》，四库全书本。

生了重大变化，表现在城市建设上这种变化则更为明显：第一，城市社会由唐代的坊市制转变为宋代的厢坊制；第二，宋代、辽代出现的个案建制城市，即拥有确定的行政区域和专门行政机构并实行独立行政管理的城市；第三，金、元时期形成了古代城市体系，即拥有不同等级和规模、职能分工、联系密切、分布有序的城市有机联系的体系。这些方面的变化无疑是值得学术界深入研究的问题。

（一）城市空间由封闭到开放，城市社会由坊市制转向厢坊制

古代城市坊市制即城市空间划分为封闭的坊和市，坊呈方形，四面筑坊墙围护，开有坊门，定时启闭，居民住其中，是为城市居民区；市占用两坊地，平面呈方形，也有市墙围护，四面有门，定时启闭，是贸易商业集中之区。延续了近千年封闭的城市坊市及其管理制度到唐代达到了极致。由于唐末五代的战乱，军事编制和军事管理的厢逐渐转化为城市行政治安管理的制度。10世纪政治趋向统一，民族融和，社会经济出现变革与调整。宋代城市商业继续发展，城市坊市制开始被打破，城市经济摆脱了过去制度的束缚，得以临街开店，充实了经济内容，繁荣了商业活动，形成了开放的城市空间。新兴起的商业街道、贸易场所与居民社区在城市内部混杂交错，给城市管理带来了更多的困难，因此模仿军事编制和军事管理，结合城市社区划分，首先在都城中出现了都厢、厢、坊、街巷城市分层区划，形成了城市管理的厢坊制。厢坊制在城市管理方面较坊市制显然向前迈进了一大步。

至道元年在汴京设置了厢坊制之后，大中祥符元年又将厢坊制推行到汴京城外郊区，再到神宗熙宁中，置勾当左、右厢公事所，即都厢，上属开封府，下领厢坊，形成了东京都厢制度。东京都厢的行政地位相当于赤县或县。但北方在辽朝五京城市依然保留着坊市制与坊墙，一直维持到辽末金初。到金代，原辽境城市坊市制才逐渐被打破，城市空间普遍开放，形成隅坊结构，分属于警巡院、录事司、司候司。

（二）宋、辽时期建制城市

如果定义具有一定规模的手工业、商业、交通运输业聚集地，以非农业人口为主的居民点，是国家或区域政治、经济与文化教育中心，就是古代城市；那么到宋代又出现了有明确行政界线和职能完善的城市独立行政管理机构“都厢”，且平行于赤县或县，领属于京府，这就是古代建制城市。

按上述建制城市的定义，宋代东京就应该是中国古代建制城市。北宋灭亡之后，南宋都城临安也无疑是中国古代建制城市。至于其他城市如大名府、楚州

（淮安）、许昌、太原、温州、建康、福州等较大城市，虽然实行厢坊管理制度，但厢坊只能与乡镇平行地隶属于附郭县，还不足以与县级行政区划单位平行地隶属于上一级行政管理机构如府或州。

辽圣宗、兴宗之后，五京渐备，城市得到较大发展，规模扩大，要求加强管理。上京、东京、南京、中京和西京逐渐建置警巡院，设警巡使、警巡副使。五京警巡院警巡使管理城市，职责在于治刑狱，理治安，检括户口，阅实赋役，实属“亲民”官，属县级行政单元，秩高于县，而隶属于京府。因此，辽代五京同样属于古代建制城市，上京临潢府“京官、朝官皆有之”，居五京之首，是辽代首位城市，形成了以其他四京为次首位城市的古代城市体系。

（三）金、元城市体系

一般来讲，现代城市体系是一个复杂的系统，在一定地域空间内不同等级规模、职能分工、联系紧密、分布有序的城市群体，在自然、经济、社会、交通等因素共同作用下历史形成并处在发展中的系统，具有区域整体性、结构性、有序性和动态性特点。古代有没有城市体系，正是学界要加以研究的重要问题。有些学者认为中国古代没有城市体系，笔者认为地域城市群体就是城市体系是有一定道理的，但限于文献和资料，有些问题还要做进一步研究。

在金代城市体系中，中都作为金朝政治、经济、文化与教育的中心，建置了左、右警巡院，属警巡院城市，居金朝首位城市地位。五京在各自相应的区域形成了大区域中心城市，也是警巡院城市，可以看作次首位城市。录事司城市则是诸府节镇的治所，是较大区域的中心城市，有66处。司候司城市则是防刺州的治所，是相对较小区域的中心城市，有112个。这184个建制城市，分别领属了若干个县治和建制镇等城镇，形成了金代较完善的城市体系。同时，以五京为中心的警巡院城市，以诸府节镇治所为中心的录事司城市，以防刺州治所为中心的司候司城市形成了不同区域城市体系。警巡院、录事司、司候司是不同等级和规模的城市建制，中都与诸京、诸府节镇、防刺州整合成为金代不同等级、不同规模的建制城市体系。在淮河、秦岭以北的广阔地域上，第一次出现了如此多行政管理机构较完善的建制城市，通过水路交通条件把首位、次首位警巡院城市、录事司城市、司候司城市等构成不同等级和规模，有职能分工、联系紧密、分布有序的城市体系。这在中国古代乃至当时世界上无疑是新事物。

就元代城市体系而言，元代警巡院、录事司是当时不同等级规模的城市建制，分别与大都、上都、诸路府整合，形成了元代不同等级、不同规模的建制城市。大都作为元朝政治、经济、文化和教育中心，又是中外交通枢纽和国际交往繁华都会，为加强对都会城市的行政管理建置了2个到5个警巡院，属元代警巡院建制城市，中后期方圆近百里，人口近百万，是特大首位城市。一般录事司城市作为路府治所，是路府区域政治、经济、文化的中心。元代两个警巡院城市和127个录事司城市特别是97个发展稳定的录事司城市，以不同区域首位城市为中心形成了不同区域的城市体系。

值得注意的是，金代城市建制和元代城市建制略有差别。金代城市建制诸京警巡院、诸府节镇录事司、防刺州司候司均管民事，同时分别独立设置有兵马司、都军司、军辖，管军事与巡捕，与警巡院、录事司、司候司同管城市。因此，在金代管理民事的各行政机构中均无典史一职。至元代，在管理民事的城市警巡院、录事司行政机构中均增设了掌军事、巡捕的典史，而省并了金代独立设置的都军司、军辖，将独立设置负责诸京巡捕的兵马司或兵马都指挥使司置于上都与大都路都总管府下，从而加强了城市的行政管理，提高了效率。这就是金代较完善的城市体系提升到元代完善城市体系的道理所在。

（原载韩光辉、林玉军、王长松《宋辽金元建制城市的出现与城市体系的形成》,《历史研究》2007年第4期，第42-62页。《高等学校文科学术文摘》2007年第5期压缩转载）

中国古代城市管理制度的演变和建制城市的形成

中国古代城市，大体经过四个阶段的发展：史前时期即新石器时代中后期仰韶文化、龙山文化，与石器时代相适应，是中国古代城市的萌芽与雏形阶段；先秦即夏商周三代，与青铜时代相适应，是中国古代城市发展的形成阶段，到春秋战国时期，中国古代城市由分封制影响下的城市进入郡县治所城市，开始了城市的转型；秦汉至隋唐五代时期，与铁器时代相适应，形成县及所属里坊管理城市，并以郡县治所城市为核心，形成古代传统城市体系；宋辽金元明清时期，仍与铁器时代相适应，形成都城建制城市和地方路、府建制城市及州、县治所城市体系的成熟阶段。建制城市体系主要表现在辽金元时期。在世界城市发展史上，具有极重要的意义。近代以来，中国城市又受到世界各国城市发展的影响，走上了城市世界一体化的道路。

一、古代城市管理制度及其演变

史前与先秦是中国早期城市萌芽与形成的时期，对其研究往往集中在城址的选择、城市建筑、城市业态、城市规模等。秦汉以后，古代地方行政区划由分封制转变为郡县制，古代城市也由分封形成的城市转变为郡县治所城市，郡县治所城市均由县或附郭县管理。因此，对古代城市的研究除上述内容之外，城市的管理成为重要研究内容。随着城市规模的扩大和管理内容的增加，在城市规划、建设和管理三者中，管理的作用益发凸显。应该指出的是，在古代郡县同一治所城市中，至南北朝时期的北齐出现了双附郭县，即太原郡晋阳县又析置出了龙山县，太原郡城由附郭之晋阳、龙山二县管理。到唐代，这种双附郭县已达到十五对。其中，长安都城京兆尹双附郭长安、万年二县，至总章元年（668）二月己卯，“分长安、万年置乾封、明堂二县，分理于京城之中”[①]，事实上已形成京城四附郭县。长安规模浩大，户口盈积，市狱殷繁，原置两县抚治难周，成为析置乾封、明堂二县的首要原因，目的是“分理京城内”[②]，成为专门管理城市的县级

① 《旧唐书》卷 5,《高宗纪》，中华书局点校本，1975 年，第 91 页。

② ［宋］王溥辑:《唐会要》卷 70《州县改置上 · 关内道》，北京：中华书局，1955 年，第 1243 页。

行政管理机构。而长安、万年依例仍然管理长安城的北部坊市和城外乡里，至长安二年（702），撤废乾封、明堂二县。[①] 这种由县管理城市而不再管理乡村的重要城市管理机构在唐代仅存在了三十四年，但它毕竟显示了中国古代城市管理的新理念。

唐代长安有京兆尹及所属附郭京县负责城市民事管理，包括狱讼、治安、督察奸非、抚治黎甿、敦四民之业之外，还设置了左右金吾卫左、右街使，“掌分察六街徼巡”[②]，即保障长安城市治安；并置御史台左、右巡掌城市监察不法之事，形成执行、徼巡和监察三权分立的城市管理模式。[③]“安史之乱”后，迅速崛起的神策军逐渐侵夺了长安城的城市管理权，并形成了“天下事皆决于北司，宰相行文书而已”[④] 的形势。北司即北衙禁军，神策军“分为左、右厢，居北军之右”[⑤]，经“甘露之变”，神策军趁京兆府城市盗贼时有发生，设置了军巡院和军巡使，负责城市街道巡察，与京兆尹及长安、万年二县管理城市。实际上，军巡院居于主导地位。

唐末几经焚掠，长安丘墟，后梁迁都洛阳，开平三年（909）置左、右军巡使，“左军巡管水北，右军巡管水南，各置巡院”，“巡警京都”[⑥] 城市，受禁军统领。军巡院除设军巡使外，还置有军巡判官，为军巡院之佐贰官，形成完整的管理机构，并形成以军巡为主、以京尹及所属二京县配合的管理制度。

后唐同光二年（924），沿置了军巡院，掌京城斗讼之事，领诸厢，抚治百姓，在三京（洛阳、开封、太原）形成军巡院、厢、坊京城城市管理系统。后晋和后周建都开封，虽然没有发现关于都城置军巡院的文献资料，但从宋代人曾巩记载“五代时两京军巡、诸州马步院都虞候判官，止以开封、河

① 《旧唐书·地理志》北京：中华书局，1975 年，第 1395 页：“乾封元年，置明堂、乾封二县”，“长安二年，废乾封、明堂二县”；《新唐书·地理志》第 962 页：万年，“总章元年析置明堂县，长安二年省”；长安，“总章元年析置乾封县，长安二年省”。据《唐会要·州县改置上》：到长安二年（702）六月二日，撤销明堂县建制；长安三年（703）六月二日，撤销乾封县建制。

② 《新唐书》卷 49《职官志》，中华书局点校本，1975 年，第 1285 页。

③ 林玉军：《唐至元代城市民政与治安管理演变研究》，北京大学博士论文，2010 年，藏于北京大学图书馆。

④ 《资治通鉴》卷 245《唐纪六十一·文宗大和九年十一月戊辰》，北京：中华书局，1956 年，第 7919 页。

⑤ 《资治通鉴》卷 223《唐纪三十九·代宗永泰元年十月》，北京：中华书局，1956 年，第 7184 页。

⑥ 《五代会要》卷 24《诸使杂录》，北京：中华书局，1985 年，第 297-298 页。

南及诸州才校充选”[①]，及“左右军巡使、判官各二人，分掌京城争斗及推鞫之事”[②]来看，宋代继承沿袭了后晋和后周设置的军巡院的制度，其职能与五代大体一致，只是宋代军巡院隶属于开封府。

唐末五代战乱，理治安、治刑狱，城市管理亟待加强。唐代左、右巡，左、右街使失去了管理都城城市的职能，而由禁军所隶军巡院执行城市徼巡，负责治安和狱讼，军巡院得以完善和发展。在契丹南下过程中，也沿用了唐末五代制度，首先在契丹东京建置了军巡院，进而在五京先后建置了警巡院，完成了对城市从军巡到警巡的过程，并最终演变为五京城市管理行政机构。这一系列的变化应发生在辽圣宗（983—1030）年间。[③]

录事司，据《通典·职官典》和《唐六典》记载，在府州置有司录参军事或录事参军事，及录事、史；在京县以下，置有主簿、录事、史，形成一个完整的录事参军行政办事机构录事司；与“司功、司仓、司户、司兵、司法、司土”合为七司，录事参军事勾检监察职能正是通过治事机构录事司完成的。在严耕望和王永兴的有关研究中，都提到过录事参军治事机构录事司。[④]历五代至辽代，契丹“既得燕、代十有六州，乃用唐制”[⑤]。五代燕帅刘仁恭召韩延徽为“平州录事参军”[⑥]；至辽圣宗统和中，张琪曾“八转官，而五迁阶”，包括“平州录事参军”[⑦]。这一实例证明，辽朝沿用了唐五代官制。在《辽史》有录事参军、录事等职官，并有“诏州县录事参军、主簿，委政事、省诠注”[⑧]的记载。辽代在节度平州和刺史涿州均置有录事参军，在县设主簿，显然是唐代官制的延续。其治事机构录事司和治事职官录事自然存在，在余靖《武溪集·契丹官仪》中就记载着“录事司”，并注释“如中国之府司”，“在开封，有府司，左、右军巡院；在诸司，有殿前马步军司及四排岸；外则三京府司，左、右军巡院”。《宋史·百官志》记载，“诏以京师官寺，凡有狱皆系开封府司录司及左、右军巡三院，囚逮猥多，难于隔讯……”。司录司设“司录参军一人，折户婚之讼，而通书六曹之

① ［宋］曾巩：《隆平集》卷1《官名》，台北：文海出版社，1981年，第41页。

② 《宋史》卷166《职官志》，北京：中华书局，1977年，第3942页。

③ 韩光辉，王长松：《辽金元北京城市扩展过程与行政建制研究》，《历史地理》第24辑，2010年，第160-173页。

④ 严耕望：《唐史研究丛稿》，香港九龙：新亚研究所，1969年，第116页；王永兴：《唐勾检制研究》，上海：上海古籍出版社，1991年，第28页。

⑤ 《辽史》卷47《百官志》，北京：中华书局，1974年，第772页。

⑥ 《辽史》卷74《韩延徽传》，第1231页。

⑦ 陈述辑校《全辽文》卷6《张琪墓志铭·太平四年》，北京：中华书局，1982年，第125页。

⑧ 《辽史》卷5《世宗纪》，第66页。

案牍”，在“掌同开封府”的河南、大名、应天京府亦设有司录（录事）参军，其治事机构司录（录事）司，治狱讼，略依《唐六典》制度。辽代沿用了唐代官制，并受宋代官制的影响，建置了录事司机构，增加了“平理狱讼”的职能，向着城市行政管理机构转化。

宋辽出现了司候官制，《续资治通鉴长编》中两次出现过怀化司候职官，在《武溪集·契丹官仪》中有“掌刑狱”的左、右司候司。据《辽史拾遗·地理志》，“归依寺在（固安）县东北十八里，辽天庆七年（1117）立幢：大师塔在东徐村，辽奉圣州司候判官、给事郎、试太子校书郎、骑都尉蔡咨彦立碣，有进士焦山等字，天庆元年建”。天庆是辽朝末代皇帝天祚帝的年号，奉圣州系辽代节度州，置有司候判官。[①] 到金代，官制中的司候判官系佐贰官，其主官是司候，构成防刺州治所城市的管理机构司候司。

总之，唐末经五代至辽宋，城市管理制度包括不同类型城市的官制、管理职能和管理范围都发生了重要变化，核心的变化在于由县管理转变为由专门机构都厢、警巡院、录事司和司候司管理城市，只是由于文献记载的缺乏，还不能将这一系列管理机构梳理得更清晰。

二、古代建制城市的出现

城市社会管理由唐代的坊市制转变为宋代的厢坊制，宋代、辽代出现了个案建制城市。城市行政建制，即城市行政区划与行政管理制度，以城市拥有明确的行政界线、市域范围和职能完善的城市行政管理机构为标志。这种拥有明确的行政界线和专门行政管理机构并实行独立行政管理的城市，就是建制城市。因此，城市建制是城市发展到一定历史阶段的产物，由个案建制城市出现，至城市群体或城市体系的完善，经过了漫长的历史过程。如果定义拥有防御系统和建筑设施，有一定规模的手工业、商业、交通运输业聚集地，以非农业人口为主的居民点，是国家或区域政治、经济、文化教育与交通中心，就是古代城市；那么到宋代又出现了有明确行政界线和职能完善的独立行政管理机构“都厢”，即“置京新城外八厢，真宗以都门之外，居民颇多，旧例唯赤县尉主其事，至是特置厢吏，命京府统之”[②]；也即平行于赤县开封、祥符及畿县，领属于东京开封府。按

① 辽代奉圣节度州应置有录事司，治刑狱，但据上述文献，还置有“掌刑狱”的司候判官，不妥，待考察。

② ［清］徐松辑：《宋会要辑稿·兵》三之一《厢巡》，北京：中华书局，1957年，第6802页。

上述建制城市的定义，北宋东京就是中国古代建制城市。

宋代“城市革命”，首先在城市空间布局上，打破“坊市制”；其次，宋代城市行政建制的逐步建立与完善是当时“城市革命”的核心内容。唐末五代，战乱频仍，较为静止的坊市制度已不能适应动荡的城市社会生活的需要，当时的都城长安、洛阳、汴梁先后设置了军事治安机构军巡院和厢，以加强对动乱年代城市的治安管理。北宋统一大半个中国，而厢这一制度由于在城市管理方面取得良好的效果而被继续推行，其管辖范围也不断扩大。宋代厢的职能从初置时的军事治安功能逐渐延及行政民事功能，并置都厢，成为统辖诸厢的专门城市管理机构。虽然都厢、厢不领有全部城市民政事务，但却已呈现出了城市行政建制的雏形，形成了个案建制城市。北宋灭亡之后，南宋都城临安行政隶属关系一如东京开封，也无疑是中国古代建制城市。至于其他城市如大名府、楚州（淮安）、许昌、太原、温州、建康、福州等较大城市，虽然实行厢坊管理制度，但厢坊只能与乡镇平行地隶属于附郭县，还不足以与县级行政区划单位平行地隶属于上一级行政管理机构，如府或州。

辽与北宋并峙，受宋制影响，亦由于京城汉人与契丹人杂居，为了使统治更有效率，在各京均置有警巡院，甚至由于汉人、契丹人生活习俗的差异，不能以汉制统契丹人，还专门置有契丹警巡使。辽代各京警巡院是独立城市行政建制最终形成的标志，但仅及京城。辽圣宗、兴宗之后，五京渐备，城市得到较大发展，规模扩大，要求加强管理。上京、东京、南京、中京和西京先后建置警巡院，设警巡使、警巡副使。五京警巡院警巡使管理城市，职责在于治刑狱，理治安，检括户口，阅实赋役，实属“亲民”官，属县级行政单元，秩高于县，而隶属于京府。除京府警巡院外，辽代沿唐制，建置了节度、观察、团练、防御、刺史州，在《辽史·百官志》中，只在刺史州设“某州录事参军”①。如王寿曾“行摄涿州录事参军”②，涿州是刺史州，置录事参军无疑。按《辽史·地理志》，南京道平州和东京道辽州均系节度州，也置有录事参军及录事③。由此可见，自辽代辽州节度录事的出现至金代诸府节镇录事司的建立即已显示了诸府节镇城市实行专门管理的某种连续性迹象。

金代，天会十五年（1137）十一月废刘豫伪齐政权，任契丹人“韩睿为

① 《辽史》卷48《百官志》，第820页。

② 陈述辑校：《全辽文》卷7《王寿等造经题记·重熙九年》，北京：中华书局，1982年，第151页。

③ 《辽史》卷15《圣宗纪》，第172页，开泰元年十一月“前辽州录事张庭美六世同居，……各给复三年”；陈述辑校：《全辽文》卷6《张琪墓志铭·太平四年》，第125页。

都城警巡使”[①]，这是文献最早记载金朝除授都市警巡使。天会六年（1128）八月，代州节镇领录事司一，县四，支郡二。[②]滨州司候的记载则见于天会十五年二月十二日[③]。滨州是刺史州，在城置有司候司，所置司候是城市管理机构的主官。警巡院、录事司和司候司是辽、北宋及伪齐先后灭亡后，于天会中迅速恢复建置的城市管理机构。据《金史·百官志》，在“天眷新制”发布后的皇统五年（1145），“庶官分类”，其中“警巡、市令、录事、司候、诸参军、知律、勘事、勘判为‘厘务官’”。警巡、录事、司候被类分为厘务官，当因“京师号贾区，奇货善物可立致”[④]，又是“亲民正厅”[⑤]，“领在城事”[⑥]。金代将城市行政建制进一步推向深入，除各京仿辽制置警巡院外，在地方城市，依照其等级及类型的差异，还分别置有独立的专门城市行政机构录事司和司候司，将城市行政建制推向地方城市。金代警巡院、录事司、司候司是不同等级规模，独立于京县、附郭县及诸县，专门管理城市的行政管理机构，与县平行地隶属于京府、诸府节镇与防刺州。一如后唐置浑源县，至贞祐二年（1214）升浑源州，“仍置县在郭下，并置司候司”[⑦]，浑源州领辖管理州治城市的司候司和管理城市外围乡村的浑源县。

元承金制，在立国之初，亦依城市等级和类型分别建有警巡院、录事司和司候司。但随着国家统治的逐渐稳固及相应其他配套制度的行政功能增强，逐渐精简行政机构。元代建制城市指警巡院和录事司城市，沿用并进一步完善了金代城市管理机构警巡院和录事司。警巡院“系京畿亲民正厅”，行政职能在于“领民事及供需”[⑧]，“领京师坊事”或“分领京师城市民事”[⑨]，“分领坊市民事”[⑩]。录

① ［宋］徐梦莘:《三朝北盟会编》卷182，绍兴七年九月十八日丙午，上海：上海古籍出版社，1987年，第148页；［宋］李心传:《建炎以来系年要录》卷117记“刘陶为都城警巡使”，误，按《会编》，刘陶任“汴京同知留守”，第1884页。

② 《永乐大典》卷5200《原字韵·太原府》，北京：中华书局，1986年，第2254页。

③ ［清］端方:《陶斋臧石记》卷41《滨州司候飞骑尉墓柱记》，清宣统石印本。

④ ［元］袁桷:《清容居士集》卷28《奉训大夫昌平等处屯田总管赠亚中大夫永平路总管轻车都尉宣宁郡侯刘公墓志铭》，四库全书本。

⑤ ［元］王恽:《秋涧集》卷87《弹左巡院官休和赵仲谦事状》，四库全书本。

⑥ 赵万里辑校:《元一统志》卷3《河南江北等处行中书省·汴梁路·郑州》，北京：中华书局，1966年，第225页。

⑦ ［雍正］《山西通志》卷177《辩证二·浑源州》，四库全书本，第51页。

⑧ 《元史》卷90《百官志》，北京：中华书局，1976年，第2301页。

⑨ 《元一统志》卷1《大都路·建制沿革》，北京：中华书局，1966年，第3页。

⑩ 《元史》卷58《地理志》，第1347页。

事司，“凡路府所治，置一司，以掌城中户民之事”，“若城市民少，则不置司，归之倚郭县”[①]。录事司析府城地“领在城民事”,“列曹庶务,一与县等”[②]。元代警巡院和录事司职能与金代一致。金代防刺州司候司，到元初被沿用，在《元史·地理志》中多有记载，例如：孟州，元宪宗八年（1258）“设司候司。至元三年，省王屋入济源，并司候司入河阳。领三县：河阳、济源、温县”；潍州，“元初领北海、昌邑、昌乐三县及司候司。宪宗三年，省司候司入北海。至元三年，省昌乐县入北海，领二县：北海、昌邑”；兰州，“元初领阿干一县及司候司，至元七年并司县入本州”。中统二年（1261），“诏验民户，定为员数。二千户以上，设录事、司候、判官各一员；二千户以下，省判官不置”[③]。当时根据城市居民的多少设立城市管理机构官员的人数，在录事司置有录事、判官，在司候司置有司候、判官。到至元二年（1265），诏令省并江北路府州县，“散府州郡户少者，不须更设录事司及司候司，附郭县止令州府官兼领”[④]。这次省并行政机构也包括录事司和司候司，据《元史·地理志》，济州，“元至元二年，以户不及千数，并隶任城”；棣州，“初立司候司，至元二年省入本县（厌次）”；宿州，元初“领临涣、蕲、灵璧、符离四县并司候司。至元二年，以四县一司并入州”。至至元二十年（1283），“置达鲁花赤一员，省司候、以判官兼捕盗之事，典史一员。若城市民少，则不置司，归之倚郭县。”[⑤]至此之后，司候司城市机构和司候职官即全部废并。元代城市行政机构的组成如下表（表3-2）：

表3-2　元代城市警巡院、录事司与附郭县行政机构组成

机构名称	主官	佐贰官	巡捕官	案牍官	吏	行政职能
警巡院	达鲁花赤、警巡使	副使、判官	判官	典史	司吏	领城市民事及供需
录事司	达鲁花赤、录事	判官	判官	典史	司吏	掌城中户民之事
附郭县	达鲁花赤、尹	丞、主簿	尉	典史	司吏	掌附郭县之行政

资料来源：《元史·百官志》

与金相比，元朝各类城市建制的设立不仅依据城市的等级，还依照城市户口的多寡，因此元初战乱致城市人口减少之后，便裁撤部分京府，改为路府，城市行政建制也相应改变，甚至最终取消司候司。这也表明城市的建制是有一定的标

① 《元史》卷91《百官志》，第2317页。

② 《至顺镇江志》卷16《宰贰》，南京：江苏古籍出版社，1990年，第636页。

③ 《元史》卷91《百官志》，第2317页。

④ 《元史》卷6《世祖纪》，第107页。

⑤ 《元史》卷91《百官志》，第2317页。

准和下限要求的，当人口减少，达不到建制城市标准时，就会撤销城市建制。这也体现了元代行政机构组成较前代更完善、行政管理上较金代更有效率，也更有力度。

三、古代建制城市体系的形成

城市从区域行政区划中分离出来，完成城市全面管理的过程，即建制城市出现；进而在一定地域空间或国家形成不同等级规模和职能分工、联系紧密、分布有序的城市群体，这就是城市体系。辽、金、元时期形成了古代建制城市体系。

一般来讲，现代城市体系是一个复杂的系统，是在一定地域空间内不同等级规模、职能分工、联系紧密、分布有序的建制城市群体，在自然、经济、社会、交通等因素共同作用下历史形成并处在发展中的动态系统，具有区域整体性、结构性、有序性和动态性等特点。古代有没有城市体系，正是学界要加以研究的重要问题。有学者认为中国古代没有城市体系，笔者认为不然。认为地域城市群体就是城市体系的观点有一定道理，但限于文献和资料，有些问题还要做进一步研究。

辽代五京同样属于古代建制城市，上京临潢府“京官、朝官皆有之”，居五京之首，可以看作是辽代首位城市，这样便形成了以上京为首位城市，以其他四京为次首位城市，与节度、观察、团练、防御、刺史州治及县治城市的体系。

（一）金代城市体系

中都作为金朝政治、经济、文化与教育的中心，建置了左、右警巡院，属警巡院城市，在金朝居首位。五京在各自相应的区域则是大区域中心城市，也是警巡院城市，可以看作次首位城市。录事司城市则是诸府节镇的治所，是较大区域的中心城市，有66处。司候司城市则是防刺州的治所，是相对较小区域的中心城市，有112个。这184个建制城市，分别领属了若干个县治和建制镇等城镇，形成了金代较完善的城市体系。同时，以五京为中心的警巡院城市，以诸府节镇治所为中心的录事司城市，以防刺州治所为中心的司候司城市形成了不同区域建制城市体系。警巡院、录事司、司候司是不同等级和规模的城市建制，中都与诸京、诸府节镇、防刺州整合成为我国金代不同等级、不同规模的建制城市体系。

在淮河、秦岭以北的广阔地域上，第一次出现了如此多行政管理机构较完善的建制城市，通过水路交通条件把首位、次首位警巡院城市、录事司城市、司候司城市等不同等级和规模，有职能分工、联系紧密、分布有序的城市组成一个有机体系，这在中国古代乃至当时世界上无疑都是新事物。

（二）元代城市体系

元代警巡院、录事司是当时不同等级规模的城市建制，分别与大都、上都、诸路府整合，形成了元代不同等级、不同规模城市组成的建制城市群体。大都作为元朝政治、经济、文化和教育中心，又是中外交通枢纽和国际交往繁华都会，为加强对都会城市的行政管理，建置了从两个到五个的警巡院，属元代警巡院建制城市，中后期大都方圆近百里，人口近百万，是首位特大城市。上都位于蒙古草原南部边缘，系两都制形成的都市，建置警巡院，同属元代警巡院建制城市，其城市规模除城市方圆 17.6 里外，在每年八月中下旬到次年二月中下旬，约六个月皇帝离开上都的时间里，大约只有 8—10 万人口，因此上都与江南杭州等属于次首位城市。杭州虽失去都城地位，但作为行省中心，建置有若干个城市录事司（至元十四年置 4 个，泰定二年并为 2 个，元统二年复立 4 个），城市规模不是其他省会或宣抚司治所所能比拟的。作为省会、宣抚司治所和录事司城市叠加重合的城市，无疑是大区域政治、经济、文化、教育、交通的中心。一般录事司城市作为路府治所，是路府区域政治、经济、文化的中心。元代两个警巡院城市和 127 个录事司城市，特别是 97 个发展稳定的录事司城市，以不同区域首位城市为中心，形成了不同区域的城市体系。

值得注意的是，金代城市建制和元代城市建制，略有差别。金代城市建制，诸京警巡院、诸府节镇录事司、防刺州司候司，均管民事；同时分别独立设置有兵马司、都军司、军辖，管军事与巡捕，与警巡院、录事司、司候司同管城市。至元代，首先将独立设置负责诸京巡捕的兵马司或兵马都指挥使司置于上都与大都路都总管府下，从而加强了对“京城盗贼奸伪鞫捕之事”的统一管理，提高了治事效率。进而，在管理民事的城市警巡院、录事司行政机构中，明确了判官“兼捕盗之事”的职能，省并了金代独立设置的都军司、军辖，并专设了案牍官典史。这就是元代城市管理制度和城市体系较金代完善的道理所在。

总之，本文从三个方面探讨了中国古代城市的发展，尤其是古代城市在行政管理方面的创举。从唐末都城军巡院演变为辽金元都市警巡院，录事司则从唐代府州录事参军治事机构转变为辽金元时期路府镇州治所城市的专门行政机构，形成了建制城市和建制城市体系，是中国古代城市行政管理发展的结果，而非日本人伊原弘所说："须知元代的都市制度是借助西方文化的蒙古人统治中国的产物，有它的特殊形态。"①

（原载《清华大学学报（哲社版）》2011年第4期。《新华文摘》2011年第21期压缩转载）

① ［日］伊原弘著，张永江译：《宋代的都市管理人员》，《河南教育学院学报（哲社版）》，1994年第2期，第55页。

金代城市行政管理机构研究

中国古代州郡治所城市一直由附郭县管理，经唐末五代及辽代的演变至金代出现了专门管理诸京、府镇、防御州治所城市的警巡院、录事司和司候司。作为城市行政管理机构，在《金史·百官志》中有明确记载，但作为地方行政区划制度却被《金史·地理志》疏漏。清代以来，已有学者注意并指出了这一问题。[①]本文利用大量历史文献对其行政管理机构进行了深入研究，希望引起学术界对这一问题的重视。

《金史·百官志》记录了大兴府、诸京留守司、诸总管府、诸府、诸节镇、诸防御州、诸刺史州、诸京警巡院、诸府节镇录事司、诸防刺州司候司、赤县、诸县，共同构成了地方行政制度，同属地方行政区划内容。其中，“诸京警巡院使一员，正六品，掌平理狱讼、警察所部，总判院事。副一员，从七品，掌警巡之事。判官一员，正九品，掌检稽失，签判院事。”“诸府节镇录事司录事一员，正八品。判官一员，正九品。掌同警巡使。”“诸防刺州司候司司候一员，正九品。司判一员，从九品。”[②]警巡院秩正六品，录事司秩正八品，司候司秩正九品，秩级不同，名称各异，等级规模亦不同，并由古代附郭县演变为不同等级的

---

① ［清］王昶辑：《金石萃编》卷158，《金五·进士题名碑》，北京：中国书店，1985年；［清］施国祁：《金史详校》卷4，《百官志·诸府节镇录事》，成书集成初编，第302页；［日］爱宕松男著，索介然译：《元代的录事司》，收入《日本学者研究中国史论着选译》第5卷，北京：中华书局，1993年，第608-635页；《元代都市制度とその起源》，《东洋史研究》，1938年第3卷第4期，第1-28页；韩光辉：《辽南京城的方圆与警巡院》，《燕都》，1987年第4期；《北京历史上的警巡院》，《北京档案史料》，1990年第3期，第55-59页；《金代防刺州城市司候司研究》，《北京社会科学》，1999年第4期；《金代都市警巡院研究》，《北京大学学报（哲社版）》，1999年第5期；《金代诸府节镇城市录事司研究》，《文史》第3辑，2000年，第37-51页；韩光辉，林玉军，王长松：《宋辽金元建制城市的出现与城市体系的形成》，《历史研究》，2007年第4期，第42-62页；韩光辉，何峰：《宋辽金元城市行政建制与区域行政区划体系的演变》，《北京大学学报（哲社版）》，2008年第2期，第154-161页；韩光辉，林玉军，魏丹：《论中国古代城市的管理制度演变和建制城市的形成》，《清华大学学报（哲社版）》，2011年第4期，第58-65页。

② 《金史》卷57《百官志》，北京：中华书局，1975年，第1303-1315页。

治所城市行政管理机构，① “领在城事”②。作为城市行政管理制度，金代城市警巡院、录事司、司候司普遍建置起来，而且三者与县行政机构相类似，只是职责有所不同。③ 见表 3-3。

表 3-3　金代城市警巡院、录事司和司候司与县行政机构组成之比较

秩级	机构名称	主官	佐贰官	巡捕官	吏	职责
正六品	警巡院	警巡使	副使、判官	副使	司吏	掌诸京城市民事
正八品	录事司	录事	判官	判官	司吏、公使	掌府镇城市民事
正九品	司候司	司候	判官	判官	司吏、公使	掌防刺州城市民事
从六品或七品	京县、附郭县	县令	丞、主簿	尉	司吏、公使	掌一县行政

资料来源:《金史·百官志》《元一统志》

一、警巡院——金代诸京城市行政管理机构

在《金史·地理志》中有关的记载只有北京路大定府，金“海陵贞元元年更（原辽中京）为北京，置留守司、都转运司、警巡院”；警巡院是辽代创立的诸京城市行政实体，金代都市警巡院则是管理诸京城市的行政机构。④ 最早设置城市警巡院是金太宗天会十五年（1137）。天会十五年（伪齐阜昌八年，南宋绍兴七年，1137 年）十一月，废伪齐，差除“契丹韩睿为都城警巡使”⑤，这里的都城是指北宋的汴京，是年十一月金朝政府即委契丹人韩睿任汴京城市警巡使，并设置了警巡院。

金“天会七年（1129），析河北为东、西路，（永安析津府）时属河北东路，

① 韩光辉，林玉军，王长松:《宋辽金元建制城市的出现与城市体系的形成》,《历史研究》, 2007 年第 4 期，第 42-62 页；韩光辉，何峰:《宋辽金元城市行政建制与区域行政区划体系的演变》,《北京大学学报（哲社版）》, 2008 年第 2 期，第 154-161 页。

②《元一统志》卷 3《汴梁路·建置沿革·郑州》。

③ 韩光辉，魏丹，王亚男:《中国北方城市行政管理制度的演变——兼论金代的地方行政区划》,《城市发展研究》, 2012 年第 7 期。

④ 韩光辉:《北京历史上的警巡院》,《北京档案史料》, 1990 年第 3 期，第 55-59 页；韩光辉:《金代都市警巡院研究》,《北京大学学报（哲社版）》, 1999 年第 5 期，第 71-77 页。

⑤ ［宋］徐梦莘:《三朝北盟会编》卷 182，绍兴七年九月十八日丙午，上海：上海古籍出版社，1987 年;［宋］李心传:《建炎以来系年要录》卷 117，绍兴七年十一月丁未：称“知代州刘陶为都城警巡使”，误。据《会编》，刘陶任同知留守，不是警巡使。

贞元元年更名（大兴府）”。并改燕京为中都，[①] 设警巡院。大定八年（1168）前后，中都增置为左、右二警巡院。宣宗迁都南京，南京警巡院也由一个增置为左、右两个。[②] 此外，据大奉国臣“先为东京警巡使”[③]，刘粃左迁东京警巡使[④]，和大定六年（1166）五月，金世宗至西京幸华严寺，诏“云中大同县及警巡院给复一年”[⑤]，金代东京和西京也同样置有警巡院，设有警巡使以下官员。[⑥] 南京路河南散府本置德昌军，并置有录事司，宣宗南迁，中都被攻破（贞祐三年，1215 年），“示中都，增置官吏”，兴定元年（1217）八月升为中京，府曰金昌，并置留守司、行枢密院，“以便宜署（强）伸警巡使”[⑦]。至天兴二年（1233）六月，“壬午，中京破，留守兼便宜总帅强伸死之”[⑧]，中京警巡院设置了大约十八年的时间。终金一代共有七个都市建置过九个警巡院。

二、录事司——诸府节镇城市行政管理机构

在《金史·地理志》中有关的记载仅有“桓州，下，威远军节度使。军兵隶西北路招讨司。明昌七年改置刺史。户五百七十八。县一：清塞倚”。注：“明昌四年以罢录事司置”；桓州录事司是管理府镇治所城市的行政管理机构，可能因州治所录事司所属人口仅 578 户，至明昌中，先后发生了罢城市录事司、并改节度使为刺史、置倚郭县清塞的事实。这说明金代府镇行政制度的变化直接影响到所属城市行政管理机构的变动。在相关文献中，也有金代关于录事司的记载。

据金京兆府《进士题名碑》，虽因碑残不能窥其全貌，亦无立碑年款，但从载有宣宗兴定年进士题名推测，是碑当刻于金朝末年，兹转录如下：

阜昌六（下缺）

第一甲 朱希亻（下缺）

---

① 《金史》卷 24《地理志》，第 572、573 页。

② 韩光辉:《金代都市警巡院研究》,《北京大学学报（哲社版）》，1999 年第 5 期，第 71-77 页。

③ 《金史》卷 90《高衎传》，第 2005 页。

④ 《金史》卷 90《高德基传》，第 1997 页。

⑤ 《金史》卷 6《世宗纪》，第 137 页。

⑥ 目前只有上京会宁府没有发现警巡院与警巡使的文献记录，但它应同样包括在诸京警巡院范围内。

⑦ 《金史》卷 111《强伸传》，第 2450 页。

⑧ 《金史》卷 18《哀宗纪》，第 398 页。

第四甲 刘晋 录事司（下缺）

皇统二年状元宋端卿牓下

第四甲 郑之纯 录事司 经（下缺）

皇统九年状元王堪牓下 第（下缺）

第四甲 萧筒 咸宁县 承安（下缺）

正隆二年状元郑子聃牓下 第三（下缺）

第三甲 孟师颜 咸宁县 王（下缺）

大定十六年状元张甓牓下 恩牓（下缺）

第三甲 程少连 录事司 第口（下缺）

贞祐三年状元程嘉善牓下 第二甲 冯辰 临潼县

第三甲 王格 栎阳县 崔元亮 录事司（下缺）

贞祐三年经义状元刘汝翼牓下 第二甲 吴口 录事（下缺）

兴定口年状元张仲安牓下 第三甲 杨天德 高陵县 张征（下缺）①

及第进士题名的最早年代是阜昌六年（按年字已缺）。阜昌乃伪齐刘豫年号，六年即金天会十三年（1135）。是年题名进士刘晋籍贯注为录事司，即京兆府录事司。阜昌六年以后，题名进士的籍贯系京兆府城市录事司的还有皇统二年（1142）及第的郑之纯，大定十六年（1176）及第的程少连，贞祐三年（1214）及第的崔元亮及吴口等。金代进士登科，"其设也，始于太宗天会元年十一月……"② 又据洪武《太原志》，"金太宗天会六年八月，以代州置振武军节度使，领县四：雁门、崞、五台、繁峙，录事司一；支郡二：宁化军、火山军……元代本州只领雁门县、录事司。中统四年并省入代州。"③ 府镇城市录事司最晚建置于天会六年（1128）。由此看来，金代城市录事司的建置和进士科考终金一代均是相当稳定连续的。

关于金代"进士题名"中录事司的行政职能，先后有清代学者王昶和施国祁提及。首先是清代王昶《金石萃编》指出"（京兆府进士提名碑）载进士里贯有注县名者，有注录事司者。《金史·百官志》诸府节镇录事司，凡府镇两千户以上则置之，是府镇之民不隶于诸县而隶录事司者也。"④ 这里作者指出了录事司是

① ［清］王昶辑：《金石萃编》卷158《金五·进士题名碑》，北京：中国书店，1985年。

② 《金史》卷51《选举志》，第1134页。

③ 《永乐大典》卷5200，《原字韵·太原府·建置沿革》，北京：中华书局，1986年，第2254页。

④ ［清］王昶辑：《金石萃编》卷158，《金五·进士题名碑》，北京：中国书店，1985年。

与县平行的治所城市行政管理机构的事实。其次，清代施国祁《金史详校》也指出："《河朔访古记》云真定府录事司，国朝所建立，专理城内，城之外则真定县所理。案此自是金制已然。上文警巡已同。"① 金代录事司的行政管理职能经过上个世纪以来的研究已经非常明确，此不赘述。

至金末元初，录事司因战乱发生了很大的变化，一如上述。根据研究及《金史》和《元史》地理志的有关记载，综述府镇录事司演变如下：

顺宁府（宣宁），金为宣德州，属节镇州，在城置有录事司，元初为宣宁府，太宗七年，改山（西）东路总管府（置录事司）。至元二年，省本府之录事司并龙门县入宣德县，领宣德等三县及二州。

冀州，金为节镇州，在城置有录事司，元初领信都等五县，至元初与冀州录事司俱省入冀州，后复置。三年，省录事司入信都县，为冀州治。

莱州，金为节镇州，在城置有录事司，元初属益都路，中统五年属淄州路，旧设录事司，领掖县等四县，至元二年，省录事司入掖县。

朔州，金为节镇州，在城置有录事司，元因之，领鄯阳等二县，至元四年，省录事司入鄯阳县。

丰州，金为节镇州，在城置有录事司，元因之，旧有录事司并富民县。至元四年省入州。

云内州，金为节镇州，在城置有录事司，旧领云川、柔服二县，元初废云川，设录事司。至元四年，省录事司、柔服县入云内州。

河中府，金为散府，在城置有录事司，元宪宗在潜，领河、解二州，河中府领录事司及河东等七县，至元三年，并录事司入河东县。

绛州，金为节镇州，在城置有录事司，元仍为绛州，隶平阳路，领正平等七县，至元二年，省录事司入正平县。

潞州，金为节镇州，在城置有录事司，元初为隆德府，太宗三年，复为潞州，至元三年，领上党等七县，以录事司并入上党县。

沁州，金为刺史州，在城置有司候司，元仍为沁州，改置录事司，并领铜鞮县等三县，至元三年省录事司、武乡县入铜鞮县。

邓州，金为节镇州，在城置有录事司，旧领穰县等五县，元初省淅川等二县，设录事司，至元二年并入穰县，领穰县等三县。

颍州，金为防御州，在城置有司候司，旧领太和等四县，元初改置录事

---

① ［清］施国祁：《金史详校》卷4，《百官志·诸府节镇录事》，成书集成初编，第302页。

司，至元二年，省四县及录事司入颍州，复领太和等三县。

徐州，金为节镇州，在城置有录事司，旧领萧县等三县及录事司，至元二年永固并入萧县，彭城并录事司并入徐州，领萧县一县。

蒙元维持了原总管府地位或由于诸府节镇州上升为总管府建制复置了录事司的城市只有十七个，即只有十七个录事司城市至元代继续保持了建制城市的地位，只占金代录事司建制城市总数的23.9%。[①] 由此可见，金代录事司城市在政权易代过程中稳定性和连续性较差。究其原因，首先在于战乱之后，城市遭到严重破坏，户口流徙，"州县亦多残毁"[②]，不得不实行行政建制的归并，即所谓城市行政机构"兵乱皆废"[③]。

到至元十三年（1276），平江南，改南宋州府为元代路府建制，随即至至元十五年（1278），在路府治所城市改南宋隶属附郭县的厢为隶属路府建治的录事司。其职能"凡路府所治，置一司，以掌城中户民之事"[④]。时在江南地区共建置路府治所城市录事司70余个，[⑤] 泉州路、镇江路录事司均系这一时期建置的。

三、司候司——防刺州城市行政管理机构

在《金史·地理志》中有关的记载仅有"抚州，下，镇宁军节度使。辽秦国大长公主建为州，章宗明昌三年复置刺史，为桓州支郡，治柔远。明昌四年置司候司。承安二年升为节镇，军名镇宁，拨西北路招讨司所管……四猛安以隶之，户一万一千三百八十。"[⑥] 这条史料表明，明昌三年复置了抚州刺郡，随即设置司候司，承安二年升为节镇，拨隶四猛安，户口增加后应置节镇录事司。这说明金代防刺州、府镇行政制度的变化直接影响到所属城市行政管理机构的变动。

在相关文献中，也有金代关于司候司的记载。最早的是滨州司候司，见于天会十五年二月十二日。[⑦] 滨州是刺史州，在城置有司候司，所置司候是城市管理机构的主官。贞祐二年（1214）初，泽州"郡城失守，虐焰燎空，雉堞毁圮，空

① 韩光辉：《12至14世纪中国城市的发展》，《中国史研究》，1996年第4期，第116-125页。

② 《金史》卷14《宣宗纪》，第304页。

③ 《元史》卷59《地理志》，第1400页。

④ 《元史》卷91《百官志》，第2317页。

⑤ 韩光辉：《12至14世纪中国城市的发展》，《中国史研究》，1996年第4期，第116-125页。

⑥ 《金史》卷24《地理志》，第557、566页。

⑦ ［清］端方：《陶斋藏石记》卷41《滨州司候飞骑尉墓柱记》，清宣统石印本。

庐扫地，市井成墟，千里萧条，阒其无人"①；后又经蒙古骑兵的攻掠，元光元年（1222）收复后，益形残破。翌年，蒙古骑兵攻城略地，战火日炽。天兴三年（蒙古太宗六年，1234）正月金亡之后，蒙古"始张官署吏"②，恢复金代原有行政区划与建制和官制，包括司候司，并于次年（太宗七年，1235）"遣使诣诸路科民。本州（按指泽州）司、县共得九百七十三户。司候司六十八户，晋城二百五十五，高平二百九十，陵州六十五，阳城一百四十八，端氏一百一十七，沁水三十。至壬寅（1242年，乃马真后元年），续括漏籍，通前实在一千八百十有三户。"③由此可见，金末元初，城市司候司行政机构同样带有一定的延续性。根据已有研究和《金史·地理志》与《元史·地理志》的有关记载，综述防刺州司候司演变如下（表3-4）：

表3-4　金元之际防刺州治所城市司候司的演变

州名	节镇	防御	刺史	建制沿革	附郭县
蠡州			○	金在城置有司候司；元初隶真定，辖司候司与博野县；至元三年，省司候司、博野县入蠡州。	
磁州			○	金置有司候司；蒙古太宗八年隶邢洺路；宪宗二年，改邢洺路为洺磁路；至元二年，以滏阳、邯郸二县及录事司来属；至元三年，并录事司入滏阳县。	滏阳
孟州		○		金置有在城司候司，领河阳、王屋、济源、温县；蒙古宪宗八年复设司候司；至元三年，省王屋入济源，并司候司入河阳。	河阳
清州		○		金在城置有司候司；蒙古至元二年，以靖海、兴济两县及本州司候司并为会川县，领会川等三县。	会川
济州			○	金迁州治任城，以河水淹没故也，在城置有司候司；元至元二年，以户不及千数，司候司并入任城。	任城
恩州			○	金隶大名府路，领司候司、历亭和武城县；元初以武城隶高唐，唯存历亭一县及司候司；至元二年，县及司俱省入州。	
潍州			○	金属益都府，在城置有司候司，领北海、昌邑、昌乐三县；元初领北海、昌邑、昌乐三县及司候司；宪宗三年，省司候司入北海；至元三年，省昌乐县入北海。	北海

① ［清］张金吾编纂：《金文最》卷29《泽州图记》，北京：中华书局，1990年。

② ［金］李俊民：《庄靖先生遗集》卷8《泽州图记》，四库全书本。

③ ［清］张金吾编纂：《金文最》卷29《泽州图记》，北京：中华书局，1990年。《金史·宣宗纪》亦谓："河东州县亦多残毁。"

（续表）

州名	节镇	防御	刺史	建制沿革	附郭县
密州	○			金在城置有录事司；元初改置司候司；宪宗三年，省司候司入诸城县，隶益都，领诸城、安丘二县。	诸城
莒州			○	金在城置有司候司；元初因之，领莒县等四县；宪宗三年，省司候司入莒县。	莒县
沂州		○		金在城置有司候司；元隶益都路，领临沂等二县；宪宗三年，省司候司入临沂县。	临沂
滕州			○	金在城置有司候司；元隶益都路，领滕县、邹县；宪宗三年，省司候司入滕县。	滕县
棣州		○		金在城置有司候司；元初因之，领厌次等四县；至元二年，省司候司入厌次县。	厌次
滨州			○	金在城置有司候司；元初因之，并领渤海等三县；至元二年省司候司入渤海县。	渤海
弘州			○	金在城置有司候司，旧领襄阴等二县；元至元中，唯领襄阴及司候司，后并省入州。	襄阴
东胜州			○	金为刺史州，在城置有司候司；元初置有东胜县及录事司，至元二年省宁边州之半入东胜州，至元四年省东胜县及录事司入东胜州。	东胜
浑源州			○	唐为浑源县；金贞祐二年升为州，仍置县在郭下，并置司候司；元至元四年省入州。	浑源
武州			○	金在城置有司候司，旧领宁边县及司候司；元至元四年并省入州。	宁边
石州			○	金在城置有司候司；元初因之，至元三年后，司候司与孟门、方山俱省入离石县，领离石等二县。	离石
泽州			○	金末曾升节镇，领倚郭之晋城等六县，并置有司候司；元初置司候司并领晋城等六县；至元三年，省司候司、陵川县入晋城县。	晋城
解州			○	金在城置有司候司；元至元四年，并司候司入解县，领解县等六县。	解县
吉州			○	金领吉乡和乡宁二县，并置在城司候司；元初领司候司及吉乡、乡宁二县；中统二年，并司候司入吉乡县；至元二年省吉乡；至元三年又省乡宁并入州，后复置乡宁县，隶于州。	乡宁
郑州		○		金领倚郭之管城等七县，并置有在城司候司；元初领管城等八县及司候司，后并司候司入倚郭之管城县。	管城
陕州		○		金升渑池为韶州，在城置有司候司；元至元三年，省司候司；至元八年，省韶州，复为渑池县，后割以来属。	陕县

（续表）

州名	节镇	防御	刺史	建制沿革	附郭县
宿州		○		金末升节镇，领临涣、蕲、灵璧、符离四县并司候司；元初隶归德府，至元二年，以四县一司并入州。	灵璧
延安府	○			金为总管府，辖肤施等七县，并置有在城录事司；元初置延安路，领肤施等八县，在城录事司于蒙古初废；金丹州宜川县于元至元初归入延安府，丹州和州治所所置司候司，至至元六年省入宜川。	肤施
兰州			○	金辖阿干等三县，并置有司候司；元初领阿干一县及司候司，至元七年并司县入州。	

资料来源：《金史·地理志》《元史·地理志》

注：表中符号○表示治所。

由这些史料记载不难发现，金代京府警巡院、府镇录事司、防刺州司候司三类城市行政管理机构均已设置于金太宗天会年间，虽不敢说这时已形成完整系统的行政制度，但到“天眷新制”与“正隆官制”出现，应该已经全面形成；同时，较全面了解了金代府镇录事司尤其防刺州司候司入元之后的沿革变化。在历经金末元初的政权鼎革和社会动荡之后，到“中统二年（1261），诏验民户，定为员数。二千户以上，设录事、司候、判官各一员；二千户以下，省判官不置。至元二十年（1283），置达鲁花赤一员，省司候，……”[①] 金代防刺州城市司候司的主管司候省置，司候司建制也随之废弃。司候司建制虽然废弃了，但金代至元初建置过司候司机构的城市历经数百年的发展，仍然有不少城市成长为区域中心城市。

四、从金代与科举相关文献记录看警巡院、录事司和司候司的县级籍贯意义

据金《题登科记后》记载：

> 金承安五年庚申（1200年）四月十二日经义榜，
> 李俊民，字用章，年二十五，泽州晋城。
> 郭伯英，字伯诚，年三十，潞州上党。

① 《元史》卷91《百官志》，第2317页。

刘从谦，字光甫，年二十五，解州安邑。

张孺卿，字介甫，年二十七，大兴府左巡院。

王知进，字崇礼，年三十一，东平府平阴。

孙玙，字子玉，年二十七，大名府夏津。

彭悦，字子升，年二十三，真定府录事司。

石抹世绩，字景略，年二十八，咸平酌赤列千户所。

李适，字适之，年二十九，大定府长兴。

晁李仲，字宝臣，年四十一，通州三河。

朱焕，字文伯，年四十四，开封府警巡院。

伯德维，字公理，年四十一，中都和鲁胡千户所。

赵楠，字庭幹，年二十四，泽州高平。

王元，字善之，年三十三，解州司候司。

糜元振，字彦升，年二十八，磁州司候司。

祁午，字子善，年四十一，解州闻喜。

潘希梦，字仲明，年二十八，磁州司候司。

孔天昭，字天安，年三十，大兴府左巡院。

王毅，字知刚，年二十八，大兴府左巡院。

候尚，字世卿，年三十，太原府平晋。

高应，字大中，年三十二，磁州邯郸。

赵铢，字敬之，年二十五，大兴府左巡院。

晋蕃，字天佐，年二十五，奉圣州矾山。

岩葛希奭，字仲杰，年三十五，婆速路五里甲海下。

郝钧，字国器，年三十五，大名府馆陶。

鲍元，字善长，年四十四，潞州长子。

康鼎，字晋卿，年二十五，博州高唐。

阎咏，字子秀，年三十七，兖州磁阳。

邓浩，字君猷，年二十六，平阳府录事司。

宋克俊，字英叔，年二十七，河中府录事司。

赵宇，字八定，年二十八，泽州陵川。

刘磻，字溪叟，年七十四，济南府章丘。

杜实才，字克彦，年四十四，南京（警）巡院。[①]

据上述《题登科记后》，金章宗承安五年（1200）经义榜登科的33人中籍贯隶属县者18人，隶属诸京府警巡院者6人，隶属录事司者3人，隶属司候司者3人。其中，籍隶警巡院者即张孺卿（大兴府左警巡院）、朱焕（开封府警巡院）、孔天昭（大兴府左警巡院）、王毅（大兴府左警巡院）、赵铢（大兴府左警巡院）和杜实才（南京警巡院）；籍贯隶属录事司者是彭悦（真定府录事司）、邓浩（平阳府录事司）、宋克俊（河中府录事司）；籍隶司候司的3人即王元（解州司候司）、糜元振（磁州司候司）和潘希孟（磁州司候司）。凡此，均足以证明，三种城市行政管理机构，诸京警巡院和赤县、诸京县、诸县，诸府节镇城市录事司和附郭县、诸县，防刺州城市司候司和附郭县、诸县均是相互独立的行政实体，均是登科进士乃至官员、百姓的县级籍贯，互相平行，不相统属。其他三人的籍贯则分属于千户所或婆速路地方。因此，警巡院、录事司、司候司与县同属国家基层行政机构。

五、金代城市行政建制与区划补正

《金史·地理志》载：金“袭辽制，建五京[②]，置十四总管府，是为十九路。其间散府九，节镇三十六，防御郡二十二，刺史郡七十三，军十有六，县六百三十二。后复尽升军为州，或升城堡寨镇为县，是以金之京府州凡百七十九，县加于旧五十一，城寨堡关百二十二，镇四百八十八”[③]。这条史料的本身已明显显示了行政制度年代不清和内容错杂，城市建置疏漏。初步研究认为，该行政区划制度，应属于贞元元年（1153）至大定十三年（1173）之间，但仍须做深入系统的研究。据前述研究表明，金代行政制度分路、府州和县三级制，相应形成了不同行政等级和户口规模的城市，按城市行政建制与等级规模也划分为三级，即警巡院城市（六品）、录事司城市（八品）和司候司城市（九

① ［金］李俊民：《庄靖先生遗集》卷8《题登科记后》，林玉军博士论文《唐至元代城市行政与治安管理演变研究》先引用了这条史料。

② 辽代实行五京制，金代沿袭辽制，据《金史·地理志》海陵王贞元元年废上京，以燕为中都，至金世宗大定十三年复置上京，则实行包括中都、上京、东京、北京、西京、南京的六京制。

③ 按《金史·地理志》统计，金章宗泰和八年（1208）共置建制镇519个。见林玉军，韩光辉：《金代镇诸问题研究》，《中国历史地理论丛》，2009年第2期，第116-125页。

品），同属于县级行政区划。泰和至兴定年间，六京府置有警巡院，十三个总管府和所辖诸府节镇置有录事司，防刺州则置有司候司与府州县行政区划如下表（表 3-5）。①

表 3-5　金泰和至兴定年间十九路所属行政区划统计

路名	治所	京府	总管府	节镇州	防御州	刺史州	县	警巡院	录事司	司候司	属路
上京	会宁	会宁		2	1	1	6	1	2	2	6
咸平	咸平		1	1		1	10		2	1	
东京	辽阳	辽阳	1	2		4	19	1	3	4	1
北京	大定	大定	2	5		3	42	1	7	3	
西京	大同	大同		8		7	40	1	8	7	
中都	大兴	大兴		3		10	49	2	3	10	
南京	开封	开封	2	3	8	9	108	2	5	17	
河北东	河间		1	2	1	5	30		3	6	
河北西	真定		3	2	2	4	61		5	6	
山东东	益都		2	2	2	7	53		4	9	
山东西	东平		1	2	2	4	37		3	6	
大名府	大名		1			4	20		1	4	
河东北	太原		1	3		9	39		4	9	
河东南	平阳		2	3	1	6	39		5	7	
凤翔	凤翔		2		2	2	33		2	4	
京兆	京兆		1	1	1	4	36		2	5	
鄜延	延安		1	1		4	20		2	4	
庆原	庆阳		1	2		3	19		3	3	
临洮	临洮		1	1	1	4	15		2	5	
合计		6	23	43	21	91	676	8	66	112	7

资料来源：《金史·地理志》；总管府中含散府

在金朝极盛时期六京共设警巡院 7 处②，除中都置有左、右二警巡院外，南京、上京、东京、北京和西京均建置一个警巡院。诸府节镇城市录事司共 66 处③，防刺州城市司候司则共 112 处④，共有城市行政管理机构 185 个。诸府镇除

① 《金史》卷 57《百官志》，第 1313-1314 页。

② 韩光辉：《金代都市警巡院研究》，《北京大学学报（哲社版）》，1999 年第 5 期，第 71-77 页。

③ 韩光辉：《金代诸府节镇城市录事司研究》，《文史》第 52 辑，北京：中华书局，2000 年。

④ 韩光辉：《金代防刺州城市司候司研究》，《北京社会科学》，1999 年第 4 期，第 104-110 页。

设有城市录事司外，还置有都军司，设都指挥使，“掌军率差役、巡捕盗贼、总判军事，仍与录事同管城隍”①。防刺州城市，置司候司外，还置有“军辖一员，掌同都军，兼巡捕，仍与司候同管城壁”②。城市警巡院、录事司、司候司“领在城事”③，均有一套管理机构；警巡使、录事、司候则是各地方城市行政机构的主官。至元代才有明确的文献记载：“录事职位虽卑，而父母一城之民，其任固不轻”④，及“列曹庶务，一与县等”⑤。

按照《金史·地理志》，所列行政区划表，“虽贞祐、兴定危亡之所废置，既归大元，或有因之者，故凡可考必尽着之，其所不载则阙之”，⑥还“存在不少缺略和错误”，但它却提供了研究金代行政建制和行政区划及地方包括城市官制的基本史料。⑦依据上述金代城市行政建制和区划研究，可以进一步补正《金史·地理志》。

（原载《中国史研究》2013 年第 1 期）

---

① 《金史》卷 57《百官志》，第 1324 页。

② 《金史》卷 57《百官志》，第 1325 页。

③ 《元一统志》卷 3《汴梁路·建置沿革·郑州》，北京：中华书局，1966 年，第 225 页。

④ ［元］吴澄：《吴文正集》卷 28《送姜曼乡赴泉州路录事序》，四库全书本。

⑤ ［至顺］《镇江志》卷 16《宰貳》，南京：江苏古籍出版社，1990 年，第 636 页。

⑥ 《金史》卷 24《地理志》，第 550 页。

⑦ 《金史·出版说明》，第 6 页。

《金史·地理志》城市行政建制疏漏及补正

唐末五代以来，城市行政管理机构发生了重要变化，这就是金代明确出现的具有独立行政职能、但等级规模不同的城市行政管理机构警巡院、录事司和司候司。作为金代与县平行的城市行政管理机构，其官制在《金史·百官志》中具有明确记载，但与县平行的城市行政建置却被《金史·地理志》疏漏，这一问题值得学界研究。

金代行政建制警巡院、录事司与司候司已在不同文献中有所提及。首先是清代王昶《金石萃编》指出“(京兆府进士提名碑)载进士里贯有注县名者，有注录事司者。《金史·百官志》诸府节镇录事司，凡府镇两千户以上则置之，是府镇之民不隶于诸县而隶录事司者也。”① 这里作者指出了录事司是与县平行的治所城市行政管理机构的事实。其次，清代施国祁《金史详校》也指出：“《河朔访古记》云真定府录事司，国朝所建立，专理城内，城之外则真定县所理。案此自是金制已然。上文警巡已同。”② 20世纪30年代日本学者爱宕松男研究元代录事司时也提到了金代警巡院、录事司和司候司。③ 韩光辉等人自20世纪80年代起则对辽代城市警巡院，尤其金代城市警巡院、录事司和司候司做了进一步较深入系统研究。④ 作为专门管理城市的行政制度，发生于12世纪的金代，与京县、附郭县和诸县平行的县级行政机构，其官制在《金史·百官志》中具有明确记载，有必要做系统考证并加以补正。

---

① ［清］王昶辑：《金石萃编》卷158，《金五·进士题名碑》，北京：中国书店，1985年。

② ［清］施国祁：《金史详校》卷4，《百官志·诸府节镇录事》，成书集成初编，第302页。

③ ［日］爱宕松男著，索介然译：《元代的录事司》，收入《日本学者研究中国史论着选译》第5卷，北京：中华书局，1993年，第608-635页；《元代都市制度とその起源》，《东洋史研究》，1938年第3卷第4期，第1-28页。

④ 韩光辉：《辽南京城的方圆与警巡院》，《燕都》，1987年第4期；《北京历史上的警巡院》，《北京档案史料》，1990年第3期，第55-59页；《金代防刺州城市司候司研究》，《北京社会科学》，1999年第4期；《金代都市警巡院研究》，《北京大学学报(哲社版)》，1999年第5期；《金代诸府节镇城市录事司研究》，《文史》第3辑，2000年，第37-51页；韩光辉，林玉军，王长松：《宋辽金元建制城市的出现与城市体系的形成》，《历史研究》，2007年第4期，第42-62页；韩光辉，何峰：《宋辽金元城市行政建制与区域行政区划体系的演变》，《北京大学学报(哲社版)》，2008年第2期，第154-161页。

一、警巡院、录事司及司候司的建制

《金史·百官志》记录了大兴府、诸京留守司、诸总管府、诸府、诸节镇、诸防御州、诸刺史州、诸京警巡院、诸府节镇录事司、诸防刺州司候司、赤县、诸县，共同构成了地方行政制度，同属地方行政区划内容。警巡院秩正六品，录事司秩正八品，司候司秩正九品，[①]官职的设置及其秩级均不同，名称各异，等级规模亦不同，但均已演变为不同等级的治所城市行政管理机构。[②]作为城市行政管理制度，金代城市警巡院、录事司、司候司三者均设置于金太宗天会年间，与县行政机构相类似，只是社会职责有所不同。[③]见表 3-6。

表 3-6　金代城市警巡院、录事司和司候司与县行政机构组成之比较

机构名称	主官	佐贰官	巡捕官	吏	职责
警巡院	警巡使	副使、判官	副使	司吏	掌诸京城市民事
录事司	录事	判官	判官	司吏、公使	掌府镇城市民事
司候司	司候	判官	判官	司吏、公使	掌防刺州城市民事
京县、附郭县	县令	丞、主簿	尉	司吏、公使	掌一县行政

资料来源：《金史·百官志》

据金《题登科记后》记载[④]，章宗承安五年（1200）经义榜登科的 33 人中籍贯隶属县者 18 人，隶属诸京府警巡院者 6 人，隶属录事司者 3 人，隶属司候司者 3 人。其中，籍隶警巡院者即张孺卿（大兴府左警巡院）、朱焕（开封府警巡院）、孔天昭（大兴府左警巡院）、王毅（大兴府左警巡院）、赵铢（大兴府左警巡院）和杜实才（南京警巡院）；籍贯隶属录事司者是彭悦（真定府录事司）、邓浩（平阳府录事司）、宋克俊（河中府录事司）；籍隶司候司的 3 人即王元

① 《金史》卷 57《百官志》，北京：中华书局，1975 年，第 1303-1315 页。

② 韩光辉，林玉军，王长松：《宋辽金元建制城市的出现与城市体系的形成》，《历史研究》，2007 年第 4 期，第 42-62 页；韩光辉，何峰：《宋辽金元城市行政建制与区域行政区划体系的演变》，《北京大学学报（哲社版）》，2008 年第 2 期，第 154-161 页。

③ 韩光辉：《金代都市警巡院研究》，《北京大学学报（哲社版）》，1999 年第 5 期，第 71-77 页；《金代诸府节镇城市录事司研究》，《文史》第 52 辑，北京：中华书局，2000 年；《金代防刺州城市司候司研究》，《北京社会科学》，1999 年第 4 期，第 104-110 页；《金代中国城市行政管理制度研究》，《城市发展研究》，2012 年待刊。

④ ［金］李俊民：《庄靖先生遗集》卷 8《题登科记后》，林玉军博士论文《唐至元代城市行政与治安管理演变研究》先引用了这条史料。

（解州司候司）、糜元振（磁州司候司）和潘希孟（磁州司候司）。凡此，均足以证明，三种城市行政管理机构，诸京警巡院和赤县、诸京县、诸县，诸府节镇城市录事司和附郭县、诸县，防刺州城市司候司和附郭县、诸县均是相互独立的行政实体，均是进士乃至官员、百姓的县级籍贯，互相平行，不相统属。其他三人的籍贯则分属于千户所或婆速路地方。因此，金代城市警巡院、录事司、司候司均具有县级籍贯意义，自然也就具有城市行政建制意义。

在《金史·地理志》中，只有三处分别记载了警巡院、录事司、司候司的置废：即金“海陵贞元元年更（中京）为北京，置留守司、都转运司、警巡院”；“桓州，下，威远军节度使。军兵隶西北路招讨司。明昌七年改置刺史。户五百七十八。县一：清塞倚。”注：“明昌四年以罢录事司置。”“抚州，下，镇宁军节度使。辽秦国大长公主建为州，章宗明昌三年复置刺史，为桓州支郡，治柔远。明昌四年置司候司。承安二年升为节镇，军名镇宁，拨西北路招讨司所管……四猛安以隶之，户一万一千三百八十。”[①]

在其他相关文献中也有类似记载，据《三朝北盟会编》卷 182，天会十五年（伪齐阜昌八年，南宋绍兴七年，1137 年）十一月废伪齐，差除“契丹韩睿为都城警巡使”，这里的都城是指北宋的汴京，是年十一月金朝政府即委派契丹人韩睿任汴京城市警巡使，并设置了警巡院。关于录事司，除金京兆府《进士题名碑》记载了金朝一代及第进士有 5 人的籍贯系录事司外，洪武《太原志》“金太宗天会六年八月，以代州置振武军节度使，领县四：雁门、崞、五台、繁峙，录事司一；支郡二：宁化军、火山军……元代本州只领雁门县、录事司。中统四年并省入代州。”[②] 这里也提到了录事司在金代和元初的建置及沿革。关于司候司，据天会十五年二月十二日《滨州司候飞骑尉墓柱记》[③]，同是金初设置的。这些史料提供了补正《金史·地理志》疏漏的重要依据。

研究表明，金代行政制度分路府、州和县三级制，相应形成了不同行政等级和户口规模的城市，按城市行政建制与等级规模也划分为三级，即警巡院城市、录事司城市和司候司城市。泰和至兴定年间，六京府置有警巡院，十三个总管府和所辖诸府节镇置有录事司，防刺州则置有司候司和府州县行政区划如下表（表 3-7）。[④]

① 《金史》卷 24《地理志》，第 557、566 页。

② 《永乐大典》卷 5200，《原字韵·太原府·建置沿革》，北京：中华书局，1986 年，第 2254 页。

③ ［清］端方：《陶斋臧石记》卷 41《滨州司候飞骑尉墓柱记》，清宣统石印本。

④ 《金史》卷 57《百官志》，第 1313-1314 页。

表 3-7 金泰和至兴定年间十九路所属行政区划统计

路名	治所	京府	警巡院	总管府	节镇州	录事司	防御州	刺史州	司候司	县	属路
上京	会宁	会宁	1		2	2	1	1	2	6	6
咸平	咸平			1	1	2		1	1	10	
东京	辽阳	辽阳	1	1	2	3		4	4	19	1
北京	大定	大定	1	2	5	7		3	3	42	
西京	大同	大同	1		8	8		7	7	40	
中都	大兴	大兴	2		3	3		10	10	49	
南京	开封	开封	2	2	3	5	8	9	17	108	
河北东	河间			1	2	3	1	5	6	30	
河北西	真定			3	2	5	2	4	6	61	
山东东	益都			2	2	4	2	7	9	53	
山东西	东平			1	2	3	2	4	6	37	
大名府	大名			1		1		4	4	20	
河东北	太原			1	3	4		9	9	39	
河东南	平阳			2	3	5	1	6	7	39	
凤翔	凤翔			2		2	2	2	4	33	
京兆	京兆			1	1	2	1	4	5	36	
鄜延	延安			1	1	2		4	4	20	
庆原	庆阳			1	2	3		3	3	19	
临洮	临洮			1	1	2	1	4	5	15	
合计		6	8	23	43	66	21	91	112	676	7

资料来源：《金史·地理志》：总管府中含散府

金代六京共设警巡院 8 处①，除中都置有左、右二警巡院外，南京、上京、东京、北京和西京均建置一个警巡院。诸府节镇城市录事司共 66 处②，防刺州城市司候司则共 112 处③。诸府镇除设有城市录事司外，还置有都军司，设都指挥使，"掌军率差役、巡捕盗贼、总判军事，仍与录事同管城隍。"④防刺州城市，置司候司外，还置有"军辖一员，掌同都军，兼巡捕，仍与司候同管城壁"⑤。城市警巡院、录事司、司候司"领在城事"⑥，均属城市行政管理机构；警巡使、

① 韩光辉：《金代都市警巡院研究》，《北京大学学报（哲社版）》，1999 年第 5 期，第 71-77 页。

② 韩光辉：《金代诸府节镇城市录事司研究》，《文史》第 52 辑，北京：中华书局，2000 年。

③ 韩光辉：《金代防刺州城市司候司研究》，《北京社会科学》，1999 年第 4 期，第 104-110 页。

④ 《金史》卷 57《百官志》，第 1324 页。

⑤ 《金史》卷 57《百官志》，第 1325 页。

⑥ 《元一统志》卷 3《汴梁路·建置沿革·郑州》，北京：中华书局，1966 年，第 225 页。

录事、司候则是各地方城市行政机构的主官。至元代才有明确的文献记载:“录事职位虽卑，而父母一城之民，其任固不轻”[①]；及“列曹庶务，一与县等”[②]。

按照《金史·地理志》，所列行政区划表，“虽贞祐、兴定危亡之所废置，既归大元，或有因之者，故凡可考必尽着之，其所不载则阙之”，[③]还“存在不少缺略和错误”，但它却提供了研究金代行政区域和行政区划及地方包括城市官制的基本史料。[④]本文所作城市行政建制的补正，就是依据该行政区划完成的。

二、《金史·地理志》补正（一）

上京路，国初成为内地，天眷元年号上京。海陵贞元元年迁都于燕，削上京之号，止称会宁府，称为国中者以违制论。大定十三年七月，复位上京。……领府一，警巡院一；节镇四，录事司四；防御一，司候司一；县六，镇一。

会宁府，下。初为会宁州，太宗以建都，升为府。天眷元年，置上京留守司，以留守带本府尹，兼本路兵马都总管，领警巡院一；县三……

肇州，下，防御使。天会八年，以太祖兵胜辽，肇基王绩于此，遂建为州。天眷元年十月，置防御使，隶会宁府。海陵时，尝为济州支郡。承安三年，复以为太祖神武隆兴之地，升为节镇，军名武兴。五年，置漕运司，以提举兼州事。后废军。贞祐二年复升为武兴军节镇，置招讨司，以使兼州事。领司候司一；县一……

隆州，下，利涉军节度使。辽太祖时，名黄龙府。天眷三年，改为济州，以太祖来攻城时大军径涉，不假舟楫之祥也，置利涉军。天德三年置上京路都转运司，四年，改为济州转运司。大定二十九年嫌与山东路济州同，更名。贞祐初，升为隆安府。领录事司一；县一……

信州，下，彰信军刺史。辽开泰七年建，取诸路汉民置。领司候司一；县一:……

蒲与路，国初置万户，海陵例罢万户，乃改置节度使。承安三年，设节度副使。

合懒路，置总管府。贞元元年，改总管为尹，仍兼本路兵马都总管。承安三年，设兵马副总管。

---

① ［元］吴澄:《吴文正集》卷28《送姜曼乡赴泉州路录事序》，四库全书本。

② ［至顺］《镇江志》卷16《宰贰》，南京：江苏古籍出版社，1990年，第636页。

③ 《金史》卷24《地理志》，第550页。

④ 《金史·出版说明》，第6页。

恤品路，节度使。辽时，为率宾府，置刺史。太宗天会二年，以耶懒路都孛堇所居地瘠，遂迁于此。以海陵例罢万户，置节度使，因名速频（恤品）路节度使。世宗大定十一年，遂命名古土门亲管猛安曰押懒猛安。承安三年，设节度副使。

曷苏馆路，置节度使。天会七年，徙治宁州，尝置都统司，明昌四年废。

胡里改路，国初置万户，海陵例罢万户，乃改置节度使。承安三年，置节度副使。

乌古迪烈统军司，后升为招讨司，与蒲与路近。

咸平路，领府一，录事司一；刺郡一，司候司一；县十。

咸平府，下，总管府，安东军节度使。辽为咸州，国初为咸州路，置都统司。天德二年八月，升为咸平府，后为总管府。置辽东路转运司、东京咸平路提刑司。领录事司一；县八……

韩州，下，刺史。领司候司一；县二：临津，倚；柳河。

东京路，府一，领警巡院一；节镇一，录事司一；刺郡四，司候司四；县十七，镇五。

辽阳府，中，东京留守司。辽天显三年，升为南京，府曰辽阳。十三年，更为东京。金太宗天会十年，改南京路平州军帅司为东南路都统司之时，尝治于此，以镇高丽。领警巡院一；县四……

澄州，下，南海军刺史。本辽海州，天德三年改州名。领司候司一；县二……

沈州，中，昭德军刺史。辽太宗时军曰兴辽，后为昭德军，置节度。明昌四年改为刺史，与通、贵德、澄三州皆隶东京。领司候司一；县五……

贵德州，下，刺史。领司候司一；县二……

盖州，下，奉国军节度使。辽辰州。明昌四年，罢曷苏馆，建辰州辽海军节度使。六年，以与“陈”同音，更取盖葛牟为名。领录事司一；县四……

复州，下，刺史。辽怀德军节度，明昌四年降为刺史。领录事司一；县二……

来远州，下。旧来远城，本辽熟女直地，大定二十二年升为军，后升为州。按金代制度，来远州治所亦应置有司候司一。

婆速府路，国初置统军司，天德二年置总管府，贞元元年与曷懒路总管并为尹，兼本路兵马都总管。此路皆猛安户。

北京路，领府四，警巡院一，录事司三；节镇七，录事司七；刺郡三，司候司三；县四十二，镇七，寨一。

大定府，中，北京留守司。辽中京，统和二十五年建为中京，国初因称之。海陵贞元元年更为北京，置留守司、都转运司、警巡院。县十一：大定，倚……三韩，辽伐高丽，迁马韩、辰韩、弁韩三国民为县，置高州，太祖天辅七年以高州置节度使，皇统三年废为县，承安三年复升为高州，置刺史，为全州支郡，领司候司一，分武平、松山、静封三县隶属，泰和四年废。

利州，下，刺史，辽置。领司候司一；县二……

义州，下，崇义军节度使，辽宜州，天德三年更州名。领录事司一；县三……

锦州，下，临海军节度使，领录事司一；县三……

瑞州，下，归德军节度使。本来州，天德三年更为宗州，泰和六年以避睿宗讳，谓本唐瑞州地，故更名。领录事司一；县三……

广宁府，散，下，镇宁军节度使，本辽显州奉先军，天辅七年升为府，因军名置节度。天会八年改军名镇宁。天德二年隶咸平，后废军隶东京。泰和元年七月来属。领录事司一；县三……

懿州，下，宁昌军节度使，辽尝更军名庆懿，又为广顺，复更名，金因之，先隶咸平府，泰和末来属。领录事司一；县二……

兴中府，散，下。本唐营州城，辽霸州彰武军，重熙十一年升为府，更名，金因之。领录事司一；县四……

建州，下，保靖军刺史。辽初名军曰武宁，后更名，金因之。领司候司一；县一……

全州，下，盘安军节度使，承安二年置，改胡设务为静封县，黑河铺为卢川县，拨北京三韩县烈虎等五猛安以隶之，贞祐二年四月侨置于平州。领录事司一；县一……

临潢府，下，总管府，地名西楼，辽为上京，国初因之，天眷元年改为北京，天德二年改北京为临潢府路，以北京路都转运司为临潢府路转运司，天德三年罢。贞元元年以大定府为北京后，但置北京临潢路提刑司。大定后罢路，并入大定府路。贞祐二年四月尝侨置于平州。领录事司一；县五……

庆州，下，玄宁军刺史。辽太祖祖陵在境内，置祖州。天会八年改为奉州，皇统三年废。领司候司一；县一……

兴州，宁朔军节度使。本辽北安州兴化军，皇统三年降军置兴化县，承安五年升为兴州，置节度，军名宁朔，改利民寨为利民县，拨梅坚河三猛安隶之。贞祐二年四月侨置于密云县。领录事司一；县二……

泰州，德昌军节度使。辽时本契丹二十部族牧地，海陵正隆间，置德昌军，隶上京，大定二十五年罢之。承安三年复置于长春县。领录事司一；县一……

西京路，领府二，警巡院一，录事司一；节镇七，录事司七；刺郡八，司候司八；县三十九；镇九。

大同府，中，西京留守司。晋云州大同军节度，辽重熙十三年，升为西京，府名大同，金因之。皇统元年，以燕京路隶尚书省，西京及山后诸部族隶元帅府。天德二年，改置本路都总管府，后更置留守司。领警巡院一；县七……

丰州，下，天德军节度使。皇统九年升为天德总管府，置西南路招讨司，以天德尹兼领之，大定元年降为天德军节度使，兼丰州管内观察使。领录事司一；县一……

弘州，下，刺史。辽博宁军，本襄阴村，统和中建。金初置保宁军，后废军。领司候司一；县二……

净州，下，刺史。大定十八年以天山县升，为丰州支郡。领司候司一；县一……

桓州，下，威远军节度使。明昌七年改置刺史。领录事司一；县一：清塞，倚，明昌四年以罢录事司置。应该因为桓州仅有 578 户，建置了附郭清塞县，而罢置了录事司。

抚州，下，镇宁军节度使。辽秦国大长公主建为州，章宗明昌三年复置刺史，为桓州支郡，治柔远。明昌四年置司候司。承安二年升为节镇，军名镇宁，拨西北路招讨司所管四猛安以隶之。领录事司一；县四……

德兴府，辽奉圣州武定军节度，国初因之。大安元年升为府，名德兴。领录事司一；县六……

昌州，天辅七年降为建昌县，隶桓州，为刺郡。明昌七年以狗泺复置，隶抚州，后来属。领司候司一；县一……

宣德州，下，刺史。辽改晋武州为归化州雄川武军，大定七年更为宣化州，八年复更为宣德州。领司候司一；县二……

朔州，中，顺义军节度使。贞祐三年七月，割朔州广武县隶代州。领录事司一；县二……

武州，边，下，刺史。大定前仍置宣威军。领司候司一；县一……

应州，下，彰国军节度使。领录事司一；县三……

蔚州，下，忠顺军节度使。辽尝更为武安军，寻复。领录事司一；县五……

云内州，下，开远军节度使。领录事司一；县二……

宁边州，下，刺史。国初置镇西军，贞祐三年隶岚州，四年二月升为防御。领司候司一；县一……

东胜州，下，边，刺史。国初置武兴军。领司候司一；县一……

八部族节度使、九处详隐、十二处群牧与州县行政建置无涉，从略。

中都路，辽会同元年为南京，开泰元年号燕京。海陵贞元元年定都，以燕乃列国之名，不当为京师号，遂改为中都。领府一，警巡院二；节镇三，录事司三；刺郡九，司候司九；县四十九。

大兴府，上。晋幽州，辽会同元年升为南京，府曰幽都，仍号卢龙军，开泰元年更为永安析津府。天会七年析河北为东、西路，时属河北东路，贞元元年更名大兴府。领警巡院二；县十……

通州，下，刺史。天德三年升潞县置，以三河隶之。兴定二年五月升为防御。领司候司一；县二……

蓟州，中，刺史。辽置上武军。领司候司一；县五……

易州，下，刺史。辽置高阳军。领司候司一；县二……

涿州，中，刺史。辽为永泰军。领司候司一；县五……

顺州，下，刺史。辽置归化军。领司候司一；县二……

平州，中，兴平节度使。天辅七年以燕西地与宋，遂以平州为南京，天会四年复为平州。领录事司一；县五……

滦州，中，刺史。辽为永安军，天辅七年置节度使，或降置为刺史，或本建置刺史。[1] 领司候司一；县四……

雄州，中，天会七年置永定军节度使。隶河北东路，贞元二年来属。领录事司一；县三……

霸州，下，刺史。隶河北东路，贞元二年来属。领司候司一；县四……

保州，中，顺天军节度使。天会七年置顺天军节度使，隶河北东路，贞元二年来属。海陵赐名清苑郡。领录事司一；县二……

安州，下，刺史。天会七年升为安州，隶河北东路，后置高阳军。领司候司一；县三……

遂州，下，刺史。天会七年改为遂州，隶河北东路，贞元二年来隶，号龙山郡。泰和四年废为遂城县，隶保州，贞祐二年复置州。领司候司一；县一……

安肃州，下，刺史。天会七年升为徐州，安肃军如旧，隶河北东路，贞元二年来属。天德三年改为安肃州，军名徐郡军。大定后降为刺郡，废军。领司候司一；县一……

---

① 《金史》卷24《地理志》校勘记五十六，第585页。

三、《金史·地理志》补正（二）

南京路，国初曰汴京，贞元元年更号南京。领府三，警巡院一，录事司二；节镇三，录事司三；防御八，司候司八；刺史郡九，司候司九；县一百零八，镇九十八。①

开封府，上。留守司留守带本府尹，兼本路兵马都总管。天德二年罢行台尚书省，置转运司、提刑司。天德二年置统军司。领警巡院一；县十五……

睢州，下，刺史。金初称拱州，天德三年更名。领司候司一；县三……

归德府，散，中，宣武军。宋南京应天府河南郡归德军，金初置宣武军。领录事司一；县六……

单州，中，刺史。宋砀郡，贞祐四年二月升为防御，兴定五年二月置招抚司，以安集河北遗黎。领司候司一；县四……

寿州，下，刺史。宋隶寿春府，贞元元年来属，泰和六年六月升为防御。领司候司一；县二……

陕州，下，防御。宋陕郡保平军节度，皇统二年降为防御，贞祐二年七月升为节镇。领司候司一；县四……

邓州，武胜军节度使。宋南阳郡。领录事司一；县三……

唐州，中，刺史。宋淮安郡。领司候司一；县四……

裕州，下，刺史。本方城县，泰和八年正月升置，以方城县为倚郭，割汝州叶县、许州舞阳隶之。领司候司一；县三……

河南府，散、中。宋西京河南雒阳郡。初置德昌军，兴定元年八月升为中京，府曰金昌。领录事司一，兴定升中京之后，“以便宜”置警巡使②；县九……

嵩州，中，刺史。旧名顺州，天德三年更名。领司候司一；县四……

汝州，上，刺史。金初为刺郡，贞祐三年八月升为防御。领司候司一；县四……

许州，下，昌武军节度使。领录事司一；县五……

钧州，中，刺史。旧阳翟县，伪齐升为颍顺军。大定二十二升为州，仍名颍顺，二十四年更名。领司候司一；县二……

亳州，上，防御使。贞祐三年升为节镇，军名集庆。领司候司一；县六……

---

① 《金史》卷25《地理志》校勘记一，第617页。

② 《金史》卷111《强伸传》，第2450页。

陈州，下，防御使。领司候司一；县五……

蔡州，中，防御使。泰和八年升为节度，军曰镇南。领司候司一；县六……

息州，下，刺史。本新息县，泰和八年升为息州，以新息为倚郭，割真阳、褒（xiù）信、新蔡隶之，为蔡州支郡。领司候司一；县四……

郑州，中，防御。领司候司一；县七……

颍州，下，防御。领司候司一；县四……

宿州，中，防御。金初隶山东西路，大定六年来属。贞祐三年升为节镇，军曰保静。司候司一；县四……

泗州，中，防御使。先隶山东西路，大定六年来属。领司候司一；县四……

河北东路。天会七年析河北为东、西路，各置本路兵马都总管。领府一，录事司一；节镇二，录事司二；防御一，司候司一；刺郡五，司候司五；县三十，镇三十五。

河间府，中，总管府，瀛海军。天会七年置总管府，正隆间升为次府，置瀛州瀛海军节度使兼总管，置转运司。后复置总管府。领录事司一；县二……

蠡州，下，刺史。国初因宋永宁军，天会七年升为宁州博野郡军，天德三年更为蠡州。领司候司一；县一……

莫州，下，刺史。宋文安郡军防御，治任丘。贞祐二年五月降为鄚亭县。领司候司一；县一……

献州，下，刺史。本乐寿县，天会七年升为寿州，天德三年更名。领司候司一；县二……

冀州，上。宋信都郡，天会七年仍旧置安武军节度。领录事司一；县五……

深州，上，刺史。宋饶阳郡防御，金初为刺郡。领司候司一；县五……

清州，中。金初置军，天会七年以守边置防御。领司候司一；县三……

沧州，上，横海军节度。贞元二年来属。领录事司一；县五……

景州，上，刺史。金初升为景州，贞元二年来属。大安间避章庙讳，更为观州。领司候司一；县六……

河北西路。天会七年析为西路。领府三，录事司三；节镇二，录事司二；防御二，司候司二；刺郡五，司候司五；县六十一，镇三十三。[①]

真定府，上，总管府，成德军。宋节度，正隆间依旧次府，置本路兵马都总管府、转运司。领录事司一；县九……

威州，下，刺史。天会七年以井陉县升，置陉山郡军，后为刺郡。领司候司

---

① 《金史》卷25《地理志》校勘记三十五，第622页。

一；县一……

沃州，上，刺史。天会七年改为赵州，天德三年更为沃州。领司候司一；县七……

邢州，上，安国军节度。天会七年降为邢州，仍置安国军节度。领录事司一；县八……

洺州，上，防御，广平郡。天会七年以守边置防御使。领司候司一；县九……

彰德府，散，下。天会七年置彰军节度，明昌三年升为府，以军为名。领录事司一；县五……

磁州，中，刺史。金初置滏阳郡军，改名磁州。领司候司一；县三……

中山府，宋中山府，天会七年降为定州博陵郡定武军节度使，后复为府。领录事司一；县七……

祁州，中，刺史。金初置蒲阴郡军。领司候司一；县三……

濬州，中，防御。天会七年以边境置防御使。领司候司一；县二……

卫州，下，河平军节度。天会七年置防御使，明昌三年升为河平军节度，治汲县、以滑州为支郡。贞祐二年七月城宜村，三年五月徙治于宜村新城，以胙城为倚郭。领录事司一；县四……

滑州，下，刺史。本南京属郡，大定六年割隶大名府。领司候司一；县二……

山东东路，宋为京东东路，治益都。领府二，录事司二；节镇二，录事司二；防御二，司候司二；刺郡七，司候司七；县五十三，镇八十三。

益都府，上，总管府，金初仍置镇海军，置南青州节度使，后升为总管府。大定八年置山东东西路统军司。领录事司一；县七……

潍州，中，刺史。领司候司一；县三……

滨州，中，刺史。领司候司一；县四……

沂州，上，防御。领司候司一；县二……

密州，宋为密州高密郡安化军节度，金因之。领录事司一；县四……

海州，中，刺史。领司候司一；县五……[①]

莒州，中，刺史。本城阳军，大定二十二年升为城阳州，二十四年更名。领司候司一；县三……

棣州，上，防御。领司候司一；县三……

---

① 《金史》卷25《地理志》校勘记四十九，第624页。

济南府，散，上。国初置兴德军节度使，后置尹，置山东东西路提刑司。领录事司一；县七……

淄州，中，刺史。领司候司一；县四……

莱州，上，定海军节度。领录事司一；县五……

登州，中，刺史。领司候司一；县四……

宁海州，刺史。本宁海军，大定二十二年升为州。领司候司一；县二……

山东西路，领府一，录事司一；节镇二，录事司二；防御二，司候司二；刺郡五，司候司五；县二十七，镇四十八。①

东平府，上，天平军节度。金以府尹兼总管。领录事司一；县六……

济州，中，刺史。旧治钜野，天德二年徙治任城县。领司候司一；县四……

徐州，下，武宁军节度使。贞祐三年九月改隶河南路。领录事司一；县三……

邳州，中，刺史。贞祐三年九月改隶河南路。领司候司一；县三……

滕州，上，刺史。宋滕阳军，大定二十二年升为滕阳州，二十四年更名。贞祐三年九月为兖州支郡。领司候司一；县三……

博州，上，防御。领司候司一；县五……

兖州，中，泰定军节度使。旧名泰宁军，大定十九年更名。领录事司一；县四……

泰安州，上，刺史。本泰安军，大定二十二年升为州。领司候司一；县三……

德州，上，防御。领司候司一；县三……

曹州，中，刺史。本隶南京，泰和八年来属。领司候司一；县三……

四、《金史·地理志》补正（三）

大名府路，宋北京魏郡。领府一，录事司一；刺郡三，司候司三；县二十，镇二十二。

大名府，上，天雄军。旧为散府，先置统军司，天德二年罢，正隆二年升为总管府，附近十二猛安皆隶之。领录事司一；县十……

恩州，中，刺史。宋清河郡军事，治清河，今治历亭。领司候司一；县四……

① 《金史》卷25《地理志》校勘记五十四，第625页。

濮州，下，刺史。领司候司一；县二：鄄城，倚，镇二：临濮、雷泽；范，镇一：定安。

开州，中，刺史。宋镇宁军节度，降为澶州，皇统四年更名。领司候司一；县四……

河东北路。天会六年析河东为南、北路，各置兵马都总管。领府一，录事司一；节镇三，录事司三；刺郡九，司候司九；县三十九，镇四十，堡十，寨八。

太原府，上，武勇军。金初依旧为次府，复名并州太原郡河东军总管府，置转运司。领录事司一；县十一……

忻州，下，刺史。领司候司一；县二……

平定州，中，刺史。本宋平定军，大定二年升为州。兴定二年为防御，十一月复降为刺郡。领司候司一；县二……

汾州，上。天会六年置汾阳军节度使。领录事司一；县五……

石州，上，刺史。领司候司一；县六……

葭州，下，刺史。贞元元年隶汾州，大定二十二年升为晋宁州，二十四年更名。在黄河西，兴定二年五月以河东残破，改隶延安府。领司候司一；寨八……

代州，中。天会六年置震武军节度使。领录事司一；县五……

隩州，下。宋火山军，大定二十二年升为火山州，后更名。兴定二年九月改隶岚州，四年以残破徙治于黄河滩许父寨。领司候司一；县一……

宁化州，下，刺史。本宁化军，大定二十二年升为州。领司候司一；县一……

岚州，下，天会六年置镇西节度使。领录事司一；县三……

岢岚州，下，刺史。本宋岢岚军，大定二十二年升为州，贞祐三年九月升为防御，四年正月升为节镇，五月复为防御。领司候司一；县一……

保德州，下，刺史。宋保德军，大定二十二年升为州，元光元年六月升为防御。领司候司一；县一……

管州，下，刺史。本宋宪州静乐郡，天德三年更名，兴定三年升为防御。领司候司一；县一……

河东南路，领府二，录事司二；节镇三，录事司三；防御一，司候司一；刺郡六，司候司六；县六十八，镇二十九，关六。

平阳府，上。天会六年升总管府，兴定二年十二月以残破降为散府。领录事司一；县十……

隰州，上，刺史。旧大宁郡军刺史，天会六年改为南隰州，以与北京隰州重名，天德三年去“南”字。领司候司一；县六……

吉州，下，刺史。旧名慈州，天德三年改为耿州，置文成郡军，明昌元年更名吉州。领司候司一；县二……

河中府，散，上。旧置护国军节度使，天会六年降为蒲州，置防御使。天德元年升为河中府，仍置护国军节度使。领录事司一；县七……

绛州，上。天会六年置绛阳军节度使。兴定二年十二月升为晋安府，总管河东南路兵马。领录事司一；县七……

解州，上，刺史。金初置解梁郡军，后废为刺郡。贞祐三年复升为节镇，军名宝昌。兴定四年徙治平陆县。领司候司一；县六……

泽州，上，刺史。天会六年以北京泽州同名，加"南"字，天德三年复去"南"字。贞祐四年隶潞州昭义军，后又改隶孟州。元光二年升为节镇，军曰忠昌。领司候司一；县六……

潞州，上。天会六年，节度使兼潞南辽沁观察处置使。领录事司一；县八……

辽州，中，刺史。天会六年以与东京辽州同名，加"南"字，天德三年复去"南"字。领司候司一；县四……

沁州，中，刺史。天会六年升为州。元光二年升为节镇，军曰义胜。领司候司一；县四……

怀州，上。天会六年以与临潢府怀州同、加"南"字，仍旧置沁南军节度使，天德三年去"南"字。领录事司一；县四……

孟州，上。天会六年置防御。领司候司一；县四……

京兆府路，宋为永兴军路。皇统二年省并陕西六路为四，曰京兆，曰庆原，曰熙秦，曰鄜延。领府一，录事司一；节镇一，录事司一；防御一，司候司一；刺郡四，司候司四；县三十六，镇三十七。

京兆府，上。皇统二年置总管府，天德二年置陕西路统军司、陕西东路转运司。领录事司一；县十二……

商州，下，刺史。贞祐四年升为防御，寻隶陕州，兴定二年正月复来属，元光二年五月改隶河南路。领司候司一；县二……

虢州，下，刺史。贞祐二年割为陕州支郡，以备潼关。领司候司一；县三……

乾州，中，刺史。宋尝改为醴州，天德三年复。领司候司一；县四……

同州，中，安国军节度使。领录事司一；县六……

耀州，上，刺史。宋华原郡感德军节度，皇统二年降为军事，后为刺史州。领司候司一；县四……

华州，中。宋节度，金初因之，后置节度使，皇统二年降为防御使。贞祐三年八月升为节镇，军曰金安，以商州为支郡。领司候司一；县五……

凤翔路，宋秦凤路，治秦州。领府二，录事司二；防御二，司候司二；刺郡二，司候司二；县三十三，城一，堡四，寨十四，镇十五。

凤翔府，中。皇统二年升为府，军名天兴，大定十九年更军名为凤翔。大定二十七年升总管府。领录事司一；县九……

德顺州，上，刺史。金初隶熙秦路，皇统二年升为州，大定二十七年来属。贞祐四年四月升为防御，十月升为节镇，军曰陇安。领司候司一；县六……

平凉府，散，中。宋节度，旧为军，后置陕西西路转运司、陕西东、西路提刑司。大定二十六年来属。领录事司一；县五……

镇戎州，下，刺史。本镇戎军，大定二十二年为州，二十七年来属。领司候司一；县二……

秦州，下。金初置节度，皇统二年置防御使，隶熙秦路，大定二十七年来属，贞祐三年升为节镇，军曰镇远，后罢，元光二年四月复置。① 领司候司一；县八……

陇州，下，防御。海陵时隶熙秦路，大定二十七年来属。领司候司一；县三……

鄜延路，领府一，录事司一；节镇一，录事司一；刺郡四，司候司四；县十六，镇五，城二，堡四，寨十八，关二。

延安府，下。宋延安郡彰武军节度使，皇统二年置彰武军总管府。领录事司一；县七……

丹州，中，刺史。宋军事，金初因之。领司候司一；县一……

保安州，下，刺史。宋保安军，大定二十二年升为州。领司候司一；县一……

绥德州，下，刺史。宋绥德军，大定二十二年升为州。领司候司一；县一……

鄜州，下。宋节度，金初因之，置保大军节度使。领录事司一；县四……

坊州，中，刺史。领司候司一；县二……

庆原路，旧作陕西西路。领府一，录事司一；节镇二，录事司二；刺郡三，司候司三；县十八，镇二十三，城二，堡四，寨二十二，边将营八。

庆阳府，中。宋节度。本庆州军事，金初改安国军，后置定安军节度使兼总

① 《金史》卷26《地理志》校勘记第五十二，第663页。

管，皇统二年置总管府。领录事司一；县三……

环州，上，刺史。宋军事，金初因之，大定间升为刺郡。领司候司一；县一……

宁州，中，刺史。宋节度，金初因之，皇统二年降为军，仍加“西”字，天德二年去“西”字，为刺郡。领司候司一；县四……

邠州，中。宋节度，金初因之。领录事司一；县五……

原州，上，刺史。宋军事，大定二十七年为泾州支郡，后复为军事。领司候司一；县二……

泾州，中，彰化军节度使。本治泾川，元光二年徙治长武。领录事司一；县四……

边将营，八处，略。

临洮路，皇统二年改熙州为临洮府，置熙秦路总管府，大定二十七年更名。领府一，录事司一；节镇一，录事司一；防御一，司候司一；刺郡四，司候司四；县一十三，镇六，城六，堡十二，寨九，关二。

临洮府，中。宋节度，后更为德顺军，皇统二年置总管府。领录事司一；县三……

积石州，下，刺史。本宋积石军溪哥城，大定二十二年升为州，领司候司一；县一……

洮州，下，刺史。领司候司一；堡二……

兰州，上，刺史。领司候司一；县三……

巩州，下，节度。皇统二年升军事为通远军节度使。领录事司一；县五……

会州，上，刺史。领司候司一；县一……

河州，下，防御。皇统二年升军事为防御，贞祐四年十月升为节镇，军曰平西。领司候司一；县二……

总之，唐末五代以来出现的城市管理机构军巡院、厢坊，至宋代的都厢、厢坊，到辽代明确为警巡院及录事司等城市机构，再到金代初年，才有《金史·百官志》等文献较明确地记载了京府警巡院、府镇录事司和防刺州司候司，并且确定为不同等级城市的行政管理机构。[①] 作为城市官民百姓的县级籍贯警巡院、录事司及司候司，是中国古代出现的城市行政管理的新事物，值得学术界注意。这种城市行政管理机构既然是行政区划和行政建制的重要组成部分，又是城市百姓

① 韩光辉，林玉军，魏丹：《论中国古代城市管理制度的演变和建制城市的形成》，《清华大学学报（哲社版）》，2011 年第 3 期。

的籍贯，则在《金史·地理志》中应该有明确的记载，即在京府、府镇、防刺州属下的行政系统中，除京县、附郭县和诸县外，还应包括专门管理城市的行政管理机构警巡院、录事司和司候司，一如上述所补正的内容。

（原载《地理学报》2012 年第 10 期）

中国北方城市行政管理制度的演变

——兼论金代的地方行政区划

关于中国古代城市行政管理制度及其演变的研究，已引起学界的重视并有重要成果发表，文献中也有这方面的记录，如《金史·百官志》记录地方行政制度，列举了大兴府、诸京留守司、诸总管府、诸府、诸节镇、诸防御州、诸刺史州、诸京警巡院、诸府节镇录事司、诸防刺州司候司、赤县、诸县等地方行政区划内容。其中，警巡院秩正六品，录事司秩正八品，司候司秩正九品，秩级不同，名称各异，等级规模亦不同，并由古代附郭县演变为不同等级的治所城市行政管理机构，“领在城事”①。三者与县行政机构职责均有所不同。见表3-6。相关问题值得深入研究。

一、古代城市管理制度及其演变

秦汉以后，古代地方行政区划由分封制转变为郡县制，郡县治所城市均由县或附郭县管理。城市的管理成为重要研究内容。随着城市规模的扩大和管理内容的增加，在城市规划、建设和管理三者中，管理的作用益发凸显。应该指出的是，在古代郡县同一治所城市中，至南北朝时期的北齐出现了双附郭县，即太原郡晋阳县又析置出了龙山县，太原郡城由附郭之晋阳、龙山二县管理。到唐代，这种双附郭县已达到十五对。其中，长安都城京兆尹双附郭长安、万年二县，至总章元年（668）二月己卯，“分长安、万年置乾封、明堂二县，分理于京城之中”②，事实上已形成京城四附郭县。长安规模浩大，户口盈积，市狱殷繁，原置两县抚治难周，成为析置乾封、明堂二县的首要原因，目的是“分理京城内”③，成为专门管理城市的县级行政管理机构。而长安、万年依例仍然管理长安城的北

① 《元一统志》卷3《汴梁路·建置沿革·郑州》。

② 《旧唐书》卷5,《高宗纪》，中华书局点校本，1975年，第91页。

③ ［宋］王溥辑:《唐会要》卷70《州县改置上·关内道》，北京：中华书局，1955年，第1243页。

部坊市和城外乡里，至长安二年（702），撤废乾封、明堂二县。[①]这种由县管理城市而不再管理乡村的重要城市管理机构在唐代仅存在了三十四年。但它毕竟显示了中国古代城市管理的新理念。

唐代长安有京兆尹及所属附郭京县负责城市民事管理，包括狱讼、治安、督察奸非、抚治黎甿、敦四民之业之外，还设置了左右金吾卫左、右街使，“掌分察六街徼巡”[②]，即保障长安城市治安；并置御史台左、右巡掌城市监察不法之事，形成执行、徼巡和监察三权分立的城市管理模式。[③]“安史之乱”后，迅速崛起的神策军逐渐侵夺了长安城的城市管理权，并形成了“天下事皆决于北司，宰相行文书而已”[④]的形势。北司即北衙禁军，神策军“分为左、右厢，居北军之右”[⑤]，经“甘露之变”，神策军趁京兆府城市盗贼时有发生，设置了军巡院和军巡使，负责城市街道巡察，与京兆尹及长安、万年二县管理城市。实际上，军巡院居于主导地位。

唐末几经焚掠，长安丘墟，后梁迁都洛阳，开平三年（909）置左、右军巡使，“左军巡管水北，右军巡管水南，各置巡院”，“巡警京都”[⑥]城市，受禁军统领。军巡院除设军巡使外，还置有军巡判官，为军巡院之佐贰官，形成完整的管理机构，并形成以军巡为主、以京尹及所属二京县配合的管理制度。

后唐同光二年（924），沿置了军巡院，掌京城斗讼之事，领诸厢，抚治百姓，在三京（洛阳、开封、太原）形成军巡院、厢、坊京城城市管理系统。后晋和后周建都开封，虽然没有发现关于都城置军巡院的文献资料，但从宋代人曾巩记载“五代时两京军巡、诸州马步院都虞候判官，止以开封、河南及诸州才校充选”[⑦]，及“左右军巡使、判官各二人，分掌京城争斗及推鞫之事”[⑧]来看，宋代继

---

① 《旧唐书·地理志》第1395页：“乾封元年，置明堂、乾封二县”，“长安二年，废乾封、明堂二县”；《新唐书·地理志》第962页：万年，“总章元年析置明堂县，长安二年省”；长安，“总章元年析置乾封县，长安二年省”。据《唐会要·州县改置上》：到长安二年（702）六月二日，撤销明堂县建制；长安三年（703）六月二日，撤销乾封县建制。

② 《新唐书》卷49《职官志》，中华书局点校本，1975年，第1285页。

③ 林玉军：《唐至元代城市民政与治安管理演变研究》，北京大学博士论文，2010年，藏于北京大学图书馆。

④ 《资治通鉴》卷245《唐纪六十一·文宗大和九年十一月戊辰》，北京：中华书局，1956年，第7919页。

⑤ 《资治通鉴》卷223《唐纪三十九·代宗永泰元年十月》第7184页。

⑥ 《五代会要》卷24《诸使杂录》，北京：中华书局，1985年，第297-298页。

⑦ ［宋］曾巩：《隆平集》卷1《官名》，台北：文海出版社，1981年，第41页。

⑧ 《宋史》卷166《职官志》，北京：中华书局，1977年，第3942页。

承沿袭了后晋和后周设置的军巡院的制度，其职能与五代大体一致，只是宋代军巡院隶属于开封府。

唐末五代战乱，理治安、治刑狱，城市管理亟待加强。唐代左、右巡，左、右街使失去了管理都城城市的职能，而由禁军所隶军巡院执行城市徼巡，负责治安和狱讼，军巡院得以完善和发展。在契丹南下过程中，也沿用了唐末五代制度，首先在契丹东京建置了军巡院，进而在五京先后建置了警巡院，完成了对城市从军巡到警巡的过程，并最终演变为五京城市管理行政机构。这一系列的变化应发生在辽圣宗（983—1030）年间。[①]

录事司，在严耕望和王永兴的有关研究中，都提到过录事参军治事机构录事司。[②]历五代至辽朝沿用唐五代官制，并受宋代都厢、厢等官制的影响，建置了录事司机构，增加了“平理狱讼”的职能，向城市行政管理机构转化。宋辽出现了司候官制，到金代，官制中的司候判官系佐贰官，其主官是司候，构成防刺州治所城市的管理机构司候司。

总之，唐末经五代至辽宋，城市管理制度包括不同类型城市的官制、管理职能和管理范围都发生了重要变化，核心的变化在于由县管理转变为由专门机构都厢、警巡院、录事司和司候司管理城市，只是由于文献记载的缺乏，还不能将这一系列管理机构梳理得更清晰。

金天会十五年（1137）十一月废刘豫伪齐政权，任契丹人“韩睿为都城警巡使”[③]，这是文献最早记载金朝除授都市警巡使。天会六年（1128）八月，代州节镇领录事司一，县四，支郡二。[④]滨州司候的记载则见于天会十五年二月十二日[⑤]。滨州是刺史州，在城置有司候司，所置司候是城市管理机构的主官。警巡院、录事司和司候司是辽、北宋及伪齐先后灭亡后，于天会中迅速恢复建置的城市管理机构。据《金史·百官志》，在“天眷新制”发布后的皇统五年（1145），“庶官分类”，其中“警巡、市令、录事、司候、诸参军、知律、勘事、勘判为

① 韩光辉，王长松：《辽金元北京城市扩展过程与行政建制研究》，《历史地理》第24辑，2010年，第160-173页。

② 严耕望：《唐史研究丛稿》，香港九龙：新亚研究所，1969年，第116页；王永兴：《唐勾检制研究》，上海：上海古籍出版社，1991年，第28页。

③ ［宋］徐梦莘：《三朝北盟会编》卷182，绍兴七年九月十八日丙午，上海：上海古籍出版社，1987年，第148页；［宋］李心传：《建炎以来系年要录》卷117记“刘陶为都城警巡使”，误，按《会编》，刘陶任“汴京同知留守”，第1884页。

④ 《永乐大典》卷5200《原字韵·太原府》，北京：中华书局，1986年，第2254页。

⑤ ［清］端方：《陶斋臧石记》卷41《滨州司候飞骑尉墓柱记》，清宣统石印本。

'厘务官''"。警巡、录事、司候被类分为厘务官，当因"京师号贾区，奇货善物可立致"[①]，又是"亲民正厅"[②]，"领在城事"[③]。金代将城市行政建制进一步推向深入，除各京府仿辽制置警巡院外，在地方城市，依照其等级及类型的差异，还分别置有独立的专门城市行政机构录事司和司候司，将城市行政建制推向地方城市。金代警巡院、录事司、司候司是不同等级规模，独立于京县、附郭县及诸县，专门管理城市的行政管理机构，与县平行地隶属于京府、诸府节镇与防刺州。一如后唐置浑源县，至贞祐二年（1214）升浑源州，"仍置县在郭下，并置司候司"[④]，浑源州领辖管理州治城市的司候司和管理城市外围乡村的浑源县。

二、金代城市行政管理机构与建制城市体系

金代独立的城市行政管理机构，平行于县且隶属于上一级的行政建制，就是警巡院、录事司、司候司。

1. 诸京警巡院

在《金史·地理志》中有关的记载只有北京路大定府，金"海陵贞元元年更（原辽中京）为北京，置留守司、都转运司、警巡院；"警巡院是辽代创立的诸京城市行政实体，金代都市警巡院则是管理诸京城市的行政机构。[⑤]

金天会十五年（伪齐阜昌八年，南宋绍兴七年，1137 年）十一月，废伪齐，差除"契丹韩睿为都城警巡使"[⑥]，这里的都城是指北宋的汴京，是年十一月金朝政府即委契丹人韩睿任汴京城市警巡使，并设置了警巡院。

金"天会七年（1129），析河北为东、西路，（永安析津府）时属河北东路，贞元元年更名（大兴府）"。并改燕京为中都，[⑦] 设警巡院，至迟到大定八年，中

① ［元］袁桷：《清容居士集》卷 28《奉训大夫昌平等处屯田总管赠亚中大夫永平路总管轻车都尉宣宁郡侯刘公墓志铭》，四库本。

② ［元］王恽：《秋涧集》卷 87《弹左巡院官休和赵仲谦事状》，四库本。

③ 赵万里辑校：《元一统志》卷 3《河南江北等处行中书省·汴梁路·郑州》，北京：中华书局，1966 年，第 225 页。

④ ［雍正］《山西通志》卷 177《辩证二·浑源州》四库本，第 51 页。

⑤ 韩光辉：《北京历史上的警巡院》，《北京档案史料》，1990 年第 3 期，第 55-59 页。

⑥ ［宋］徐梦莘：《三朝北盟会编》卷 182，绍兴七年九月十八日丙午，上海：上海古籍出版社，1987 年；［宋］李心传：《建炎以来系年要录》卷 117，绍兴七年十一月丁未：称"知代州刘陶为都城警巡使"，误。据《会编》，刘陶任同知留守，不是警巡使。

⑦ 《金史》卷 24《地理志》，第 572、573 页。

都左、右警巡院已经建置了。按《金史·百官志》，宣宗迁都南京后，南京城市由一个警巡院增设为左、右二警巡院。[①] 此外，据大奉国臣“先为东京警巡使”[②]，刘𫝭左迁东京警巡使[③]，和大定六年（1166）五月，金世宗至西京幸华严寺，诏“云中大同县及警巡院给复一年”[④]，金代东京和西京也同样置有警巡院，设有警巡使以下官员。[⑤] 金代极盛期，六京府共建置7个警巡院。宣宗南迁，中都被攻破（贞祐三年，1215年），“示中都，增置官吏”，南京路河南散府本置德昌军，并置有录事司，兴定元年（1217）八月升为中京，府曰金昌，并置留守司、行枢密院，“以便宜署（强）伸警巡使”[⑥]。至天兴二年（1233）六月，“壬午，中京破，留守兼便宜总帅强伸死之”[⑦]，中京警巡院设置了大约十八年的时间。终金一代共有七个都市建置过九个警巡院。

2. 府镇录事司

在《金史·地理志》中有关的记载仅有“桓州，下，威远军节度使。军兵隶西北路招讨司。明昌七年改置刺史。户五百七十八。县一：清塞倚”。注：“明昌四年以罢录事司置”；桓州录事司是管理府镇治所城市的行政管理机构，可能因州治所录事司所属人口仅578户，至明昌中，先后发生了罢城市录事司、并改节度使为刺史、置倚郭县清塞的事实。这说明金代府镇行政制度的变化直接影响到所属城市行政管理机构的变动。

据金京兆府《进士题名碑》，虽因碑残不能窥其全貌，亦无立碑年款，但从载有宣宗兴定年进士题名推测，是碑当刻于金朝末年[⑧]。及第进士题名的最早年代是阜昌六年（按年字已缺）。阜昌乃伪齐刘豫年号，六年即金天会十三年（1135）。是年题名进士刘晋籍贯注为录事司，即京兆府录事司。阜昌六年以后，题名进士的籍贯系京兆府城市录事司的还有皇统二年（1142）及第的郑之纯，大定十六年（1176）及第的程少连，贞祐三年（1215）及第的崔元亮及吴口等。金

① 韩光辉：《金代都市警巡院研究》，《北京大学学报（哲社版）》，1999年第5期，第71-77页。

② 《金史》卷90《高衎传》，第2005页。

③ 《金史》卷90《高德基传》，第1997页。

④ 《金史》卷6《世宗纪》，第137页。

⑤ 目前只有上京会宁府没有发现警巡院与警巡使的文献具体记录，但它应同样包括在诸京警巡院范围内。

⑥ 《金史》卷111《强伸传》，第2450页。

⑦ 《金史》卷18《哀宗纪》，第398页。

⑧ ［清］王昶辑：《金石萃编》卷158《金五·进士题名碑》，北京：中国书店，1985年。

代进士登科，“其设也，始于太宗天会元年十一月……”[①] 又据洪武《太原志》，“金太宗天会六年八月，以代州置振武军节度使，领县四：雁门、崞、五台、繁峙，录事司一；支郡二：宁化军、火山军……元代本州只领雁门县、录事司。中统四年并省入代州。”[②] 府镇城市录事司最晚建置于天会六年（1128）。由此看来，金代城市录事司的建置和进士科考终金一代均是相当稳定连续的。

关于金代“进士题名”中录事司的行政职能，先后有清代学者王昶和施国祁提及。首先是清代王昶《金石萃编》指出“（京兆府进士提名碑）载进士里贯有注县名者，有注录事司者。《金史·百官志》诸府节镇录事司，凡府镇两千户以上则置之，是府镇之民不隶于诸县而隶录事司者也”[③]。这里作者指出了录事司是与县平行的治所城市行政管理机构的事实。其次，清代施国祁《金史详校》也指出：“《河朔访古记》云真定府录事司，国朝所建立，专理城内，城之外则真定县所理。案此自是金制已然。上文警巡已同。”[④] 金代录事司的行政管理职能经过上个世纪以来的研究已经非常明确。

金末元初，录事司因战乱发生了很大的变化，根据《金史》和《元史》地理志的有关记载，综述府镇录事司演变如下：

顺宁府（宣宁），金为宣德州，属节镇州，在城置有录事司，元初为宣宁府，太宗七年，改山（西）东路总管府（置录事司）。至元二年，省本府之录事司并龙门县入宣德县，领宣德等三县及二州。

冀州，金为节镇州，在城置有录事司，元初领信都等五县，至元初与冀州录事司俱省入冀州，后复置。三年，省录事司入信都县，为冀州治。

莱州，金为节镇州，在城置有录事司，元初属益都路，中统五年属淄州路，旧设录事司，领掖县等四县，至元二年，省录事司入掖县。

朔州，金为节镇州，在城置有录事司，元因之，领鄯阳等二县，至元四年，省录事司入鄯阳县。

丰州，金为节镇州，在城置有录事司，元因之，旧有录事司并富民县。至元四年省入州。

云内州，金为节镇州，在城置有录事司，旧领云川、柔服二县，元初废

① 《金史》卷51《选举志》，第1134页。

② 《永乐大典》卷5200，《原字韵·太原府·建置沿革》，北京：中华书局，1986年，第2254页。

③ ［清］王昶辑：《金石萃编》卷158，《金五·进士题名碑》，北京：中国书店，1985年。

④ ［清］施国祁：《金史详校》卷4，《百官志·诸府节镇录事》，成书集成初编，第302页。

云川，设录事司。至元四年，省录事司、柔服县入云内州。

河中府，金为散府，在城置有录事司，元宪宗在潜，领河、解二州，河中府领录事司及河东等七县，至元三年，并录事司入河东县。

绛州，金为节镇州，在城置有录事司，元仍为绛州，隶平阳路，领正平等七县，至元二年，省录事司入正平县。

潞州，金为节镇州，在城置有录事司，元初为隆德府，太宗三年，复为潞州，至元三年，领上党等七县，以录事司并入上党县。

沁州，金为刺史州，在城置有司候司，元仍为沁州，改置录事司，并领铜鞮县等三县，至元三年省录事司、武乡县入铜鞮县。

邓州，金为节镇州，在城置有录事司，旧领穰县等五县，元初省淅川等二县，设录事司，至元二年并入穰县，领穰县等三县。

颍州，金为防御州，在城置有司候司，旧领太和等四县，元初改置录事司，至元二年，省四县及录事司入颍州，复领太和等三县。

徐州，金为节镇州，在城置有录事司，旧领萧县等三县及录事司，至元二年永固并入萧县，彭城并录事司并入徐州，领萧县一县。

蒙元维持了原总管府地位或由于诸府节镇州上升为总管府建制复置了录事司的城市只有十七个，即只有十七个录事司城市至元代继续保持了建制城市的地位，只占金代录事司建制城市总数的23.9%。①

3. 防刺州司候司

在《金史·地理志》中有关的记载仅有“抚州，下，镇宁军节度使。辽秦国大长公主建为州，章宗明昌三年复置刺史，为桓州支郡，治柔远。明昌四年置司候司。承安二年升为节镇，军名镇宁，拨西北路招讨司所管……四猛安以隶之，户一万一千三百八十”②。这条史料表明，明昌三年复置了抚州刺郡，随即设置司候司，承安二年升为节镇，拨隶四猛安，户口增加后应置节镇录事司。这说明金代防刺州、府镇行政制度的变化直接影响到所属城市行政管理机构的变动。

目前最早记载的滨州司候，见于天会十五年（1137）二月十二日。③滨州是刺史州，在城置有司候司，所置司候是城市管理机构的主官。贞祐二年（1214）初，泽州“郡城失守，虐焰燎空，雉堞毁圮，空庐扫地，市井成墟，千里萧条，

---

① 韩光辉：《12至14世纪中国城市的发展》，《中国史研究》，1996年第4期，第116-125页。

②《金史》卷24《地理志》，第557、566页。

③［清］端方：《陶斋臧石记》卷41《滨州司候飞骑尉墓柱记》，清宣统石印本。

阒其无人”[①]；天兴三年（蒙古太宗六年，1234 年）正月金亡，蒙古“始张官署吏”[②]，恢复金代原有行政区划与建制和官制，包括司候司，并于次年（太宗七年，1235 年）“遣使诣诸路科民。本州（按指泽州）司、县共得九百七十三户。司候司六十八户，晋城二百五十五，高平二百九十，陵州六十五，阳城一百四十八，端氏一百一十七，沁水三十。至壬寅（乃马真后元年，1242 年），续括漏籍，通前实在一千八百十有三户。”[③] 由此可见，金末元初，城市司候司行政机构同样带有一定的延续性。根据已有研究和《金史 · 地理志》与《元史 · 地理志》的有关记载，综述防刺州司候司演变如下：

蠡州，刺史州，在城置有司候司；元初隶真定，辖司候司与博野县；至元三年，省司候司、博野县入蠡州。

磁州，刺史州，在城置有司候司；蒙古太宗八年隶邢洺路；宪宗二年，改邢洺路为洺磁路；至元二年，以滏阳、邯郸二县及录事司来属；至元三年，并录事司入滏阳县。

孟州，防御州，在城领河阳、王屋、济源、温县，并置有在城司候司；蒙古宪宗八年复设司候司；至元三年，省王屋入济源，并司候司入河阳。

清州，防御州，在城置有司候司；蒙古至元二年，以靖海、兴济两县及本州司候司并为会川县，领会川等三县。

济州，刺史州，金迁州治任城，以河水淹没故也；元至元二年，以户不及千数，司候司并入任城。

恩州，刺史州，金隶大名府路；元初以武城隶高唐，唯存历亭一县及司候司；至元二年，县及司俱省入州。

潍州，刺史州，金属益都路；元初领北海、昌邑、昌乐三县及司候司；宪宗三年，省司候司入北海；至元三年，省昌乐县入北海。

密州，节镇，在城置有录事司；元初改置司候司；宪宗三年，省司候司入诸城县，隶益都，领诸城、安丘二县。

莒州，刺史州，在城置有司候司；元初因之，领莒县等四县；宪宗三年，省司候司入莒县。

沂州，防御州，在城置有司候司；元隶益都路，领临沂等二县；宪宗三

① ［清］张金吾编纂：《金文最》卷 29《泽州图记》，北京：中华书局，1990 年。

② ［金］李俊民：《庄靖先生遗集》卷 8《泽州图记》，四库全书本。

③ ［清］张金吾编纂：《金文最》卷 29《泽州图记》。《金史 · 宣宗纪》亦谓：“河东州县亦多残毁。”

年，省司候司入临沂县。

滕州，刺史州，在城置有司候司；元隶益都路，领滕县、邹县；宪宗三年，省司候司入滕县。

棣州，防御州，在城置有司候司；元初因之，领厌次等四县；至元二年，省司候司入厌次县。

滨州，刺史州，在城置有司候司；元初因之，并领渤海等三县；至元二年省司候司入渤海县。

弘州，刺史州，在城置有司候司，旧领襄阴等二县；元至元中，唯领襄阴及司候司，后并省入州。

东胜州，刺史州，金为刺史州，在城置有司候司；元初置有东胜县及录事司，至元二年省宁边州之半入东胜州，至元四年省东胜县及录事司入东胜州。

浑源州，刺史州，唐为浑源县；金贞祐二年升为州，仍置县在郭下，并置司候司；元至元四年省入州。

武州，刺史州，在城置有司候司，旧领宁边县及司候司；元至元四年并省入州。

石州，刺史州，在城置有司候司；元初因之；至元三年后，司候司与孟门、方山俱省入离石县，领离石等二县。

泽州，刺史州，金末曾升节镇，领倚郭之晋城等六县，并置有司候司；元初置司候司并领晋城等六县；至元三年，省司候司、陵川县入晋城县。

解州，刺史州，在城置有司候司；元至元四年，并司候司入解县，领解县等六县。

吉州，刺史州，金领吉乡和乡宁二县，并置在城司候司；元初领司候司及吉乡、乡宁二县；中统二年，并司候司入吉乡县；至元二年省吉乡；至元三年又省乡宁并入州，后复置乡宁县，隶于州。

郑州，防御州，金领倚郭之管城等七县，并置有在城司候司；元初领管城等八县及司候司，后并司候司入倚郭之管城县。

陕州，防御州，金升渑池为韶州，在城置有司候司；元至元三年，省司候司；至元八年，省韶州，复为渑池县，后割以来属。

宿州，防御州，金末升节镇；元初隶归德府，领临涣、蕲、灵璧、符离四县并司候司；至元二年，以四县一司并入州。

延安府，节镇，金为总管府，辖肤施等七县，并置有在城录事司；元初置延安路，领肤施等八县，在城录事司于蒙古初废；金丹州宜川县于元至元初归入延安府，丹州和州治所所置司候司，至至元六年省入宜川。

兰州，刺史州，金辖阿干等三县，并置有司候司；元初领阿干一县及司候司，至元七年并司县入州。

由此不难发现，金代府镇录事司尤其防刺州司候司入元之后的沿革变化。在历经金末元初的政权鼎革和社会动荡之后，至元二十年（1276），随着司候的省置，司候司建制废弃了。司候司建制虽然废置，但金代至元初建置过司候司机构的城市历经数百年的发展，仍然有不少城市成长为区域中心城市。

在金朝极盛时期六京共设警巡院7处[①]，除中都置有左、右二警巡院外，南京、上京、东京、北京和西京均建置一个警巡院。诸府节镇城市录事司共66处[②]，防刺州城市司候司则共112处[③]，共有城市行政管理机构185个。诸府镇除设有城市录事司外，还置有都军司，设都指挥使，“掌军率差役、巡捕盗贼、总判军事，仍与录事同管城隍”[④]。防刺州城市，置司候司外，还置有“军辖一员，掌同都军，兼巡捕，仍与司候同管城壁”[⑤]。城市警巡院、录事司、司候司“领在城事”[⑥]，均属城市行政区划，有一套管理机构；警巡使、录事、司候则是各地方城市行政机构的主官。至元代才有明确的职责记载：“录事职位虽卑，而父母一城之民，其任固不轻”[⑦]；及“列曹庶务，一与县等”[⑧]。

据《题登科记后》，金章宗承安五年（1200）经义榜登科的33人中籍贯隶属县者18人，隶属诸京府警巡院者6人，隶属录事司者3人，隶属司候司者3人。其中，籍隶警巡院者即张孺卿（大兴府左警巡院）、朱焕（开封府警巡院）、孔天昭（大兴府左警巡院）、王毅（大兴府左警巡院）、赵铢（大兴府左警巡院）和杜实才（南京警巡院）；籍贯隶属录事司者是彭悦（真定府录事司）、邓浩（平阳府录事司）、宋克俊（河中府录事司）；籍隶司候司的3人即王元（解州司候司）、糜元振（磁州司候司）和潘希孟（磁州司候司）。凡此，均足以证明，三种城市行政管理机构，诸京警巡院和赤县、诸京县、诸县，诸府节镇城市录事司和

---

① 韩光辉：《金代都市警巡院研究》，《北京大学学报（哲社版）》，1999年第5期，第71-77页。

② 韩光辉：《金代诸府节镇城市录事司研究》，《文史》第52辑，北京：中华书局，2000年。

③ 韩光辉：《金代防刺州城市司候司研究》，《北京社会科学》，1999年第4期，第104-110页。

④ 《金史》卷57《百官志》，第1324页。

⑤ 《金史》卷57《百官志》，第1325页。

⑥ 《元一统志》卷3《汴梁路·建置沿革·郑州》，北京：中华书局，1966年，第225页。

⑦ ［元］吴澄：《吴文正集》卷28《送姜曼乡赴泉州路录事序》，四库全书本。

⑧ ［至顺］《镇江志》卷16《宰貳》，南京：江苏古籍出版社，1990年，第636页。

附郭县、诸县，防刺州城市司候司和附郭县、诸县均是相互独立的行政实体，均是进士乃至官员、百姓的县级籍贯，互相平行，不相统属。其他三人的籍贯则分属于千户所或婆速路地方。因此，金代城市警巡院、录事司、司候司均具有县级籍贯意义，自然也就具有城市行政建制意义。

中都作为金朝政治、经济、文化与教育的中心，建置了左、右警巡院，属警巡院城市，在金朝居首位。五京在各自相应的区域则是大区域中心城市，也是警巡院城市，可以看作次首位城市。录事司城市则是诸府节镇的治所，是较大区域的中心城市，有66处。司候司城市则是防刺州的治所，是相对较小区域的中心城市，有112个。这184个建制城市，分别领属了若干个县治和建制镇等城镇，形成了金代较完善的城市体系。同时，以五京为中心的警巡院城市，以诸府节镇治所为中心的录事司城市，以防刺州治所为中心的司候司城市形成了不同区域建制城市体系。警巡院、录事司、司候司是不同等级和规模的城市建制，中都与诸京、诸府节镇、防刺州整合成为我国金代不同等级、不同规模的建制城市体系。城市从区域行政区划中分离出来，完成城市全面管理的过程，进而在一定地域空间或国家形成不同等级规模和职能分工、联系紧密、分布有序的城市群体，这就是古代城市体系。

三、金代城市行政建制与区域行政区划体系

唐代都城城市社区和郊外乡村社区均由京府所属京县管理，具体讲，城市社区由京县尉主其事。宋代城市行政管理发生了根本变化，形成直隶京府的县级行政机构都厢，下设厢坊，对社会生产和生活方式城市化的城市社区独立管理；京府所属的郊外乡村社区则由开封、祥符二县管理，近畿乡村社区则由畿县管理。因此初步形成了以建制城市为中心的京府区域行政区划体系。城市行政建制的嬗变也对区域行政体系的变化产生了影响。宋代京城都厢、辽代警巡院在行政职能上与京县平级，使京县的统辖区域缩小到都城之外，形成都城和京县两套独立行政管理系统。然部分地方城市也有厢的设置，但非县级城市行政建制，而是镇级行政建制，相应的区域行政体系未发生实质变化。金代则在六京、诸府节镇、诸防刺州全面推行城市行政建制，使各城市形成独立的行政管理系统；在这些京府州行政区域范围内，京县、附郭县的统辖区域将主要城市分割出去，形成了城市行政和县行政两套独立的系统。

1. 诸京府区域行政区划体系

诸京地方官的设置，据《金史·百官志》，中都设有中都留守司，另大兴府

府尹兼中都路兵马都总管，“掌宣风导俗，肃清所部，总判府事”，兼领本路兵马都总管府事。其他五京亦置五京留守司，“带本府尹兼本路兵马都总管”，在其属下，除传统的京县和县行政机构外，均设立了专门管理城市的行政管理机构警巡院。城市社区就有警巡院所属（厢隅）坊巷管理，乡村社区则由京县或州县所属乡（镇）里社管理，因此金代诸京府行政区划体系和行政管理系统如下：

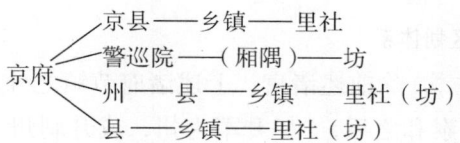

京府——京县——乡镇——里社
京府——警巡院——（厢隅）——坊
京府——州——县——乡镇——里社（坊）
京府——县——乡镇——里社（坊）

中都作为金朝中央政府所在地，不仅人口和用地规模最大，而且是经济文化中心，属金朝首位城市，而其他五京则是相应行政区域的中心城市，属次首位城市。在京府行政区划体系中，金代强化对城市社区的行政区划和管理，形成了警巡院城市，作为京府治所，无疑提高了京府行政区域内各行政区划单位中的地位，带动了京府所属州县乡、镇社区的发展。

2. 府镇区域行政区划体系

据《金史·地理志》，除上述诸京之外还有十四总管府、九散府及三十六节镇。总管府、诸府及诸节镇，总称诸府节镇，在其机构之下除传统地设置附郭县及县外，还设置城市录事司。按《金史·百官志》，诸府节镇共建置了录事司城市五十九个。在金章宗明昌纪年之后到宣宗贞祐初年升置节镇或降置防刺州又有七处，共计节镇六十六处。

诸府节镇除“掌城中户民之事”的录事司外，还置有兵马司，设都指挥使，“巡捕盗贼，提控禁夜，纠察诸博徒、屠宰牛马，总判司事”。诸府镇则置都军司，设都指挥使，“掌军率差役、巡捕盗贼，总判军事，仍与录事同管城隍”[①]。因此，在诸府节镇之下，设附郭县和县，管理乡镇；同时在城市设有录事司和兵马司或都军司，共同管理府镇城市，分工是前者管民事，后者掌军事巡捕。城市录事司、附郭县和县平行隶属于府镇。由此可见，府镇录事司城市在金代府镇行政区域中的重要地位。金代府镇行政区划体系和行政管理系统如下：

诸府节镇——附郭县——乡镇——里社
诸府节镇——录事司——（厢隅）——坊
诸府节镇——县——乡镇——里社（坊）

① 《金史》卷57《百官志》，第1324页。

录事司城市，作为金朝诸府节镇的治所，是较大行政区域政治、经济、文化、教育的中心，对于金朝国家属于中等城市，又是府镇行政区域的中心城市，在金代中期已拥有66个。在诸府节镇行政区划体系中，金代同样强化了对城市社区的行政区划和管理，形成了录事司城市，作为诸府节镇治所，无疑也提高了其在诸府节镇行政区域内各行政区划单位中的地位，带动了诸府节镇所属县、乡镇社区的发展。

3. 防刺州区域行政区划体系

据《金史·地理志》，除前述诸京、上述诸府节镇之外，还有防御州22个，刺史州73个。金章宗泰和之后，“尽升军为州，或升刺州为防御州”的沿革变化，先后共建置防刺州112个。

诸防御州、诸刺史州，总称防刺州，在其属下除传统的附郭县和县外，还置设司候司。作为金朝的一项官制，按《金史》，诸防刺州治所城市，均置有司候司。一般来说，只要建置了防刺州，就在治所城市置设司候司，形成专门的城市管理机构。如明昌三年（1192），抚州复置刺史，翌年，即置设了司候司。[①] 此外，诸防刺州，还置“军辖一员，掌同都军，兼巡捕，仍与司候同管城壁，军典二人”。[②] 在诸防刺州以下同时设置了司候司与军辖，分别管理城市民事和军事。诸防刺州下，“司候司领在城事”[③]，即管理城市民事，与属县和附郭县平行地隶属于防刺州。金代防刺州行政区划体系和行政管理系统如下：

防刺州——附郭县——乡镇——里社
防刺州——司候司——（厢隅）——坊
防刺州——县——乡镇——里社（坊）

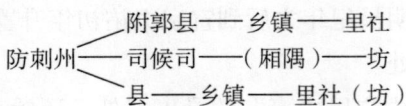

司候司城市作为金朝防刺州行政区划的治所，相对前述诸府节镇录事司城市，则是较小区域的政治、经济、文化和教育中心，在金代中期大约拥有112个。在防刺州行政区划体系中，金代也强化了对城市社区的行政区划和管理，形成了司候司城市，作为防刺州治所，其在防刺州行政区域内各行政区划单位中的地位亦得到了凸显。

没有设置录事司和司候司的县治所，与金代建制镇皆属于城镇，不属于当时建制城市。

① 《金史》卷24《地理志》，第566页。

② 《金史》卷57《百官志》，第1325页。

③ 《元一统志》卷三《汴梁路·建置沿革·郑州》，第225页。

在淮河、秦岭以北的广阔地域上，第一次出现了较完善的不同等级的专门城市行政管理机构，把首位、次首位警巡院城市、录事司城市、司候司城市等不同行政等级和规模、联系紧密、分布有序的城市有机联系起来，形成了金代城市建制和行政区划体系，这在中国古代乃至当时世界上无疑都是新事物。

城市行政建制的出现与完善及其所带来的区域行政体系的变化是中古以来社会变革的重要部分。坊市制的破坏使城市社会经济事务日益复杂化，需要一个新的机构对此加以管理，唐末五代频繁的战争及其对城市正常生活秩序的破坏，对强有力的治安管理机构提出了迫切的要求，厢制便适应这种形势出现了。金代警巡院、录事司、司候司的建立既有城市社会经济发展的因素，亦与这段时期民族战乱与融合的复杂形势有关。因此中古时期城市行政建制是城市社会经济发展、治安管理及复杂民族状况的共同要求和结果。在宋代，城市行政建制初立，迫于治安管理需要，主要表现为军事治安功能，如厢制。在制度的逐渐完善中，兼具了民事职能，直到最后演变为以民事功能为主的城市管理机构，比如金代警巡院、录事司、司候司，起初的军事治安功能逐渐弱化，而由新的机构来承担。在建制城市周边地区形成了由京县、畿县，或由附郭县和县组成的区域行政体系。①

当今中国社会，建制城市的发展已经相当成熟，同样存在建制城市的区域行政区划和行政体系，即直辖市和省辖市（地级市）之下领有市辖区、市郊区和市辖县，是便于行政管理而设立的市属同级行政建制单位。与金代京府、府镇、防刺州区域领有警巡院或录事司或司候司（相当于市辖区）、附郭县（市郊区）和县（市辖县）相比，只是有两点不同：一是当时不同等级的建制城市有不同的名称，而当今直辖市与省辖市通名相同，但实质上行政级别不同；二是当今还存在领属乡镇的县级城市，金代则不存在这种县级城市。

（原载《城市发展研究》2012 年第 7 期）

① 韩光辉，何峰：《宋辽金元城市行政建制与区域行政区划体系的演变》，《北京大学学报（哲社版）》，2008 年第 2 期，第 154-161 页。

金朝迁都燕京与中都城市行政管理机构的研究

金朝迁都燕京，是一个重要的历史事件，作为国家政治中心和文化中心，开始了北京城市发展的新纪元，至今恰860年。警巡院作为新兴的城市行政管理机构，与管理乡镇的县平行，共同隶属于上一级行政管理机构大兴府及中都路，是一个新事物，值得深入研究。

一、金朝迁都燕京

金天辅六年（1122），女真人攻克燕京，次年，北宋以巨额“岁币”收赎燕京，改析津府为燕山府。历时三年，即天会三年（1125），金人复下燕山府，仍称燕京，府曰析津，并置燕京路领之。贞元元年（1153）海陵王迁都燕京，改称中都，并改燕京路为中都路，析津府为大兴府，属中都路。贞元二年（1154），改析津县为大兴县。从此辽之陪都燕京上升为金代都城，至宣宗贞祐二年（1214）迁都南京（宋汴京），中都作为金朝都城达六十余年。

从天会三年至天德三年（1151）二十五年间燕京城市形制一如辽南京，只是“天眷三年（1140），熙宗幸燕，始备法架，凡用士卒万四千五十六人，摄官在外”[①]。金熙宗自是年九月至皇统元年（1141）九月，驻跸燕京长达一年之久。

完颜亮弑熙宗即位后，“上书者咸言上京临黄府（按当为会宁府）僻在一隅，官艰于转漕，民难于赴愬，不如都燕，以应天地之中”[②]。降金的宋人亦曰：“燕京自古霸国，虎视中原，为万世之基。陛下可修燕京大内，时复巡幸。”[③]关于燕京形胜，汉官梁襄认为：“燕都地处雄要，北倚山险，南压区夏，若坐堂隍，俯视庭宇。本地所生人马勇劲。亡辽虽小，止以得燕，故能控制南北，坐致宋币。燕盖京都之选首也，况今又有宫阙井邑之繁丽，仓府武库之充实。百官家属皆处其内，非同曩日之陪京也。居庸、古北、松亭、榆林等关东西千里，山峻相连，近

---

① 《金史》卷41《仪卫志》。

② ［元］孛兰肹等撰，赵万里校辑：《元一统志》卷1《大都路·建置沿革》，北京：中华书局，1966年。

③ ［金］佚名撰：《炀王江上录》，清钞本。

在都畿，易于据守，皇天本以限中外，开大金万世之基而设也。”[①]这些宣扬，对海陵王的迁都思想产生了明显影响。

海陵王在宫中宴饮，因问梁汉臣：“朕栽莲二百本而俱死，何也？”汉臣曰：“自古江南为橘，江北为枳，非种者不能生，盖地势然也。上都气寒，唯燕京地暖，可以栽莲。”帝曰：“依卿所请，择日而迁。”萧玉谏曰：“不可，上都之地，我国旺气，况是根本，何可弃之。”兵部侍郎何卜年亦请曰：“燕京地广土坚，人物蕃息，乃礼义之所，郎主可以迁都。上都黄沙之地，非帝都也。”汉臣又曰：“且未可遽，待臣为郎主起诸州工役，修整内苑，然后迁都。”帝从其言[②]。海陵王采纳了多数官员的意见，决计迁都并扩建燕京。

迁都之前，海陵王进行了各方面的准备。

首先，在舆论方面。天德三年（1151）三月壬辰，“诏广燕城，建宫室”；四月丙午，“诏迁都燕京”，诏曰：“昨因绥抚南服，分置行台，时则边防未宁，法令未具，本非永计，只是从权，既而人拘道路之遥，事有岁时之滞，凡申疑而待报，乃欲速而愈迟，今既庶政惟和，四方无侮，用并尚书之亚省，会归机政于朝廷，又以京师粤在一隅，而方疆广于万里，以北则民清而事简，以南则地远而事繁，深虑州府申陈，或至半年而往复，闾阎疾苦，何由期月而周知，供馈困于转输，使命苦于驿顿，未可时巡于四表，莫如经营于两都，眷惟金燕，实为要会，将因宫庙而创官府之署，广阡陌以展西南之城，勿惮暂时之艰，以就得中之制，所贵两京一体，保宗社于万年，四海一家，安黎元于九府，咨尔中外，体予至怀。”[③]

其次，了解汴京宫室制度。“遣画工写京师（汴梁）宫室制度，至于阔狭修短，曲画其数，尽以授之左相张浩辈按图以修之”[④]。“辛酉，有司图上燕城宫室制度”[⑤]。

再次，组织规划领导班子。主持规划建设的是“提点缮修（东京）大内”张浩，“天德三年，广燕京城，营建宫室。浩与燕京留守刘筈、大名尹卢彦伦监护工作，命浩就拟差除”[⑥]。当时刘筈任燕京留守，天会二年（1124）“知（上京）新

---

① 《金史》卷96，《梁襄传》。

② ［宋］宇文懋昭撰：《大金国志》，卷13《海陵王纪》。

③ ［宋］李心传：《建炎以来系年要录》卷162，绍兴二十一年十二月，北京：中华书局，1985年。

④ ［宋］宇文懋昭撰：《大金国志》，附录二《金虏图经·宫室》。

⑤ 《金史》卷5《海陵纪》。

⑥ 《金史》卷83《张浩传》。

城事。城邑初建，卢彦伦为经画，民居、公宇皆有法”，到“天德二年（1150）出为大名尹。明年，诏彦伦营造燕京宫室”[①]。以张浩为核心的燕京规划建设指挥团体保证了城市与宫室的营建。

第四，调动城市建设队伍。苏保衡累官同知兴中尹“天德间，缮治中都，张浩举保衡分督工役。改大兴少尹，督诸陵工役。再迁工部尚书”[②]。“发诸路民夫，筑燕京城，……调诸路夫匠，筑燕京宫室”[③]，“役天下军民夫匠，筑宫室于燕，会三年而有成”[④]。燕京工程之巨，“役民夫八十万，兵夫四十万，巧匠来自汴京，材料取自真定（正定），土石则运自涿州”[⑤]。“天德三年作新大邑，燕城之南，广斥三里”[⑥]，“西南广斥一千步”[⑦]。事实上，燕京东面亦广斥三里，即在辽南京基础上向东、南、西三面均扩展了三里，形成了“周围五千三百二十八丈”[⑧]，即周长37里、面积21.5平方公里的大城。

新增广的“都城之门十二，每一面分三门，一正两偏焉。其正门四（按应为两）旁皆又设两门，正门常不开，惟车驾出入，余悉由旁两门焉。其门十二各有标名：东曰宣耀，曰施仁，曰阳春；西曰灏华，曰丽泽，曰新（彰）义；南曰丰宜，曰景风，曰端礼；北曰通元（玄），曰会城，曰崇智。”[⑨]《金史·地理志》所谓城门十三较此十二门增加的“光泰门”，多见于金代以后的文献，诸如《金史》《析津志》《永乐大典》，可见光泰门增辟于金代中后期。有学者认为光泰门增辟于金世宗和金章宗时期，修建中都城东北离宫琼华岛万宁宫时，亦不无道理。[⑩]

在城市中央，在丰宜门与通玄门轴线上规划营建了皇城和宫城。皇城南以宣阳门，北以拱辰门，东以宣华门，西以玉华门为界，周回九里余；宫城则南以应天门，东以东华门，西以西华门为界，形成宫城和皇城套合形势，宫室格局与景观：“内城之正东曰宣华，正西曰玉华，北曰拱辰。内殿凡九重，殿凡三十有六，

---

① 《金史》卷75《卢彦伦传》。

② 《金史》卷89《苏保衡传》。

③ 《大金国志》卷13《海陵旸王纪》。

④ 《大金国志》附录二《金虏图经》。

⑤ ［宋］范成大撰：《揽辔录》，北京：中华书局，1985年。

⑥ 《元一统志》卷1《大都路·古迹·大觉寺》。

⑦ 《元一统志》卷1《大都路·古迹·十方万佛兴化院》。

⑧ 《明太祖实录》卷30，洪武元年八月戊子，台湾中央研究院历史语言研究所，1962年。

⑨ 《大金国志》附录二《金虏图经·京邑》。

⑩ 于杰，于光度：《金中都》，北京：北京出版社，1989年，第21页。

楼阁倍之。正中位曰‘皇帝正位’，后曰‘皇后正位’。位之东曰‘内省’，西曰‘十六位’，乃妃嫔居之。西出玉华门曰同乐园，若瑶池、蓬瀛、柳庄、杏村，尽在于是。”燕京“制度如汴”，“金碧翚飞，规模壮丽”①。从南至北，形成了丰宜门、龙津桥、宣阳门、应天门、大安门、大安殿、仁政门、仁政殿、昭明殿、拱辰门、通玄门中轴线。②

营建燕京“作治数年，死者不可胜数”③。当时，“既而暑月，工役多疾疫，诏发燕京五百里内医者，使治疗，官给药物，全活多者与官，其次给赏，下者转运司举察以闻”④。“郡众聚居，病疫所起，君（东平贾氏）出己俸市医药，有物故者，又为买棺葬之”。⑤都城地位的确立、城市的扩展及工役、居民的疾疫死亡提出了填实城市人口的要求。

天德五年（贞元元年，1153 年）三月乙卯（二十六日），“以迁都诏中外”，⑥《诏书》曰：“朕以天下为家，固无远迩之异；生民为子，岂有亲疏之殊？眷惟旧京，邈在东土。四方之政，不能周知；百姓之冤，艰于赴诉。况观风俗之美恶，察官吏之惰勤，必宅所居，庶便于治。顾此析津之分，实惟舆地之中。参稽师言，肇建都邑，乃严宗庙之奉，乃相宫室之宜，遂正畿封，以作民极。虽众务之毕举，冀暂劳而久安。逮兹落成，涓日莅止。然念骤兴于役力，岂无重扰于黎元？凡有科徭，皆其膏血，遂至有司之供具，亦闻亨上以尽心，宜加抚存，各就休息。载详前代赦宥之典，多徇一时姑息之恩，长恶惠奸，朕所不取。若非罚罪而劝善，何以励众以示公？今来是都，寰宇同庆。因此斟酌，特有处分，除不肆赦外，可改天德五年（1153）为贞元元年。燕本列国之名，今为京师，不当以为称号。燕京可为中都，仍改永安析津府为大兴府。上京、东京、西京依旧外，汴京为南京，中京为北京。又，爵禄，所以励世而磨钝也。前此官吏，每有覃转资级，贤否不辨，何补治功？缘今定都之始，所冀上下协众，恪恭乃事，若俾一夫不获其所，则何以副朕迁都为民之意？故特推恩，以示激励，可应内外大小官职，并与覃迁一官。於戏！京师首善之地，既昭示于表仪，诏令责成之方，其勿怠于遵守。咨尔有众，体予至怀。”⑦诏书规定：“改燕京为中都，府曰大兴”，并

---

① 《大金国志》卷 33《燕京制度》。

② 《金史》卷 24《地理志》。

③ ［宋］范成大撰：《揽辔录》，北京：中华书局，1985 年。

④ 《金史》卷 83《张浩传》。

⑤ ［金］元好问：《遗山集》卷 34《东平贾氏千秋录后记》，四库全书本。

⑥ 《金史》卷 5《海陵纪》。

⑦ ［宋］李心传：《建炎以来系年要录》卷 164 绍兴二十三年三月癸丑。

“改天德五年为贞元元年”；五月，“以京城隙地赐朝官及卫士”，[①] 即以京城隙地赐随朝大小职官及护驾军。在增广燕京城池将京城隙地赐给朝官和卫士的同时，采取了移民实中都的政策：“凡四方之民，欲居中都者，给复十年，以实京师”。加以休养生息，到大定中（1161—1189），“京师市民辐辏”[②]。金章宗泰和中城市总人口已达到40万人左右，其中汉人约33万人，女真、契丹人约7万人[③]。

二、中都城市行政管理机构——警巡院

据文献记载，金代最早设置警巡院的都市是汴京，在天会十五年（1137）。是年金朝废伪齐，差除“契丹（人）韩睿为都城警巡使”[④]。

按《金史·百官志》，金代诸京均置有警巡院，其中中都、南京在确立都城地位时不仅皆置有两个警巡院，而且皆置有警巡使与警巡副使，而东京、西京、北京（按大定府）、上京仅置有一个警巡院和警巡使，不置警巡副使。

金主完颜亮贞元初迁都燕京，改燕京为中都，拓广燕京城池后，将辽南京城中26坊划分为62坊，[⑤] 并恢复了城市警巡院制度。[⑥] 直至大定初年，中都城市仅置一个警巡院，称中都警巡院。[⑦] 在中都城市人口渐增的过程中管理城市的行政机构警巡院也发生了变化，至大定八年（1171）中都警巡院已增设为左、右两个，[⑧] 即中都左、右警巡院。这是女真统治者迁都于此，城市职能完善、地位提高、人口规模不断扩大、诸事日益繁剧、需要加强对城市管理的必然结果。

《金史·地理志》除透露了警巡院设置的年代之外，关于警巡院的行政地位一仍《辽史》，亦未予肯定。但事实上，其行政职能进一步加强了。根据有关史料推断，金代中都等诸京警巡院独立行政实体的地位已经确立。根据如次：

（1）行政职责。金代警巡院所设警巡使，“掌平理狱讼，警察所部、总判院

① 《金史》卷5《海陵纪》。

② 《金史》卷90《移剌道传》。

③ 韩光辉：《北京历史人口地理》，北京：北京大学出版社，1996年，第67页。

④ ［宋］徐梦莘：《三朝北盟会编》卷182，绍兴七年九月十八日丙午，上海：上海古籍出版社，1987年。

⑤ 《元一统志》卷1《大都路·建置沿革》。

⑥ 《金史》卷89《梁肃传》；卷24《地理志》，海陵贞元迁都改燕京为中都的同时，改中京为北京、置警巡院，中都当同置。

⑦ 《金史》卷90《杨邦基传》。

⑧ 《金史》卷97《张大节传》。

事”，副使“掌警巡之事”；判官“掌检稽失，签判院事”；[1] 并“通括户籍”。[2] 而县令的职责在于“掌养百姓，按察所部，宣导风化，劝课农桑，平理狱讼，捕除盗贼，禁止游惰，兼管常平仓及通检推排簿籍（按包括检括户口），总判县事”，县尉若干员“专巡捕盗贼”。[3] 两相对比，警巡使，副使与县令等官吏的主要职责基本一致。至于县令劝课农桑，兼管常干仓等事，在城市中并不存在，故警巡使无此职责。因此，《金史·百官志》谓警巡使为釐务官。釐乃市釐，有整理，治理的意思，故釐务官实乃管理行政的行政官。据《金史·焦旭传》，焦旭“第进士，调安喜主簿。再转大兴令，摄左警巡事，以杖亲军百人长，有司议其罪当杖决，世宗曰：‘旭亲民吏也，若因杖有官人复行杖之，何以行事？其令收赎。’改良乡令”[4]。历史上官员兼职是常有的事，大兴县令，从六品，左警巡使，是正六品，[5] 均是亲民吏。

（2）考课方法。金章宗泰和四年（1204）定考课法，准唐令作四善十七最之制。“十七最之一曰礼乐兴行，肃清所部，为政教之最。二曰赋役均平，田野加辟，为牧民之最。三曰决断不滞，与夺当理，为判事之最。四曰钤束吏卒，奸盗不滋，为严明之最。五曰案簿分明，评拟均当，为检校之最。以上皆谓县令、丞簿、警巡使副、录事、司候、判官也。”[6] 警巡使、副使与县令考课项目与考课内容完全一致表明，诸京警巡院与诸京县在行政职责上平行而不相从属；警巡使与县令一样，属于牧民之行政长官。警巡使是警巡院主官，警巡副使、判官是佐贰官。

（3）验实与检括户口。金代，为验实户口各级各类行政机构均专门置有司吏。金中都有大兴、宛平两个附郭京县，据《金史·百官志》，其分别置有用以验实户口的司吏 10 人，其中一名识女真字与汉字。而中都城市一个警巡院下则置有这种司吏 18 人，其中女真 3 人，汉人 15 人。左、右二院则应共设司吏 36 人，其中女真司吏 6 人，汉人司吏 30 人。这表明中都两京县与左、右警巡院验实户口是分别单独进行的：两院负责验实中都城市各类户籍，即前述“通括户籍”；而两附郭京县则负责验实中都城市之外属于两县的乡村户籍，户口管理与验实互不统属。关于中都官员吏民户籍管理和籍贯，警巡院和赤县及京县一

① 《金史》卷 57《百官志》。

② 《金史》卷 93《承裕传》。

③ 《金史》卷 57《百官志》。

④ 《金史》卷 97《焦旭传》。

⑤ 《金史》卷 57《百官志》。

⑥ 《金史》卷 55《百官志》。

样，接收占籍。郭元弼“充尚书省译史，迁仪鸾局副使，遂占籍大兴（府）左警巡院”。[①] 占籍即确定了该官员的籍贯。据李俊民《题登科记后》，金章宗承安五年（1200），经义榜登科进士共33人，传统县籍贯的18人，警巡院籍贯的6人，录事司籍贯的3人，司候司籍贯的3人，千户所籍贯的2人。[②] 其中，籍隶中都左、右警巡院者有张孺卿（大兴府左警巡院）、孔天昭（大兴府左警巡院）、王毅（大兴府左警巡院）、赵铢（大兴府左警巡院）。至元代，据《元统元年进士录》记载，及第进士除州县、录事司籍贯外，“韩璵，贯大都路南警巡院西开阳坊”，南警巡院是管理金中都旧城行政机构；“刘文□，贯大都路警巡院附籍儒户，先里济南”，刘文□籍贯由济南转籍大都路警巡院，成为大都路警巡院人，均说明警巡院和州县一样是元代都城居民的户籍管理机构。

（4）赋役负担。附郭县与警巡院同样向朝廷承担赋役，且互相独立。这一点可由大定六年（1166）五月，金世宗至西京幸华严寺，诏“云中大同县及警巡院给复一年”[③] 的事实来说明。这里将西京附郭县大同与西京警巡院并列，且均给复一年赋役说明两者也不存在隶属关系，而是独立的平行关系。自然中都也不例外。据《金史·食货志》记载：“（泰和）八年（1208）正月，以京师钞滞，定所司赏罚格。时新制，按察司及州县官，例以钞通滞为升降。遂命监察御史赏罚同外道按察司，大兴府警巡院官同外路州县官。”[④] 警巡院与京县大兴、宛平同是大兴府下属行政机构，[⑤] 警巡院官同外州县官，在赏罚制度上是等同的。又据《金史·食货志》，金代通检推排（物力），至承安二年（1197）十月，“令吏部尚书贾执刚、吏部侍郎高汝砺先推排在都两警巡院，示为诸路法。”[⑥] 先推排在京左、右警巡院，作为试点，然后在京外诸路、州、县推行。

由此数点推断，金代中都左、右警巡院确已上升为独立的行政实体，专门治理中都城市民事及各项行政事务。中都是一个由大兴府、左、右警巡院、62坊形成的行政体系管理的城市。而管理郊外的大兴、宛平两附郭京县县治均已迁至中都城外。大兴县治在中都城施仁门外，宛平县治在中都城会城门外。[⑦]（图

---

① ［清］张金吾辑：《金文最》卷52《费县令郭明府墓碑》，清光绪二十一年重刻本。

② ［金］李俊民：《庄靖先生遗集》卷8《题登科记后》，《九金人集》本。

③ 《金史》卷6《世宗纪》。

④ 《金史》卷48《食货志》。

⑤ 韩光辉：《金代都市警巡院研究》，《北京大学学报（哲社版）》，1999年第5期，第71-77页。

⑥ 《金史》卷46《食货志》。

⑦ 李丙鑫：《大兴县县名由来及其治所迁移辨误》，《北京档案史料》，1987年第4期，第43-49页。

3-1）因而至行政建制多承金制的元代，警巡院一恢复，即领“民事及供需”，[①]成为独立的，与宛平、大兴两县平行地隶于大都路的行政单位，而大兴、宛平两县县治则稳定在了城外。如果没有金代警巡院行政职能的完善和独立，就不会有元初对这一城市行政建制职能的迅速明确，是毫无疑问的。

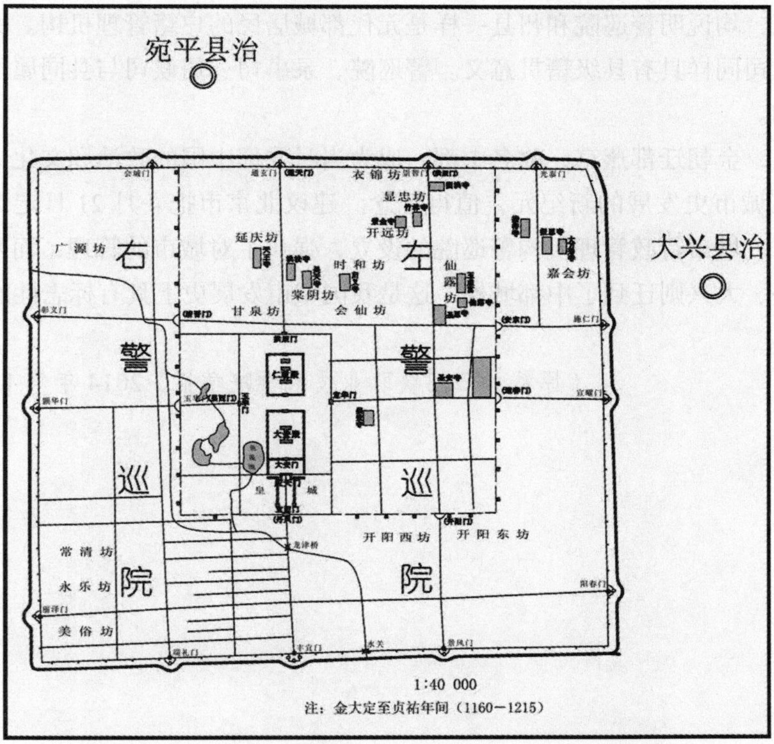

图 3-1　金中都城及其与附郭京县县治相对位置

三、金代科举文献反映的中都路城市行政建制

自秦代郡县制确立后，郡县或州县一直是我国地方行政建制最常见的制度。城市的管理一直也由州县实施。宋辽尤其是金元时代，出现了专门的城市管理机构，如金元时期的警巡院、录事司、司候司。据金代李俊民《题登科记后》记载：金章宗承安五年（1200），经义榜登科进士共33人，传统县籍贯的18人，警巡院籍贯的6人，录事司籍贯的3人，司候司籍贯的3人，千户所籍贯的2

① 《元史》卷90《百官志》。

人。其中，籍隶中都左右警巡院者有张孺卿（大兴府左警巡院）、孔天昭（大兴府左警巡院）、王毅（大兴府左警巡院）、赵铢（大兴府左警巡院）。至元代，据《元统元年进士录》记载，及第进士除州县、录事司籍贯外，“韩璵，贯大都路南警巡院西开阳坊”，南警巡院是管理金中都旧城行政机构；“刘文□，贯大都路警巡院附籍儒户，先里济南”，刘文□籍贯由济南转籍大都路警巡院，成为大都路警巡院人，均说明警巡院和州县一样是元代都城居民的户籍管理机构。城市录事司、司候司同样具有县级籍贯意义。警巡院、录事司、司候司与县同属国家基层行政机构。

总之，金朝迁都燕京，改名中都，成为当时北部中国的政治和文化中心，开启了北京城市史发展的新纪元，值得纪念。建议北京市把 4 月 21 日定为北京建都纪念日。城市行政管理机构警巡院的设立，强化了对城市的管理，而两个附郭县，宛平、大兴则迁到了中都城外，这是我国城市发展史上具有标志性的事件。

（原载《三门峡职业技术学院学报》2014 年第 1 期）

金代城市行政建制探讨

唐末五代以来，城市行政管理机构发生了重要变化，其中包括金代明确出现的具有独立行政职能、但等级规模不同的城市行政管理机构警巡院、录事司和司候司。作为专门管理城市的行政制度，发生于12世纪的金代，与京县、附郭县和诸县平行的县级行政机构，其官制在《金史·百官志》中具有明确记载，却被《金史·地理志》疏漏，有必要做系统考证并加以补正。

一、问题的提出

《金史·百官志》记录了大兴府、诸京留守司、诸总管府、诸府、诸节镇、诸防御州、诸刺史州、诸京警巡院、诸府节镇录事司、诸防刺州司候司、赤县、诸县，共同构成了地方行政制度，同属地方行政区划内容。警巡院秩正六品，录事司秩正八品，司候司秩正九品，[①]官职的设置及其秩级均不同，名称各异，等级规模亦不同，但均已演变为不同等级的治所城市行政管理机构。[②]作为城市行政管理制度，金代城市警巡院、录事司、司候司三者均设置于金太宗天会年间，与县行政机构相类似，只是社会职责有所不同（见前表3-6）。

关于金代城市行政建制的研究，首先是清代王昶《金石萃编》指出"（京兆府进士提名碑）载进士里贯有注县名者，有注录事司者。《金史·百官志》诸府节镇录事司，凡府镇两千户以上则置之，是府镇之民不隶于诸县而隶录事司者也"[③]。这里作者指出了录事司是与县平行的治所城市行政管理机构的事实。其次，清代施国祁《金史详校》也指出："《河朔访古记》云真定府录事司，国朝所建立，专理城内，城之外则真定县所理。案此自是金制已然。上文警巡已同。"[④]20世纪30年代日本学者爱宕松男研究元代录事司时也提到了金代警巡院、录事

---

① 《金史》卷57《百官志》，北京：中华书局，1975年，第1303-1315页。

② 韩光辉，林玉军，王长松：《宋辽金元建制城市的出现与城市体系的形成》，《历史研究》，2007年第4期，第42-62页；韩光辉，何峰：《宋辽金元城市行政建制与区域行政区划体系的演变》，《北京大学学报（哲社版）》，2008年第2期，第154-161页。

③ ［清］王昶辑：《金石萃编》卷158，《金五·进士题名碑》，北京：中国书店，1985年。

④ ［清］施国祁：《金史详校》卷4，《百官志·诸府节镇录事》，成书集成初编，第302页。

司和司候司。[①] 韩光辉等人自20世纪80年代起则对辽代城市警巡院，尤其金代城市警巡院、录事司和司候司做了进一步较深入系统研究。[②] 希望在此基础上就金代城市行政管理制度作更深入的探索。

二、警巡院、录事司及司候司的城市行政建制

在《金史·地理志》中，只有三处分别记载了警巡院、录事司、司候司的置废：即金“海陵贞元元年更（中京）为北京，置留守司、都转运司、警巡院；”“桓州，下，威远军节度使。军兵隶西北路招讨司。明昌七年改置刺史。户五百七十八。县一：清塞倚。”注：“明昌四年以罢录事司置；”“抚州，下，镇宁军节度使。辽秦国大长公主建为州，章宗明昌三年复置刺史，为桓州支郡，治柔远。明昌四年置司候司。承安二年升为节镇，军名镇宁，拨西北路招讨司所管……四猛安以隶之，户一万一千三百八十。”[③]

在其他相关文献中也有类似记载，据《三朝北盟会编》卷182，天会十五年（伪齐阜昌八年，南宋绍兴七年，1137年）十一月废伪齐，差除“契丹韩睿为都城警巡使”，这里的都城是指北宋的汴京，是年十一月金朝政府即委派契丹人韩睿任汴京城市警巡使，并设置了警巡院。关于录事司，除金京兆府《进士题名碑》记载了金朝一代及第进士有5人的籍贯系录事司外，洪武《太原志》“金太宗天会六年八月，以代州置振武军节度使，领县四：雁门、崞、五台、繁峙，录事司一；支郡二：宁化军、火山军……元代本州只领雁门县、录事司。中统四年

① ［日］爱宕松男著，索介然译：《元代的录事司》，收入《日本学者研究中国史论著选译》第5卷，北京：中华书局，1993年，第608-635页；《元代都市制度とその起源》，《东洋史研究》，1938年第3卷第4期，第1-28页。

② 韩光辉：《辽南京城的方圆与警巡院》，《燕都》，1987年第4期；《北京历史上的警巡院》，《北京档案史料》，1990年第3期，第55-59页；《金代防刺州城市司候司研究》，《北京社会科学》，1999年第4期；《金代都市警巡院研究》，《北京大学学报（哲社版）》，1999年第5期；《金代诸府节镇城市录事司研究》，《文史》第3辑，2000年，第37-51页；韩光辉，林玉军，王长松：《宋辽金元建制城市的出现与城市体系的形成》，《历史研究》，2007年第4期，第42-62页；韩光辉，何峰：《宋辽金元城市行政建制与区域行政区划体系的演变》，《北京大学学报（哲社版）》，2008年第2期，第154-161页；韩光辉，刘旭，刘业成：《中国元代不同等级规模的建制城市研究》，《地理学报》，2010年第12期，第1476-1487页；韩光辉，魏丹，王亚男：《中国北方城市行政管理制度的演变——兼论金代的地方行政区划》，《城市发展研究》，2012年第7期，第103-111页。

③ 《金史》卷24《地理志》，第557、566页。

并省入代州。”[①] 这里也提到了录事司在金代和元初的建置及沿革。关于司候司，据天会十五年二月十二日《滨州司候飞骑尉墓柱记》[②]，同是金初设置的。这些史料提供了补正《金史·地理志》疏漏的重要依据。

另据金《题登科记后》记载[③]，章宗承安五年（1200）经义榜登科的33人中籍贯隶属县者18人，隶属诸京府警巡院者6人，隶属录事司者3人，隶属司候司者3人。其中，籍隶警巡院者即张儒卿（大兴府左警巡院）、朱焕（开封府警巡院）、孔天昭（大兴府左警巡院）、王毅（大兴府左警巡院）、赵铢（大兴府左警巡院）和杜实才（南京警巡院）；籍贯隶属录事司者是彭悦（真定府录事司）、邓浩（平阳府录事司）、宋克俊（河中府录事司）；籍隶司候司的3人即王元（解州司候司）、麋元振（磁州司候司）和潘希孟（磁州司候司）。凡此，均足以证明，三种城市行政管理机构，诸京警巡院和赤县、诸京县、诸县，诸府节镇城市录事司和附郭县、诸县，防刺州城市司候司和附郭县、诸县均是相互独立的行政实体，均是进士乃至官员、百姓的县级籍贯，互相平行，不相统属。其他三人的籍贯则分属于千户所或婆速路地方。因此，金代城市警巡院、录事司、司候司均具有县级籍贯意义，自然也就具有城市行政建制意义。

研究表明，金代行政制度分路府、州和县三级制，相应形成了不同行政等级和户口规模的城市，按城市行政建制与等级规模也划分为三级，即警巡院城市、录事司城市和司候司城市。泰和至兴定年间，六京府置有警巡院，十三个总管府和所辖诸府节镇置有录事司，防刺州则置有司候司和府州县行政区划（见前表3-7）。[④]

金代六京共设警巡院8处[⑤]，除中都置有左、右二警巡院外，贞祐迁都南京也置有左、右警巡院，上京、东京、北京和西京均建置一个警巡院。诸府节镇城市录事司共66处[⑥]，防刺州城市司候司则共112处[⑦]。诸府镇除设有城市录事司

① 《永乐大典》卷5200，《原字韵·太原府·建置沿革》，北京：中华书局，1986年，第2254页。

② ［清］端方：《陶斋臧石记》卷41《滨州司候飞骑尉墓柱记》，清宣统石印本。

③ ［金］李俊民：《庄靖先生遗集》卷8《题登科记后》，林玉军博士论文《唐至元代城市行政与治安管理演变研究》先引用了这条史料。

④ 《金史》卷57《百官志》，第1313-1314页。

⑤ 韩光辉：《金代都市警巡院研究》，《北京大学学报（哲社版）》，1999年第5期，第71-77页。

⑥ 韩光辉：《金代诸府节镇城市录事司研究》，《文史》第52辑，北京：中华书局，2000年。

⑦ 韩光辉：《金代防刺州城市司候司研究》，《北京社会科学》，1999年第4期，第104-110页。

外，还置有都军司，设都指挥使，“掌军率差役、巡捕盗贼、总判军事，仍与录事同管城隍”[①]。防刺州城市，置司候司外，还置有“军辖一员，掌同都军，兼巡捕，仍与司候同管城壁”[②]。城市警巡院、录事司、司候司“领在城事”[③]，均属城市行政管理机构；警巡使、录事、司候则是各地方城市行政机构的主官。至元代才有明确的文献记载：“录事职位虽卑，而父母一城之民，其任固不轻”[④]；及“列曹庶务，一与县等”[⑤]。警巡院、录事司、司候司均系县级行政建制。

三、《金史·地理志》补正

现以路为单位，将金代城市行政机构警巡院、录事司、司候司作相应补正如下：

上京路，国初成为内地，天眷元年号上京。海陵贞元元年迁都于燕，削上京之号，止称会宁府，称为国中者以违制论。大定十三年七月，复位上京。……领府一，警巡院一；节镇四，录事司四；防御一，司候司一；县六，镇一。

咸平路，领府一，录事司一；刺郡一，司候司一；县十。

东京路，府一，领警巡院一；节镇一，录事司一；刺郡四，司候司四；县十七，镇五。

北京路，领府四，警巡院一，录事司三；节镇七，录事司七；刺郡三，司候司三；县四十二，镇七，寨一。

西京路，领府二，警巡院一，录事司一；节镇七，录事司七；刺郡八，司候司八；县三十九；镇九。

中都路，辽会同元年为南京，开泰元年号燕京。海陵贞元元年定都，以燕乃列国之名，不当为京师号，遂改为中都。领府一，警巡院二；节镇三，录事司三；刺郡九，司候司九；县四十九。

南京路，国初曰汴京，贞元元年更号南京。领府三，警巡院一，录事司二；节镇三，录事司三；防御八，司候司八；刺史郡九，司候司九；县一百零八，镇九十八。[⑥]

---

① 《金史》卷57《百官志》，第1324页。

② 《金史》卷57《百官志》，第1325页。

③ 《元一统志》卷3《汴梁路·建置沿革·郑州》，北京：中华书局，1966年，第225页。

④ ［元］吴澄：《吴文正集》卷28《送姜曼乡赴泉州路录事序》，四库全书本。

⑤ ［至顺］《镇江志》卷16《宰贰》，南京：江苏古籍出版社，1990年，第636页。

⑥ 《金史》卷25《地理志》校勘记一，第617页。

河北东路。天会七年析河北为东、西路，各置本路兵马都总管。领府一，录事司一；节镇二，录事司二；防御一，司候司一；刺郡五，司候司五；县三十，镇三十五。

河北西路。天会七年析为西路。领府三，录事司三；节镇二，录事司二；防御二，司候司二；刺郡五，司候司五；县六十一，镇三十三。[①]

山东东路，宋为京东东路，治益都。领府二，录事司二；节镇二，录事司二；防御二，司候司二；刺郡七，司候司七；县五十三，镇八十三。

山东西路，领府一，录事司一；节镇二，录事司二；防御二，司候司二；刺郡五，司候司五；县二十七，镇四十八。[②]

大名府路，宋北京魏郡。领府一，录事司一；刺郡三，司候司三；县二十，镇二十二。

河东北路。天会六年析河东为南、北路，各置兵马都总管。领府一，录事司一；节镇三，录事司三；刺郡九，司候司九；县三十九，镇四十，堡十，寨八。

河东南路，领府二，录事司二；节镇三，录事司三；防御一，司候司一；刺郡六，司候司六；县六十八，镇二十九，关六。

京兆府路，宋为永兴军路。皇统二年省并陕西六路为四，曰京兆，曰庆原，曰熙秦，曰鄜延。领府一，录事司一；节镇一，录事司一；防御一，司候司一；刺郡四，司候司四；县三十六，镇三十七。

凤翔路，宋秦凤路，治秦州。领府二，录事司二；防御二，司候司二；刺郡二，司候司二；县三十三，城一，堡四，寨十四，镇十五。

鄜延路，领府一，录事司一；节镇一，录事司一；刺郡四，司候司四；县十六，镇五，城二，堡四，寨十八，关二。

庆原路，旧作陕西西路。领府一，录事司一；节镇二，录事司二；刺郡三，司候司三；县十八，镇二十三，城二，堡四，寨二十二，边将营八。

临洮路，皇统二年改熙州为临洮府，置熙秦路总管府，大定二十七年更名。领府一，录事司一；节镇一，录事司一；防御一，司候司一；刺郡四，司候司四；县一十三，镇六，城六，堡十二，寨九，关二。

---

① 《金史》卷25《地理志》校勘记三十五，第622页。

② 《金史》卷25《地理志》校勘记五十四，第625页。

四、结论

唐末五代以来出现的城市管理机构军巡院、厢坊，至宋代的都厢、厢坊，到辽代明确为警巡院及录事司等城市机构，再到金代初年，才有《金史·百官志》等文献较明确的记载了京府警巡院、府镇录事司和防刺州司候司，并且确定为不同等级城市的行政管理机构。[①] 作为城市官民百姓的县级籍贯警巡院、录事司及司候司，是中国古代出现的城市行政管理的新事物，值得学术界注意。这种城市行政管理机构既然是行政区划和行政建制的重要组成部分，又是城市百姓的籍贯，则在《金史·地理志》中应该有明确的记载，即在京府、府镇、防刺州属下的行政系统中，除京县、附郭县和诸县外，还应包括专门管理城市的行政管理机构警巡院、录事司和司候司。

（原载靳润成主编《走向世界的中国历史地理学——2012年中国历史地理国际学术研讨会论文集》，中国社会科学出版社，2014年）

① 韩光辉，林玉军，魏丹:《论中国古代城市管理制度的演变和建制城市的形成》，《清华大学学报（哲社版）》，2011年第3期。

金元州治城市司候司管理机构及其演变

学界对古代路府州治城市的行政管理机构警巡院、录事司、司候司作了不少研究。警巡院历时辽、金、元三代，录事司历时金、元两代，司候司作为州治城市行政管理机构，历时最短，从金太宗天会中（1128年前后）至元世祖至元二十年（1283）共150余年。通过梳理金元时期文献，基本清楚了金代防刺州司候司管理机构的组成、职能、分布，并以泽州司候司为例，对金元时期州治城市司候司的演变、消失过程进行较系统的探讨。

一、问题的提出

宋辽时期已经出现了司候官制，《续资治通鉴长编》中出现过两处怀化司候职官，“邛部川百蛮都王阿遒，遣王子将军百九十二人来贡方物。诏授阿遒安远将军，阿遒叔怀化将军，阿宥为归德将军、游奕将军，离归为怀化将军、大判官、怀化司候，任彦德王子将军部的并为怀化郎将、判官，任惟庆为怀化司候。”[①]还出现了殿前司候、常平司候、郎将司戈司候这样的官职。《宋史》中记载了“诏令西京留守司候，仲秋就便选官，前诣诸陵”[②]。在《武溪集·契丹官仪》中有“掌刑狱”的左、右司候司。据《辽史拾遗·地理志》，“归依寺在（固安）县东北十八里，辽天庆七年（1117）立幢：大师塔在东徐村，辽奉圣州司候判官、给事郎、试太子校书郎、骑都尉蔡咨彦立碣，有进士焦山等字，天庆元年建。”天庆是辽朝末代皇帝天祚帝的年号，奉圣州系辽代节度州，置有司候判官。可见，宋辽时期，不仅有司候、判官，还有各层级、各方面的司候官。由这些官员组成的司候司机构，“掌刑狱”。金代文献明确指出官制中的司候判官系佐贰官，其主官是司候，下设司吏、公使，构成了防刺州治所城市的管理治事机构——司候司[③]。

---

① ［宋］李焘:《续资治通鉴长编》卷61，宋真宗景德二年九月丁未，文渊阁四库全书本。

②《宋史》卷123,《礼志·绍兴九年正月》，北京：中华书局，1977年，第2886页。

③ 关于金代城市行政管理机构警巡院、录事司、司候司的设置年代，因文献欠缺，尚不易确定。但研究发现，至迟应在金太宗天会六年（1128）至天会十五年（1137）之间。见韩光辉等《金代城市行政管理机构研究》,《中国史研究》，2013年第1期。

金代诸防刺州司候司，“领在城事”[①]，具有独立的行政职能，属于防刺州治所城市行政管理机构，置有司候司的防刺州治所就是防刺州司候司城市。

二、金代州治城市司候司管理机构

诸防刺州司候司和诸京警巡院、诸府节镇录事司，在《金史·百官志》中一例著录于诸总管府、诸府、诸节镇、诸防御州、诸刺史州后，而在赤县、次赤、诸县之前[②]。从形式上看，它们同属地方行政建制；从实质上看，它们也是城市独立行政建制。举凡建立了这种专门行政管理机构的城市就是古代建制城市。

防刺州司候司是由司候、司判及司吏与公使共同组成的机构，拥有固定的建官制度：“诸防刺州司候司”置“司候一员，正九品；司判（按即司候判官）一员，从九品”。又有“司吏、公使七人。然亦验户口”[③]。

所谓诸防刺州，前者指诸防御州，置“防御使一员，从四品，掌防捍不虞，御制盗贼，余同府尹”[④]。以下置同知防御使事、判官、知法、州教授、司军各一员，司吏、公使各若干名。另置“军辖兼巡捕使”。[⑤]由此看来，这是一个职权和品秩低于节镇州的行政建制，无兵马指挥权。后者即诸刺史州，置“刺史一员，正五品，掌同府尹兼治州事”；以下置同知、判官、司军、知法、军辖各一员；司吏、公使各若干名。亦置“军辖兼巡捕使”。[⑥]这显然是一职权和品秩又低于防御州的行政建制，亦无兵马指挥权。依此，诸防御州防御使与诸刺史州刺史的职责同样在“掌（州域内）宣风导俗，肃清所部，总判州事”。

“诸防刺州司候司”及其官制和机构组成表明，司候司是隶属于诸防御与刺史州的机构。诸防刺州除辖属司候司外，还辖有若干县、镇，[⑦]诸县皆置有令、丞、主簿、尉各一名，司吏和公使若干名。因而司候司的机构组成不仅与州属诸县的机构组成相类似，而且与录事司的机构组成相同（表 3-8）。

---

① 《元一统志》卷 3《汴梁路·建置沿革·郑州》。

② 唯录事司与司候司在所列诸建制中排在路府州和警巡院后，而排在县前。

③ 《金史》卷 57《百官志》，北京：中华书局，1975 年，第 1314 页。

④ 《金史》卷 57《百官志》，北京：中华书局，1975 年，第 1312 页。

⑤ 《金史》卷 57《百官志》，北京：中华书局，1975 年，第 1312 页。军辖系地方军职，本不是防刺州属官，因兼巡捕使，遂强化了与地方的联系。

⑥ 《金史》卷 57《百官志》，北京：中华书局，1975 年，第 1313 页。

⑦ 《金史》卷 24—26《地理志》，北京：中华书局，1975 年。

表 3-8 金代司候司与录事司和诸县置设官吏之比较

机构名称	主官	佐贰官	巡捕官	吏	职责
司候司	司候	判官	判官	司吏、公使	掌城市行政
录事司	录事	判官	判官	司吏、公使	掌城市行政
诸县	县令	县丞、主簿	县尉	司吏、公使	掌一县之行政

资料来源:《金史·百官志》

据金章宗泰和四年(1204)准唐令制订的“四善、十七最”考课官员的办法，其“十七最之一曰礼乐兴行，肃清所部，为政教之最。二曰赋役均平，田野加辟，为牧民之最。三曰决断不滞，与夺当理，为判事之最。四曰钤束吏卒，奸盗不滋，为严明之最。五曰案簿分明，评拟均当，为检校之最。以上皆谓县令、丞、簿、警巡使、副、录事、司候、判官也”。[①] 司候、判官与县令、丞簿、警巡使副、录事的考课项目和考课内容完全一致。这表明，司候与县令、警巡使副、录事同为牧民之城乡行政长官。其区别在于：司候、录事和警巡使副的行政职能在管理城市，而县令、簿丞的行政职能则在管理县属乡村。

《金文最·泽州图记》记载了金朝灭亡后的次年(1235)泽州所领一司六县民户统计结果[②]，亦证明州司候司是专门管理州治城市并与州属诸县平行隶属于州的城市行政建制，防刺州治城市民户统计恰恰是“专掌通检推排簿籍”的司候司判官的行政职责。

不妨通过任职司候的官员的政迹，考察司候司的行政与司法职能：

大定十年(1170)，“霸州司候成奉先奉职谨恪，可进一阶，除固安令”[③]。

李完，“既冠，调石州司候，正直刚毅，不畏强御。石守王梦徵每惮伏焉”[④]。

奥屯忠孝，大定二十二年(1182)中进士，“调蒲州司候。察廉，迁一官”[⑤]。

姬端修，“中大定二十五年(1185)进士第，调唐州司候，太守子不法，摄置于狱。守怒，不为屈，改巩州通西令。以廉，升同州判官，迁洪洞令。”[⑥]

“权州宣武将军完颜公石见以清政，蒙朝廷特加宠擢，自唐州司候，除本州

① 《金史》卷 55《百官志》，北京：中华书局，1975 年，第 1228 页。

② [清]张金吾编纂:《金文最》卷 29《泽州图记》，北京：中华书局，1990 年。

③ 《金史》卷 6《世宗志》，北京：中华书局，1975 年，第 147 页。

④ [清]张金吾编纂:《金文最》卷 73《澄城县主簿李公去思碑》(大定二十三年)，北京：中华书局，1990 年。

⑤ 《金史》卷 104《奥屯忠孝传》，北京：中华书局，1975 年，第 2299 页。

⑥ [清]张金吾编纂:《金文最》卷 88《盘安军节度副使姬公平叔墓表》，北京：中华书局，1990 年。

防判。”[①]

张特立，泰和三年（1203）中进士第，“调宣德州司候。郡多皇族巨室，特立律之以法，阖境肃然”。[②]

聂天骥，至宁元年（1213）进士，“释褐汝阴簿，转睢州司候，廉，举封丘令……”[③]。凡此说明，司候实乃掌管诸防刺州治城市司法行政及前述验实户口、通检推排城市居民物力的牧民官，与判官、司吏、公使组成一个完整的行政管理机构。

据《金史·百官志》，诸防刺州还均置有“军辖一员，掌同都军，兼巡捕，仍与司候司同管城壁”。军辖官专“掌军率差役、巡捕盗贼，总判军事”[④]，是一地方军职，但并非诸防刺州的属官。由于“兼巡捕使”，才与诸防刺州加强了联系，并与州治城市司候司一起，参与城市的管理。城壁即城墙，用以指称城市。军辖尚有属官军典二人，构成了一个城市社会治安、巡捕防盗的专职机构，与司候司形成明确的分工。司候司是专门管理防刺州治所城市民政事务及司法的独立行政机构。防刺州军辖兼巡捕使，秩从九品，低于九品司候，虽不从属，但便于关系协调；同时还确立了二者在防刺州治城市管理中的地位轻重差异。

按《金文最·泽州图记》，贞祐二年（1214）初，泽州“郡城失守，虐焰燎空，雉堞毁圮，空庐扫地，市井成墟，千里萧条，阒其无人”；[⑤]后又经蒙古骑兵的攻掠，元光元年（1222）收复后，益形残破。泽州属河东南路，元光二年（1223）升为节镇，以为权宜之计。故《金史·地理志》仍视泽州为刺史州。

天兴三年（蒙古太宗六年，1234年）正月金亡之后，蒙古“始张官署吏”[⑥]，恢复金代原有行政区划与建制和官制，包括司候司，并于次年（太宗七年，1235年）“遣使诣诸路科民。本州（按指泽州）司、县共得九百七十三户。司候司六十八户，晋城二百五十五，高平二百九十，陵州六十五，阳城一百四十八，端氏一百一十七，沁水三十。至壬寅（乃马真后元年，1242年），续括漏籍，通前实在一千八百十有三户。”[⑦]

---

① ［清］张金吾编纂：《金文最》卷23《白龙潭圣水感应记》（承安四年），北京：中华书局，1990年。

② 《金史》卷128《张特立传》，北京：中华书局，1975年，第2773页。

③ ［清］张金吾编纂：《金文最》卷98《聂元吉墓志铭》，北京：中华书局，1990年。

④ 《金史》卷57《百官志》，北京：中华书局，1975年，第1324页。

⑤ ［清］张金吾编纂：《金文最》卷29《泽州图记》，北京：中华书局，1990年。

⑥ ［清］张金吾编纂：《金文最》卷29《泽州图记》，北京：中华书局，1990年。

⑦ ［清］张金吾编纂：《金文最》卷29《泽州图记》，北京：中华书局，1990年。《金史·宣宗纪》亦谓：“河东州县亦多残毁。”见《金史》卷14《宣宗纪》，北京：中华书局，1975年，第304页。

由以上史料可见，（1）与《金史·宣宗纪》并提之司、县官类似，此处州治城市司候司和诸县均隶属于州府一级行政机构的独立行政建制，其中司候司，同属于城市行政建制，管辖城市居民户口及行政事务；（2）《金史·地理志》记载，泽州领六县二镇。六县即晋城（为倚郭县）、端氏、陵川、阳城、高平和沁水县。与前述史料比较，陵州（川）的州字系误字[①]，而《地理志》失载司候司。这不仅与前述史载诸防刺州司候司官制及当时司、县并提之惯例不符，而且与《元史·地理志》元初置司候司，至元三年省并相抵牾。而元初司候司正是沿袭金代城市官制设置的。因此，金代防刺州城市司候司同样是独立行政建制，与诸县平行地隶属于诸防刺州，惜《金史·地理志》同样失于记载。

总之，金代诸防刺州城市设置城市司候司，实行城市司法与民政事务的独立管理，在很大程度上是由于城市户口增加和城市规模扩大导致的。

仍据《题登科记后》，金章宗承安五年（1200），经义榜登科的33人中，籍隶司候司的3人即王元（解州司候司）、糜元振（磁州司候司）和潘希孟（磁州司候司）。该文献资料足以证实防刺州司候司与诸县均属县级行政实体，同是城市居民的籍贯。司候司与县行政职能相一致。

三、金代诸防刺州司候司城市空间分布

在认识了诸防刺州司候司的建置及其职能之后，进一步深入探讨建置司候司的城市及其时空特征，显然是必要的。首先，作为金代的一项官制，在诸防刺州治所城市设置司候司显然具有普遍性；其次，据《金史·地理志》，明昌三年（1192）抚州复置刺史，翌年即置司候司的记载，仍可以得出大凡置设防刺州随即便置设城市司候司的结论。基于这种认识，金代前后共建置防御州21个，刺史州91个[②]，合计112个；因而置有司候司的州治城市或称司候司建制城市112个[③]（图3-2）。

在这些司候司城市中，终金一代建置稳定的达94处，章宗泰和末年之后新升置或降置司候司的城市仅13处；从而反映了司候司建制在金代的稳定性。在空间结构上，金代司候司城市的分布具有明显的不平衡特点。其中，以南京路最

---

① 《元史》卷58《地理志》，北京：中华书局，1976年，第1381页。

② 按《金史·地理志》记载："防御郡二十二，刺史郡七十三，……后复尽升军为州。"使防刺州数增加到110余个。见《金史》卷24《地理志》，北京：中华书局，1975年，第549页。

③ 韩光辉，林玉军，王长松：《宋辽金元建制城市的出现与城市体系的形成》，《历史研究》，2007年第4期，第42-60页。

多，达17处；中都路次之，10处；山东东路和河东北路又次之，各9处；河东南路和西京路各7处；河北西、河北东、山东西路又次之，均为6处；京兆府和临洮路均为5处；而在东北上京、东京、北京及咸平四路统共才有10个司候司城市，分布甚少。

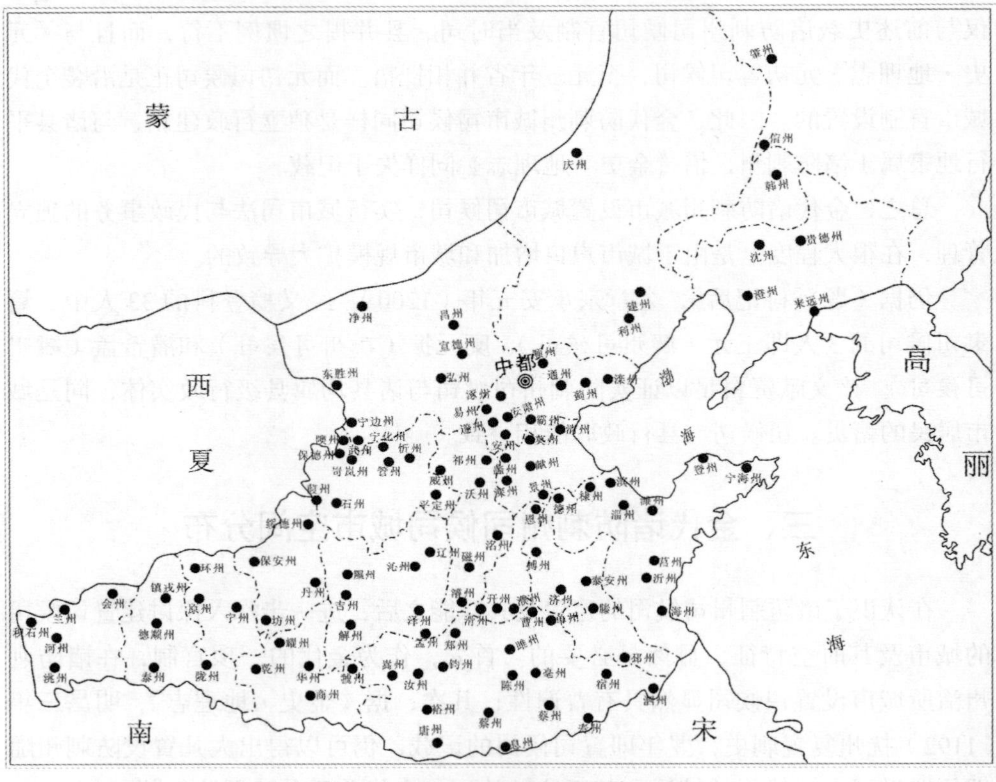

图3-2 金代诸防刺州司候司城市

四、金末元初州治城市司候司行政管理机构的演变

在金元易代之际，首先是历经残酷的民族战争破坏，司候司因城市丘墟、户口散亡大部分废弃了。在蒙古人推翻金朝统治、控制黄河流域之后，为稳定社会和政治局面，恢复经济，迅速地采取了“张官署吏”的政治措施。蒙古统治者按诸府州治城市的规模和地位沿金代制度复置了城市录事司和司候司。

忽必烈中统二年（1261），“诏验民户，定为员数 。二千户以上，设录事、司候、判官各一员；二千户以下，省判官不置”①。此诏令是针对录事司“凡路府所治，置一司，以掌城中户民之事”发出的。路府州治城市居民二千户以上可置录事、判官；司候、判官；居民二千户以下录事司、司候司均省判官，仅置录事、司候，录事司、司候司“掌城中户民之事”，从而确定了录事司、司候司设置的标准：二千户。

至元二年（1265）闰五月丁卯，蒙古政府根据当时州县户口凋敝、多寡不均的状况，诏令省并州县：“诸路州府，若自古名郡，户数繁庶，且当冲要者，不须改并。其户不满千者，可并则并之。各投下者，并入所隶州城。其散府州郡户少者，不须更设录事司及司候司。附郭县止令州府官兼领。”②按此诏令，当时省并州县的首要标准就是州县户口的多少。人口较少，包括“户不满千”的治所城市录事司、司候司“可并则并之”。故至年底，在蒙古统治的北方地区省并州县凡二百二十余处。③散府州郡治所城市户少者不再设置录事司或司候司。诸路州府治所城市省并的录事司或司候司，城市户民纳入附郭县管理，附郭县则由州府官兼领。

到至元二十年（1283），“置达鲁花赤一员，省司候，以判官兼捕盗之事，典史一员。若城市民少，则不置司，归之倚郭县”。④至此，达鲁花赤作为监临官，在路府州司县均设置一员。与此同时还省并了散府州郡城市司候司⑤。经此次省并之后，元代除都市警巡院和路府城市录事司之外，已无司候司这一城市行政建制存在。原来司候司管理的州治城市民事归于倚郭县。这一方面反映了元初城市户口的大量耗减；另一方面亦反映了元代设置建制城市的标准已有所提高。

关于蒙古国时期省并州治城市司候司的情况，不妨根据上述研究及《金史》和《元史》地理志的有关记载，综述金末元初州治城市司候司的兴衰变化：

---

① 《元史》卷91《百官志》，北京：中华书局，1976年，第2317页。

② 《元史》卷6《世祖纪》，北京：中华书局，1976年，第107页。

③ 《元史》卷6《世祖纪》，北京：中华书局，1976年，第109页。包括至元二年（1265）省并的莱州、绛州、邓州、颍州、徐州录事司及济州、恩州、棣州、滨州、宿州司候司在内。

④ 《元史》卷91《百官志》，北京：中华书局，1976年，第2317页。

⑤ 按《元史·地理志》，司候司省入宜川县。金代丹州是刺史州，治所城市只有司候司，一直延续到元至元初，丹州宜川县省入延安路，司候司省入附郭宜川县。金代延安府是节镇，治所城市置录事司，在金末元初的战乱中废弃了。

蠡州，金为刺史州，置有司候司。元初隶真定，辖司候司与博野县，至元三年，省司候司、博野县入蠡州。

磁州，金为刺史州，置有司候司。蒙古太宗八年隶邢洺路；宪宗二年，改邢洺路为洺磁路；至元二年，以滏阳、邯郸二县及录事司来属；至元三年，并录事司入滏阳县。

孟州，在金为防御州，领河阳、王屋、济源、温县，并置有在城司候司。蒙古宪宗八年（1258）复设司候司；至元三年，省王屋入济源，并司候司入河阳。河阳倚郭，另辖济源、温二县。

清州，金为防御州，在城置有司候司；蒙古至元二年，以靖海、兴济两县及本州司候司并为会川县，领会川等三县。

济州，金为刺史州，迁州治任城，以河水淹没故也；元至元二年，以户不及千数，司候司并入任城。

恩州，金为刺史州，隶大名府路；元初以武城隶高唐，惟存历亭一县及司候司；至元二年，县及司俱省入州。

潍州，金为刺史州，属益都路；元初领北海、昌邑、昌乐三县及司候司；宪宗三年，省司候司入北海；至元三年，省昌乐县入北海。

密州，金为节镇州，在城置有录事司；元初改置司候司；宪宗三年，省司候司入诸城县，隶益都，领诸城、安丘二县。

莒州，金为刺史州，在城置有司候司；元初因之，领莒县等四县；宪宗三年，省司候司入莒县。

沂州，金为防御州，在城置有司候司；元隶益都路，领临沂等二县；宪宗三年，省司候司入临沂县。

滕州，金为刺史州，在城置有司候司；元隶益都路，领滕县、邹县；宪宗三年，省司候司入滕县。

棣州，金为防御州，在城置有司候司；元初因之，领厌次等四县；至元二年，省司候司入厌次县。

滨州，金为刺史州，在城置有司候司；元初因之，并领渤海等三县；至元二年省司候司入渤海县。

弘州，金为刺史州，在城置有司候司，旧领襄阴等二县；元至元中，惟领襄阴及司候司，后并省入州。

东胜州，金为刺史州，在城置有司候司，元初置东胜县及录事司，至元二年升宁边州之半入东胜州，至元四年省东胜县及录事司入东胜州。

浑源州，金为刺史州，唐为浑源县；金贞祐二年升为州，仍置县在郭下，并置司候司；元至元四年省入州。

武州，金为刺史州，在城置有司候司，旧领宁边县及司候司；元至元四年并省入州。

石州，金为刺史州，在城置有司候司；元初因之；至元三年后，司候司与孟门、方山俱省入离石县，领离石等二县。

泽州，金为刺史州，金末曾升节镇，领倚郭之晋城等六县，并置有司候司。元初置司候司并领晋城等六县。至元三年，省司候司、陵川县入晋城县。

解州，金为刺史州，在城置有司候司；元至元四年，并司候司入解县，领解县等六县。

吉州，金为刺史州，领吉乡和乡宁二县，并置在城司候司。元初领司候司及吉乡、乡宁二县。中统二年（1261），并司候司入吉乡县，至元二年省吉乡。三年又省乡宁并入州，后复置乡宁县，隶于州。

郑州，金为防御州，领倚郭之管城等七县，并置有在城司候司。元初领管城等八县及司候司，后并司候司入倚郭之管城县。

陕州，金为防御州，金升渑池为韶州，在城置有司候司；元至元三年，省司候司；至元八年，省韶州，复为渑池县，后割以来属。

宿州，金为防御州，金末升节镇；元初隶归德府，领临涣、蕲、灵璧、符离四县并司候司；至元二年，以四县一司并入州。

延安府，金为总管府，辖肤施等七县，并置有在城录事司。元初置延安路，领肤施等八县，肤施县附郭，在城录事司于蒙古初废置；而金代丹州宜川县在元至元初归入延安府，丹州和州治所所置司候司，至至元六年（1269）省。

兰州，金为刺史州，辖阿干等三县，并置有司候司。元初领阿干一县及司候司，至元七年（1270）并司县入州。

代州，金为节镇州，辖录事司与雁门等四县及支郡二。元初只领雁门县、录事司。中统四年并省入代州[①]。

由上述实例及史料记载不难发现，金代防刺州司候司包括少数府镇录事司入元之后的沿革变化。

在历经金末元初的政权鼎革和社会动荡之后，司候司建制便先于录事司建制

---

① 《永乐大典》卷5200,《原字韵·太原府·建制沿革》，北京：中华书局，1986年。

衰落了。司候司建制虽然废弃了，但金代至元初建置过司候司机构的城市历经150多年（1128—1283）的发展，仍然有不少已成长为当今现代化城市，如上述兰州、郑州等。

（原载王岗主编《北京史学论丛（2015）》，群言出版社，2016年）

《元史·世祖纪》"巡院三"考察

《元史·世祖纪》记载：至元三十年（1293），"天下路府州县等二千三十八：路一百六十九，府四十三，州三百九十八，是千一百六十五，宣抚司十五，安抚司一，寨十一，镇抚所一，堡一，各甸部管军民官七十三，长官司五十一，录事司百三，巡院三。"① 这里详细记录了该年元帝国行政区划状况，其中"巡院"即都市警巡院，专"领京师坊事"，② "领民事及供需"，③ "分领京师城市民事"；④ 录事司"凡路府所治，置一司，以掌城中户民之事"，"若城市民少，则不置司，归之倚郭县。在两京，则为警巡院"。⑤ 这些资料说明，管理城市是警巡院和录事司的行政职能，但因城市规模不同分别设置了不同等级的城市行政管理机构。

据《元史》记载，元代先后建置警巡院的城市共有六座（表 3-9、图 3-3），其中仅大都与上都警巡院终元一代不废。

表 3-9　元代设置警巡院的城市

名称	所属行省	路、府	建置沿革	附郭县
大都	中书省	大都路总管府	至元初置左、右二院，元中期增为五院	大兴、宛平
上都	中书省	上都路总管府	至元元年置上都警巡院	开平
西京（大同）	中书省	西京大同路	元初置警巡院，至元初改为录事司	大同
东京（辽阳）	辽阳行省	东京辽阳路	元初置警巡院，至元六年废入附郭县	辽阳
北京（大宁）	辽阳行省	北京路总管府	元初置警巡院，至元二年改置录事司	大定（大宁）
南京（汴梁）	河南江北	南京改汴梁路	元初置警巡院，至元十四年改置录事司	开封、祥符

资料来源：《元史·地理志》《元一统志》

① 《元史》卷 17《世祖纪》。按，天下路府州县等 2038 处与分列总计 2034 不符，当另作考察。

② ［元］孛兰肸等撰：《元一统志》卷 1《大都路》。

③ 《元史》卷 90《百官志》。

④ ［元］孛兰肸等撰：《元一统志》卷 1《大都路》。

⑤ 《元史》卷 91《百官志》。

至元二年（1265）元朝政府改并诸路州府，诏命“诸路州府，若自古名郡，户数繁庶，且当冲要者，不须改并。其户不满千者，可并则并之。各投下者，并入所隶州城。其散府州郡户少者，不须更设录事司及司候司”，[①]在改并州府司县的同时，忽必烈即位之初继续沿用的金代东、西、南、北四京警巡院，因户口减少，地位衰落，先后降置为录事司或废入附郭县。至元二十五年（1288）同时“改南京路为汴梁路，北京路为武平路（遂改为大宁路），西京路为大同路，东京路为辽阳路”。[②]

大同路，“辽为西京大同府。金改总管府。元初置警巡院。至元二十五年，改西京为大同路。……领司一、县五、州八。州领四县。”[③]其中“司一”即是指大同路录事司，是由元初警巡院变化而来。

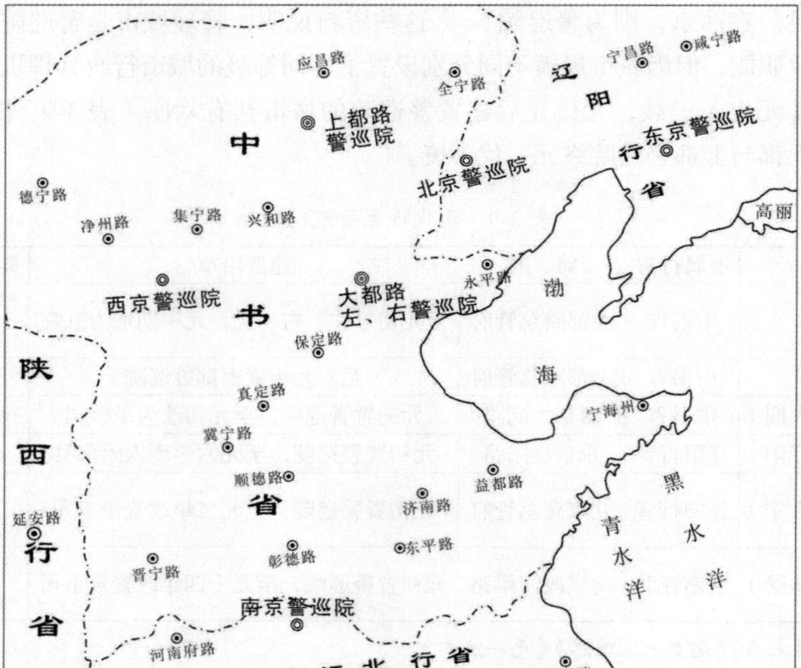

图 3-3　元至元初警巡院城市分布

资料来源：《元史·地理志》《元史·本纪》

---

① 《元史》卷 6《世祖纪》。

② 《元史》卷 5《世祖纪》。

③ 《元史》卷 58《地理志》。

辽阳路，金置辽阳府，后改为东京。至元六年置东京总管府；二十五年，改东京为辽阳路，领县一、州二。县一，辽阳。州二，盖州、懿州。辽阳县下注："至元六年，以鹤野县、警巡院入焉。"[①]至元初，辽阳路警巡院废入了附郭辽阳县。

大宁路，"辽为中京大定府。金因之。元初为北京路总管府。领兴中府……（至元）七年，兴中府降为州，仍隶北京，改北京为大宁。……领司一、县七、州九"。"司一"即指录事司，下注："初置警巡院，至元二年改置录事司。"[②]这一记载同样反映了北京大宁路警巡院演变为录事司的过程。

汴梁路，宋为东京，"金改南京，宣宗南迁，都焉。金亡，归附。"元初，仍称南京。"旧有警巡院，（至元）十四年改录事司。二十五年，改南京路为汴梁路。……领司一、县十七、州五。州领二十一县。"[③]"司一"也指录事司。这条资料同样反映了汴梁路警巡院演变为录事司的过程。

元初沿用的上述诸京警巡院在忽必烈至元中期之前即已演变为一般城市录事司或倚郭县，已与警巡院行政机构无涉，更与至元三十年"巡院三"无关。

成吉思汗十年（金贞祐三年，1215年），蒙古骑兵攻占中都，仍改中都为燕京。燕京在蒙古国统治下被冷落了将近半个世纪。元世祖至元元年（1264），改燕京为中都；四年（1267），迁都中都并创筑新城于东北郊外；六年（1269），在中都城市恢复了左、右警巡院，文献首次明确了警巡院"领民事及供需"[④]的行政管理职能；这里的左、右警巡院是指在中都旧城所置。至元九年（1272），改中都为大都。在大都新城修建过程中及竣工之后，即不断有贵族、官僚、军户、匠役及富商巨贾迁居新城，推动了大都城市规模的迅速扩大，城市警巡院亦随之不断增设。至至元十二年（1275），置大都（按指新城）警巡院，"领京师坊事"，[⑤]这里的警巡院显然是指大都新城的行政管理机构。这时的大都新旧二城共置有三个警巡院。到至元二十四年（1287）省并其一，止设左、右二院，"分领坊市民事"，[⑥]或谓"分领京师城市民事"。[⑦]《元史·地理志》所谓大都路"领院二、县六、州十。州领十六县"中的二院，即指这时的左、右二院而言。左、右二院共

---

① 《元史》卷59《地理志》。

② 《元史》卷59《地理志》。

③ 《元史》卷59《地理志》。

④ 《元史》卷90《百官志》。

⑤ 《元一统志》卷1《大都路》。

⑥ 《元史》卷58《地理志》。

⑦ 《元一统志》卷1《大都路》。

同管理南、北二城，亦即新、旧二城。成宗大德九年（1305），又置大都南警巡院，“以治都城之南”。[①] 实际上是指在大都南城即中都旧城置警巡院以专门治理南城。在大都新城，随着城市居民的增加，行政管理机构警巡院也增加为两个。再至武宗至大三年（1310），又“增大都警巡院二，分治四隅”。[②] 至此，大都新旧二城已置有五个警巡院，均隶属于大都路总管府。[③] 到至正十八年（1358），“于大都在城四隅，各立警巡分院，官吏视本院减半。”四分院或即至大三年所置二院的分置，故官吏减半；以便加强对大都新城四隅的坊事管理。在大都城市警巡院不断增设的过程中，只有至元二十四年至大德九年近二十年间置有左、右两个警巡院。

按《元史·地理志》，宪宗六年（1256），“世祖命刘秉忠相宅于桓州东、滦水北之龙冈，中统元年，为开平府。五年，以阙庭所在，加号上都，岁一幸焉。至元二年置留守司。五年升上都路总管府。十八年，升上都留守司，兼行本路总管府事……领院一、县一、府一、州四。州领县三。府领三县、二州，州领六县。”其中院一即指上都路警巡院。又据《元史·地理志》记载：“世祖至元元年，中书省臣言：‘开平府阙庭所在，加号上都，燕京分立省部，亦乞正名。’遂改中都。”两都加号的同时均建置了都市警巡院。[④] 因此，上都在元代一直设置了一个警巡院，没有发生增减变化。

由此可见，至元三十年“巡院三”是指上述元大都左、右警巡院和上都警巡院而言。

大都城市左、右警巡院各置达鲁花赤一员，警巡使一员，副使、判官、典史均三员，司吏二十五名；两院设置官吏均为三十六员名。大都南警巡院，设达鲁花赤一员，警巡使一员，副使、判官、典史均二员，司吏二十名，[⑤] 合计置设官吏二十八员名。至大三年（1310）所置二院官吏设置情形因史料无载不详。但据上述三警巡院的建官制度推断，亦应置有达鲁花赤、警巡使、副使、判官、典史与司吏等，形成一个完整的行政机构。至正十八年（1358），“于大都在城四隅，各立警巡分院，官吏视本院减半”，[⑥] 同样可以形成一个完整的行政机构。上都警

① 《元史》卷90《百官志》。

② 《元史》卷23《武宗纪》。

③ 《元史》卷92《百官志》。

④ 《元史》卷58《地理志》。

⑤ 《元史》卷90《百官志》。

⑥ 《元史》卷92《百官志》：“又于大都在城四隅，各立警巡分院，官吏视本院减半。”四分院或即至大三年所置二院的分置，故官吏减半；以便坊市管理。

巡院，置达鲁花赤一员，警巡使一员，副使、判官各二员，司吏八人，[1]合计设置官吏十四员名。大都与上都诸警巡院之秩均为正六品，与各附郭之赤县（大兴、宛平、开平）同秩。唯至元末，为加强对大都城市社会生活的管理，除在大都城市四隅各立警巡分院外，升左、右两警巡使为正五品。[2]由是观之，诸警巡院官吏设置与录事司、附郭县官吏设置相一致（表 3-10）。[3]

表 3-10　元代城市警巡院与录事司、附郭县置设官吏之比较

机构名称	主官	佐贰官	巡捕官	案牍官	吏	行政职能
警巡院	达鲁花赤、警巡使	副使、判官	主、佐官轮番	典史	司吏	领城市民事及供需
录事司	达鲁花赤、录事	判官	主、佐官轮番	典史	司吏	掌城中户民之事
附郭县	达鲁花赤、尹	丞、主簿	尉	典史	司吏	执掌附郭县行政

资料来源：《元史·百官志》

总之，警巡院是“分领京师城市民事”的都市行政管理机构，至元三十年在大都与上都共置有三个。

（原载《北京大学学报（哲社版）》2009 年第 4 期）

① 《元史》卷 90《百官志》。

② 《元史》卷 92《百官志》。

③ 韩光辉，林玉军，王长松：《宋辽金元建制城市的出现与城市体系的形成》，《历史研究》，2007 年第 4 期，第 42-62 页。

《元史·世祖纪》"录事司百三"考察

金元两代是中国历史上城市行政管理发生重要变革的重要时期，其重要特点在于对不同等级的治所城市实行专门行政管理。元代则省并了州府治所城市司候司，保留了两都警巡院、路府治所城市录事司。元世祖至元三十年（1293）则拥有 103 个录事司管理 100 个城市。

《元史·世祖纪》记载：至元三十年（1293），"天下路府州县等二千三十八：路一百六十九，府四十三，州三百九十八，县千一百六十五，宣抚司十五，安抚司一，寨十一，镇抚所一，堡一，各甸部管军民官七十三，长官司五十一，录事司百三，巡院三"。[①] 这里详细记录了该年元帝国行政区划状况，其中录事司"凡路府所治，置一司，以掌城中户民之事。中统二年，诏验民户，定为员数。二千户以上，设录事、司候、判官各一员；二千户以下，省判官不置。至元二十年，置达鲁花赤一员，省司候，以判官兼捕盗之事，典史一员。若城市民少，则不置司，归之倚郭县"。[②] 该资料阐述了路府治所城市录事司的建置演变、行政职能、城市规模、机构组成等。《世祖纪》至元三十年建置路府治所城市行政管理机构录事司一百零三个，这是值得考察的学术问题。[③]

一、元初录事司建置演变

成吉思汗统一蒙古诸部，于太祖元年（1206）初春建立了大蒙古国。经过灭金的战争，蒙古帝国占领了金朝疆土，统治了北部中国。在这一过程中，"所过无不残灭，两河山东数千里，人民杀戮几尽，金帛子女牛羊马畜皆席卷而去，室庐焚毁，城郭成墟"[④]。

蒙古太祖九年（金宣宗贞祐二年，1214 年），蒙古骑兵"分三路攻取河北、

① 《元史》卷 17《世祖纪》，北京：中华书局，第 376 页。按，天下路府州县等 2038 处与分列总计 2034 不符，当另作考察。

② 《元史》卷 91《百官志》，第 2317 页。

③ 关于元初司候司的建置与省并问题当作独立探讨。

④ ［宋］李心传：《建炎以来朝野杂记》卷 19《鞑靼款塞》，上海：商务印书馆，1936 年。

河东、山东诸郡”，凡破九十余郡[①]，原金朝国土农耕文化与城市体系中的警巡院、录事司、司候司建制[②]继续遭到破坏。蒙古国地方政权三权分立，“凡州郡宜令长吏专理民事”。[③]实际上，元太祖年间即有录事司沿用和录事的署理：“庚辰岁（蒙古太祖十五年，金宣宗兴定四年，1220年），木华黎取邢州……事定，改（父润）署州录事。”[④]中原州县行政机构和建置制度在太宗时期逐渐恢复与建立起来，包括城市警巡院、录事司，例如《元史·地理志》记载的河中府，“元宪宗在潜……河中府领录事司及河东……七县。至元三年……并录事司入河东”；潞州，金“为潞州，元初为隆德府，行都元帅府事。太宗三年，复为潞州，隶平阳府。至元三年，以涉县割入真定府，以录事司并入上党县……”；徐州，元初旧领彭城、萧、永固三县及录事司，至元二年“永固并入萧县，彭城并录事司并入州。领一县：萧县”。

蒙古国时期中原地区建制城市的演变过程，大体经过了三个阶段：一是成吉思汗至窝阔台初期（1206—1234），此为严重破坏时期；二是窝阔台初期至忽必烈初期（1235—1265），“始张官署吏”[⑤]建制城市得到逐渐恢复时期；三是忽必烈前期（1265—1278），为建制城市部分废弃、但大多数建制城市正常发展时期。作为古代小型建制城市的司候司城市已全面并入府州的附郭县，而警巡院和录事司建制城市得以保留并减少数量、提高质量，为大一统的元帝国最终形成完善的城市体系做好了准备。

至元二年（1265）元朝政府改并诸路州府，诏命“诸路州府，若自古名郡，户数繁庶，且当冲要者，不须改并。其户不满千者，可并则并之。各投下者，并入所隶州城。其散府州郡户少者，不须更设录事司及司候司。附郭县止令州府官兼领”[⑥]。在改并州府司县的同时，忽必烈即位之初继续沿用的金代东、西、南、北四京警巡院，因户口减少，地位衰落，先后降置为录事司或废入附郭县。

至元二十五年（1288）同时“改南京路为汴梁路，北京路为武平路（遂改为

---

① ［金］宇文懋昭撰，崔文印校证：《大金国志校证》卷24《宣宗纪》，北京：中华书局，1986年，第324页。

② 韩光辉，魏丹，何文林：《金代城市行政管理制度研究》，《中国史研究》，2012年第4期。

③ 《元史》卷146《耶律楚材传》，第3458页。

④ 《元史》卷157《刘秉忠传》，第3687页。

⑤ ［金］李俊民：《庄靖集》卷8《泽州图记》，第30页，四库全书本。

⑥ 《元史》卷6《世祖纪》，第107页。

大宁路），西京路为大同路，东京路为辽阳路”。[①]

大同路，“辽为西京大同府。金改总管府。元初置警巡院。至元二十五年，改西京为大同路。……领司一、县五、州八。州领四县。”[②] 其中“司一”即是指大同路录事司，是由元初警巡院变化而来。

辽阳路，金置辽阳府，后改为东京。至元六年置东京总管府；二十五年，改东京为辽阳路，领县一、州二。县一，辽阳。州二，盖州、懿州。辽阳县下注：“至元六年，以鹤野县、警巡院入焉。”[③] 至元初，辽阳路警巡院废入了附郭辽阳县。[④] 但在建立辽阳行省并改东京为辽阳路的过程中，作为辽阳行省和辽阳路治所得到发展，并设立了城市录事司。

大宁路，“辽为中京大定府。金因之。元初为北京路总管府。领兴中府……（至元）七年，兴中府降为州，仍隶北京，改北京为大宁。……领司一、县七、州九。”“司一”即指录事司，下注：“初置警巡院，至元二年改置录事司。”[⑤] 这一记载同样反映了北京大宁路警巡院演变为录事司的过程。

汴梁路，宋为东京，“金改南京，宣宗南迁，都焉。金亡，归附。”元初，仍称南京。“旧有警巡院，（至元）十四年改录事司。二十五年，改南京路为汴梁路。……领司一、县十七、州五。州领二十一县。”[⑥]“司一”也指录事司。这条资料同样反映了汴梁路警巡院演变为录事司的过程。

元初沿用的上述诸京警巡院在忽必烈至元中期之前即已演变为一般城市录事司，已与警巡院行政机构无涉。关于至元二年州府县司省并和元代中期以后录事司的变化情况当做深入研究。

二、城市录事司的行政职能

按《元史·百官志》，“凡路府所治，置一司，以掌城中户民之事”；“若城市民少，则不置司，归之倚郭县”的录事司建置原则，及录事司达鲁花赤、录

① 《元史》卷5《世祖纪》，第309页。

② 《元史》卷58《地理志》，第1375页。

③ 《元史》卷59《地理志》，第1396页。

④ 关于辽阳路附郭辽阳县及录事司问题还应做进一步考察，尤其注意当地墓志、碑刻资料的搜集利用。

⑤ 《元史》卷59《地理志》，第1397页。

⑥ 《元史》卷59《地理志》，第1401页。

事与路总管、州尹、县尹一样均为亲民官[①]的官制和《元史·地理志》割在城坊厢置录事司的不少记载，如杭州在城九厢，“元至元十四年（1277），分为四隅录事司；泰定二年（1325），并为左、右二录事司”[②]；至元十五年（1278），福州路“于在城十二厢分四隅，置录事司。十六年（1279）并其二，置东、西司；二十年（1283）复并为一”[③]；至元十三年（1276），兴化路“割（在城）左、右二厢属录事司，县如故”[④]；至元十六年（1279），置广州录事司，“以州治东城、西城、子城并番禺、南海在城民户隶之”[⑤]等，均说明，举凡录事司皆建置于诸路总管府和路治城市，专以管理在城户民之事。若城市居民寡少则不置司，如诸州散府最初虽然置司，但终因城市居民不及标准而废入倚郭州县。若城市居民繁凑，则可并置数司。从这个意义上讲，城市录事司的置废实乃城市人口规模的重要标志。到至元三十年（1293）共置有录事司103个，分属于100个城市。

关于录事司的机构组成和行政社会职能，及城市录事司和附郭县共同领属于路，在现存元代若干地方志及文集中亦有甚为明确的记载：

《元一统志·太原路·建置沿革》：“录事司，析府城地设录事司，领在城民事。”

《元一统志·汀州路·建置沿革》：“元朝至元十四年丁丑收附，置州如故。十五年升为总管府。二十一年八月割出长汀县所管城内三坊、城外十七坊，并录事司掌之。”

《元一统志·平江路·建置沿革》：录事司“本在城地，旧设四厢以领民事。归附国朝之初，设四厢。至元十四年改立录事司，以在城民户属之”。

《大元大一统志·抚州路》：“领一司、五县，隶江西等处行省。录事司旧为本州在城地，宋设三厢领之，国朝至元十四年创设录事司，领在城民事。”

《大元大一统志·常州路》：“领州二、司一、县二。录事司，本在城地，国朝收附初置司候司，至元十五年改置录事司，领在城民事。”

至正《金陵新志·官守志》：建康府，“至元十二年（1275）归附，次年置司，正八品，有印，管治城内，设达鲁花齐（按即赤）一员、录事一

---

① 《元史》卷91《百官志》，第2317页。

② 《元史》卷62《地理志》，第1491页。

③ 《元史》卷62《地理志》，第1504页。

④ 《元史》卷62《地理志》，第1505页。

⑤ 《元史》卷62《地理志》，第1515页。

员、录判一员、兼管捕盗、典史一名”。

至元《嘉禾志·沿革》：嘉兴府，至元十四年（1277），“改为嘉兴路总管府，领府一县三司一。录事司，城以内隶焉。宋置南、北、西三厢，圣朝（按指元朝）至元十三年（1276）废，遂置兵马司，至元十四年改为录事司”。

至顺《镇江志·宰贰》：“自元混一，三邑（按指丹徒、丹阳、金坛三县）皆为中县，省丞职而不置。达鲁花赤、县尹皆以劝农署衔，簿尉之员则仍旧制焉。城中民旧隶丹徒，今置录事司以统之。录事之上亦设达鲁花赤，而佐以判官，列曹庶务，一与县等；非若古录事参军，唯勾稽簿书，纠弹郡事而已”。

于钦《齐乘·郡邑》：录事司“司府城内户役”。

“真定路录事司，国朝所建立，专理城内，城之外则真定县所理。……录事司、真定县二官署皆在城中”；

“彰德路城中，宋隶安阳县。国朝置录事司以统之，城之外仍属安阳县……总管府、录事司治及安阳县治皆在城内焉”[①]；

杭州路“旧以两县（钱塘、仁和）置城西北隅，以听城以外之治；四录事司分置城四隅，以听城以内之治，然后受命于郡府”。[②]

以上路府治所城市录事司的机构组成和官职及其与附郭县的关系有必要做一比较（见下表）。

表 3-11　元代城市录事司与附郭县置设官吏之比较

机构名称	主官	佐贰官	巡捕官	案牍官	吏	行政职能
录事司	达鲁花赤、录事	判官	主、佐官轮番	典史	司吏	掌城中户民之事
附郭县	达鲁花赤、尹	丞、主簿	尉	典史	司吏	执掌附郭县行政

资料来源：《元史·百官志》

录事司除城市区域政治和文化中心的职能之外，元代朱晞颜《瓢泉吟稿》“令路府更置录事司，秩二百名，割旁县旧隶关内之地以分治之。邑有令长，有人民，有狱讼，有徭役”，[③] 全面介绍了录事的行政职责，“而独无丝粟之征”。

① ［元］葛逻禄乃贤：《河朔访古记》，文渊阁四库全书本。

② ［元］任士林：《杭州路重建总管府记》，见《全元文》卷582，南京：江苏古籍出版社，1998年。

③ ［元］朱晞颜：《瓢泉吟稿》卷4《湖州路重修录事司记》，四库全书本。

“丝粟之征”正是县衙的重要经济职责。因某些社会经济因素的影响，商业手工业职能变得异常突出而农业职能又极大地萎缩了。这些统计数字表明，尽管元代路府区域建制城市的城市化水平不高（2.8%—13.8%），但当时的建制城市已发展为以商业服务和手工业为主要经济形式的区域经济中心，而城市居民的农业活动则相应退居极次要地位，从而反映了当时城乡社会职业和劳动的高度分化。

三、元代录事司的废并

至元二年，忽必烈根据当时州县司户口凋敝、多寡不均的状况，诏令“户不满千者，可并则并”“其散府州郡户少者，不须更设录事司及司候司”，省并州司县，到年底共“省并州县凡二百二十余所”①。其中州属录事司或司候司被废并，州治所城市成为附郭县的重要组成部分。根据文献记载，包括至元后期废并的录事司共三十个②，均与至元三十年路府治所城市设置的103个录事司无关。

按照录事司被废并的时间早晚划分，应分为两个阶段。一是蒙古国太宗和宪宗时期至元世祖忽必烈即位之初，即中统元年至至元初年，废并的录事司集中在北方，即原金朝并入元朝的版图上，根据“户不满千者，可并则并”的原则省并了一些录事司。二是元世祖至元十二年（1275）至十六年（1279），征服南宋，所置录事司主要集中在江淮以南地区，后因录事司“若城市民少，则不置司，归之倚郭县”的原则，又废并了部分录事司。城市户口的多少成为元代设置城市行政管理机构录事司的首要依据。

1. 蒙古国时期因战争“赤地千里，人烟断绝，满目蓬蒿”“室庐焚毁，城郭成墟”，使城市录事司废入倚郭县，此类如下：

顺宁，中书省，顺德府改顺宁府，中统初置录事司至元三年废入倚郭县宣德。

冀州，中书省，真定路冀州，中统初置录事司，至元三年废入倚郭县信都。

磁州，中书省，洺磁路磁州，至元二年，以滏阳、邯郸二县及录事司来属；至元三年，并录事司入滏阳县。

---

① 《元史》卷6《世祖纪》，第109页。

② 据《元史》卷19《成宗纪》：“大德元年二月庚申，安丰路设录事司”，安丰属河南江北，安丰路总管府，至元十五年为散府，至元二十八年，升为路；大德元年二月庚申，安丰路设录事司；寿春县附郭。

莱州，中书省，般阳路莱州，元初置录事司，至元二年省入倚郭县掖县。

丰州，中书省，大同路丰州，元初置录事司，至元四年省入丰州。

朔州，中书省，大同路朔州，元初置录事司，至元四年省入倚郭县鄯阳。

东胜州，中书省，大同路东胜州，元初置录事司，至元四年省入东胜州。

云内州，中书省，大同府云内州，元初置录事司，至元四年省入云内州。

代州，中书省，翼宁路代州，"金太宗天会六年八月，以代州置振武军节度使，领县四：雁门、崞、五台、繁峙，录事司一；支郡二：宁化军、火山军……元代本州只领雁门县、录事司。中统四年并省入代州。"①

河中，中书省，河中府，元初置录事司，至元三年省入倚郭县河东。

绛州，中书省，平阳路绛州，元初置录事司，至元二年省入倚郭县正平。

潞州，中书省，隆德府，元初置录事司，至元三年省入倚郭县上党。

沁州，中书省，平阳路沁州，元初置录事司，至元三年省入倚郭县铜鞮。

邓州，河南江北，南阳府邓州，元初置录事司，至元二年省入倚郭县穰县。

颍州，河南江北，汝州府颍州，元初置录事司，至元二年省入颍州。

徐州，河南江北，归德府徐州，元初置录事司，至元二年省入徐州。

2. 元帝国统一时期，若干城市的录事司也因户口不满二千，废入倚郭县，此类如下：

和州，河南江北，庐州路和州，至元十五年置录事司，二十八年并入倚郭县历阳。

真州，河南江北，扬州路真州，至元十三年置录事司，二十年省入倚郭县扬子。

---

① 《永乐大典》卷5200，《原字韵·太原府·建置沿革》，北京：中华书局，1986年，第2254页。

滁州，河南江北，扬州路滁州，至元十三年置录事司，十四年并入倚郭县清流。

海宁，河南江北，淮安路总管府，至元十五年置录事司，二十年并入倚郭县朐山。

高邮，河南江北，高邮府，至元十四年设录事司，二十年并入倚郭县高邮。

潼川，四川行省，潼川府，元初置录事司，至元二十年并入倚郭县郪县。

长宁，四川行省，马湖路长宁军，至元二十二年置录事司，后省入长宁军。

合州，四川行省，重庆路合州，至元十五年置录事司，二十年并入倚郭县石照。

徽州，江浙行省，徽州路，至元十四年置录事司，二十九年七月丙寅，罢徽州路录事司。①

广德，江浙行省，广德路，至元十四年置录事司。二十八年八月己巳，罢广德路录事司②，并入倚郭县广德。

南安，江西行省，南安路总管府，至元十五年置录事司，十六年废入倚郭县大庚。

南雄，江西行省，南雄路总管府，至元十五年置录事司。二十九年一月，罢南雄路录事司③，并入倚郭保昌县。

韶州，江西行省，韶州路总管府，至元十五年置录事司。二十九年一月，罢韶州路录事司，并入倚郭县曲江。

惠州，江西行省，惠州路总管府，至元十六年置录事司。二十九年一月，罢惠州路录事司，并入倚郭县归善。

废并录事司和司候司入倚郭县反映了元初建制城市户口大量减少，也反映了对建制城市规模和标准要求的提高。它标志着由金朝到元朝建制城市和城市体系发生了重要变化。

① 《元史》卷17《世祖纪》，第365-372页。

② 《元史》卷16《世祖纪》，第349页。

③ 《元史》卷17《世祖纪》，第358页。

四、至元三十年路府治所城市"录事司百三"考察

《元一统志》(赵万里校辑)和《元史·地理志》对元代录事司的记载均不太详尽，现根据残本《大元大一统志》对录事司及相关内容的记录做一详细的介绍。

平江路：支郡，昆山州、常熟州、吴江州、嘉定州；亲领，录事司、吴县、长洲县。国朝至元十三年，收附以后升为平江路，领一司、六县，今改四县为州而属焉。录事司，本在城地，旧设四厢，以领民事，归附国朝之初设四厢，至元十四年改立录事司，以在城民户属之。坊郭乡镇：录事司，利娃乡、永定乡、凤凰乡、上元乡、道义乡、凤池乡、大云乡、东吴上乡、乐安上乡、乐安下乡。①

抚州路：录事司、临川县、崇仁县、金豀县、宜黄县、乐安县。国朝至元十二年，收附之初仍为抚州，十四年升为抚州路总管府，领一司、五县，隶江西等处行省。录事司旧为本州在城地，宋设三厢领之，国朝至元十四年创设录事司，领在城民事。国朝因之，隶抚州路。坊郭乡镇：录事司，东隅、西隅、南隅、北隅。②

常州路：支郡宜兴州，无锡州，亲领录事司、晋陵县、武进县。国朝至元十三年，收附之初因之，十四年升为常州路总管府……今领州二、司一、县二。录事司，本在城地，国朝收附初置司候司，至元十五年改置录事司，领在城民事。坊郭乡镇：录事司，孝仁东坊、孝仁西坊、双桂坊，定安坊。③

根据上述《大元大一统志》记录的有关城市录事司资料并参考《元史·地理志》和《元一统志》的记载考察至元三十年元帝国城市录事司如下：

辽阳（东京），辽阳行省，东京辽阳路，中统初置警巡院，至元六年废入倚郭县辽阳，置东京总管府；二十四年，始立行省；二十五年，改东京为

---

① 《大元大一统志》卷763《平江路》(玄览堂丛书续集第37册，第1-6页)。

② 《大元大一统志》卷958《抚州路》(玄览堂丛书续集第37册，第1-7页)。

③ 《大元大一统志》卷792《常州路》(金毓黻《丛书集成续编》，第674-676页)。

辽阳路。作为辽阳行省的治所，在这一过程中应该建置了录事司。[①]

沈阳，辽阳行省，元初平辽东，四十余城来降。徙降民散居辽阳沈州，初创城郭，置司存，侨治辽阳故城。中统二年，改为安抚高丽军民总管府。元贞二年并两司为沈阳等路安抚高丽军民总管府，仍治辽阳故城。这里的司疑即管理辽阳故城的录事司。

大同（西京），中书省，西京大同府，中统初置警巡院，至元初改为录事司，大同县附郭。

大宁（北京），辽阳行省，北京路总管府，宪宗时期置警巡院，至元二年改置录事司，大定（大宁）县附郭。

汴梁（南京），河南江北，南京改汴梁路，太宗时期置警巡院，至元十四年改置录事司，开封、祥符县附郭。

永平，中书省，永平路总管府，中统元年置录事司，卢龙县附郭。

保定，中书省，保定路总管府，至元十二年置录事司，清苑县附郭。

真定，中书省，真定路总管府，元初置录事司，真定县附郭。

顺德，中书省，顺德路总管府，元初置录事司，邢台县附郭。

广平，中书省，广平路总管府，元初置录事司，永年县附郭。

彰德，中书省，彰德路总管府，元初置录事司，安阳县附郭。

大名，中书省，大名府路总管府，元初置录事司，元城、大名县附郭。

怀庆，中书省，怀庆（怀孟）路总管府，元初置录事司，河内县附郭。

卫辉，中书省，卫辉路总管府，中统元年设录事司，汲县附郭。

河间，中书省，河间路总管府，至元初置录事司，河间县附郭。

东平，中书省，东平路总管府，元初置录事司，须城县附郭。

东昌，中书省，东昌路总管府，元初置录事司，聊城县附郭。

济宁[②]，中书省，济宁路总管府，元初置录事司，巨野县附郭。

益都，中书省，益都路总管府，元初置录事司，益都县附郭。

济南，中书省，济南路总管府，元初置录事司，历城县附郭。

般阳，中书省，般阳路总管府，元初置录事司，至元二十四年闰二月乙酉改淄莱路为般阳路，置录事司[③]，淄川县附郭。

冀宁，中书省，冀宁（太原）路总管府，元初置录事司，曲阳县附郭。

---

① 金代辽阳作为东京治所置有警巡院，金末元初废弃。元代建置东京总管府和辽阳行省，辽阳“自古名郡，户数繁庶，且当冲要者”，应该建置录事司。

② 济宁路总管府录事司于至正中移至济州任城，任城为倚郭县，今为济宁市。

③《元史》卷14《世祖纪》，第297页。

晋宁，中书省，晋宁（平阳）路总管府，元初置录事司，临汾县附郭。

东宁，辽阳行省，东宁路总管府，至元十三年升东宁府为总管府路，置录事司，废弃。

河南，河南江北，河南府路，元初置录事司，洛阳县附郭。

襄阳，河南江北，襄阳路总管府，至元十一年置录事司，襄阳县附郭。

蕲州，河南江北，蕲州路总管府，至元十四年设录事司，蕲春县附郭。

黄州，河南江北，黄州路总管府，至元十四年置录事司，黄冈县附郭。

庐州，河南江北，庐州路总管府，至元十四年置录事司，合肥县附郭。

安庆，河南江北，安庆路总管府，至元十四年置录事司，怀宁县附郭。

扬州，河南江北，扬州路总管府，至元十三年置录事司，江都县附郭。

淮安，河南江北，淮安路总管府，至元十四年设录事司，山阳县附郭。

中兴，河南江北，中兴路总管府，至元十三年设录事司，江陵县附郭。

奉元，陕西行省，奉元（安西）路总管府，元初置录事司，长安、咸宁县附郭。

巩昌，陕西行省，巩昌路总管府，元初置录事司，陇西县附郭。

兴元陕西行省，兴元路总管府，元初置录事司南郑县附郭。据《元统元年进士录》，及第进士杜彦礼"（籍）贯陕西兴元路录事司"，符合"自古名郡，户数繁庶，且当冲要者"建置路府治所城市录事司的条件。

徽州，陕西行省，巩昌都总帅府徽州，元初置录事司，至元三十年四月，罢徽州录事司。①

成都，四川行省，成都路总管府，至元初设录事司，成都、华阳县附郭。

嘉定，四川行省，嘉定府路总管府，元初置录事司，龙游县附郭。

顺庆，四川行省，顺庆路，至元二十年设录事司，南充县附郭。

重庆，四川行省，重庆路总管府，至元二十二年置录事司，巴县附郭。

夔州，四川行省，夔州路总管府，至元十五年置录事司，奉节县附郭。

中庆，云南行省，中庆路总管府，至元初置录事司，昆明县附郭。

大理，云南行省，大理路军民总管府，至元十一年罢千户置录事司，太和县附郭。

杭州，江浙行省，杭州路总管府，至元十四年置四录事司，泰定二年

① 《元史》卷17《世祖纪》，第372页。

并为左、右司；元统二年四月乙卯，复立杭州四隅录事司[①]，钱塘、仁和县附郭。

湖州，江浙行省，湖州路，至元十四年改总督四厢为录事司，乌程、归安县附郭。

嘉兴，江浙行省，嘉兴路，至元十四年置录事司，嘉兴县附郭。

平江，江浙行省，平江路，至元十四年置录事司，吴县、长洲县附郭。

常州，江浙行省，常州路，至元十四年置录事司，武进、晋陵县附郭。

镇江，江浙行省，镇江路，至元十三年置录事司，丹徒县附郭。

建德，江浙行省，建德路，至元十四年置录事司，建德县附郭。

庆元，江浙行省，庆元路总管府，至元十四年置录事司，鄞县附郭。

衢州，江浙行省，衢州路总管府，至元十三年置录事司，西安县附郭。

婺州，江浙行省，婺州路，至元十三年置录事司，金华县附郭。

绍兴，江浙行省，绍兴路，至元十三年置录事司，山阴、会稽县附郭。

温州，江浙行省，温州路，至元十三年置录事司，永嘉县附郭。

台州，江浙行省，台州路总管府，至元十四年置录事司，临海县附郭。

处州，江浙行省，处州路总管府，至元十三年置录事司，丽水县附郭。

宁国，江浙行省，宁国路总管府，至元十三年置录事司，宣城县附郭。

饶州，江浙行省，饶州路总管府，至元十四年置录事司，鄱阳县附郭。

集庆（建康），江浙行省，原建康路改集庆路，至元十三年置录事司，上元、江宁县附郭。

太平，江浙行省，太平路，至元十四年置录事司，当涂县附郭。

池州，江浙行省，池州路，至元十四年置录事司，贵池县附郭。

信州，江浙行省，信州路，至元十四年置录事司，上饶县附郭。

福州，江浙行省，福州路，至元十五年置录事司，十六年并为二，二十年合为一，闽县、侯官县附郭。

建宁，江浙行省，建宁路，至元十六年置录事司，建安、瓯宁县附郭。

泉州，江浙行省，泉州路总管府，至元十五年置二录事司，十六年并为一，晋江县附郭。

兴化，江浙行省，兴化路，至元十三年置录事司，莆田县附郭。

邵武，江浙行省，邵武路，至元十三年置录事司，邵武县附郭。

延平，江浙行省，延平路，至元十五年置录事司，南平县附郭。

① 《元史》卷38《顺帝纪》，第821页。

汀州，江浙行省，汀州路，至元十五年置录事司，长汀县附郭。

漳州，江浙行省，漳州路，至元十六年置录事司，龙溪县附郭。

龙兴，江西行省，龙兴路总管府，至元十三年废城内六厢置录事司，南昌、新建县附郭。

吉安，江西行省，吉州路改吉安路总管府，至元十四年置录事司，庐陵县附郭。

瑞州，江西行省，瑞州路，至元十四年置录事司，高安县附郭。

袁州，江西行省，袁州路总管府，至元十四年置录事司，宜春县附郭。

临江，江西行省，临江路总管府，至元十五年置录事司，清江县附郭。

抚州，江西行省，抚州路总管府，至元十四年置录事司，临川县附郭。

江州，江西行省，江州路，至元十四年置录事司，德化县附郭。

南康，江西行省，南康路，至元十四年置录事司，星子县附郭。

赣州，江西行省，赣州路总管府，至元十五年置录事司，赣县附郭。

建昌，江西行省，建昌路总管府，至元十四年置录事司，南城县附郭。

广州，江西行省，广州路总管府，至元十六年置录事司，南海、番禺县附郭。

潮州，江西行省，潮州路总管府，至元二十二年置录事司，海阳县附郭。

武昌，湖广行省，武昌路，至元十三年置录事司，江夏县附郭。

兴国，湖广行省，兴国路总管府，至元十七年置录事司，永兴县附郭。

岳州，湖广行省，岳州路总管府，至元十三年置录事司，巴陵县附郭。

常德，湖广行省，常德路总管府，至元十四年置录事司，武陵县附郭。

澧州，湖广行省，澧州路总管府，至元十四年置录事司，澧阳县附郭。

天临，湖广行省，潭州路改天临路，至元十四年置录事司，长沙、善化县附郭。

衡州，湖广行省，衡州路总管府，至元十三年置录事司，衡阳县附郭。

道州，湖广行省，道州路总管府，至元十四年置录事司，营道县附郭。

郴州，湖广行省，郴州路总管府，至元十四年置录事司，郴阳县附郭。

永州，湖广行省，永州路总管府，至元十四年置录事司，零陵县附郭。

宝庆，湖广行省，宝庆路总管府，至元十四年置录事司，邵阳县附郭。

桂阳，湖广行省，桂阳路总管府，至元十四年置录事司，平阳县附郭。

武冈，湖广行省，武冈路总管府，至元十五年置录事司，武冈县附郭。

全州，湖广行省，全州路总管府，至元十五年置录事司，清湘县附郭。

静江，湖广行省，静江路总管府，至元十五年置录事司，临桂县附郭。

南宁，湖广行省，邕宁路改南宁路，至元十六年置录事司，宣化县附郭。

总之，在考察元代路府治所城市录事司建置演变、行政职能及废并等学术问题的基础上，全面探讨了至元三十年100个路府治所城市建置了103个录事司的历史事实，加以大都、上都警巡院城市，当时的中国已拥有102个建制城市，是值得做深入研究的学术问题。

（原载《中国历史地理论丛》2013年第2期）

元中都城市建设与行政管理制度研究

——兼论开宁路与兴和路行政建置沿革

蒙元时期，国家先后设有两个中都。前者是金中都在忽必烈即位初的延续，后者则是元武宗即位后诏在旺兀察都创建的都城。本文发掘历史文献和考古资料[①]，探讨了武宗中都的由来及其城市行政管理制度，希望对认识元代城市历史地理问题能有所裨益，同时考察了开宁路与兴和路的行政建置沿革。

元武宗即位，开始规划建设新的中都城。中都城虽然存在的历史不长，但文献记载比较清晰，学界研究成果已有不少，不过在认识上还有欠妥之处[②]。作者20世纪90年代以来开设的《历史地理学理论与方法》课程就要求每届研究生阅读《元史·武宗纪》两卷及相关内容，作为该课程文献训练的一部分；1998年申请了国家自然科学基金项目《人口空间过程研究》，2002年又申请了《晋冀蒙接壤地区人地关系研究》项目，同年还在教研室内部申请了《元中都的考察与研究计划》小课题[③]，带学生先后多次对中都遗址地区进行了较深入的考察。这项研究虽迁延多年，但仍有必要从城市历史地理视角对中都城市建设和行政管理制

① 河北省文物研究所编著:《元中都：1998—2003年发掘报告》上、下册，北京：文物出版社，2012年。

② 札奇斯钦:《元代中都考》,《边政研究所年报》，1987年第18期，第31-41页；河北省文物局主办《文物春秋》，1998年第3期，共发表15篇相关论文，其中有学者认为："当时的张北又叫开宁县"，或"因为设中都，将隆兴路改为开宁路"，均不确切。

③ 附《元中都的考察与研究计划》：元中都是一个长期被忽视的历史地理问题。自元武宗于大德十一年（1307）六月，"建行宫旺兀察都之地，立宫阙为中都"，至仁宗至大四年（1311）正月"罢城中都"，元中都建设过程不足三年，但作为都城，其影响却长期存在。早在中统三年（1260），即在隆兴府建立行宫。尤其在旺兀察都行宫建成后，中都成为联系上都和大都及和林的重要枢纽。罢中都称号之后，作为上都和大都之间的重要行宫，还时而以中都名号相称，由此可见，其地位的重要性。中都作为陪都，无论是从政治制度，或其与大都、上都的关系，还是作为一个历史地理问题来说，均应该给予重视和研究。本人计划每年春季带领研究生开展相关问题的考察和研究，希望历史地理研究中心给予一万元经费的支持。2002年3月19日。说明：当时历史地理研究中心通过讨论，批准给予考察经费。在考察中，得到了张北县胡明等同志的大力支持，在此表示感谢。

度及相关问题加以研究。

一、中都建城及其行政管理制度

《元史·武宗纪》大德十一年（1307）六月甲午（六月二日，公历7月1日）[①]，元武宗决定“建行宫于旺兀察都之地，立宫阙为中都”[②]；之后一个多月的七月辛巳（十九日，8月17日），“置行工部于旺兀察都”。行工部为中央政府工部的派出执行机构，与都城留守司共同主持中都城市的规划与修造营建及管理诸作工匠。再到至大元年（1308）正月癸亥（初三日，1月26日）这中间的六个月时间中，完成了中都的选址、土地的丈量和城市的规划。同时，枢密院发军士“建宫工役”，开始宫城建设，七月壬戌（初六日，7月23日），“旺兀察都行宫成，立中都留守司兼开宁路都总管府”[③]。这六个月中，旺兀察都行宫建成，并设立了中都城最高行政管理机构留守司和都总管府。十二月庚申（十二月六日，1309年1月17日），“中都立开宁县，降隆兴为源州，升蔚州为蔚昌府，省河东宣慰司，以大同路隶中都留守司，冀宁、晋宁二路隶中书省”[④]。在中都设立京县开宁的同时，中都留守司辖属地区行政建置做了调整，包括开宁路都总管府、源州、蔚昌府和大同路。在近一年的时间里，从诏建“宫阙中都”建成行宫，立中都留守司，建开宁路都总管府，并置附郭开宁县，完成了一个都城建制所必需的都城地方行政管理机构，保障了建设中都所需要的土地、人力和物力。由此看来，在大都、上都和中都城市中形成三都鼎立的局面及严格的地方行政建制：留守司兼行本路都总管府事、赤县即附郭县、警巡院、诸县及府州县，只是在中都未见到警巡院制度。

至大元年（1308）正月癸亥“敕枢密院发六卫军万八千五百人，供旺兀察都建宫工役”[⑤]。二月戊戌（初八日，3月1日），“以上都卫军三千人，赴旺兀察都行宫工役”[⑥]。中都“建宫工役”发六卫军士18500人，从年初三开始施工；一个月后，又增卫军3000人，共计21500人。此外还有“供亿浩繁”的“开宁路及宣德、云州工役”。同时还采用了赏赐官员、军人和工役钱钞，免除州县赋税的

---

① 公历日用阿拉伯数字表示，下文不再注明“公历”二字。

② 《元史》卷22《武宗纪》，北京：中华书局，1977年，第480页。

③ 《元史》卷22《武宗纪》，第500页。

④ 《元史》卷22《武宗纪》，第506页。

⑤ 《元史》卷22《武宗纪》，第493页。

⑥ 《元史》卷22《武宗纪》，第495页。

办法。因此，中都建筑宫城只用了七个半月的时间。

同年八月辛丑（十五日，8月31日），“以中都行宫成，赏官吏有劳者，工部尚书黑马而下并升二等，赐塔剌儿银二百五十两，同知察乃、通政使塔利赤、同知留守萧珍、工部侍郎答失蛮金二百两、银一千四百两，军人金二百两、银八百两，死于木石及病没者给钞有差”①。十一月丁卯（十二日，11月25日），“中都建城……军民不得休息”②。己巳（十四日，11月27日），“诏‘开宁路及宣德、云州工役，供亿浩繁，其赋税除前诏已免三年外，更免一年’”③。这些文献不仅记载了当时中都城市建设的进度，更揭露了中都建设的劳动强度和“供亿浩繁”“生民力殚”的事实。

至大二年（1309）四月壬午（三十日，6月8日），“诏中都创皇城角楼”，解决了“皇城若无角楼，何以壮观?”④和“伏愿万国来朝，共仰京都之壮丽”的问题。在建筑形制主要是宫城、皇城形制上，中都已经成为与上都、大都相媲美的都城，只是中都还没有设置管理中都城市的警巡院，可能与中都历时太短有关。

至大三年（1310）十月甲寅（十一日，11月2日），“敕谕中外：‘民户托名诸王、妃主、贵近臣僚，规避差徭，已尝禁止。自今违者，俾充军驿及筑城中都……’”⑤；辛酉（十八日，11月9日），“以皇太后受尊号，赦天下。大都、上都、中都比之他郡，供给烦扰，与免至大三年秋税”⑥。十一月戊子（十五日，12月6日），“敕城中都，以牛车运土，令各部卫士助之，限以来岁四月十五日毕集，失期者罪其部长，自愿以车牛输运者别赏之”⑦。武宗严格要求按期在至大四年四月十五日完成外城建设，敕令发出不到两个月，即至大四年（1311）正月庚辰（正月初八日，1月27日），武宗在大都玉德殿驾崩，年仅三十一岁；正月壬辰（正月二十日，2月8日），尚未登基的仁宗诏“罢城中都”。二月甲寅（十二日，3月2日），“司徒萧珍以城中都徼功毒民，命追夺其符印，令百司禁锢之。还中都所占民田”⑧。这一段罗列的文献，从开始施工、建城，到罢城中都、还民

① 《元史》卷22《武宗纪》，第501页。

② 《元史》卷22《武宗纪》，第504页。

③ 《元史》卷22《武宗纪》，第505页。

④ 《元史》卷23《武宗纪》，第511页。

⑤ 《元史》卷23《武宗纪》，第527页。

⑥ 《元史》卷23《武宗纪》，第528页。

⑦ 《元史》卷23《武宗纪》，第530页。

⑧ 《元史》卷24《仁宗纪》，第538页。

田地，在三年多的时间当中，为规划建设中都，花费了大量人力物力财力，给京畿老百姓带来了极大的困难和伤害。

其实，在武宗建都之初，中书省臣就对当时的经济状况提出了尖锐的批评："今铨选、钱粮之法尽坏，廪藏空虚。中都建城，大都建寺，及为诸贵人营私第，军民不得休息。迩者用度愈广，每赐一人，辄至万锭，惟陛下矜察"[①]。到至大三年，张养浩上《时政书》提出了当时十大弊政[②]，其中"五曰土木太盛……今闻创城中都，崇建南寺，外则有五台增修之忧，内则有养老宫展造之劳。括匠调军，旁午州郡；或渡辽伐木，或济江取材，或陶甓攻石，督责百出，蒙犯毒瘴、崩沦压溺而死者，无日无之；粮不实腹，衣不覆体，万目睊睊，无所控告，以致道上物故者，在所不列……彼董役者惟知鞭扑趣成，邀功觊赏，因而盗匿公费，奚暇问国家之财诎，生民之力殚哉？"[③]因此，元仁宗上台后，就坚定地终止了这一工程。

从至大元年（1308）正月癸亥到七月壬戌（初六日，7月23日）"行宫成"，宫城建成。再到至大二年（1309）四月壬午（三十日，6月8日）"诏中都创皇城角楼"，到至大三年（1310）十一月戊子（十五日，12月6日）"敕城中都"，这中间应该是完成皇城及皇城角楼的时间，这之后就是"限以来岁四月十五日毕集"，是武宗计划完成中都外城建设的时间。由此大体上可以推算出中都城先选址、测量、规划、建宫城，再建皇城，最后建成外城，（图3-4）与大都城的建设过程是一致的。

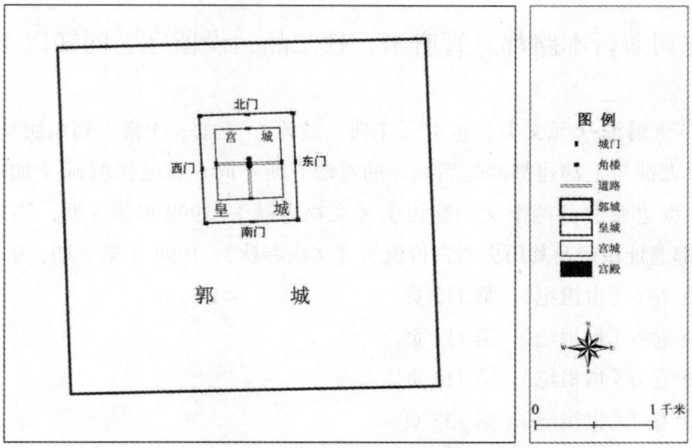

图3-4　元中都示意图

① 《元史》卷22《武宗纪》，第504页。

② 《元史》卷175《张养浩传》，第4091页。

③ ［元］张养浩：《归田类稿》卷2《上书·时政书》，清文渊阁四库全书本。

据元代文献《工典·城郭》记载："国家建元之初，卜宅于燕，因金故都。时方经营中原，未暇建城郭。厥后人物繁夥，隘不足以容，乃经营旧城东北，而定鼎焉。于是埤堞之崇，楼橹之雄，池隍之浚，高深中度，势成金汤，而后上都、中都诸城咸仿此而建焉。"① 这里强调了大都定都与建都、规划与建设及其国都地位和雄伟气势，揭示了大都与上都先后建城的历史过程，正确地指出了中都城仿照大都及上都进行规划和建都的事实。②

大都新城，至元三年（1266）十二月丁亥（二十九日，1267年1月25日），诏"修筑宫城。"③ 至元四年（1267）正月戊午（三十日，2月25日），"城（规划）大都（中都）"④；自至元四年四月开始，到至元二十年完成，前后历时16年：

至元四年四月甲子（初七，5月2日），"始筑宫城"。⑤

至元八年（1271）二月丁酉（初三，3月15日），发中都等地民两万八千余人"筑宫城"⑥，始建大内。

至元十一年（1274）正月已卯（初一，2月9日），"宫阙告成。帝（忽必烈）始御正殿，受皇太子、诸王、百官朝贺"。⑦

至元十一年四月癸丑（初七，5月14日）"初建东宫"⑧，即隆福宫（皇城）。

至元十三年（1276），"（皇）城成"。⑨

至元二十年（1283）六月丙申（十四日，7月9日），"发军修完大都城"。⑩

至此，从修建宫城开始，到建成皇城，最后建成大都城，完成了一个周长六十里，包括宫城、皇城、大城三重城及官署、寺庙、民居，面积50平方公里的城市。

都城留守司兼行本路都总管府事，秩二品，设留守、同知以下诸官员，形成

---

① ［元］苏天爵编：《元文类》卷42《工典·城郭》，上海：上海古籍出版社，1993年。

② 学者对大都与上都建都的先后顺序的看法有所不同。参见张羽新：《加强元中都城址保护利用，促进张北县两个文明建设》，《文物春秋》，1998年第3期，第44-54页。贺勇等：《元中都遗址认定及其历史考古价值》，《文物春秋》，1998年第3期，第66-69页。

③ 《元史》卷6《世祖纪》，第113页。

④ 《元史》卷6《世祖纪》，第114页。

⑤ 《元史》卷6《世祖纪》，第110页。

⑥ 《元史》卷7《世祖纪》，第133页。

⑦ 《元史》卷8《世祖纪》，第153页。

⑧ 《元史》卷8《世祖纪》，第154页。

⑨ 《元史》卷147《张弘略传》，第3477页。按：至元十一年，宫阙已经告成；十一年初建东宫，十三年完成的应该是皇城。

⑩ 《元史》卷12《世祖纪》，第255页。

京城地方官署，掌守卫宫阙都城，营缮宫室，尚方车服，殿庑供帐等事，为皇室服务，并兼理京师民政。都总管府管理京师地方司法民政事务，兼管劝农，与留守司兼理京师民政相一致。

大都诸警巡院和上都警巡院都是分领“坊市民事”的都城地方行政管理机构，不是警察机构，在中都文献中没有记录这一机构，可能与中都历时太短有关。

附郭县附设在郡、州、路、府等上级行政治所中，县与路府州同治一城。在元代都城中，附郭县其实就是赤县。在大都则有赤县大兴、宛平也属附郭县，在上都则有开平附郭，在中都则有开宁县附郭。只是中都和大都的规模不同：大都方圆 60 里，中都方圆 18.2 里[①]。两个都城的形制也略有不同。

前述任同知留守的萧珍等人曾因中都“行宫成”，“有劳”，受到“并升二级”和大笔金银赏赐的奖励；到这时，他却因“徼功毒民”而被“追夺符印”，被“百司禁锢”了。至大四年（1311）三月庚寅（三月十八日，4 月 7 日），仁宗即位于大都大明殿；四月癸亥（四月二十二日，5 月 10 日），“罢中都留守司，复置隆兴路总管府，凡创置司存悉罢之”；丁卯（二十六日，5 月 14 日），“免大都、上都、隆兴差税三年”[②]；中都开宁路被并入隆兴路。中都留守司与开宁路两个机构仅存在了两年零七个月即被罢废。十二月庚申（十二月六日，1309 年 1 月 17 日），中都开宁路附郭开宁县也随着“凡创置司存悉罢之”，在武宗去世后不足四个月内，中都的行政管理制度包括留守司和元武宗创置的开宁路总管府及附郭开宁县即被罢废了。

除上述中都地方行政管理机构外，元朝中央政府还先后在中都城市设置了有关中央政府的执行与管理机构，包括行工部、万亿司、中都虎贲司、行泉府院、泉货监、中都银冶提举司、中都光禄寺。这些机构提供了规划建设和军事保卫职能，更多的机构则提供了物质和资金，保证了中都的建设进度。随着前述“罢中都留守司……凡创置司存悉罢之”，上述中央派出机构也就被废除了。

二、中都开宁与兴和路行政建制沿革

元中都设立的开宁路和开宁县在历史上仅存在了两年零七个月的时间，如果从“建行宫于旺兀察都之地”算起，中都应该存在了三年零八个月。而在开宁路设置的同时，毗邻的隆兴路被降置为源州，开宁路领开宁、威宁二县和宝昌州，而源州则领有高原、天成和怀安三县。至大四年四月二十二日（5 月 10 日），又

---

① 董向英：《元中都概述》，《文物春秋》，1998 年第 3 期，第 70-73 页。

② 《元史》卷 24《仁宗纪》，第 542 页。

将源州复置为隆兴路总管府，并将开宁路所领三州县所属地区划归隆兴路，开宁县则被罢废；再至皇庆元年（1312）十月二日（11 月 1 日），“改隆兴路为兴和路”，这就是《元史·地理志》所记载的兴和路的建制沿革、行宫、户口及所属四县一州：高原县（附郭）、威宁县、天成县、怀安县和宝昌州。

因此，兴和路在相关区域中影响深远，时常与真定路、上都、大都、兴和（隆兴路）、和林、大同（金西京）、大宁（金北京）等重要城镇联系起来，实际上是中都联络了南来北往、东去西行的诸条重要交通线，虽然中都、开宁被罢废，但它的交通地位和形势并没有大的变化，只是开宁路、开宁县消失了，以致在所有的地名词典中都查找不到了。

中都开宁路与兴和路地方行政区划沿革如下：金大定十年于燕子城置柔远县，隶属于宣德州。明昌三年置抚州，治柔远县，即柔远县属抚州、附郭。蒙古中统三年（1262）十一月戊申（二十六日，1263 年 1 月 7 日），“升抚州为隆兴府，以昔剌斡脱为总管，割宣德之怀安、天成及威宁、高原隶焉”。柔远县已更名为高原县。同时，将昌州划入隆兴府。中统三年十二月戊寅（二十六日，2 月 6 日），“建行宫于隆兴路”①。这里应该是升抚州为隆兴府，而不是升为隆兴路；升为隆兴路应在至元四年（详见下文）。正确的说法应是“建行宫于隆兴府”。这里的行宫与元武宗在旺兀察都之地所建行宫不是一处，后者作为宫阙升格为中都。隆兴府辖四县一州，高原县附郭。中统四年（1263）改元初宣宁府为宣德府，与隆兴府均理上都路，因此，有“以郡为内辅”之说。至元四年正月，“析上都隆兴府自为一路，行总管府事”②，即升为隆兴路总管府。相对于上都路，隆兴路自为一路。武宗至大元年（1308）七月壬戌，“立中都留守司兼开宁路都总管府”，出现了开宁路，隶属于中都留守司。同年十二月，“中都立开宁县，降隆兴为源州”③，源州有高原县附郭。在中都设开宁路，又设立了开宁县，按常规，这个开宁县应是赤县，也是附郭县。至大四年四月癸亥，“罢中都留守司，复置隆兴路总管府，凡创置司存悉罢之”④。罢中都留守司的同时，还罢废了开宁路和开宁县，及武宗城中都过程中创置的所有行政机构，因此称之为“凡创置司存悉罢之”。同时也罢废了毗邻的源州，复置了隆兴路。皇庆元年（1312）十月甲子（初二日，11 月 1 日），“改隆兴路为兴和路”⑤，领四县一州，仍包括高原县（附

---

① 《元史》卷 5《世祖纪》，第 89 页。

② 《元史》卷 6《世祖纪》，第 113 页。

③ 《元史》卷 22《武宗纪》，第 500、506 页。

④ 《元史》卷 24《仁宗纪》，第 537、541 页。

⑤ 《元史》卷 24《仁宗纪》，第 553 页。

郭）。昌州，延祐六年（1319）改为宝昌州。这一过程可以做一个较短暂的区域行政建置的总结：

燕子城—柔远县—抚州（柔远县附郭）—隆兴府（高原县附郭）—隆兴路（高原县附郭）

{中都、开宁路（开宁县附郭）
源州（高原县附郭）} 隆兴路（高原县附郭）—兴和路（高原县附郭）

三、中都建都于旺兀察都的历史根源

早在金大安三年（1211），就有“昌、桓、抚三州，素号富实，人皆勇健”[①]之说。其中抚州所领柔远四县在泰和七年（1207）拥有11380户，昌州1241户，桓州578户；在柔远县境（今张北）有“昂吉泺，又名鸳鸯泺”。[②]

据《岭北纪行》：蒙古定宗二年（1247）六月，张德辉“出得胜口，抵扼胡岭，下有驿曰孛落。自是以北，诸驿皆蒙古部族所分主也，每驿各以主者之名名之。由岭而上，则东北行，始见毳幕毡车。逐水草畜牧而已，非复中原之风土也。”[③]据贾敬颜《张德辉〈岭北纪行〉疏证稿》，孛落，即“孛老站”：“至上都，至和林，分道于此。”旺兀察都到大都、上都以及和林的交通是便捷的。

据周伯琦《扈从诗后序》：“忽察秃，犹汉言‘有山羊处’也。地饶水草，野野兔最多，鹰人善捕，岁资为食。又西二十里，则兴和路者，世皇所创置也。岁北巡，东出西还，故置有司为供亿之所。城郭周完，阛阓丛夥，可三千家，市中佛阁颇雄伟，盖河东宪司所按部也。西抵太原千余里，郡多太原人。郊圻地坡陀窊隰，便种莜。路置二监一守，余同他上郡，东界则宣德府境，上都属郡也。府之西南名新城，武宗筑行宫其地，故又名曰中都，栋宇今多颓圮，盖大驾久不临矣。”[④]忽察秃就是前面说的旺兀察都，这里水草丰美、野兽出没、牲畜成群，是一个“岁资为食”的好地方。这里“府之西南名新城，武宗筑行宫其地，故又名曰中都”，府之西南，是相对上都路都总管府而言。除此之外，周伯琦还描写

① 《金史》卷99《徒单镒传》，第2189页。

② 《金史》卷24《地理志》，第566页。

③ ［元］王恽：《玉堂嘉话》卷8，清文渊阁四库全书本。

④ ［元］周伯琦：《近光集》卷4《扈从集·后记》，《四库全书珍本二集》本，台北：台湾商务印书馆，1969年。

了旺兀察都周围的人文状况，“又西二十里，则兴和路者”[①]，是元世祖忽必烈创置的“城郭周完，阛阓丛夥，可三千家，市中佛阁颇雄伟”的隆兴路府城市，因“西抵太原千余里，郡多太原人”的城市。“东界则宣德府境，上都属郡也。”到至正十二年，元顺帝北巡上都，回大都，路过中都，看到的是“栋宇今多颓圮，盖大驾久不临”的情景。

尤其值得注意的是，关于金代“鸳鸯泺”，《扈从诗后序》有这样的记载：“怀秃脑儿，犹汉言后海也。曰平陀儿，曰石顶河儿，土人名为鸳鸯泺，以其地南北皆水泺，势如湖海，水禽集育其中；以其两水，故名鸳鸯，或云水禽惟鸳鸯最多。国语名其地曰遮里哈剌纳钵，犹汉言‘远望则黑’也。两水之间壤土隆阜，广袤百余里，居者三百余家，区脱相比。诸部与汉人杂处，颇类市井，因商而致富者甚多，有市酒家，资至巨万而连姻贵戚者。地气厚完，可见也。俗亦饲牛立穑，粟麦不外求而赡。凡一饲五牛，名曰一具，耕地五六顷，收粟可二百斛，问其农事多少，则曰牛几具。”按贾敬颜《五代宋金元人边疆行记十三种疏证稿》：“泺以多鱼，故水禽集聚。平陀儿，石顶儿，两水之名。鸳鸯泺今名安固里淖，古称昴兀脑儿，蒙古语 anggir，适为鸳鸯之义。按：石顶河之名，今尚存，土人呼为黑水河（哈喇乌苏）。源于山洪奔腾，称汗河子，潴为三盖诺、三张飞诺，有枝汗河、八台河、东洋河、布尔渡哈苏台河、罗彩察河连为一水，自南而北，注入黄盖诺，黄盖诺复与三盖诺、三张飞诺相通，东北流入安固里诺尔，此鸳鸯泊之一大水源。另一水源，乃自南北流之哈柳台河，必周氏所称之平陀儿也”。[②]元代的平陀儿即清代以后的哈柳台河，也就是今天的三台河；元代的石顶儿上游就是今天的安固里河，下游就是今天的黑龙河（见图 3-5）。

上述旺兀察都地区优越的自然环境、农牧交错的经济条件、较为便利的交通状况、商贾相对集中的区位优势，以及周边地区较为深厚的历史人文，应该是武宗建都于此的重要原因。由此看来，元武宗建都于旺兀察都是有其政治、经济、交通基础和优越的自然条件的。中都建成后，与大都、上都形成了三足鼎立的政治格局，有利于元帝国的稳定，这恐怕是武宗深层的考虑。元武宗十九岁（成宗大德三年，1299 年）开始代宁远王阔阔出镇守北边，二十四岁被封为怀宁王，至二十七岁（大德十一年，1307 年）即位，他一直“总兵北边”[③]，“抚军朔方，

① “又西二十里”相对于中都来讲方位不确切，这里的实际方位应该是南、东南。

② 详见［乾隆］《口北三厅志》卷 2《山川志》引《清一统志》及［民国］《张北县志》卷 1《地理志》及附图。

③ 《元史》卷 32《文宗纪》，第 703 页。

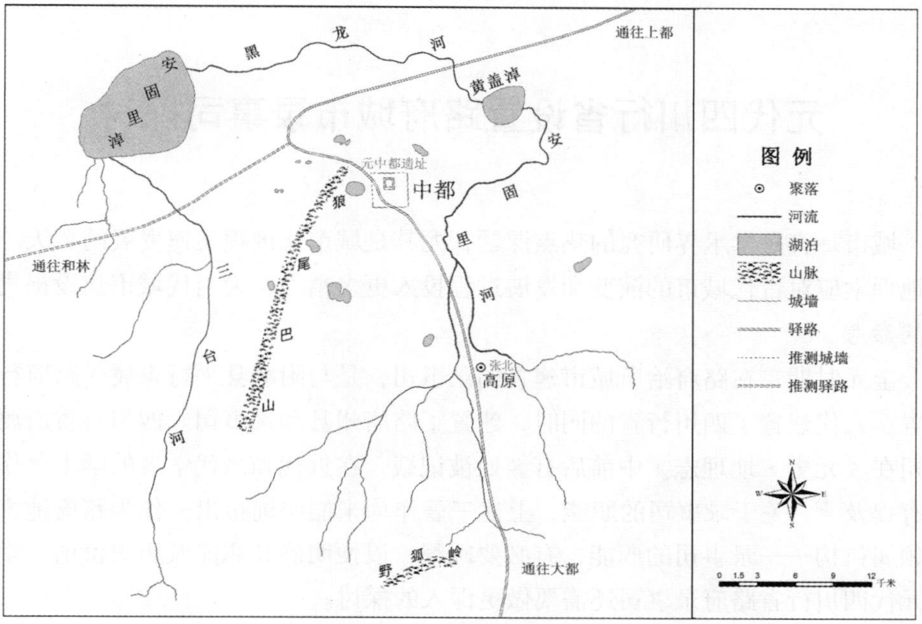

图 3-5　元中都区位形势

殆将十年，亲御甲胄，力战却敌者屡矣”。[1] 这位年轻的蒙古将领深刻了解蒙古这一地区地位的重要性，他即位后，“还跸龙兴（隆兴），徘徊太祖龙旗九斿，翦金于斯，肇基帝业，为城中都”[2]。在军事地位非常重要的旺兀察都地区规划建设了中都，使之成为元代仅次于大都、上都的权力中心，尽管时间不长；同时作为大西北地区的后方基地，因交通条件的改善，中都又成为支撑岭北地区的重要物资转运站。这应该与他个人的特殊经历息息相关，没有这段经历的人，是很难做出这一决策的。建成于至大年间的元中都，正式存在只有两年又七个月。由于武宗的崩逝和政治、经济方面的原因，在短时间内被新上台的仁宗罢废，最后只得到“后亦希幸”的结果。

综上所述，本文梳理了元中都建城的过程：元武宗仿照大都城选址、测量、规划，建设了中都城，先建宫城、后建皇城，最后建大城，形成了元代第三座都城。在行政管理上，立中都留守司兼开宁路都总管府，并置附郭开宁县，建立了一套都城地方行政管理制度；总结了中都开宁路与兴和路的行政建置沿革过程，揭示了中都开宁路的短暂历史。在此基础上，分析了武宗建都中都的政治、经济、交通和自然条件等原因，这一研究希望得到学界的指正。

---

① 《元史》卷 22《武宗纪》，第 479 页。

② ［元］姚燧：《牧庵集》卷 1《祝册・皇帝尊号玉册文》，清武英殿聚珍版丛书本。

元代四川行省设置路府城市录事司探讨

城市一直是学术界研究的热点课题，尤其是城市化进程飞速发展的今天。历史地理学应对古代城市的演变和发展过程投入更多精力，为当代城市建设提供有益的参考。

金元时期，在路府治所城市建置的录事司，是与附廓县平行隶属于路府行政建置。元代建置了四川行省的同时，建置了路府州县和录事司。四川行省所属录事司在《元史·地理志》中前后有8处被记载。在近代和当代学者的学术著作中也有提及[①]。关于录事司的职能，上述三著作均未能明确指出。作为路府地方政区领属机构——录事司的职能，有必要阐释，以便明确其职能及历史价值。学界对元代四川行省路府录事司还需要做更深入的探讨。

一

蒙古太宗六年（宋理宗端平元年，1234年）七月，“遣达海绀卜征蜀”[②]，七年（1235）九月，蒙古军队攻克阳平关，打开四川内郡的蜀口，到忽必烈至元十六年（1279）正月，南宋合州守将王立“以城降”，结束了蒙古与南宋之间长达四十五年的巴蜀战争。在这一过程中，有窝阔台灭金以后集中军事力量，优先攻蜀；宪宗蒙哥“御驾亲征”，围蜀灭宋；只有元世祖忽必烈，调整四川军政，掌管刑名钱谷，注意社会稳定和经济发展，并开始了四川的政区建置。首先是第一次出现了行省一级行政建置。中统元年（1260）八月，“己酉，立秦蜀行中书省，以京兆等路宣抚使廉希宪为中书省右丞，行省事”[③]。虽是川陕合并一起，且治所在京兆（今西安），但却是四川地区合并陕西建省的新开端。根据战争形势和社会经济状况，行省辖域分合、治所迁移，时而发生。最终于至元二十七年

---

① 龚煦春：《四川郡县志·元明疆域沿革考》，依据《元史·地理志》，对8处录事司做了详述。蒙默《四川古代史稿》（四川人民出版社，1989年）记述了6处，其中永宁路录事司；陈世松《四川通史》第五册（四川大学出版社，1993年）也记述了6处，其中广元路领录事司；永宁路、广元路两者均未指出出自何处。两著作均遗漏了3处录事司。

② 《元史》卷2《太宗纪》，北京：中华书局，1976年。

③ 《元史》卷4《世祖纪》，北京：中华书局，1976年。

（1290）三月，“四川行省旧移重庆，成都之民苦于供给，诏复徙治成都”①。四川行省的建置，终于稳定了下来。

四川行省的第一次独立出现，是至元三年（1266）。十二月“辛酉，诏改四川行枢密院为行中书省，以赛典赤、也速带儿等佥行中书省事”②，这应该是四川建省之始。因这里的行枢密院治所就在成都，改四川行枢密院为行中书省，治所未变。至元八年（1271）十一月，“丙戌，置四川省于成都”③，明确了四川省省会在成都，其实该年二月癸卯，就已经有四川行省的说法。至元二十三年（1286）“始置四川行省，署成都”④。在《元史·地理志三》也记载，至元二十三年，“四川置行省，改此省（原陕西四川行省）为陕西等处行中书省”。

其次，四川行省下属路府州县形成了省、路府、州、县四级地方政区，同时明确地记载“录事司，秩正八品，凡路府所治置一司，以掌城中户民之事”⑤。在路府治所建置了管理城市居民的行政机构——录事司，其秩级八品，是与县平行的地方行政单位。因此，在《元史》等文献中，时有路府州司县的记载，例如至元九年（1272）“十二月乙酉朔，诏诸路府州司县达鲁花赤管民长官，兼管诸军奥鲁”⑥。在《元史·地理志》中，在路府之下，首先领有录事司，其次是附郭县，县及州或府。因此，元帝国统一过程中和统一之后，在原来金朝和南宋统治区域均建置了省、路府、州、司县区划制度。

根据《元史·地理志》记载，在四川行省同样推行了路府城市录事司制度。元代四川省建置录事司前后共有八处。其中稳定建置的只有五处，即：

成都路总管府录事司，“元初抚定，立总管府，设录事司。至元十三年，领成都、嘉定、崇庆三府；眉、邛、隆、黎、雅、威、茂、简、汉、彭、绵十一州。后嘉定自为一路，以眉、雅、黎、邛隶之”⑦。《新元史·地理志》认为，成都路录事司至元十三年（1276）设置，显然不确切。从上述行文看，“元初抚定”和“至元十三年”在时间先后顺序上显然是前后关系，而不是同时或同年关系。大家知道，蒙古宪宗七年（1257），宪宗命大将纽璘领兵入蜀，长驱至成都并夺

---

① 《元史》卷16《世祖纪》，北京：中华书局，1976年。

② 《元史》卷6《世祖纪》，北京：中华书局，1976年。

③ 《元史》卷7《世祖纪》，北京：中华书局，1976年。

④ 《元史》卷91《百官志》，北京：中华书局，1976年。

⑤ 《元史》卷91《百官志》，北京：中华书局，1976年。

⑥ 《元史》卷7《世祖纪》，北京：中华书局，1976年。

⑦ 《元史》卷60《地理志》，北京：中华书局，1976年。

取成都；南宋泸州守将刘整归降后，“遂徙泸州民于成都、潼川”[①]。蒙古名将黑马觐见宪宗，“请立成都以图全蜀”[②]。耶律买住建议，“今欲略定西川下流诸城，当先定成都，以为根本”[③]。对两人的建议，宪宗蒙哥汗均“从之”。蒙古瓜尔佳随即在成都旧城废墟上规划建设了一座“楼堞隍堑皆具”[④]的成都新城。“成都既立，就命（黑马）管领新旧军民小大诸务”。中统三年（1262），忽必烈命黑马“兼成都路军民经略使”[⑤]。同时对四川军政机构做了较大的调整，并设置四川漕运司，置急递铺，设置驿传，修治道路[⑥]。社会经济在较长时间内得到了发展。至元八年（1271）十一月乙亥，建国号大元，元帝国建立；丙戌，置四川省于成都。正式设置四川省，成都作为四川省省会，应该有专门行政机构——录事司管理成都城市，成都县附郭（今四川成都市）。《元史·地理志》成都路成都县下注“至元十三年，以本县元管大城内西北隅并入录事司”，这一说法是否可以这样理解：至元十三年以前，成都县城西北隅并不属于录事司管理，所以到至元十三年才有将西北隅并入录事司的举措。因此，成都路总管府属下录事司建制年代应在至元十三年以前，而设置录事司的时间最有可能应该是四川设省，成都成为四川省省会的时间，即至元八年。

嘉定府路总管府录事司，至元十二年（1275）六月“庚子，宋嘉定安抚使昝万寿以城降”[⑦]，至元十三年设立总管府，至元十五年（1278）八月壬子，“嘉定、重庆、夔府既平”，嘉定府路治所城市及其所辖行政区域归属元帝国版图。至元二十二年（1285）十月戊午“初，西川止立四路。阿合马滥用官，增而为九。台臣言，其地民少，留广元、成都、顺庆、重庆、夔府五路，余悉罢去。后以山谷险要，蛮夷杂处，复置嘉定路叙州宣抚司，以控制之”[⑧]。由此，嘉定府路总管府录事司应该建置在至元二十二年，龙游县附郭（今四川乐山市）。

顺庆路录事司，“中统元年，立征南都元帅府。至元四年，置东川路统军司，后改东川府。十五年，复为顺庆。二十年，升为路，设录事司”[⑨]，南充县附郭

---

① 《元史》卷129《纽璘传》，北京：中华书局，1976年。

② 《元史》卷149《黑马传》，北京：中华书局，1976年。

③ 《元史》卷149《耶律秃花》，北京：中华书局，1976年。

④ 姚燧：《兴元行省瓜尔佳公神道碑》，苏天爵《元文类》卷62，文渊阁四库全书本。

⑤ 《元史》卷149《黑马传》，北京：中华书局，1976年。

⑥ 《元史》卷6《世祖纪》，北京：中华书局，1976年。

⑦ 《元史》卷8《世祖纪》，北京：中华书局，1976年。

⑧ 《元史》卷13《世祖纪》，北京：中华书局，1976年。

⑨ 《元史》卷60《地理志》，北京：中华书局，1976年。

（今四川南充市）。

重庆路总管府录事司，至元十五年八月，元军攻克重庆，“至元十六年，立重庆路总管府。二十一年，升为上路，割忠、涪二州为属郡。二十二年，又割泸、合来属……置录事司”①，巴县附郭（今重庆市）。

夔州路总管府录事司，至元十五年（1278）八月，元军攻克夔府，“立夔州路总管府，以施、云安、万、大宁四州隶焉”②。据上述，至元二十二年十月戊午，“台臣言，其地（西川地区）民少，留广元、成都、顺庆、重庆、夔府五路，余悉罢去”。经过省并，西川地区保留了夔府、重庆等五路府。夔府路总管府录事司的设立应与重庆路同时，即至元二十二年，奉节县附郭（今重庆奉节县）。

建置后录事司省并的有三处，即：

潼川路合州录事司，至元十五年宋安抚使王立以城降，事实上，按《元史·世祖纪》的记载，至元十六年正月辛酉，“合州安抚使王立以城降……川蜀以平……召立入觐，命为潼川路安抚使，知合州事”③，应该同时建置了合州录事司。至元二十年，为散郡，并录事司、赤水入附郭县石照（今重庆合川市）。合州录事司只存在了五年。

潼川府录事司，宋末的潼川府（梓州）“兵后地荒，元初复立府治”，忽必烈即位，在成都设立经略司，派驻成都路经略使，抚定西川，招抚南宋军民。中统二年（1261）二月，“累迁潼川十五军州安抚使，知泸州军州事”的刘整归降，奉诏入朝，忽必烈授予行中书省于成都、潼川路④，兼都元帅，后改任潼川都元帅，宣课茶盐以饷军⑤。潼川作为重要的攻防据点，忽必烈诏命成都路运米万石以饷潼川，并发放银钞买牛，发展潼川屯田，并将成都路所属绵州划归潼川帅府管领⑥，加强了潼川府治所城市的地位。录事司应该是元朝建立初年设置，即至元八年，与成都路录事司建置时间一致。至元二十年并入附郭县郪县（今四川三台县）。

马湖路长宁军录事司，至元十三年马湖部内附后，设总管府，“迁于夷部溪

---

① 《元史》卷60《地理志》，北京：中华书局，1976年。

② 《元史》卷60《地理志》，北京：中华书局，1976年。

③ 《元史》卷10《世祖纪》，北京：中华书局，1976年。

④ 《元史》卷5《世祖纪》，《元史》卷149《元振、元礼传》等相关材料中，都有潼川路的记载，说明潼川治所在元初四川西北部城市体系中占有相当重要的地位。在宋代未经蒙蜀战争摧残前的梓州（潼川）是经济发展水平“与成都相埒”的城市。

⑤ 《元史》卷161《刘整传》，北京：中华书局，1976年。

⑥ 《元史》卷5《世祖纪》，北京：中华书局，1976年。

口，濒马湖之南岸创府治”[①]，所领长宁军，在南宋以长宁地当冲要，升为长宁军，置安宁县；至元十二年（1275）郡守黄立挈城效顺。至元二十二年设录事司，后与安宁县俱省入长宁军（今四川双河镇）。

至正二十二年（1285）春，明玉珍“僭即皇帝位于重庆，国号夏，建元天统。……仿周制，设六卿”，“分蜀地为八道，更置府州县官名”[②]。明氏政权和后来的明朝政权均放弃了路府治所录事司，管理路府治所城市民事的录事司制度在四川地区大约存在了90余年。

二

警巡院、录事司和司候司是金代出现的城市行政管理机构[③]。在金元易代之际，历经残酷的民族战争的破坏，城市行政管理机构警巡院、录事司和司候司因城市丘墟、户口散亡大部分废弃了。在蒙古人推翻金朝和南宋统治的过程中，采取了“张官署吏”的政治措施。元代蒙古统治者除在大都和上都设置了都城行政管理机构警巡院外，按诸府州治城市的规模和地位沿用金代行政管理制度复置了城市录事司和司候司，但做了若干制度上的变革。

首先，忽必烈中统二年（1261），“诏验民户，定为员数。二千户以上，设录事、司候、判官各一员；二千户以下，省判官不置”。此诏令是针对录事司“凡路府所治，置一司，以掌城中户民之事”[④]发出的。路府治所城市居民二千户以上可置录事、判官；司候、判官；居民二千户以下录事司、司候司均省判官，仅置录事、司候，录事司、司候司“掌城中户民之事”，从而确定了路府治所城市的录事司、司候司设置的标准：二千户。

其次，至元二年（1265）闰五月丁卯，蒙古政府根据当时战争杀戮，死伤殆尽，州县户口凋敝、多寡不均的状况，诏令省并州县：“诸路州府，若自古名郡，户数繁庶，且当冲要者，不须改并。其户不满千者，可并则并之。各投下者，并入所隶州城。其散府州郡户少者，不须更设录事司及司候司。附郭县止令州府官兼领。”[⑤]按此诏令，当时省并州县的依据：（1）“诸路州府，若自古名郡，户数繁庶，且当冲要者，不须改并”，强调了路府州治城市的历史地位和地理形势。

① 《元史》卷60《地理志》，北京：中华书局，1976年。

② 《明史》卷123《明玉珍传》，北京：中华书局，1974年。

③ 韩光辉，魏丹，林玉军：《金代城市行政管理机构研究》，《中国史研究》，2013年第1期。

④ 《元史》卷91《百官志》，北京：中华书局，1976年。

⑤ 《元史》卷6《世祖纪》，北京：中华书局，1976年。

（2）治所城市户口的多少，“户不满千者，可并则并之。各投下者，并入所隶州城。其散府州郡户少者，不须更设录事司及司候司”。人口较少，包括“户不满千”的治所城市录事司、司候司“可并则并之”。故至年底，在蒙古政府统治的北方地区省并州县，包括录事司、司候司凡二百二十余处[①]。散府州郡治所城市户少者不再设置录事司或司候司。诸路州府治所城市省并的录事司或司候司，城市户民纳入附郭县管理，附郭县则由州府官兼领。

至元三年（1266）十一月，“辛卯，初给京、府、州、县、司官吏俸及职田”[②]，强调了地方行政官员，包括司，即录事司、司候司官员的俸禄制度的一致性。

到至元二十年（1283），“置达鲁花赤一员，省司候，以判官兼捕盗之事，典史一员。若城市民少，则不置司，归之倚郭县”。[③]至此，达鲁花赤作为监临官，在路府州司县均设置一员。与此同时还省并了散府州郡城市司候司[④]。经此次省并之后，元代除都市警巡院和路府城市录事司之外，已无司候司这一州府城市行政建制存在。

省属路府治所城市设置的上述八处录事司，正是根据这两次诏令的要求稳定或省并的。被省并的录事司，其府州治所城市行政管理的职能就归属了附郭县。这一方面反映了元初城市户口的大量耗减，即使是古代名郡，地当冲要，如三面据江，峭壁悬崖的合州钓鱼城；地处涪江与罗江之会，攻防要地的潼川府城；地当冲要的长宁军城均因城市录事司民少被归并进附郭县，甚至府州所属诸县也因户口少被并入附郭县或其他县[⑤]。事实上，近半个世纪蒙宋之间残酷的战争和剽掠，四川地区社会经济遭到极大破坏，使“昔之通都大邑，今为瓦砾之场；昔之沃壤奥区，今为膏血之野。青烟弥路，白骨成丘，哀恫贯心，疮痏满目”[⑥]，“连兵入蜀，蜀人受祸惨甚，死伤殆尽，千百不存一二”[⑦]，人口锐减。到至元十九年

① 《元史》卷6《世祖纪》，北京：中华书局，1976年，包括至元二年（1265）省并的莱州、绛州、邓州、颍州、徐州录事司及济州、恩州、棣州、滨州、宿州司候司在内。

② 《元史》卷6《世祖纪》，北京：中华书局，1976年。

③ 《元史》卷91《百官志》，北京：中华书局，1976年，第2317页。

④ 按《元史·地理志》，司候司省入宜川县。金代丹州是刺史州，治所城市只有司候司，一直延续到元至元初，丹州宜川县省入延安路，司候司省入附郭宜川县。金代延安府是节镇，治所城市置录事司，在金末元初的战乱中废弃了。

⑤ 《元史》卷60《地理志》，北京：中华书局，1976年。

⑥ ［宋］吴昌裔：《论救蜀四事疏》，《历代名臣奏议》卷100，文渊阁四库全书本。

⑦ ［元］虞集：《道园学古录》卷20，《史氏程夫人墓志铭》，四部丛刊本。

十月，出现了这样的记载“以四川民仅十二万户，所设官府二百五十余，令四川行省议减之”[①]，不少州县官府也被省并。另一方面亦反映了元代设置建制城市的标准已有所提高。

三

作为“掌城中户民之事”[②]，“列曹庶务，一与县等”[③]的录事司，在四川行省区域内存在了九十余年。所置录事司行政长官“录事职位虽卑，而父母一城之民，其任固不轻也”[④]。录事司将城市和城市周围领属于附郭县的乡镇分离开来，这应该是城市行政管理的进步。明代包括明玉珍统治时期，“掌城中户民之事”的录事司制度已被废弃，废弃的过程和原因也是值得学术界研究的问题。

（原载李勇先主编《历史地理学的继承与创新暨中国西部边疆安全与历代治理研究——2014年中国地理学会历史地理专业委员会学术研讨会论文集》，四川大学出版社，2015年）

① 《元史》卷12《世祖纪》，北京：中华书局，1976年。

② 《元史》卷91《百官志》，北京：中华书局，1976年。

③ ［至顺］《镇江志》卷16《宰贰》，南京：江苏古籍出版社，1990年。

④ ［元］吴澄：《吴文正集》卷28《送姜曼乡赴泉州录事序》，文渊阁四库全书本。

辽金元明时期东北地区州县治所城市的演变研究

东北地区指燕山和辽东半岛以北、黑龙江流域的广大地区，在辽朝为上、东、中三京道，在金朝为上、东、北三京路和咸宁路，在元朝为辽阳行省和中书省东北部，在明朝为辽东都司。唐末五代战乱，河北、河东百姓“多亡于契丹”，契丹人“以征伐俘户建州襟要之地”，“置州县以居之”，使“汉人安之，不复思归”。契丹人“率汉人耕种，为治城郭邑屋、廛市”。为稳定汉人，契丹统治者制定了“以国制治契丹、以汉制待汉人”“因俗而治”的政策，并把东北地区划分为三京道、近二百个府州县行政区划，管理汉人社会长达二百余年。女真人推翻辽朝统治，建立金朝，建置了府州县行政区划，对城市社会的管理越加严密，金朝统治也达一百多年。蒙古人对女真人的战争“所过无不残灭，……城郭成墟”，使中原社会和东北城市遭到严重破坏。明初收抚山北口外、极边沙漠边民，“抚绥安辑之”，东北地区城镇村庄消失，唯辽东都司所辖区域领属之卫、所、关、堡、墩等军事聚落得以保存。辽金元明时期东北地区城市的演变过程是值得认真探讨的问题。

一、辽代东北地区三京道府州县治所城市

《辽史·地理志》记载了辽代行政建置和长城内外城市群体的形成过程及其疆域：“太宗以皇都为上京，升幽州为南京，改南京为东京，圣宗城中京，兴宗升云州为西京，于是五京备焉……总京五，府六，州、军、城百五十有六，县二百有九，部族五十有二，属国六十。东至于海，西至金山，暨于流沙，北至胪朐河，南至白沟，幅员万里。”① 在幅员广阔的东北大地上建置了数百个州县治所城市，形成了“城郭相望，田野益辟”②、“教以种树、畜牧，不数年，民多富实”③ 的农业文化景象。

辽代五京中的东北地区三京，实际上就是相应辖区的行政中心，一个辖区就

① 《辽史》卷37《地理志》，北京：中华书局，1974年，第438页。

② 《辽史》卷48《百官志》，北京：中华书局，1974年，第812页。

③ 《辽史》卷92《耶律古昱传》，北京：中华书局，1974年，第1369页。

是一个“道”，共三京道，即上京道、东京道、中京道，各道下不断增设宫卫，尤其是州县。据《辽史·礼志》：“皇帝即位，凡征伐叛国俘虏人民，或臣下进献人口，或犯罪没宫户，皇帝亲览闲田，建州县以居之，设官治其事。”亦即“辽国之法，天子践位，置宫卫，分州县，析部族，设官府，籍户口，备兵马”①。因此到辽代中后期，在辽朝版图上形成了州县与城镇较为密布的状况（表3-12）。东北三京道辖府州县治所城市195个。

表3-12　辽代东北地区三京道所属城镇

京道名	治所	京府	辖府	节度州	观察州	防御州	刺史州	头下州	散州	边防州城	军	县
上京道	上京	临潢		8	1		2	16		10		30
东京道	东京	辽阳	7	21	4	4	35		14	2	2	80
中京道	中京	大定	1	6	3		13					42
合计		3	8	35	8	4	50	16	14	11	2	152

资料来源：《辽史·地理志》

辽朝的政治中心在行宫而不在京城的制度，决定了辽代特殊的官制。据《辽史·百官志·南面京官》载：“辽有五京。上京为皇都，凡京官、朝官皆有之；余四京随宜设官，为制不一。”②但辽代诸京留守成为固定的方镇职任使留守制得到了特殊发展，并形成了完整的留守官署机构。“留守司掌管宫钥及京城守卫、修葺、弹压之事，畿内钱谷、兵民之政皆属焉。”③按《辽史·百官志》，诸留守司下属诸京都总管府，即诸京府，在京府之下领以州、县，形成三级行政区划。契丹人“得燕人所教，乃为城郭宫室之制”④，在燕山以北形成城市体系。

东北三京城市人口的增殖、经济的繁荣、城市的发展，给城市管理带来了更高的要求，同时在辽宋“澶渊之盟”后两国关系日趋正常的情况下，受北宋汴梁城市都厢制度的影响，到圣宗之后，辽朝为加强诸京城市的管理，在东北三京先后建置了城市警巡院管理机构。三京警巡院均设警巡使和警巡副使，一般来讲，南面京官是管理诸京城市的官员，是诸京地方官而不是朝官。警巡院警巡使职责在于治刑狱、理治安，检括户口，阅实赋役，实属“亲民之官”，诸京警巡院是

① 《辽史》卷31《营卫志》，第362页。

② 《辽史》卷48《百官志》，第801页。

③ 《文献通考》卷63《留守·副留守》。

④ 《旧五代史》卷137《契丹传》。

独立的城市行政实体。[①] 据《辽史·兴宗纪》，至重熙十三年（1044）三月，“置契丹警巡院”。原因：“先是，契丹人犯法，例须汉人禁堪，受枉者多。重元奏请五京各置契丹警巡使。诏从之。”[②] 看来，至辽代中后期，东北三京都市契丹人口也已明显增加。警巡院与京府所属京县、县皆属于京府，形成辽代东北三京府行政管理系统。

辽代警巡院属县级行政机构，而秩高于县，由警巡院管理城市社区就是古代建制城市。据《董承德妻郭氏墓志》，“大辽西京警巡院右厢住人，久居系通百姓董承德，今为亡妻郭氏于京西南约五里买到云中县孙权堡刘士言地五亩”。该史料说明董承德夫妇的籍贯是西京警巡院右厢，西京有右厢，就应该有左厢，左、右厢隶属于西京汉人警巡院，警巡院是县级行政管理机构。董在其妻郭氏病逝后，在西京郊外云中县购买了墓地下葬郭氏。今东北地区在辽代有上京、东京和中京三个建制城市，它表明了今东北地区古代建制城市的出现。这种制度又在某种程度上保障了上京城市的首位地位，形成了诸京建制城市的城市体系。

五代至辽代，城市管理包括不同类型城市的官制、管理职能和管理范围都发生了重要变化，核心的变化在于辽末由县管理转变为由专门机构警巡院、录事司和司候司管理城市[③]，只是由于文献记载的缺失，还不能将这一系列管理机构梳理得更清晰。

二、金代东北地区三京四路州县治所城市

金代都市警巡院制度是对辽代都市警巡院的继承，而城市录事司、司候司也有建置。天会五年（宋靖康二年，建炎元年，1127 年）北宋灭亡，中原战乱，民族矛盾尖锐。据洪武《太原志》：金太宗天会六年（1128）八月，“以代州置振武军节度使，领县四：雁门、五台、崞、繁峙，录事司一，支郡二：宁化军、火山军……”[④] 天会七年（建炎三年，1129 年）三月，金人“以刘豫知东平府，节制河南州郡”[⑤]。为加强管理，稳定社会，恢复经济，金人发布《差刘

---

① 韩光辉：《北京历史上的警巡院》，《北京档案史料》，1990 年第 3 期，第 55-59 页。

② 《辽史》卷 112《重元传》，第 1502 页。

③ 韩光辉，田海，代莹：《辽代五京警巡院研究》，《北京史学论丛（2016）》，北京：中国社会科学出版社，2017 年。

④ 《永乐大典》卷 5199《原字韵·太原府》。

⑤ 《宋史》卷 25《高宗纪》，第 463-464 页。

豫节制诸路总管安抚晓告诸处文字》，告谕“若诸州县职员内见有阙，或不任职事，至于计运劝农等事，须至设官，即许便行差填替换，旋报监军点验”。[①] 天会六七年间由于战乱和民族矛盾尖锐，出现了两个基本事实，一是在代州府镇城市设置了行政管理机构录事司，二是在州县根据形势需要可以设官。天眷元年（1138）八月初一日，熙宗“颁行官制”[②]，即“熙宗颁新官制及换官格……而后其制定”[③]。金熙宗统一了官制，也确定了金朝行政区划制度，并形成了城市等级体系。《金史·百官志》记录了大兴府、诸京留守司、诸总管府、诸府、诸节镇、诸防御州、诸刺史州、诸京警巡院、诸府节镇录事司、诸防刺州司候司、赤县、诸县，共同构成了地方行政制度，同属地方行政区划内容。按《金史·地理志》：金“袭辽制，建五京，置十四总管府，是为十九路。其间散府九，节镇三十六，防御郡二十二，刺史郡七十三，军十有六，县六百三十二。后复尽升军为州，或升城堡寨镇为县，是以金之京府州凡百七十九，县加于旧五十一，城寨堡关百二十二，镇四百八十八”。金代行政区划，分路府、州和县三级制，相应形成了不同行政等级和户口规模的城市，按城市行政建制与等级规模也划分为三级，即警巡院、录事司和司候司。

1. 诸京城市行政管理机构警巡院

金“袭辽制，建五京”，当开始于太祖、太宗，完成于熙宗“天眷新制”。但到海陵登基迁都燕京，号中都，而削上京之号，并更汴京号南京，这已不是“袭辽制”。到大定十三年（1173），复上京号，成为六京，其中中都系皇都，城市中设置左、右两个警巡院。与辽代比，中都已成为真正的国都。所以，大定十三年之后，金朝的行政区划已成为“立中都，建五京，置十四总管府，是为十九路”[④]。这是一级行政区划。在东北地区置有警巡院行政管理机构的只有三个都城，即上京、东京和北京。见表 3-13。除上京之外，东京和北京系辽代京城的延续，虽然经过战争的严重破坏，其经济、文化、交通还是容易在原有基础上加以恢复。

① 佚名编，金少英校补：《大金吊伐录校补》下《差刘豫节制诸路总管安抚晓告诸处文字》，北京：中华书局，2001 年，第 536 页。

② 《金史》卷 4《熙宗纪》，第 73 页。

③ 《金史》卷 55《百官志》，第 1216 页。

④ 据《辽史》《金史》，辽上京临潢府，至金天眷元年（1138）改为北京，天德二年（1150）改北京为临潢府，贞元元年（1153）以大定府为北京，直至章宗以后并入大定府路，实际上，此前两路府并存。

表 3-13 金代东北地区三京四路州县治所城市

路名	治所	京府	总管府	节镇州	防御州	刺史州	县	警巡院	录事司	司候司	属路
上京	会宁	会宁		2	1	1	6	1	2	2	4
咸平	咸平		1	1		1	10		2	1	
东京	辽阳	辽阳	1	2		4	19	1	3	4	1
北京	大定	大定	2	5		3	42	1	7	3	
合计		3	4	10	1	9	77	3	14	10	5

资料来源：《金史·地理志》；总管府中含散府

由上表，东北地区在金朝共有警巡院城市 3 个，录事司城市 14 个，司候司城市 10 个[①]。它们是不同规模、不同等级的城市。此外，还有诸县治所城市 77 个。

据《金史·百官志》，上述东北地区三京的地方官是三京留守司，“带本府尹兼本路兵马都总管”，在其属下，除传统的京县和县行政机构外，均设立了专门管理城市的行政机构警巡院。“诸京警巡院，使一员，正六品，掌平理狱讼，警察别部，总判院事。副一员，从七品，掌警巡之事。判官二员，正九品，掌检稽失，签判院事。”[②] 城市社区则由警巡院所属（厢隅）坊巷管理。

在《金史·地理志》中有关的记载只有北京路大定府，金“海陵贞元元年更（原辽中京）为北京，置留守司、都转运司、警巡院”；警巡院是辽代创立的诸京城市行政实体，金代都市警巡院则是管理诸京城市的行政机构。[③] 最早设置城市警巡院是在金太宗天会十五年（1137）。天会十五年（伪齐阜昌八年，南宋绍兴七年，1137 年）十一月，废伪齐，差除“契丹韩睿为都城警巡使”[④]，这里的都城是指北宋的汴京，是年十一月金朝政府即委契丹人韩睿任汴京城市警巡使，并设置了警巡院。

据大奉国臣“先为东京警巡使”[⑤]，刘胧左迁东京警巡使[⑥]，金代东京置有警巡

① 《金史》卷 57《百官志》，第 1313-1314 页，因京府、节镇、防刺州一般都有附郭县，治所城市与附郭县同城，所以金代东北地区有 27 个治所城市与附郭县同城。

② 《金史》卷 57《百官志》，第 1313 页。

③ 韩光辉：《北京历史上的警巡院》，《北京档案史料》，1990 年第 3 期，第 55-59 页；韩光辉：《金代都市警巡院研究》，《北京大学学报（哲社版）》，1999 年第 5 期，第 71-77 页。

④ ［宋］徐梦莘：《三朝北盟会编》卷 182 绍兴七年九月十八日丙午，上海：上海古籍出版社，1987 年；［宋］李心传：《建炎以来系年要录》卷 117，绍兴七年十一月丁未：称“知代州刘陶为都城警巡使”，误。据《会编》，刘陶任同知留守，不是警巡使。

⑤ 《金史》卷 90《高衎传》，第 2005 页。

⑥ 《金史》卷 90《高德基传》，第 1997 页。

院，设有警巡使以下官员。[①] 按照金代诸京行政管理机构设置制度，上京也应该置有警巡院和警巡使以下官员。终金一代，东北地区三京共置有三个警巡院。

2. 诸府节镇城市行政管理机构录事司

在《金史·地理志》中有关的记载仅有“桓州，下，威远军节度使。军兵隶西北路招讨司。明昌七年改置刺史。户五百七十八。县一：清塞，倚。”注：“明昌四年以罢录事司置”；桓州录事司是府镇治所城市的行政管理机构，可能因州治所录事司所属人口仅578户，至明昌中，先后发生了罢城市录事司、并改节度使为刺史、置倚郭县清塞的事实。这说明金代府镇行政制度的变化直接影响到所属城市行政管理机构的变动。在相关文献中，也有金代关于录事司的记载。

据金京兆府《进士题名碑》[②]，虽因碑残不能窥其全貌，亦无立碑年款，但从载有宣宗兴定年进士题名推测，是碑当刻于金朝末年。及第进士题名的最早年代是阜昌六年（按年字已缺）。阜昌乃伪齐刘豫年号，六年即金天会十三年（1135）。是年题名进士刘晋籍贯注为录事司，即京兆府录事司。阜昌六年以后，题名进士的籍贯系京兆府城市录事司的还有皇统二年（1142）及第的郑之纯，大定十六年（1176）及第的程少连，贞祐三年（1215）及第的崔元亮及吴口等。金代进士登科，“其设也，始于太宗天会元年十一月……”[③] 府镇城市录事司最晚建置于天会六年（1128）。由此看来，金代城市录事司的建置和进士科考终金一代均是相当稳定连续的。

关于金代“进士题名”中录事司的行政职能，先后有清代学者王昶和施国祁提及。首先是清代王昶《金石萃编》指出“（京兆府进士提名碑）载进士里贯有注县名者，有注录事司者。《金史·百官志》诸府节镇录事司，凡府镇两千户以上则置之，是府镇之民不隶于诸县而隶录事司者也”[④]。这里作者指出了录事司是与县平行的治所城市行政管理机构的事实。其次，清代施国祁《金史详校》也指出：“《河朔访古记》云真定府录事司，国朝所建立，专理城内，城之外则真定县所理。案此自是金制已然。上文警巡已同。”[⑤] 金代府镇治所城市录事司的行政管理职能经过20世纪以来的研究已经非常明确（表3-14）。

---

① 目前只有上京会宁府没有发现警巡院与警巡使的文献记录，但它应同样包括在诸京警巡院范围内。

② ［清］王昶辑：《金石萃编》卷158《金五·进士题名碑》，北京：中国书店，1985年。京兆府除领属录事司外，还辖属十二县，长安、咸宁附郭。

③ 《金史》卷51《选举志》，第1134页。

④ ［清］王昶辑：《金石萃编》卷158《金五·进士题名碑》，北京：中国书店，1985年。

⑤ ［清］施国祁：《金史详校》卷4《百官志·诸府节镇录事》，成书集成初编，第302页。

表 3-14　金代诸府节镇录事司城市分布

路别	诸府录事司城市	节镇录事司城市	合计
上京路	（会宁府警巡院）	隆州、泰州△	2
咸平路	咸平	懿州	2
东京路	（辽阳府警巡院）广宁	盖州、复州△	3
北京路	（大定府警巡院）临潢、兴中	义州、锦州、瑞州（宗州）、全州＊、兴州＊	7
总计	4	10	14

△节镇变动者；＊节镇新置者；不含贞祐三年（1215）所置节镇。

资料来源：《金史・地理志》

3. 防刺州城市行政管理机构司候司

在《金史・地理志》中有关的记载仅有“抚州（今张北），下，镇宁军节度使。辽秦国大长公主建为州，章宗明昌三年复置刺史，为桓州支郡，治柔远。明昌四年置司候司。承安二年升为节镇，军名镇宁，拨西北路招讨司所管……四猛安以隶之，户一万一千三百八十。”[①]这条史料表明，明昌三年复置了抚州刺郡，随即设置司候司，承安二年升为节镇，拨隶四猛安，户口增加后应置节镇录事司。这说明金代防刺州、府镇行政制度的变化直接影响到所属城市行政管理机构的变动。

在相关文献中，也有金代关于司候司的记载。最早的是滨州司候司，见于天会十五年二月十二日。[②]滨州是刺史州，在城置有司候司，所置司候是城市管理机构的主官。贞祐二年（1214）初，泽州“郡城失守，虐焰燎空，雉堞毁圮，空庐扫地，市井成墟，千里萧条，阒其无人”[③]；后又经蒙古骑兵的攻掠，元光元年（1222）收复后，益形残破。翌年，蒙古骑兵攻城略地，战火日炽。天兴三年（蒙古太宗六年，1234 年）正月金亡之后，蒙古“始张官署吏”[④]，恢复金代原有行政区划与建制和官制，包括司候司，并于次年（太宗七年，1235 年）“遣使诣诸路科民。本州（按指泽州）司、县共得九百七十三户。司候司六十八户，晋城二百五十五，高平二百九十，陵州六十五，阳城一百四十八，端氏一百一十七，沁水三十。至壬寅（乃马真后元年，1242 年），续括漏籍，通前实在一千八百十

① 《金史》卷 24《地理志》，第 557、566 页。

② ［清］端方：《陶斋臧石记》卷 41《滨州司候飞骑尉墓柱记》，清宣统石印本。

③ ［清］张金吾编纂：《金文最》卷 29《泽州图记》，北京：中华书局，1990 年。

④ ［金］李俊民：《庄靖先生遗集》卷 8《泽州图记》，四库全书本。

有三户。”[①] 由此可见，金末元初，城市司候司行政机构同样带有一定的延续性（表3-15）。

表3-15 金代诸防刺州司候司城市分布

路别	防御州司候司城市	刺史州司候司城市	合计
上京	肇州	信州	2
咸平		韩州	1
东京		澄州、沈州*、贵德州、来远州	4
北京		利州、建州、庆州	3
合计	1	9	10

*建置有升降变动者。按《金史·地理志》，金代有“防御郡二十二，刺史郡七十三”，但由于章宗泰和之后“升军为州”，或升刺郡为防御郡，使按《地理志》做出的上述统计与文献记录总数不合，特此说明。

资料来源:《金史·地理志》

4. 警巡院、录事司和司候司的县级籍贯意义

据金《题登科记后》记载：金承安五年庚申（1200）四月十二日经义榜登科的李俊民等共33人[②]，记录了每位登科进士的姓名、字、年龄和籍贯，其中籍贯隶属县者18人，隶属诸京府警巡院者6人，隶属录事司者3人，隶属司候司者3人，隶属千户所者2人，隶属边远地区者1人。其中，籍隶警巡院者即张儒清（大兴府左警巡院）、朱焕（开封府警巡院）、孔天昭（大兴府左警巡院）、王毅（大兴府左警巡院）、赵铢（大兴府左警巡院）和杜实才（南京警巡院）；籍贯隶属录事司者是彭悦（真定府录事司）、邓浩（平阳府录事司）、宋克俊（河中府录事司）；籍隶司候司的3人即王元（解州司候司）、糜元振（磁州司候司）和潘希孟（磁州司候司）；籍隶千户所者是伯德维（中都和鲁胡千户所）、石抹世绩（咸平酌赤列千户所），籍隶边远地区渔猎部族者是岩葛希奭（shì）。凡此，均足以证明，三种城市行政管理机构，诸京警巡院和赤县、诸京县、诸县，诸府节镇城市录事司和附郭县、诸县，防刺州城市司候司和附郭县、诸县均是相互独立的行政实体，均是登科进士乃至官员、百姓的县级籍贯，互相平行，不相统属。这里虽然只有石抹世绩（咸平酌赤列千户所）和岩葛希奭（婆速路五里甲海下）二

① ［清］张金吾编纂:《金文最》卷29《泽州图记》，北京：中华书局，1990年。《金史·宣宗纪》亦谓:“河东州县亦多残毁。”

② ［金］李俊民:《庄靖先生遗集》卷8《题登科记后》，林玉军博士论文《唐至元代城市行政与治安管理演变研究》先引用了这条史料。

人来自东北地区，和城市没有关系，但千户所与五里甲海下同样是被看作金朝国家基层县级行政单位的。

据研究表明，金代行政制度分路、府州和县三级制，相应形成了不同行政等级和户口规模的城市，按城市行政建制与等级规模也划分为三级，即警巡院城市（六品）、录事司城市（八品）和司候司城市（九品），同属于县级行政区划（图3-6）。

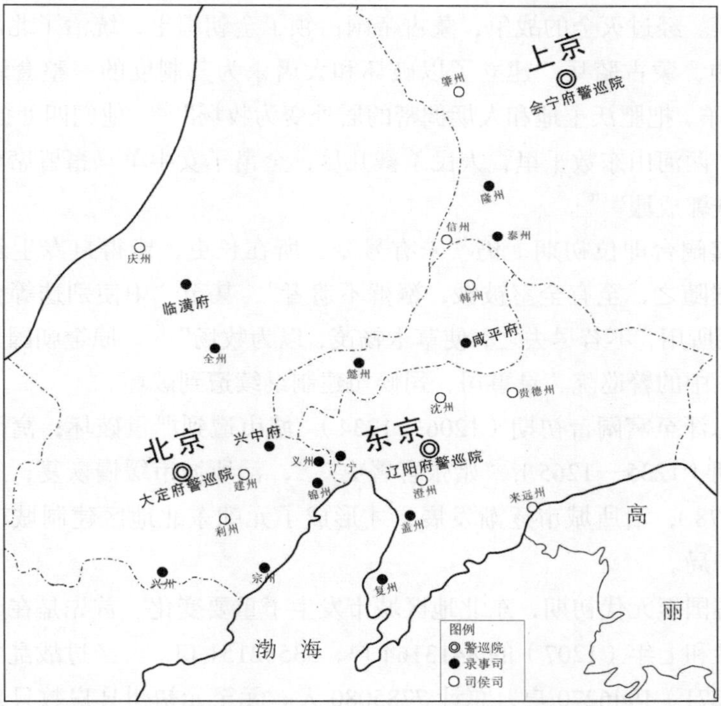

图 3-6　金代东北地区建制城市的分布

资料来源：《金史·地理志》（参考《中国历史地图集》绘制）

诸府镇城市除设有录事司外，还置有都军司，设都指挥使，“掌军率差役、巡捕盗贼、总判军事，仍与录事同管城隍”①。防刺州城市除置司候司外，还置有“军辖一员，掌同都军，兼巡捕，仍与司候同管城壁”②。城市警巡院、录事司、司候司“领在城事”③，均有一套行政管理机构；警巡使、录事、司候则是各地方

① 《金史》卷 57《百官志》，第 1324 页。

② 《金史》卷 57《百官志》，第 1325 页。

③ 《元一统志》卷 3《汴梁路·建置沿革·郑州》，北京：中华书局，1966 年，第 225 页。

城市行政机构的主官。至元代才有明确的文献记载：警巡院“领民事及供需”①；录事司“凡路府所治，置一司以掌城中户民之事”②；“录事职位虽卑，而父母一城之民，其任固不轻”③；及“列曹庶务，一与县等”④。

三、元明时期东北地区州县治所城市的演变

蒙古民族的兴起、成吉思汗统一蒙古诸部，并于太祖元年（1206）初春建立了大蒙古国。经过灭金的战争，蒙古帝国占领了金朝疆土，统治了北部中国。在这一过程中，蒙古骑兵“建立了以破坏和大屠杀为其制度的一整套恐怖统治”，“把人变为羊，把肥沃土地和人烟稠密的居处变为牧场”⑤，他们四处掳掠，“所过无不残灭，两河山东数千里，人民杀戮几尽，金帛子女牛羊马畜皆席卷而去，室庐焚毁，城郭成墟”⑥。

太宗窝阔台即位初期，仍“未有号令，所在长吏，皆得自专生杀，稍有忤意，则刀锯随之，至有全室被戮，襁褓不遗者”，甚至“中使别迭等佥言，虽得汉人，亦无所用，不若尽去之，使草木畅茂，以为牧场”⑦。原金朝国土农耕文化与城市体系中的警巡院、录事司、司候司建制继续遭到破坏。

成吉思汗至窝阔台初期（1206—1234），城市遭到严重破坏；窝阔台初期至忽必烈初期（1235—1265），“始张官署吏”⑧，治所城市缓慢恢复；忽必烈前期（1265—1278），治所城市逐渐发展，才形成了元朝东北地区建制城市和治所城市的分布格局。

在蒙古国至元代初期，东北地区城市发生了重要变化。首先是在金朝版图上总户口从泰和七年（1207）的8413164户，53532151口。⑨经过战乱到元世祖至元八年（1271）1946270户，总计7785080人。元至元初州县户数只是金泰和七年户数的23.1%。其次是在区域户口发生了重要变化的同时，建制城市户口发生

---

①《元史》卷90《百官志》，第2301页。

②《元史》卷91《百官志》，第2317页。

③［元］吴澄：《吴文正集》卷28《送姜曼乡赴泉州路录事序》，四库全书本。

④［至顺］《镇江志》卷16《宰武》，南京：江苏古籍出版社，1990年，第636页。

⑤［德］马克思：《十八世纪外交内幕》，北京：人民出版社，1979年，第67、68页。

⑥［宋］李心传：《建炎以来朝野杂记》卷19《鞑靼款塞》，上海：上海商务印书馆，1936年。

⑦［元］苏天爵：《元文类》卷57《中书令耶律公神道碑》，四库全书本。

⑧［金］李俊民：《庄靖集》卷8《泽州图记》，四库全书本。

⑨《金史》卷46《食货志》，第1036页。

了更大变化，例如泽州司候司城市壬寅年（1242）约有 127 户，是金泰和七年极盛时户数的 3%。可见，战争前后或谓政权更替前后城市和区域人口的变化之大。至元二年（1265），忽必烈根据当时州县司户口凋敝、多寡不均的状况，诏令省并州县司："诸路州府，若自古名郡，户数繁庶，且当冲要者，不须改并。其户不满千者，可并则并之。各投下者，并入所隶州城。其散府州郡户少者，不须更设录事司及司候司。附郭县止令州府官兼领。"[①] 当时省并州县司的首要标准就是州县司户口的多少。到年底共"省并州县凡二百二十余所"。根据《元史》记载，还集中或分散地省并了部分府州城市录事司，还更多地甚或全部地省并了州治城市司候司。经过此次省并，城市司候司的市政建制在元代已不存在。都市警巡院随着元代两都制的确立，蒙古国时期恢复建制的北、东二京警巡院亦陆续改置为录事司，上京路城市则成为废墟。原东北地区十四处城市录事司到元代只保留三处，司候司全部废置了；州县建置与州县治所城市同样有所减少，元代共有州县治所城市 42 个。在沈阳路还有总管府及所属千户、百户治所城镇 54 个（表 3-16）。

表 3-16　元代东北地区诸路州县治所城市

路府	治所	府	州	县	总管府	千户	百户	军民万户府	警巡院	录事司
辽阳	辽阳		2	1						1
广宁	临潢		1	2						
大宁	大定		9	7						1
东宁				2						1
沈阳	沈州				5	24	25			
开原	黄龙府	1								
咸平府				6						
合兰水达达								5		
上都	上都		4	4					1	
泰宁				1						
应昌				1						
全宁				1						
宁昌				1						
总计		1	16	26	5	24	25	5	1	3

资料来源：《元史·地理志》

至元初期对州县院司亲民行政建置的省并，一方面反映了治所城市经过战乱户口大量减少，另一方面也反映了州县行政建置的减缩，标志了东北地区从金朝

① 《元史》卷 6《世祖纪》，第 107 页。

到元朝行政区划的重要变化。

至正二十八年（明洪武元年，1368 年），徐达率军攻破大都，元顺帝逃往漠北，元朝在中原地区的统治结束。洪武四年（1371）三月，“命中书省臣曰：山北口外东胜、蔚、朔、武、丰、云、应等州，皆极边沙漠，宜各设千户，统率士卒，收抚边民。无事则耕种，有事则出战。所储粮草就给本管，不必再设有司，重扰于民”①。事实上，明朝政府还是开始派大军扫荡燕山山后沙漠，大量地迁移了元代遗民，集中行动大约有三次：

（洪武四年三月乙巳）中书右丞相魏国公徐达奏：山后顺宁等州之民，密迩虏境，虽已招集来归，未见安土乐生，恐其久而离散，已令都指挥使潘敬、左傅高显徙顺宁、宜兴州沿边之民，皆入北平州县屯戍。仍以其旧部将校抚绥安辑之，计户万七千二百七十四，口九万三千八百七十八。上可其奏。②

（洪武四年六月戊申）魏国公徐达驻师北平。以沙漠既平，徙北平山后之民三万五千八百户，一十九万七千二十七口散处卫府。籍为军者给以粮，籍为民者给田以耕。凡已降而内徙者户三万四千五百六十，口一十八万五千一百三十二。招降及捕获者户二千二百四十，口一万一千八百九十五。宜兴州楼子、塔厓、狮厓、松垛、窨子峪、水峪、台庄七寨户一千三十八，口五千八百九十五。永平府梦洞山、雕窝厓、高家峪、大斧厓、石虎、青矿洞、庄家洞、杨马山、买驴、独厓、判官峪十一寨，户一千二百二，口六千。③

（洪武四年六月戊申）达又以沙漠遗民三万二千八百六十户，屯田北平府管内之地。凡置屯二百五十四，开田一千三百四十三顷。大兴县四十九屯，五千七百四十五户；宛平县四十一屯，六千一百六十六户；良乡县二十三屯，二千八百八十一户；固安县三十七屯，四千八百五十一户；通州八屯，九百一十六户；三河县二十六屯，二千八百三十一户；漷州九屯，一千一百五十五户；武清县一十五屯，二千三十一户；蓟州一十屯，一千九十三户；昌平县二十六屯，三千八百一十一户；顺义县一十屯，一千三百七十户。④

① 《明太祖实录》卷 62，洪武四年三月癸巳。

② 《明太祖实录》卷 62，洪武四年三月乙巳。

③ 《明太祖实录》卷 62，洪武四年六月戊申。

④ 《明太祖实录》卷 62，洪武四年六月戊申。

除此之外，另有十一次小规模行动[①]。这些收抚边民的行动，集中于山北口外、极边沙漠，即前述广大东北地区。这些地区除辽东都司所属地区之外，已不设置州县城镇。

经过洪武年间的“抚绥安辑”“招降捕获”，山后漠北大量的元代遗民被安置到燕山以南、北平地区，或为民屯田、或为军驻防，辽金元三代生居在山后漠北的农业人口被安置在原大都路地区，成为北平地区人口的重要组成部分。而山后漠北原来“城郭相望”，“田野益辟”，村镇广布的文化景象消失了，恢复了草原游牧民族的生活方式，但在辽东地区却是另一景象。

元代辽阳等处行中书省的南部，明朝政府一直维持了有效的统治，“洪武四年七月置定辽都卫。六年六月置辽阳府县。八年十月改都卫为辽东都指挥使司，治定辽中卫，领卫二十五，州二。十年，府县俱罢。东至鸭绿江，西至山海关，南至旅顺海口，北至开原”[②]。洪武八年之后，辽东都指挥使司掌一方军政，领二十五卫，卫下领千户所与百户所，及关（表 3-17）、堡（表 3-18）、墩（表 3-19），形成辽东地区军事形制，其中定辽等五卫治辽阳。明代还派出总镇一方的武臣为总兵官或副总兵官，称为镇守辽东总兵官。驻守辽阳的总兵就称为辽镇。还建置了自在与安乐二州：“永乐七年置，治开原城内，所领新附夷人后徙自在州，治于都司城内。”[③]自在州治辽阳城，安乐州仍治开原城。洪武十年，其他府县全部罢废。关 / 堡 / 墩形成了军事聚落，一方面驻守地方，一方面军屯。明代沿运输道路还分布有大量的驿站，[④]也属军事性质。据嘉靖《辽东志》、嘉靖《全辽志》记载，明代后期还形成了更多口、台、寨、铺、屯、营等聚落，其中堡、墩、驿为主要军事设施。[⑤]

---

① 明政府迁移燕山山后沙漠遗民的十一次行动见于以下史料：
《明太祖实录》卷 69，洪武四年十一月乙丑；卷 73，洪武五年四月庚子；卷 75，洪武五年七月戊辰；卷 83，洪武六年三月丁巳；卷 87，洪武七年二月乙巳；卷 91，洪武七年七月戊辰；卷 115，洪武十年十月丙辰；卷 181，洪武二十年三月癸酉；卷 182，洪武二十年闰六月甲戌；卷 200，洪武二十三年三月癸巳；卷 201，洪武二十三年闰四月壬申；卷 202，洪武二十三年六月辛未；卷 220，洪武二十五年八月庚申。

② 《明史》卷 41《地理志》，第 952 页。

③ 《大明一统志》卷 25《辽东都指挥使司》，第 28 页，天顺刻本。

④ 杨正泰：《明代驿站考》五《明代驿路图·辽东都司驿路分布图》，上海：上海古籍出版社，1994 年，第 127 页。

⑤ 嘉靖《辽东志》，辽海丛书铅印本；嘉靖《全辽志》，辽海丛书铅印本，记载的大量军事聚落在此不做详细研究，日后作专门探讨。

表 3-17　明天顺辽东都司关的分布

名称	方位	距离	职能
连山关	在都司城东南	180 里	朝鲜入贡之道
大片岭关	在海州卫东	110 里	
梁房口关	在盖州卫西北	90 里	海运舟由此入辽河
连云岛关	在盖州卫西	15 里	
石门关	在盖州卫东	70 里	
栾古关	在复州卫南	65 里	
旅顺口关	在金州卫南	120 里	海运舟由此登岸
萧家岛关	在金州卫东北	150 里	
山头关	在三万卫南	60 里	
清河关	在三万卫西南	60 里	已上各关俱有官军戍守

资料来源：根据《大明一统志》卷 25

表 3-18　明天顺辽东都司堡的分布

名称	方位	距离	属堡	职能
首山堡	在都司城西	15 里	南沙河、鞍山、柳寨、北沙河、莲泊、奉集、长勇、长胜、长安、长宁	
永丰堡	在海州卫西南	60 里	临清、广积、保宁、镇海	
背阴寨堡	在盖州卫西北	15 里	平山、八角湖、梁房口、汤池、熊岳、五十寨	
盘谷堡	在复州卫东	20 里	富川、秀山、临溪	
石河堡	在金州卫北	60 里	木场堡	
镇安堡	在广宁卫北	30 里	镇边、青石、团山、双树、北安、东安、南岸、西安、中安、高庙、倒塔、板桥、平洋、四塔、间阳、柳河、十三山、丰安、沙窝、沙墩、海潮、大觉、凌河、双峰	
黑林堡	在广宁右屯卫西北	5 里	枯树、东海、凌河、槟榔、长丰、女真	
年丰堡	在广宁中屯卫东	40 里	广济、顺阳、常丰、仁和、大有、广盈、嘉和、顺宁、乐安、丰稷、春华、西杏、时和、永丰、临川、富有、锦昌、丰稔、与稼、得安、南阳、福宁、秀颖、蔡家、西宁	
杏林堡	在广宁前屯卫东	60 里	战歌、安家、庆春、永丰、古城、广积、积粮、长安、镇安、永安、蛇山、海泉、海山、新安、林树、泰新、盐场、三山、塔山、海滨、刘兴、兴安、城南、老军	
永宁堡	在义州卫东	30 里	辽镇、三家、杵头、塔山、塔山南、塔山北、五里庄、鹅食、团山、栾家、开州、泥河、城南、石家、八塔、榆林、万佛	
永盈堡	在沈阳卫南	60 里	常丰、庆稔、嘉禾、大有、土母河、浑河、塔下	

（续表）

名称	方位	距离	属堡	职能
常裕堡	在铁岭卫南	35 里	永登、秀颍、丰平、大有、富丰、安福、团山、康嘉	
瓦峪堡	在三万卫东	30 里	实秀、实颍、迎阳、扣河、长城、东川、福兴、关东、嘉禾、雍康、石门、常宁、上饶、团山、甘泉、谷城、向阳、周粮、古城、仙女、永庆、长乐、山冈、三山、劝农、富川、聚贤、梁山、高粱、中寨、众安、黑穗、丰乐、莲湖、永丰	已上各堡皆军屯

资料来源：根据《大明一统志》卷 25

表 3-19　明天顺辽东都司墩的分布

名称	方位	距离	属墩	职能
杨湾墩	在都司城西北	30 里	新城等 17 墩	
麻崖墩	在海州卫北	10 里	杨家桥等 7 墩	
松观山墩	在盖州卫东	35 里	大王山等 21 墩	
龙山墩	在复州卫东北	5 里	沙河等 6 墩	
卢家岛墩	在金州卫东	30 里	马雄等 27 墩	
望海墩	在广宁卫西北	20 里	韩家岭等 11 墩	
望城冈墩	在广宁中屯卫北	8 里	孤山等 8 墩	
欢喜岭墩	在广宁前屯卫西	75 里	高岭等 9 墩	
营城山墩	在义州卫西北	60 里	寨山等 11 墩	
辉山墩	在沈阳卫东北	40 里	浑河等 7 墩	
东山墩	在铁岭卫东南	5 里	芦野等 10 墩	
扣河墩	在三万卫东南	60 里	庆云等 22 墩	已上各墩俱有戍兵

资料来源：根据《大明一统志》卷 25

总之，辽朝实行的“以国制治契丹人，以汉制待汉人”“因俗而治”等重要政策，稳定了对汉人的统治，在东北地区建成广大的农业文化区，建置了 195 个州县行政管理机构，并且长达二百余年，这在历史上是绝无仅有的现象。金朝作为渔猎民族建立的政权，在城市管理上统一实行了不同行政等级、不同规模的管理机构，即警巡院、录事司和司候司的制度，在东北地区则出现了三个都城警巡院、14 个府镇录事司和 10 个防刺州司候司及一批县治城镇，这当然是极大的社会进步。元代作为游牧民族建立的王朝，虽然蒙古国时期因夺取政权引起的战乱对社会造成很大破坏，最后还是沿用了金朝所实行的城市管理制度，而且把这种制度推行到了大一统的元代社会，只是在东北地区因区域人口、城市数量尤其是建制城市明显减少。明初，政府大量迁移这一地区的遗民于山前北平地区，使山后漠北恢复成游牧民族生居的草原景象。辽东都司下属地区成为一个军事驻防与军垦的区域。明末清初，这里还是被满洲人占据，到清代康雍乾以后，东北地区逐渐成为农业开发或农牧猎交错、村镇城市广布的地区。

（原载韩宾娜主编《丙申舆地新论》，东北师范大学出版社，2017年）

临清运河鳌头矶文化景观的形成与保护

临清[①]城市位于会通河与卫运河汇流处，元明清三代因漕运而迅速兴起。据民国《临清县志·临清县城区图》[②]，城市东北部是明景泰元年筑成的“州城”（砖城，又称新城）；砖城外的土城（边墙、罗城、俗名玉带城、又称旧城），嘉靖二十一年（1542），由三部分组成：州城南部、西部与汶河北支形成城内一区；卫运河北岸社区通过浮桥（广济桥）与卫河南岸城市连通；由卫运河、汶河北支及汶河南支形成三角形水系围合的“中洲”。本文讨论的就是中洲及其东部的鳌头矶景观。

中国南北大运河从隋唐西北走向转移到元明南北走向，缩短距离达900千米[③]。元明时期在临清城市内部又发生了较大变化，即从元运河汶河北支转向了明运河汶河南支，与卫运河形成了三角形水系。在这个三角形水系中间，形成了三角形城市，又被称为“中洲”。运河鳌头矶就位于临清城市三角形水系的进水口，由堤堰、闸桥、观音阁共同组成，建于明嘉靖年间。其最初是人工建造的运河坐标，还起到迎水、逼水进入汶河南支的作用。随着城市的发展以及运河在城市中地位的变化，这一运河水利工程逐渐演变成为一处历史文化景观。其自身内涵的发展变化与临清运河水系以及临清城密切相关，有必要依据文献记载并多次实地考察，梳理鳌头矶从自然景观演变成为文化景观的历史过程，并简要回顾与评价鳌头矶的现状与保护。

一、鳌头矶的由来及其属性

“矶”指水边突出的岩石或石滩，与水域和山石地貌有关。地理学上称为

① 临清县治，洪武二年（1369）自旧县村迁置临清闸即“中洲”纸马巷“县治遗址”处，景泰元年（1450）于临清闸东北筑砖城，徙县治于此；弘治二年（1489）升为临清州。

② 见附图，民国二十三年《临清县志·临清县城区图》，因该图欠清晰，故作为附图处理。

③ 据王育民《中国历史地理概论》（上册，北京：人民教育出版社，1987年，第279页），隋唐南北大运河“全长二千七百多公里”；（第304页）：京杭大运河“全长一千七百八十二公里”；安作璋《中国运河文化史》（上册，济南：山东教育出版社，2001年，第299页），隋唐运河“全长二千七百多公里”。

“矶”者，乃三面环水，一面连陆的临江山丘。在长江中下游，有三大矶：湖南岳阳城陵矶、安徽马鞍山采石矶与江苏南京燕子矶。山东临清城内也有一处称为矶的地方，即大运河鳌头矶。

运河鳌头矶位于临清城市三角形运河水系的进水处，由堤堰、闸桥、观音阁共同组成，建于明嘉靖年间。三角形运河水系是人工建造的汶河北支运河和汶河南支运河，与卫运河围合形成。元至元二十六年（1289）敕建会通河，并修建临清、会通二闸。明洪武二年（1369），临清县治迁置于临清闸，即由旧县村迁至今市区纸马巷，有“县治遗址”，其周围方圆数里称为“中洲”：“自鳌头矶迤西，凡在汶、卫二水之间者，曰中洲。……元时即名中洲，其时未有南板、新开两闸，止有旧会通河入卫。今新旧兼之，宛在中央，始成洲矣。”[①]“自元以来，名之曰中洲，其东砌以石，如鳌头突出，筑观音阁于上，四闸建左右如足，广济（桥）尾其后[②]。知州马纶题曰‘鳌头矶’,俗谓之‘观音嘴’[③]。”这段文献说明了元代会通河直接引入卫河，形成运河东北走向，两河汇流形成“中洲”（图 3-7）。

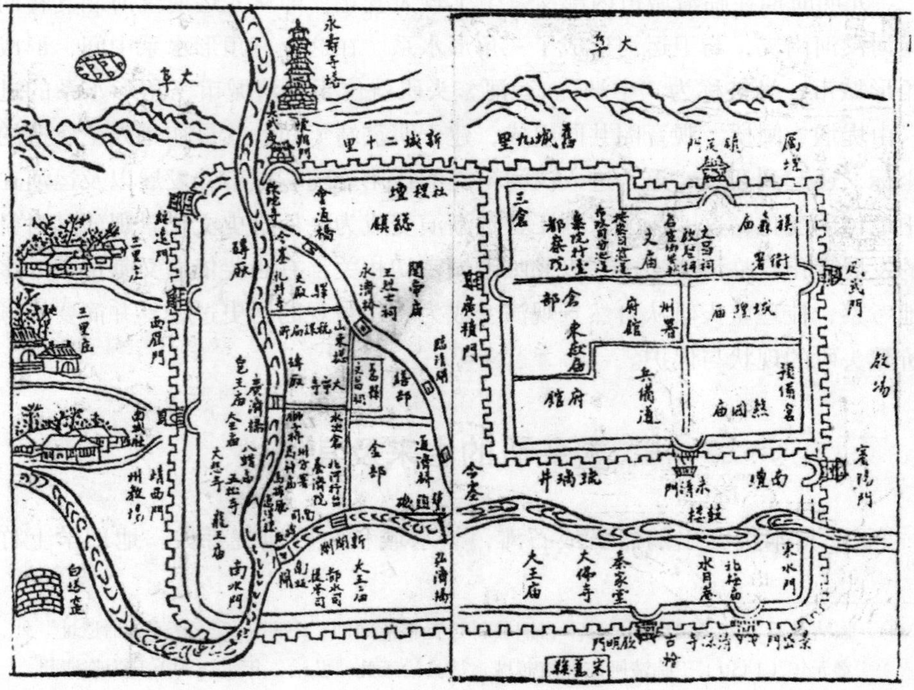

图 3-7　康熙《临清州志》州城图

① ［乾隆］《临清州志》卷 2《山川志》。

② 在平面形态上酷似传说中的千年大鳌，因此才有鳌头矶的说法。

③ ［康熙］《临清州志》卷 1《河渠志》。

明永乐十五年，开挖会通新河即汶河南支入卫，并修建了南支两闸及观音阁，上书三个大字：“鳌头矶”，体现了洲与矶的关系：洲在西、矶在东；洲在后、矶在前。这是关于鳌头矶来源的最早证据。

除康熙十二年的这段鳌头矶记载之外，乾隆十四年《临清州志》记载：鳌头矶“在中洲东起处，砌以石，如鳌头突出。筑观音阁其上，旧闸二、新开闸二，各分左右如足，广济桥尾其后。明知州马纶题曰‘鳌头矶’三大字，州人方元焕书，俗谓之‘观音嘴’。阁当汶水之冲，原有古堤，日久渐圮。清丰右都督刘聚过而筑之，费千金，阁赖之。凡南船至，多停泊游憩，遂称名焉。”①（图 3-8）鳌头矶为明正德中由临清州知州马纶题写、由当地文人方文焕书丹。

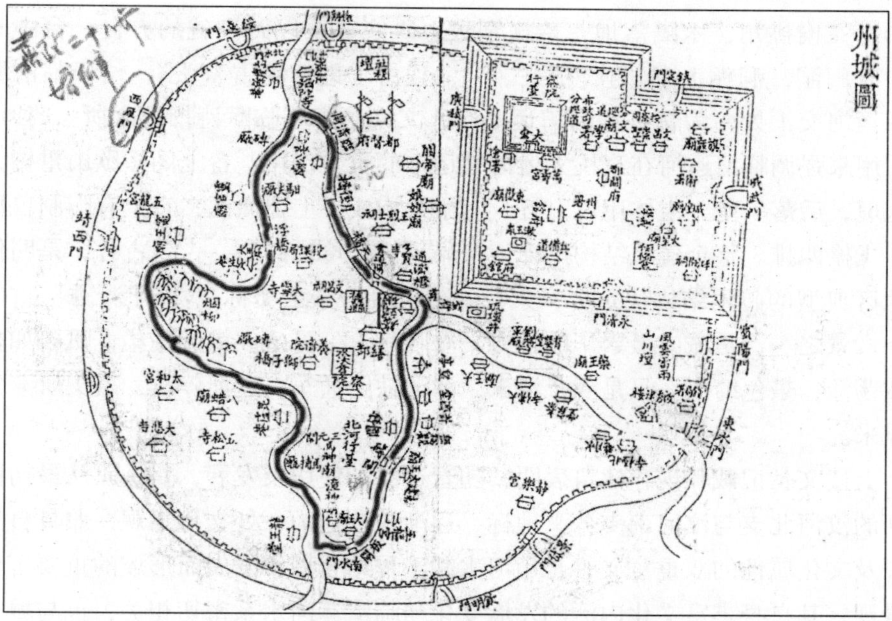

图 3-8　乾隆《临清州志》州城图

乾隆五十年《临清直隶州志·疆域志·鳌头矶》载，在鳌背桥西南数十步“中洲东起处，砌以石，如鳌头突出，筑观音阁其上，旧闸二、新开闸二，各分左右如足，广济桥尾其后。明知州马纶题曰‘鳌头矶’三大字，州人方元焕书之，谓之观音嘴，当汶水之冲，原有古堤，日久渐圮，清丰右都督刘聚过而筑之，费千金，阁赖之。凡南船至，多停泊游憩，遂称名焉。”可见，鳌头矶最初是人力改造运河的产物，其自然功能的含义占据主导地位。

① ［乾隆］《临清州志》卷 10《古迹志》。

民国二十三年《临清县志》也记载，鳌头矶："在鳌背桥西南数十步，中洲东起处，砌以石，如鳌头突出。筑观音阁于其上，旧闸、新闸各二，分左右如鳌足，而广济桥尾其后。明知州马纶题曰'鳌头矶'，邑人方元焕书之。近因建进德分会拆矶前木枋移于会址，方书已失，俗称其地为观音嘴。昔日津途旅客登阁远望，全市景物历历在目，明李东阳有过鳌头矶诗，邑中十景之鳌矶凝秀即此[①]。"经数百年来的沧桑变化，中洲依然存在，鳌头矶矶前木枋被拆走，用于"进德分会"办公场所，方元焕所书"鳌头矶"被拆除（方书已失）。

据《临清市志》（1997）记载，鳌头矶现存古建筑一组，周围楼阁环合。北殿三间，称"甘堂祠"（俗称"李公祠"）；南楼三间，名"登瀛楼"（俗称"望河楼"）；西殿三间，曰"吕祖堂"；东楼三间，谓"观音阁"。阁建于楼上，呈方形，飞檐挑角，木隔落地，玲珑别致。矶底部系以砖砌就的方台，台中间东西向有门洞，洞楣上书"独占"二字。"独占"即"独占鳌头"，位于临清城内元明运河交汇处，为昔日运河漕运盛时，文人墨客登临赋诗抒怀之所。"独占鳌头"用来强调临清运河在京杭大运河漕运中的重要作用。台上阁楼歇山重檐，前出抱厦，后落一坌，主体用三、五、七梁架构成，上覆筒瓦，脊上有陶制兽形装饰，飞檐四排。整个建筑结构严谨，布局得体，玲珑纤巧，古色古香，是明代北方地区典型的砖木结构建筑群，素有"鳌矶凝秀"之美称。"鳌矶凝秀"古为临清十六景之一，是城内最繁华的地方。登临其上，可望"粮艘麇集，帆樯如林"，碧波荡漾，景色绮丽。只是到了清末，津浦铁路通车，运河停航，鳌头矶渐失当年风采。

上述文献记载和现存建筑表明，随着运河的使用及发展，鳌头矶从最初作为运河的汶河北支与汶河南支分叉地标，逐渐被改造为一处文化景观，兼具自然属性以及文化属性的双重意义，是运河水利工程结合城市发展而形成的重要历史文化景观，其自身丰富文化内涵的发展变化与临清运河水系密切相关，也与城市社会经济繁荣紧密相关。梳理鳌头矶从自然景观演变成为文化景观的历史发展过程，并从文化景观的角度解读这一过程是具有重要历史与现实意义的。

二、鳌头矶内涵与临清城市运河的演变

临清城内的运河水系包括卫运河、汶河南支、汶河北支。其中汶河北支、汶河南支属于会通河在临清城内的部分。在这里讨论的与鳌头矶相关的城市运河正

① ［民国］《临清县志》卷8《古迹·桥道》。

是这两部分。其中，汶河北支即元代至元二十六年（1289）所开凿的会通河，在城区形成了汶河北支自鳌头矶至卫运河河段，并修建了临清闸（下闸）和会通闸（上闸）。

会通河（汶河北支）开挖之后，城内由于地势和水位、水量的问题，在会通河即汶河北支置闸蓄水，浚淤挑深，定期放水，推动货船北行。但会通河的漕运并没有设想的那样顺畅，加之海运的大运输量的优势，会通河漕运年运量仅达百万石。虽说元代开凿了会通河，但是整个元代，漕运始终是海运为主，河运为辅，会通河并未发挥出自己应有的作用，其在临清城市运河水系中的地位尚未凸显。当时汶河南支尚未开凿，还谈不上南北分界，当然也谈不上“旧闸、新闸各二，分左右如鳌足”的景观。

由于汶河北支河道闸坝设置欠妥，淤积严重，元末至明初，会通汶河北支连同临清会通二闸就被废弃了。正如《临清直隶州志》记载：“会通闸、临清闸在汶北河，创于元世。明永乐九年，俱由南河，北河半涸，闸亦仅存旧址”。到永乐迁都北京，会通河成为运河重开及整治的重点[①]。于是有了汶河南支的开凿及其附属闸坝的建设。至永乐十五年（1417），废会通汶河北支，启用会通汶河南支，在会通南支开掘了南版、新开二闸。明代中期，“兵民杂集，商贾萃止，骈樯列肆，云蒸雾滃，而其地遂为南北要冲，岿然一重镇矣”[②]，“淮河以北，若徐州、济宁、临清，繁华丰阜，无异江南。临清为尤盛”[③]。在卫运河“中洲”浮桥口街位置上修建了浮桥，称为广济桥，形成了“自元以来，名之曰中洲，其东砌以石，如鳌头突出，筑观音阁于上，四闸建左右如足，广济尾其后”的形势。正是汶河南、北二支的分流以及相关水利设施的建成，促成了鳌头矶的出现。最初时期的鳌头矶就是在修筑运河时，依据古堤筑石于其上而成，是在构建了位于鳌头矶的观音阁、鳌足的新、旧各二闸以及鳌尾的广济桥，最终形成了“在中洲东起处，砌以石，如鳌头突出。筑观音阁其上，旧闸二、新开闸二，各分左右如足，广济桥尾其后。明知州马纶题曰‘鳌头矶’三大字，州人方元焕书，俗谓之‘观音嘴’”鳌头矶这一景观。事实上，鳌头矶的形成不仅与运河的水位有关，也与运河相关水利设施和城市建设发展相关。

随着运河在临清城交通地位上的不断变化，鳌头矶这一运河水利工程所形成的景观被赋予新的内涵。随着会通北支以东地区城市社会发展和城区扩大，两岸

---

① 元代所称的济州河与会通河两段，至明代合二河通称为“会通”。

② ［明］王偀:《临清州治记》，康熙《临清州志》卷4《艺文志》。

③ ［朝鲜］崔溥:《锦南先生漂海录》卷三，三和印刷株式会社，1979年。

社会联系加强与商业的繁荣，会通汶河北支闸坝废弃，而在会通汶河北支即元运河、后来又被称为“死河子”上修筑了多处桥梁。（表3-20、表3-21、表3-22）“鳌头矶”成为当地名胜，临清城内也出现了明大学士李东阳诗中所描绘的胜景：

十里人家两岸分，层楼高栋入青云，官船贾舶纷纷过，击鼓鸣锣处处闻；

折岸惊流此地回，涛声日夜响春雷，城中烟火千家集，江上帆樯万斛来。[①]

表3-20　康熙《临清州志·闸桥》统计

河流名称	闸	桥	备注
北汶河		问津桥（临清闸）、月径桥（鸽子桥）、永济桥（天桥）、会通桥（会通闸）、通济桥	
南汶河	（南水门）、南版闸（头闸）、新开闸（二闸）	弘（宏）济桥	
卫运河		广济桥（浮桥）	

表3-21　乾隆十四年《临清州志·闸桥》统计

河流名称	闸	桥	备注
北汶河		问津桥（临清闸）、月径桥（鸽子桥）、永济桥（天桥）、通济桥（江坝桥）、会通桥（会通闸）	汇济桥位置不清
南汶河	（南水门）、南版闸（头闸）、新开闸（二闸）	弘（宏）济桥	
卫运河		广济桥（浮桥）	

表3-22　民国二十三年《临清县志·闸桥》统计

河流名称	闸	桥	备注
北汶河		问津桥（临清闸）、月径桥（鸽子桥）、永济桥（天桥）、会通桥（会通闸）、通济桥（江坝桥）、鳌背桥	汇济桥位置不清
南汶河	（南水门）、南版闸（头闸）、新开闸（二闸）	弘（宏）济桥	南汶河另有三桥无名
卫运河			广济桥已毁

① ［乾隆］《临清直隶州志》卷1《疆域志·古迹》。

明末清初，国家经历战乱，运河管理不力，会通河的通行又显艰涩，这时运河鳌头矶作为水利工程的意义也一样处于衰落阶段。到了康熙时期，国泰民安，政府又开始大力治理黄河及运河，会通河也恢复了昔日的繁盛景象。到乾隆时期，运河较以前更显完善，乾隆帝就曾经多次沿运河南下江南，大运河也发展到了自己的鼎盛时期。会通河岸边的临清成为闻名全国的运河名城，运河的兴盛也带来了临清城市的繁荣："甲第连云，人物熙攘，漕运万艘，衔尾北上，市肆毂击肩摩，不减临淄、即墨"①。临清"自元开渠通运，为挽漕之咽喉，当舟车水陆之冲，固商贾辐辏之区也。"②其中"中洲一带，街衢洞达，灯火万家，蔚然为全市繁盛中心，较砖城之虚有其表，未可同年而语也"③。在中洲地区形成了一系列古街道：考棚街、大寺街、箍桶街、竹竿街、纸马街、马市街、会通街、白布街、东夹道、西夹道、锅子街、前关街、后关街，其中锅子街、会通街、东夹道与汶河北支以东桃园街被永济桥（天桥）连通起来，加以汶河北支河上其他桥梁，把临清城市中洲与汶河北支以东社区连为一体。明清时期，"土城为城西南贸易地……掘堑筑土，以卫城外之民，曰边墙，又名罗城"④这一城市，街衢通达、五方走集、四民杂处、商贾辐辏，经济繁荣。鳌头矶的各个组成部分，不仅发挥着水利设施应有的作用，而且作为一个整体，其观赏景观的意义也达到鼎盛。乾隆年间的"鳌头凝秀"成为临清当地著名十六景之一。

但是到了咸丰五年（1855），黄河于铜瓦厢决口改道，于阳谷张秋南向冲断运道，黄河主流穿运东流，自大清河入海，运道破碎不通，聊城至临清间只有小船来往，大运河名存实亡。同治光绪间政府曾经想重新恢复运河，光绪三十二年（1908）山东巡抚杨士骧奏准挑浚由临清至聊城一段会通河，在临清设有"北运河下段工程局"，划分工程为十一段，计程挑修⑤。但是终未成功，于是就此罢废河运。以后各湖区尚能间段通航，会通河北段淤塞。民国二十三年（1934），重新疏浚黄河以北至临清的会通河，黄河以北至临清的运河工程，计划1937年6月全部竣工通航，但由于抗日战争的爆发，未能完全实现。丁浩川、黑若仙、王笔一、秦和珍等共产党人在此创办《力报社》，建"战委会"，此地便成为宣传

① 康熙十二年《临清州志·贺王昌序》。

② 民国二十三年《临清县志·邓希曾序》。

③ 民国二十三年《临清县志·建置志》，砖城的破败乃"清中叶王伦之变，历一百六十余年，虽城阛尽圮"。

④ 民国二十三年《临清县志》卷1《建置志·城池》。

⑤ 山东省聊城地区水利志编纂委员会《聊城地区水利志》，山东省聊城地区水利局出版，1993年，第184页。

抗日、传播马列主义、组织群众投身革命的场所。1938年11月，日寇侵占聊城，运河长期无人管理，遂成为废河。这也导致了临清城市运河鳌头矶组成部分的闸、桥运河功能的丧失，其作为运河水利设施的意义衰亡，鳌头矶上的鳌足、鳌尾的功能及其意义不复存在，仅剩鳌头观音阁，地方已被俗称观音嘴①。因此，这时的鳌头矶仅仅是观音阁所承载的景观价值，只是津途旅客登阁远望之地而已。

时至今日，鳌头矶由于运河缺水断流，早已不复当年跌宕起伏气势。由于城市建设，把鳌头矶附近运河沿岸深筑石砌护岸，大量房地产开发、旅游商业开发，对于鳌头矶的记忆已经逐渐消失。在三角形运河水系上，随城市的发展和水系的演变，在运河上建筑了联系城市社会的桥梁，成为当代城市的文化景观。

三、鳌头矶的现状与保护

回顾鳌头矶的形成与发展的历史，发现随着城市的发展，鳌头矶本身的文化内涵也发生了转变。在运河与城市发展中发挥作用的鳌头矶，却赋予了新的文化内涵，在今天看来鳌头矶作为一处文化景观也就有其内在的发展机制及其深刻的历史文化内涵，直到今天鳌头矶在临清仍然是鲜明的城市地标，延续着城市的发展脉络。它在临清城市规划建设、旅游发展方面也具有重要意义。鳌头矶因为在城市运河发展中所扮演的角色而成为临清城市的地标。1978年，鳌头矶被列为聊城地区重点文物保护单位，并依原貌修葺一新。1984年又进一步彩绘修缮，并将临清市博物馆设置于此。

1951年政府重新治理小运河，即黄河以北会通河。1959年10月至1960年4月又新开挖了位临运河（位山至临清），设计之初，位临运河是打算替代已断航的会通河，重新将京杭大运河串联起来，但是当时国家正处于困难时期，工程并未能达到通航的要求，其后由于引黄灌溉的需要，这段运河被改为位山引黄三干渠，其主要职能成了灌溉和调水的河道。虽然说“运河”之名已不符实，但终于将中断了几十年的京杭大运河重新又联通起来。正因如此，如今地图上标示的京杭大运河所走的路线正是这条位临运河。而会通河则被称为了小运河。

21世纪以来，地方政府邀请规划部门对中洲地区进行了规划，正在按规划方案《临清中洲运河古城区控制性详细规划》和《临清中洲运河古城区旅游核心区修建性详细规划》进行维护和建设。（图3-9）昔日的“死河子”经过清理，又

---

① 民国二十三年《临清县志》卷1《疆域志·古迹》。

焕发出了它的生机，成为城市居民游憩的场所。

图 3-9 临清中洲运河古城区卫星影像图

总之，中洲运河古城区，是京杭大运河会通河段与卫运河之间的狭长地带，周围有元运河、明运河、卫运河三水交汇。在历史上是临清运河古城的繁华所在，至今仍保持着旧有城市肌理，拥有深厚的历史文化底蕴和原真的运河风情，希望得到很好的保护与关注。

明长城东段沿线聚落的形成和发展

明代长城是当时阶级矛盾与民族矛盾复杂斗争的产物，是农业民族用以防范游牧民族南下，保护定居生活的巨大工程。以长城东段为例，因大量驻军的存在，在长城内侧沿线形成了许多军事据点。至清代，这些军事据点伴随中国新的大一统局面的形成和民族间经济文化矛盾冲突的缓解，其中的大部分演变为一般居民点聚落，呈条带状展布于长城内侧的关隘谷地中。它们以经济职能为主，极大地推动了燕山和晋北山地沟谷农业的开发，加速了人口迁移定居山区的过程，也改变了山地景观的原始状况。

一、明初长城东段军事聚落的兴起

明初，统治者为廓清残元军事实力，不断向漠北用兵，以攻为守。但至洪武五年（1372）初，徐达、李文忠进击漠北的军事失利，直接导致明朝政府确立了攻守并重的方略。翌年，“从淮安侯华云龙言，自永平、蓟州、密云迤西二千余里，关隘百二十有九，皆置戍守”①。洪武九年，分兵戍守古北口、居庸关、喜峰口、松亭关等处烽堠达一百九十六处，十四年，“修永宁、界岭等三十二关”②。

靖难（1399）之后，“凡天下要害处所，专设官统兵镇戍”③。当时，“总镇一方者，曰镇守；独守一路者，曰分守；独守一城一堡者，曰守备”。这些层次较高的镇戍绝大多数叠加在自古以来即形成的聚落或关塞上，明初叠置镇戍后进一步强化了这些聚落的军事性质与军事职能。长城沿线“皆峻垣深壕，烽堠相接。隘口通车骑者，百户守之；通樵牧者甲士十人守之”④。即所谓“一一为乘障，一一列戍守”⑤，从而因驻军多少，在明长城东段内侧山地形成了许多不同等级、规模及空间结构的军事聚落。

明代实行军户制，“军皆世籍”。军士被签发卫所关塞服役，皆签发其妻孥

① 《明史》卷91《兵志》，北京：中华书局，1974年。

② ［清］游智开：《永平府志》卷42《关隘》，光绪五年刻本。

③ 《明会典》卷42《职官十四·总兵官》，万历刻本。

④ 《明史》卷91《兵志》。

⑤ ［明］刘效祖：《四镇三关志》卷1《建置》，光绪抄本。

随军驻扎卫所营地。明代卫所驻军携眷戍守边塞成为沿边形成军事聚落的前提条件。

按明初推行的军士屯田制度规定，“边军皆屯田，且战且守”[①]。当时，“养以屯田，栖以营房”，“择地为营，联房以居，使之出入相友，朝夕相亲”[②]的聚居形式，有力地推动了沿边军事聚落的发展。营屯之外，还普遍存在军户“舍余”“军余”分散屯种的形式，规定“军余家人自愿耕种者，不拘顷亩，任其开垦，子粒自收，官府不许比较，有司无得起课”[③]，更刺激了军户在驻地就近垦田的发展。沿边卫所长期驻扎屯种的结果，造成了其普遍拥有“实土”的现象。虽杂厕于州县之间，却“界连县境，不隶所辖”。屯田使明代沿边军事聚落在某种程度上具备了经济开发的职能，从而为这些军事聚落在一定社会历史条件下演化为一般居民点聚落准备了客观物质条件。

二、明中叶长城东段军事聚落的增加

正统（1436—1499）之后，蒙古瓦剌部与鞑靼部相继强盛，不断南进，先后酿成了“土木之变”与“庚戌之变”。史称，自嘉靖十九年（1540）俺答犯塞，“或在宣大，或在山西、或在蓟昌，甚或直抵京畿，三十余年迄无宁日，遂使边境之民肝脑涂地，父子夫妻不能相保，膏腴之地，弃而不耕”[④]。直至隆庆五年（1571）许俺答封贡，明朝才赢得了长城沿线“数千里军民乐业，不用兵革”的安定景象。在这百余年中，明朝政府主要采取了加强长城设防，防止蒙古诸部南进的政策。

景泰（1450—1457）中，“修沿边关隘”，调千户所守御白羊口，建黄花镇城。弘治（1488—1505）中，“自山海关西北至密云古北口、黄花镇直抵居庸关，延亘千余里，缮复城堡二百七十所”[⑤]。长城东段沿线关塞城堡的密度大为增加，其中包括增筑渤海、八达岭、横岭与镇边四城，并置千户所守御之。嘉靖（1522—1566）中，在修复加固边墙，分蓟、昌为二镇的同时，于宣府镇东路永宁、四海治创筑垣堑达一百余里，敌台月城九十余处。隆庆（1567—1572）、万

① ［清］孙奇逸：《畿辅人物考》卷1《宋讷传》，同治黄山堂刻本。

② ［康熙］《通州志》卷6《兵防志》，民国抄本。

③ 《明会典》卷18《户部·屯田》。

④ ［明］高拱：《高文襄公文集》卷1，《明经世文编》卷301，北京：中华书局，1962年。

⑤ 《明史》卷187《洪钟传》。

历（1573—1620）中，明政府坚持“外示羁縻，内修守备”[①]，加强边备的策略。隆庆三年（1569），戚继光任蓟镇总兵后，始于延袤二千里的蓟镇边垣，跨墙筑台一千二百座；万历初又增筑蓟镇、昌平敌台二百座。“每台百总一名，专管调度攻打。台头、副二名，专管台内军器辎重。两旁主、客军士三、五十名不等……五台一把总，十台一千总，节节而制之”，“尽将通人马处堵塞”[②]。

嘉靖之后，长城东段防务分属于蓟州镇、昌镇、真保镇和宣府镇。蓟镇东自山海关，西抵石塘路亓连口，分石塘、古北、曹家、墙子等十二路镇守；昌镇东接蓟镇西抵居庸关镇边城，分居庸、黄花、横岭三路镇守；真保镇北接昌镇，南至故关鹿路口，分紫荆、倒马、龙泉、故关等四路镇守。据《四镇三关志》作不完全统计，分属于诸路的营寨关城等军事聚落仅北京地区即达240余处。据《宣化府志》，宣府镇长城分六路防守，其中东路东起永宁四海冶，北至靖安堡，置边墩一百五十余处，冲口二十处。其主要城堡有四海冶、周四沟、靖安堡、刘斌堡、黑汉岭等处，除四海冶外，均为新建较大的军事聚落。一般关寨聚落亦达数十处。

按永乐（1403—1424）中“隘口通车骑者百户守之，通樵牧者甲士十人守之”[③]的规定，及《四镇三关志》“大关甲兵六十人，小关三十人，每墩护兵五名”的记载，长城沿线不同关隘处驻守官兵数目不同。即使在同一关隘处，前后驻扎军人亦有变化。但调发主兵防边，“家属随往”，始终未变。因此，明代中期在长城沿线内侧新出现了大量以堡、营、关、口、寨、屯为通名的军事聚落，与在传统驻扎地形成的聚落比，规模一般偏小。总体上看，因军人驻守特点决定，驻军千人以上，总人口数千人的大型聚落较少，驻军二百人以上总人口千人以上的中型聚落占20%左右，驻军数十人总人口百人至数百人的小型聚落占绝对多数。

明代中后期，长城沿线驻防军人的粮饷供给虽出现了多渠道特点，但屯田，尤其“军余”人员的屯种始终没有废弃。据《四镇三关志》，万历中仅北京地区沿边驻扎卫所屯田即达三千二百余顷，其中新垦一千三百余顷，占屯田总数的42%。屯田的发展，进一步推动了明代中后期长城沿线军事聚落性质和职能的转化。

---

① 《明史》卷222《王崇古传》。

② ［明］戚继光:《练兵杂记》卷6《敌台解》，四库全书本。

③ 《明史》卷91《兵志》。

三、明清更代长城沿线军事聚落的演变及其发展

明清政权的更替加速了明长城沿线军事聚落性质的转变过程。明代长城沿线驻军偕眷驻扎并推行屯田的结果，为这些军事聚落在其军事职能解除后直接演化为一般居民点聚落奠定了物质基础。清初民族关系的变化又最终为撤除长城防线提供了条件，因有清代不筑长城的决策[①]。

清代不筑长城，长城本身的军事防御功能自然衰落，随之而来的就是大量裁减长城沿线的关寨屯营和驻军。裁减掉的驻军和关寨屯营及所属“实土”均即归并入所在州县，成为州县所属聚落和人丁户口。所剩马步兵即被编设为绿营兵，驻扎原地，但其人数较明代已大为减少。如黄花路驻军由明代 3450 人减少到 257 人，四海冶则由 1032 人更减少至 33 人。其他如延庆卫改归延庆州，蓟州、镇朔、营州三卫部分驻屯军士合并为尚义里归属蓟州，彭城、金吾、永清三卫驻屯军士及家属“并入怀柔，添置附怀里”等，均为裁减长城沿线驻军聚落归属州县地方的实例。总之，明代在长城沿线内侧形成的大部分军事聚落，至清代已经改变了原来的军事性质，演变为州县普通居民点聚落，并开始了单一经济开发的进程。经过清代，尤其近代的发展，在明长城沿线内侧形成了空前众多的以城、堡、营、关、口、路、所、台、屯等为通名的农业聚落，为当今这一地区聚落的合理分布及山区经济全方位发展打下了良好基础。

清代，随着长城军事地位的下降，长城已不再是中原农业文化与草原游牧文化的严格分界，这大大便利了口外的农业开发和人口定居。首先是清政府在口外设置了 132 处皇庄及旗丁庄田，开始了口外农业的拓殖。因庄田租佃而吸引了内地汉人不断流徙迁居口外，开垦荒地，至清代中期即已形成一定规模。为此，雍正（1723—1735）至乾隆（1736—1796）与嘉庆（1796—1820）中先后建置了口北三厅及热河等府、厅、县，形成了“山厂平原尽行开垦”[②]，燕山山地农业聚落迅速兴起的形势。因而迅速地改变了明代长城外缘村居寥落乃至空白的状况，为近今口外农业的进一步开发和农业聚落的大量出现及城镇的兴起与发展奠定了基础。

总之，清代成为农业文化和农村聚落打破明长城的藩篱向长城以北渗透和发展的重要时期。这一时期不仅根本改变了明长城内侧众多军事聚落的职能和性

① 《清圣祖实录》卷 151，康熙三十年五月丙午。

② 《清仁宗实录》卷 226，嘉庆十五年二月乙酉。

质，而且推动了口外农业和农村聚落的兴起与发展，大大缩短了长城内外经济开发深度与广度的差距，也极大地改变了长城内外农村聚落及城镇分布的疏密状况，促进了长城沿线聚落与经济的同步发展。

（原载《文史知识》1995 年第 3 期）

清代京郊郑家庄王府与驻防城
——兼论《清史稿·诸王传》正误一则

康熙帝两废太子在清朝历史上是影响甚大的政治事件。废太子允礽（原名胤礽）长期被幽禁紫禁城咸安宫中[①]，至康熙六十一年（1722）三月十日谕令："郑家庄已盖设王府及兵丁住房，欲令阿哥一人往住。"[②]因此，康雍乾时期，在京郊郑家庄盖设了一处王府，及驻防王府的驻防城。概因政治原因，大多数早期官方史料对郑家庄方位均讳莫如深，除昭梿《啸亭续录》，"理亲王府在德胜门外郑家庄，俗名平西府"外，唯《清史稿·诸王传六》称："雍正元年（1723），诏于祁县郑家庄修盖房屋，驻扎兵丁，将移允礽往居之。"而这两条文献显然矛盾，有必要加以辨析。到清末，在地方志中又有新的披露。

一、王府修造时间及王府主人

按史料，筹划与建造郑家庄王府在康熙末年。康熙五十七年（1718），始谕令兴建行宫与王府。康熙六十一年三月十日的谕令："前因兵丁繁庶，住房不敷，朕特降谕旨，多发库帑，于八旗教场盖设房屋，令伊等居住。近看八旗兵丁愈多，住房更觉难容。朕因思郑家庄已盖设王府及兵丁住房，欲令阿哥一人往住。今著八旗每佐领下，派出一人，令往驻防。此所派满洲兵丁，编为八佐领，汉军编为二佐领。朕往来此处，即著伊等看守当差。"[③]

郑家庄王府及其附设的兵丁住房至康熙六十一年三月十日谕令发出时已建造完成。其目的有三点：一是派住阿哥即皇子一人，虽未明言是废太子允礽，但从康熙认为允礽"鸠聚党与，窥伺朕躬起居动作"[④]来看，被派住者当即允礽。二

---

① 《清史稿》卷 8《圣祖纪》、卷 220《诸王传六》，北京：中华书局，1976 年；《清圣祖实录》卷 234，康熙四十七年九月；卷 251，康熙五十年九月。

② 《清圣祖实录》卷 297，康熙六十一年三月乙未。

③ 《清圣祖实录》卷 297，康熙六十一年三月乙未。

④ 《清史稿》卷 8《圣祖纪》、卷 220《诸王传六》，北京：中华书局，1976 年；《清圣祖实录》卷 234，康熙四十七年九月；卷 251，康熙五十年九月。

是借此派驻京师八旗驻防，以缓解京师八旗兵丁住房困难。三是为玄烨往来路过此处，值勤当差。

光绪《昌平州志·会计簿》首先提供了郑家庄王府开始营造的时间线索。在昌平州开垦地项下，“康熙五十八年（1719）奉旨盖造王府营房，占去地伍拾玖亩伍厘玖毫”。在清朝御马监项下，“康熙五十八年奉旨盖造王府营房，占地肆顷捌拾伍亩捌分”。这两条记录以雄辩的事实说明，在郑家庄盖造王府及附属驻防营房始于康熙五十八年。历经康熙五十九与六十两年的营建，至康熙六十年十月竣工。但在发出上述谕令后还未来得及实施迁住皇子的计划，康熙帝即病故了。由此可知，在郑家庄营造王府及营房的举措是出于康熙本人的筹划，而非始于雍正皇帝。故《清史稿·诸王传六》记雍正元年诏于郑家庄修盖房屋，显然不妥。

对此，《清世宗实录》卷七亦有记述：“雍正元年五月乙酉（初七日）谕宗人府，郑家庄修盖房屋驻扎兵丁，想皇考圣意，或欲令二阿哥（按指允礽）前往居住，但未明降谕旨，朕未敢揣度举行。今弘晳既已封王，令伊率领子弟，于彼居住甚为妥协。”弘晳，废太子允礽嫡子，雍正即位，封理郡王。① 紧接上述谕令的内容是：

（弘晳）分家之处，现今交与内务府大臣办理，其旗下兵丁择日迁徙之处，俟府（按指王府）佐领人数派定后举行。弘晳择吉移居，一切器用及属下人等如何搬运安置，何日迁移，兵丁如何当差，府佐领人等如何养赡，及如何设立长久产业之处，著恒亲王、裕亲王、淳亲王、贝勒满都护会同详议具奏。一切供用务令充裕，勿使伊艰难，并贻累属下之人。彼处距京二十余里，不便照在城居住诸王一体行走，除伊自行来京请安外，其如何上班及会射诸事，著一并议奏。

诸王大臣会议结果是：

理郡王弘晳迁移郑家庄，由兵部领取车辆，将需用物件载往。其给与理郡王人数，共三百四十五名。现有护军、领催、马甲并亲随执事等，均给钱粮，令其当差行走。郑家庄城内，原有房四百间，如尚不敷，可行添造。现有钦放长史一员，所请护卫十二员，暂行跟随侍卫三员、蓝翎侍卫一员，俟

① 《清史稿》卷9《世宗纪》。

有缺出，照例咨部题明补放。郑家庄离京二十余里。升殿之日，理郡王听传来京，每月朝会一次，射箭一次。

因此，郑家庄王府及官兵住房始建于康熙五十八年；雍正元年，移住郑家庄王府的不是废太子允礽，而是允礽嫡子弘晳。

同时还决定，“设驻防郑家庄城守卫一员，佐领六员，防御六员，骁骑校六员，笔帖式二员，领催二十四名，兵五百七十名”。① 共有驻防官兵615员名。

如上所述的史料内容丰富，其中与本文直接相关者有四点：（1）雍正元年移住郑家庄王府的是废太子允礽嫡子弘晳而不是允礽本人，事实上翌年底允礽即已病死。（2）郑家庄王府距京城仅二十余里（实际上是40里）。（3）郑家庄王府服务人口345人，加驻防官兵共960人，若加以王府自身人口及官兵眷属，总人口当在四千人以上。因而占地达544亩。（4）郑家庄城内包括行宫、王府各类建筑，已有房舍四百间，若因服务人口多、不敷分配，仍可添建。按驻防官兵住房分配制度，还要续建驻防营房约二千间。据满文档案，郑家庄共建大小房屋行宫290间，王府189间，南济庙30间，兵丁、铺子、饭茶房1973间，共计2482间（另有文献讲是2588间），围以590余丈的城墙，667丈的护城河，形成了一个方圆近4里的驻防城镇，前后支银达268760余两。

二、郑家庄王府的地理位置

按前述《清史稿·诸王传六》的记载，郑家庄王府亦即理王府应当在祁县境内。考察祁县，在中国历史上前后出现过两个。一是山西祁县，系春秋晋置，治所在今祁县东南祁城。二是河北祁县，原系唐景福二年（893）所置祁州，治所原在无极县，北宋景德元年（1004）移治蒲阴县；1913年划一行政建制，改祁州为祁县；但因其与山西祁县重名，1914年改名安国县。两州县不仅与前述雍正谕令和诸王大臣会议提及的郑家庄“距京二十余里”不符，而且地方志资料和实地考察均证明，郑家庄王府既不在河北祁州，也不在山西祁县，而是在京城德胜门外二十余里的昌平南境郑家庄和平西府一带。

1. 在康熙自畅春园出发巡行塞外举行秋狝之典的道路上

按前述康熙六十一年三月在郑家庄建造王府和兵营，令皇子一人往居并编设八旗官兵驻防，以便“朕往来此处，即著伊等看守当差”的谕令，郑家庄王府与

---

① 《清世宗实录》卷7，雍正元年五月乙酉。按当今里程，郑家庄王府距京约40里。

营房就在康熙皇帝巡行的道路侧近。据汪灏《随銮纪恩》记载："康熙四十二年（1703）夏五月，皇上避暑于塞外，兼行秋狝之典。五月二十五日黎明值微雨后，凉风袭襟，月钩挂树，乘舆发畅春园，十二里清河桥，十二里何家堰，五里沙河城，又名巩华城……十里郑家庄，渡河入昌平州界，又十里抵汤山，驻跸焉。"汪灏所记康熙的这次巡行活动下距郑家庄王府营建16年，故在其行程记录中只提及郑家庄而未提及王府。但仍需指出的是，康熙自畅春园出发，至汤山行宫，若按所经地名清河桥、何家堰（按即今昌平县南境之霍家营）、沙河城、郑家庄勾勒出一条路线的话，这条路线则是极其迂回曲折的。其中沙河城可能是指示方位的地名，未必就是沿途所经行。但由此可知郑家庄在康熙巡行塞外的路线上，符合营造王府驻扎兵丁，令其看守当差的要求。

2. 在距京城二十余里（实际是40里）的昌平南境

据雍正元年五月关于在郑家庄修盖房屋、驻扎兵丁的谕令及诸王大臣会议内容，理郡王弘晳王府及驻防营所在之"郑家庄离京二十余里"。而按光绪《昌平州志·会计簿》的记载，"康熙五十八年奉旨盖造王府营房，占地肆顷捌拾伍亩捌分"，恰恰就在昌平州南境郑家庄、黄土坡一带。这里在清代属于御马监土地。从京城德胜门到郑家庄也正是二十余里。

在郑家庄王府及驻防城守尉设置之后，即与附近驻防形成一定的防御系统。按《清朝文献通考·兵五》：雍正十年（1732）议定直隶驻防官兵，"其独石口、千家店、张家口、古北口、昌平州、郑家庄六处为一路；良乡县、宝坻县、固安县、东安县、霸州、采育里、保定府、雄县八处为一路"。其中，独石口等六处驻防形成的一路均在京城以北，由远及近，以郑家庄距京城最近；而且没有比郑家庄更近的驻防地。良乡等八处驻防形成的一路均在京城以南，是由近及远，在《大清会典事例》《顺天府志·营制》等文献中，关于清中期京畿驻防营制的记录亦与此完全一致。唯雍正《畿辅通志·兵制》将郑家庄记为郑家口。总之，郑家庄王府应在距京城二十余里的昌平南境。

3. 郑家庄与平西府

按明隆庆《昌平州志·田赋志·村店》，明代后期昌平州南境尚无郑家庄与平西府及东、西三旗等聚落。但据康熙《昌平州志·赋役志·村店》，清初昌平州南境已出现了东、西三旗、郑家庄、郑家庄马房、平房村等地名。前后比较，郑家庄及东、西三旗等村庄应是清初实行京畿圈地建立旗庄之后新出现的聚落。其中的郑家庄马房因在郑家庄以南，故又名南郑家庄。郑家庄马房又名郑家庄马厂，恰系清朝御马监属地。[①] 至清代中后期，昌平州南境在相当于上述范围的地区内则有北郑家庄、平西府、东三旗、西三旗等聚落名称，其中“平西府，初名南郑家庄”。[②] 郑家庄马房又名南郑家庄恰恰是康熙五十八年奉旨盖造王府营房，占地肆顷捌拾伍亩余的地方，亦即后来的平西府所在。

清初在这一地区出现的平房（即今平坊）村与康熙末在南郑家庄修建之王府营房在空间上呈东西对应关系。按中国古代方位地名的命名原则，平房西之王府即被俗称为平西府了。南郑家庄地名被平西府取代应发生在理王被圈禁、驻防裁撤之后。因此光绪《顺天府志·地理志·村镇》有平西府而无郑家庄马房亦即南郑家庄的记载。但因该王府营造于郑家庄，故早期史料自称为郑家庄王府。因此有“密王（按即理王，因废太子允礽谥曰密，故又以密代理。实际上允礽并未移住郑家庄王府，如前所述，故称密王府不妥）府旧在德胜门外郑家庄，俗称平西府。王得罪后，长子宏（按即弘皙）降袭郡王，晋亲王，仍居郑家庄”[③] 的记载。《啸亭续录》卷四所说:“理亲王府在德胜门外郑家庄平西府”是正确的。

由此可见，允礽嫡子弘皙的理王府就在德胜门外，距京城二十余里的昌平南境之郑家庄，俗称平西府。

三、理王府的衰落与京城王大人胡同

如上所述，雍正初期的理王府及其驻防城是一个占地伍顷肆拾余亩，房舍二千五百余间，总人口约四千人的宏大聚落。但作为清王朝政治斗争的附属产物，它随着主人的荣辱而兴衰。

雍正元年以理郡王身份移住郑家庄王府的弘皙，至雍正八年（1730）五月，晋封为理亲王[④]，至乾隆四年（1739）冬十月，理亲王弘皙缘事削爵并被圈禁。遂又因弘皙问“准噶尔能否到京，上寿算几何”，被永远圈禁。[⑤] 随着这一系列变故的发生与发展，郑家庄理王府的地位显然迅速地衰落了。至乾隆二十八年（1763），甚至“裁郑家庄驻防城守尉以下官兵，酌拨补福建水师营

---

① ［光绪］《昌平州志》卷 11《会计簿》，光绪刻本。

② ［光绪］《顺天府志》卷 28《地理志十·村镇二》，光绪刻本。

③ ［光绪］《顺天府志》卷 13《京师志·坊巷》，光绪刻本；陈宗蕃编著《燕都丛考》，北京：北京古籍出版社，1991 年，亦有类似记录。

④《清史稿》卷 9《世宗纪》。

⑤《清史稿》卷 10《高宗纪》。

兵额”。[①]二十九年（1764），郑家庄王府驻防城守尉以下官兵612名遂被裁撤并全部调往福建，充补了福州驻防水师。[②]至此，郑家庄王府因主人弘皙的永远被圈禁甚或病死和大批八旗驻军人口的裁撤，行宫、王府及官兵驻防被平毁迅速地衰落下来。郑家庄驻防城仅仅存在了短短四十年，作为理王府第时间更短些；兼政治原因，导致郑家庄王府及其驻防城长期鲜为人知。王府无王居止，名称自然变异，平西府名称显然是理亲王弘皙削爵圈禁，驻防裁撤之后演化而成的。因此名称的演变也正是王府衰落的标志。当今的平西府为镇驻地。平西府中学则占用了旧日王府的基址，仍然显示出王府昔日规划设计的平面格局和特点。

在北京内城东北部北新桥三条西段有一王大人胡同。据《啸亭续录》，理郡王府在王大人胡同。其实王大人胡同就是因理郡王府在此得名。按前述，理王府在京城德胜门外二十余里的平西府，为何内城王大人胡同还有一处理郡王府呢？

雍正即位后，在封允礽嫡子弘皙为理郡王、移居郑家庄王府、又晋封其亲王的同时，还先后封允礽子弘曣和弘晀为辅国公；[③]乾隆四年（1739），理亲王弘皙缘事削爵圈禁后，又封弘旳为郡王，并袭理亲王爵。[④]在《顺天府志·京顺志·坊巷》关于王大人胡同的按语中讲：“王讳弘旳，圣祖孙，废太子理密亲王允礽次子，谥曰恪。密王府旧在德胜门外郑家庄，俗称平西府，王得罪后，长子弘皙降袭郡王，晋亲王，仍居郑家庄。乾隆四年，黜属籍，以弘旳绍封。”由此可见，王大人胡同中的理郡王府系允礽次子弘旳的府第，始于乾隆四年弘旳绍封郡王。故乾隆初年，在京师内外各有一个理王府，外即郑家庄王府，内则王大人胡同的弘旳郡王府。城内理郡王府至同治初年转而封赏给淳度亲王之后辅国公奕梁。[⑤]

综上所述，清康熙敕建的郑家庄王府及兵丁住房就位于京郊昌平南境、京城德胜门外二十余里的郑家庄即后来的平西府，而不在山西祁县，亦不在直隶祁州。因此，《清史稿·诸王传六》“雍正元年诏于祁县郑家庄修盖房屋，驻扎兵丁，将移允礽往居之”的记载中，关于王府与营房始建时间、营造地点及移住者

① 《清朝文献通考》卷183《兵考五》，上海：上海商务印书馆，民国25年；《大清会典事例》卷1119《八旗都统·田宅》，光绪34年，上海商务印书馆刻本。

② 《清朝文献通考》卷185《兵考七》，上海：上海商务印书馆，民国25年。

③ 《清史稿》卷9《世宗纪》。

④ 《清史稿》卷10《高宗纪》。

⑤ ［光绪］《顺天府志》卷13《京师志·坊巷》，光绪10-12年刻本；陈宗蕃编著：《燕都丛考》，北京：北京古籍出版社，1991年，亦有类似记录。

均是错误的，有必要纠正。其正确的记录应该是："康熙五十八年，诏于昌平州郑家庄修盖王府与住房，驻扎兵丁，将移胤礽往居之。雍正元年，移弘皙往住，并置八旗驻防"。

（原载《清史研究》1998年第1期，原文发表时题目为《清史稿·诸王传》正误一则）

四　纪行

参观维尔纽斯城堡博物馆

——波罗的海沿岸纪行之一

从白俄罗斯首府明斯克到立陶宛首府维尔纽斯，路上整整花了5个小时，一进入维尔纽斯市区，我便被她的繁华吸引住了。市内旧城区遍布古代欧式建筑，色调砖红。街道曲折斜行，看来多是在城市发展过程中自然形成的。市中心的中央大街比较平直，大街的东端就是著名的维尔纽斯城堡博物馆。

按照事先的安排，我住进了维尔纽斯大学的公寓。晚上，公寓服务员特地来提醒我："到了维尔纽斯一定要去城堡博物馆参观。她给您展示了我们这个民族和我们这个城市发展的历程和轨迹，是一部真正的民族发展史和国家兴衰史。"她还毫不掩饰地说："我爱立陶宛民族、我爱维尔纽斯城市胜过爱我的丈夫和儿子。必要时我也会像男人一样用自己的生命去捍卫她。"一位普普通通的妇女发自肺腑的表白，倒使我感到了在立陶宛人民中蕴含的那种不屈不挠的伟大力量。

在访问了维尔纽斯大学和立陶宛骨干企业维尔纽斯"埃尔玹"电机工厂之后，我就将参观城堡博物馆的活动安排在星期六。在苏联，星期六也是周末休息日。因此到那里参观游览的人很多，还经常可以看到包括东方人在内的外国游览者。在距城堡博物馆老远的地方即可以看到古城堡塔楼的雄姿。这个三层的城堡塔楼高高地耸立在海拔约百米的城堡山上，而立陶宛加盟共和国国旗就在这个塔楼的上空高高地飘扬。据说在城市郊区的任何方位都可以看到标志着立陶宛生机勃勃存在、并蕴含着巨大民族凝聚力的旗帜。

当我走进维尔纽斯城堡博物馆入口时，一位彬彬有礼的立陶宛年轻人从侧旁走近我，朝我搭话："您好！您是中国朋友吧？"我说："是的。您好！"简短的交谈之后方知他是维尔纽斯一所中学的历史教师，谈锋甚锐。很快，我们畅谈起来。

开始他就声明说，平日里我们不喜欢用俄语讲话，但遇到外国朋友，却是例外。大概因专业的缘故，尽管年轻，但他对维尔纽斯城市和这个古代城堡，乃至立陶宛的历史却了如指掌。他指着面前突兀的小山岗说："这座山海拔仅约百米，却是维尔纽斯市区的制高点。古代它本来无名，十三世纪立陶宛先民傍山筑城，故到后来便称之为城堡山了。但最初是木结构城堡，而且只此一个，即后来的所谓上城堡。城堡的兴建使山麓的城市居民不断增加，居住区不断扩大。至立陶宛大公格底米纳斯统治时期（1316—1341），这里除耸立在城堡山顶的上城堡外，又兴建了位于城堡山东北麓、濒临涅曼河支流尼亚里斯河的下城堡（19 世纪被破坏）及屹立于克里沃山上的克里沃城堡（1390 年被破坏）。三个城堡二高一低成掎角应援之势以利军事攻守，其北邻尼亚里斯河、东濒尼亚里斯河支流维利亚河，西与南面均掘地成壕，引河水形成环形水系环绕城堡，构成一道理想防线。”听得出，他在为古代立陶宛人的聪明才智和伟大创造而津津乐道。今天，他所说的西南两面的水壕早已被改造为环绕古代城堡区的通衢大道。显然，这是维尔纽斯发展过程中城市功能发生变化的标志。

后来木结构的上城堡遭火灾焚毁。在立陶宛大公维塔乌塔斯执政期间（1392—1430）改建为石材结构的城堡。它不仅经受住了日耳曼骑士团的历次围攻，而且其部分建筑和塔楼历经 5 个多世纪的风雨沧桑一直保留到 20 世纪初期。卫国战争中塔楼遭到严重破坏，1948 年至 1949 年重建，并于塔楼的顶部增筑了看台。1960 年夏，城堡的塔楼被辟为博物馆，向社会开放。1968 年开始，维尔纽斯城堡博物馆改造为立陶宛加盟共和国历史与民族文化博物馆分馆。博物馆陈列自塔楼的底层开始，展示了不同年份在上城堡区和城堡山山麓带考古发现的 14 至 17 世纪的陶器、骨器、铁器等遗物。

说话之间，我们已经迈进了塔楼的第一层即维尔纽斯城堡博物馆的第一展厅。这里展出了 15 世纪维尔纽斯城堡的模型，及考古工作者在这一地区发现的武器、16 世纪的骑士盔甲，16 至 17 世纪用于弹射炮的石球、矛和钺，以及早期立陶宛大公对外交战的示意图。

沿螺旋式楼梯登上塔楼的二层，即进入了博物馆的第二展厅。展厅的中央陈列着 17 世纪维尔纽斯城堡的模型，考古工作者在这里发现的瓷砖、古代火枪、小炮、锁子甲、头盔等。这些展品极大地吸引了参观者的兴趣。尤其值得注意的是，早在 16 世纪，维尔纽斯即出现了自来水管道，并开始输水。管道是由钻孔栎树或松树圆木做成的，并以铁件衔接。其实物即陈列在这个展厅中。可以看出这个时期的维尔纽斯已成为欧洲大型城市之一。

位于塔楼第三层的博物馆第三陈列厅，以《维尔纽斯历史文物与文化的保护和利用》为主要内容，因此 20 世纪初以来的革命文物占了很大比重。同时这里还以彩色幻灯片复原和展示了 19 世纪维尔纽斯旧城的街区略图及旧城中的建筑风貌，还陈列了记载维尔纽斯和立陶宛历史事件和文物古迹的丰富文献，以及考古工作者在旧城中发现的陶器、铁器、骨角器、硬币等。

登上塔楼的看台，俯瞰市区，维尔纽斯全城尽收眼底，其老区幽雅的古代建筑和新区漂亮的现代楼房已融为一体。曲折的尼亚里斯河穿过市区向西流淌，条条道路伸向市区各处并通往立陶宛各地。塔楼周围古代城堡所在的小区，即维尔纽斯旧城区已划为国家级重点保护的都市禁区。在绿树浓荫的环抱中，哥特式、巴洛克式，古典主义风格及文艺复兴时代的高大建筑与“国家歌剧和芭蕾舞剧院”、艺术展览馆、体育馆等现代化建筑，使维尔纽斯成为一个文物古迹与现代生活和谐结合的美丽城市。

因此，早在20世纪60年代城堡博物馆开放之初，每年前来参观访问者即已达25万人。进入80年代，游览访问维尔纽斯城堡博物馆的人数仍在不断增加。

在我将“维尔纽斯是苏联最漂亮的城市之一”的观感告诉这位历史教师时，他分外高兴，并说：“谢谢您！我们立陶宛人正因为有如此悠久的历史和辉煌的过去，有如此漂亮的都城和百折不挠的民族精神而感到自豪。我们相信我们将有自己更为美好光明的未来。”

在我依依不舍地离开这个令人留恋的看台缓步下行时，这位热心的立陶宛青年教师又从另一个角度强调了这个城市的发展历史：作为都城，她是1323年创立的城市，16世纪成为欧洲大型贸易、手工业与文化中心。1579年维尔纽斯大学的创立是城市史上这个时期的最重大事件。在随后的几个世纪中因经常的战争阻滞了城市的发展，自20世纪初她才又获得了新的繁荣。今天的维尔纽斯已成长为重要的交通枢纽和波罗的海沿岸的主要经济、文化、科技中心之一。

从城堡山下来，我们不约而同地看了看自己的表，已是当地时间下午1点钟。他缓缓地告诉我，“对不起，亲爱的中国朋友。我还要陪我的妻子和女儿去教堂。您是否也应该去那里走走？”我们分手时，他似乎余言未了，只是坚定而概括地说：“我们立陶宛人一定要成功，一定能成功！”

（原载《地理知识》1991年第6期）

访里加

——波罗的海沿岸纪行之二

自立陶宛首府维尔纽斯乘火车，经过8小时的行程，就到达古老而年轻的城市——拉脱维亚首都里加。因夜间行车，加之淫雨霏霏，沿途景观很难看清。凌晨3时之后，透过车窗依稀可见广阔的森林、平展的农田和稀疏的村镇。这里的人们有着保护自然环境的优良传统。

古城沧桑

里加以历史悠久、建筑优美、文物众多著名，每年接待国内外旅游者数十万人。为便于领略城市风貌，我住进了规模不大但服务良好的旅馆；它位于市中心基洛夫区拉奇普列斯街中段。路口即中央大街列宁大街，沿街至里加中心（即旧城）步行只需10分钟。接待我的是一位年近退休的拉脱维亚老职员，他认真负责、忠于职守。当他得知我来自中国且要逗留一周之后，高兴地紧紧握着我的手说："里加欢迎你，中国朋友！真的，30年前我就曾接待过中国客人。"沉吟之中他似乎在追忆当时情景。或出于兴奋，每每聊起，他总是谈锋甚锐。除关心中国人民的改革之外，便是如数家珍地向我介绍里加的历史和现状，推荐我应该游览的地方，里加在我心目中很快真实具体起来了。

早在1198年的文献中即提到了里加。作为城市被文献记载是在1201年。至中世纪末因其优越的交通地理位置，城市作为区域商业和手工业中心而日渐发展起来，并且加入了汉萨城市同盟。1700年至1721年俄国与瑞典为争夺波罗的海出海口而进行的北方战争后，里加成为俄罗斯的一个大型外贸中心，而自19世纪后半叶起成为重要的工业城市。古代，里加叫维茨里加，即今里加中心；西濒道加瓦河，东、东南与北面为城市运河所环绕，形成不规则的环状封闭体系，犹如中国的古代城池，至今历历在目。言谈话语中，这位拉脱维亚人对本民族的历史文明充满着骄傲和自豪；但又为本民族先后被周围不同征服者所宰割的历史遭遇深感痛心和耻辱。

还在19世纪，拉脱维亚人即对城市建设进行了规划，将其纳入了健康发展的轨道。绝大多数古代建筑物集中在面积大约2平方千米的旧城区即里加中心。

其建筑形式以欧洲流行的巴洛克式为主，杂以哥特式和古典式；建筑多呈砖红色调，表现了中世纪欧洲城市的典型风格特征。整个古代城市不仅平面布局整齐有序、配置紧凑，而且空间格局参差有致、构造奇巧，壮观幽雅。其中最为著名的建筑有创建于14世纪的骑士团城堡，它位于古城西北部、城堡西侧便是开阔的道加瓦河，如今城堡内设有拉脱维亚历史博物馆、文化艺术博物馆及少年宫等；有创建于13世纪初、营建5个多世纪的多姆斯教堂，集各时期不同建筑风格于一身，巍峨富丽，高达90米，塔顶装设金质风信鸡一尊，教堂内藏有一架由6768根琴管组成、在世界上享有盛名的大风琴，并附设有可容1500名听众的音乐厅，现辟为里加市历史博物馆分馆；有创建于13—14世纪初、以豪华著称的圣彼得大教堂，拥有高达123.2米的尖塔，塔顶屹立金质风信鸡一尊，成为里加城市的重要标志和象征物；此外还有创建于13世纪的耶卡布教堂等20余处古代建筑珍品。仅就这个古代城市而言，里加当属世界上最为壮观的城市之一。

19世纪后，城市除按照当时的规划建设外，逐渐突破城市运河的藩篱向东北方向，并且越过道加瓦河向西发展。1969年又进行了城市现代化总体规划。这一规划不仅强调了保护里加中心的重要性和必要性，而且提出了发展新城市的基本方针。里加中心的周围由城市园林绿地环绕；这个环状园林绿地成为新旧城市的过渡地带。显而易见，这大大有利于里加中心城市的保护。里加新市区面积已是里加中心的七八十倍。新市区以灰白色调的现代建筑为主，点缀着古典式屋宇、显得格外漂亮。在园林绿地掩映之下的里加市，在当地人中有“花城”之称，在外国旅游者之间则有“欧洲美人”之誉。身临其境方信以为然。

当今的里加共分为六个区，其中位于道加瓦河右岸的基洛夫区系城市中央区，名胜古迹集中的里加中心即位于该区内，是最令游客流连忘返之所。城市主干道列宁大街、高尔基大街、苏沃罗夫大街、道加瓦沿河大街均穿行该区。列宁大街呈南西-北东走向，自十月大桥东端桥头、穿过里加中心和新市区至里加民族学露天博物馆长达10千米，街道两侧建筑林立、馆舍云集，整齐壮观。大街西段街心花园东端屹立着列宁全身金属铸像，西端乃象征拉脱维亚民族精神的“真理与自由”女神像。女神像背后隔城市运河就是里加古城。一位中年里加妇女告诉我，“真理与自由”女神像不仅是拉脱维亚民族精神的象征，而且是古文明的捍卫者。

经济文化中心

里加城市的发展是伴随政治中心地位和经济中心职能的确立而发生的。作为一个大型工业中心，里加拥有多种工业门类，其中里加电工器材与无线电工程生产联合体的电工产品、车辆与电机产品，轻纺产品在国内外市场均享有盛誉。年产3200万件的里加陶瓷厂产品也于20世纪70年代大量打入了国际市场。市区内较大百货与专业商店近50家，农贸市场4处，商业点网，市场贸易堪称发达。

里加是波罗的海沿岸水陆交通枢纽。除五条铁路与公路干线在此交汇外，还是苏联重要沿海和内河港口。道加瓦河中下游5至11月均可通航、成为联络拉脱维亚、白俄罗斯及俄罗斯联邦瓦尔戴丘陵区的水路纽带。而里加海港与50个国家的140个港口通航，成为苏联发展对外贸易的重要口岸。横跨道加瓦河的戈尔科夫大桥、十月大桥、莫斯科大桥及铁路桥将两岸市区紧密地联系在一起，方便了市区交通，加强了城市的整体感。市内运行的公共汽车达53路、定线出租车13路，无轨电车24路，有轨电车11路，共同构成了城市运转动脉。

里加还是国家的科技文化和教育中心。1946年创立的拉脱维亚科学院现分三个学部15个科研机构，拥有25名院士和31名通讯院士。除28处著名的古代建筑之外，里加还拥有博物馆和展览馆27处，其中拉脱维亚自然博物馆是全苏最古老和收藏品最丰富的自然科学博物馆之一。该馆创建于1846年，目前分为地质学、植物学、昆虫学、动物学、人类学和自然保护六个部，陈列品达6500余种、10.9万件。每年接待参观者达16万人。此外尚有五家大图书馆，其中创建于1919年的国家图书馆藏书达500余万册；歌舞剧院及杂技院14处，其中1919年创建的拉脱维亚歌剧舞剧院，1920年创建的莱尼斯艺术话剧院最为著名。市内喷泉雕塑，处处可见。里加有高校七所，其中创建于1919年的拉脱维亚大学为国立综合性大学，设立10余个系，拥有1.2万名学生。在一个只有91万人口的城市中拥有如此多的科技文化和教育机构设施，实在令人惊叹！

里加的城市旅游和社会服务业亦获得了很大发展，市区拥有大型宾馆11家、停车场20处，汽车加油站13处，餐厅与咖啡厅多达57处。总之，里加已形成了内外交通、经济文化、社会服务等完善的网络体系，成为苏联波罗的海沿岸最大城市和旅游胜地，每年接待国内外游客达五六十万人。

城市居民的住房条件已有很大改善，兴起于城市边缘设备完善的居住建筑群如尤尔加、根加拉科斯小区已成为城市的重要组成部分。

参观民族学露天博物馆

当我参观了里加民族友谊陶瓷厂后，旅馆老服务员即建议我去参观拉脱维亚民族学露天博物馆。他告诉我，该馆创建于1924年，位于市区尤格拉湖东北岸森林中，自我的住处到该馆只要沿城市主干道列宁大街中途换乘一次车即可到达。星期六上午9点我即来到这里。检票口工作人员告诉我，这个博物馆每年接待参观者达20多万人，其中有不少外国人。

露天博物馆面积广大、大约有十平方千米。95个建筑景点错落有致地散布其中，上有森林覆盖，下有道路连通。我徒步参观完这些景点整整化了七个小时。

按馆内陈列的95个景点大体可以划分为：不同阶层的住房、仓储、牲畜圈棚、宗教建筑、手工作坊及日常生活设施、学校等七类。按建筑实物的来源，这些建筑景点是从拉脱维亚四个历史文化区，即从库尔泽梅（库尔兰）、拉特加列（拉特加利亚）、维泽梅、泽姆加尔搬运来的。这些实物具体而真实地反映了16世纪以来，主要是18与19世纪拉脱维亚人的社会生活和经济文化形态及其发展历史。追溯这一段尚未被淹没的民间生活历史和形态，对全面了解拉脱维亚民族发展的历史轨迹、民族经济文化的形成具有重要现实意义。设计者将不同时期、不同地区的建筑物，协调一致地配置一起，反映了拉脱维亚民族发展的历史进程和经济文化面貌，收到极好效果。因此参观者普遍认为该馆是最近四五个世纪拉脱维亚民族发展足迹的缩影。

（原载《地理知识》1991年第7期）

塔 林

——波罗的海沿岸纪行之三

苏联爱沙尼亚共和国首都塔林是一个景色秀丽的城市。她位于波罗的海芬兰湾南岸，北岸是芬兰首都赫尔辛基。两城俨若列宁格勒的天然门户。1989年人口48.2万。

在波罗的海沿岸三国首都中，塔林规模最小，但她却是全苏最古老的城市之一。早在1154年即已见诸文献记载，当时叫“科雷万”。而在古代阿拉伯地理学家编绘的世界地图上称作“卡列维尼”。据说这个名称与古代爱沙尼亚民间歌谣中的英雄卡列夫的名字有关。爱沙尼亚被沙俄吞并之后，该城被称作“列维利”。而塔林的名字则是历史上丹麦人征服爱沙尼亚，占领城市之后出现的。意思是“丹麦城”。

塔林城市的沿革和名称的演变过程是一位爱沙尼亚中年人在我参观爱沙尼亚国家历史博物馆时告诉我的。当时，他表情凄楚，声音激动，并强烈地表达了自己的愿望：“我们爱沙尼亚有自己辉煌的历史，但历史上却是一个任人宰割的民族。”

古代塔林由上城和下城组成，统称作旧城；上城又称“托姆佩阿”，是塔林历史上的重要中心。按当地传说，上城下面是古代爱沙尼亚民族的领袖、传奇英雄卡列夫的妻子琳达亲手用大石块为他建造的坟墓。但事实上，上城位于北、西、南三面陡峭，唯东面平缓，海拔48米的整体石灰岩丘岗上。这是波罗的海长期侵蚀石灰岩高原后塑造出来的椭圆形残丘。这个丘岗成为周围地区的制高点，是古代防御敌人袭击的天然屏障。因此，早在10世纪之前这里即出现了爱沙尼亚人的第一个固定设防的居民点。此后，自13世纪到18世纪，这里一直存在一座拥有4个塔楼、设防坚固的城堡，即所谓上城堡。今日所见塔楼仅东北、西北和西南三个，其中以西南角的塔楼最高大，达50米，纯石结构，因名“德利内格尔玛”，意思是高大石柱。塔楼海拔达98米，伫立塔楼之上俯瞰全城，一览无余。

上城城堡的北面是建成于13世纪初的多姆教堂。它是塔林最古老最典型的哥特式教堂建筑。据传说，古代这一带是上城贵族的基地。现代地下出土的石棺、徽章和墓志铭不仅反映了当时建筑艺术的卓越成就，而且证实了这一传说。俄罗斯著名航海家克鲁津什捷尔思的陵墓也在这里。

随着城市的发展，上城所在丘岗地形已不适应城市发展的需要，遂在丘岗东侧形成了新城区即下城。沿上城东南近缘的古代街道皮克亚尔格可步人下城。17世纪以前，这条街道是进入上城城堡乃至整个上城的唯一通道。上、下城之间有一座1380年建造的石结构门楼，门楼以东便是斜穿下城、直抵大海门的皮克大街。这条长街和皮克亚尔格街把上城、下城和港口联系起来，便利了古代城市内部及对外交通。大海门位于下城东北隅，因北面濒海而得名。其东侧为高大的石结构炮楼。在这个圆柱体建筑物墙壁上留有高低不等的三排射击、瞭望和通风孔。这是下城形成后为保卫城市而建造的塔楼式堡垒之一。由于塔林在古代是一港口城市，因此大海门显然就是塔林古代城市的正门或主门。

下城面积约3平方千米，约相当上城的4倍。环绕下城筑有大小不等、高矮不同的古堡和塔楼共24个，其间筑有城垣，蜿蜒于城市边缘。这是平原城市军事防守的必然产物。全部古堡和塔楼及大部分城垣至今保护良好。

下城是早期的城市居民区和市政驻地。创建于14世纪末至15世纪初的市政厅即位于下城中心。她不仅是波罗的海沿岸，而且是整个北欧建筑史中最雄伟的哥特式古代建筑，最为引人注目。在市政厅两层建筑的顶端竖立一个带有欧洲文艺复兴时代建筑风格的优雅的八面塔楼，塔楼的尖顶上至今还屹立着著名的风向标“老托马斯”——塔林城市的象征性忠诚卫士和重要标志。市政厅门前的广场是古代塔林居民集会和市政厅举行盛典的场所，今天仍然是塔林人集会、举行重大庆祝活动或节日进行音乐舞蹈表演的地方，也是极好的旅游摄影留念之处。

在市政厅广场上有附属于古代市政厅的药房建筑，距今已有550余年的历史。北邻14至17世纪建筑的圣灵教堂。西北隔皮克大街即15世纪初建筑的大同业行会大厦。这是一个典型的北欧哥特式建筑，现为爱沙尼亚国立历史博物馆。下城东北部皮克与拉伊大街之间是创建于14至16世纪、带有高大塔楼的奥列维斯特教堂。13层的塔楼上覆以铜质八面尖顶、总高度140米。因此，这个塔楼自然成为近海航行与陆地旅游的方向标。下城西北部有17世纪的货栈，连同北部为旧城老的工业、手工业区；有13至14世纪创筑的女修道院及居住建筑，后者现为爱沙尼亚国家自然博物馆。下城西南部有13至18世纪创建的尼古拉大教堂。在这里可经常见到举行宗教性、结婚典礼的情景，雄浑的教堂婚礼歌调、神甫严峻的面孔及其不停的祈祷使人有一种阴森之感，而身背彩带的成双证婚者及戴上婚冠的漂亮新婚人倒是给人留下了美好的记忆。沿教堂北侧大街西行即18世纪以后开辟的上城与下城之间又一大门；东行至维鲁街与下城东城垣交汇处有一由三个塔楼组成的下城东门，它是古代塔林陆路交通的起点，因此在维鲁大街和维鲁广场附近形成了繁华的商业区。

整个旧城中不仅完好地保留了以哥特式为主的建筑物，形成了特殊的城市外部特色，而且完好地保留了弯曲狭窄的石铺路面街道。这里禁止汽车通行，从而保护了古代街道，也保护了古代建筑物和整个古城的优美环境。一位年轻的女导游提醒我，“在北欧，塔林是唯一保持着中世纪建筑格调的城市”。身临其境，深感如此。

漫步在旧城中世纪的街道或广场上，常常遇见城市生活的特写镜头：周末青少年男女头戴面具的喜剧表演，磁石般吸引了成千上万围观的群众；平时乘轻便小马车沿街游玩的人们悠然自得，犹如回到了中世纪的城市，老、中、青甚至少年艺术家们在街头或广场一隅手执画版写生；夏天的街头咖啡厅吸引了一拨又一拨游人，他们在素雅硕大的伞盖之下一边喝咖啡，一边愉快地交谈，别有一番情趣。由此构成了一幅城市生活的轻松画面。

在下城东北郊外，塔林湾东南海滨有彼得一世所建的卡德里奥尔格公园。公园东南部有按照他的命令于1718—1723年兴建的卡德里奥尔格宫，现为爱沙尼亚国家艺术博物馆，以及彼得的行宫；公园北部滨海屹立着一尊长有双翅、左手高擎十字架，右臂前伸、面向大海、高达16米的青铜纪念像，是为纪念1893年11月7日自塔林至赫尔辛基途中沉没的俄罗斯“美人鱼”号战舰所建，因此俗称“美人鱼纪念像”。

20世纪以来塔林城市发展跨入了新时期。环绕旧城区的新市区沿塔林湾、科普里湾和科普里半岛以及铁路和公路干线向周围迅速扩展，面积已数十倍于旧城区。今日市区划分为十月、加里宁、列宁和滨海四区，旧城区属于其中的十月区。为使城市纳入健康发展的轨道，1971年进行了城市总体规划。按照规划要求，旧城区即上、下城成为严加保护的对象，旧城原有名胜古迹及其建筑形式、色调和格局均得到了有效保护。为此在旧城与新城之间开辟了园林绿地、作为新旧城市的过渡带；按照规划设计意图，这个过渡带实质上是旧城区文物古迹的保护带。绿地之外还有一个椭圆形林荫环路，也起了与绿地同样的作用。在形体高大色调灰白的混凝土建筑物集中的新城区衬托和园林绿地掩映之下，旧城显得更为古朴、俊秀、深沉。而新市区的确充满了现代生活的气息；用塔林人的话说就是：“新塔林以宽阔的马路代替了中世纪狭窄的街道，以宽敞明亮、设备完善的高层建筑代替了阴暗低矮的古代房舍，以生机勃勃的高速运转代替了古代的沉静节奏。”

现代塔林不仅是爱沙尼亚最高苏维埃和部长会议所在地，而且是苏联波罗的海沿岸的一个大型经济中心和铁路与公路枢纽及国际航运港口。这里拥有机器制造、木材加工、造纸、轻工、食品等工业门类，其中挖掘机，电工产品、测量仪表、钢琴、滑雪板、帆艇等产品在国际市场享有盛誉。塔林城市工业产值占爱沙尼亚工业总产值的45%以上。市区商业发达，拥有大型商场15家，生活服务设施8处。塔林有三条铁路及相应的公路干线分别通达列宁格勒和莫斯科、里加、哈普萨卢。塔林港作为波罗的海沿岸天然良港之一，拥有19个泊位，年货物吞吐300余万吨、客运量约10万人次，进出口货物以水泥、建材、金属和谷物为主。市区除波罗的海火车站外，尚有10余个小型客、货站及客、货运码头、机场、长途汽车站等交通设施。

塔林又是爱沙尼亚科技文化与教育中心，拥有1946年创立的爱沙尼亚科学院、分三个学部、13个科研机构；有20位院士和24位通讯院士。塔林有纪念地与纪念建筑29处，博物馆与展览馆22处，其中塔林城市博物馆、爱沙尼亚国家历史博物馆、自然博物馆、海洋博物馆、艺术博物馆、戏剧与音乐博物馆、民间建筑与习俗公园式博物馆及国民经济成就展览馆最著名；名胜古迹50处，其中上城古城堡和多姆教堂，下城市政厅、大行会大厦、圣灵、尼古拉和奥列维斯特教堂、城堡工事、大海门及滨海宫殿均负盛名；剧院、影剧院、歌剧厅等20处，其中1960年滨海建起的露天歌咏场规模之大，世所罕见。演唱台可同时容纳3万个演员、听众席达15万个；建筑结构新颖、音响效果良好，为欧洲最出色的露天歌咏场之一。爱沙尼亚传统歌唱节就在此举行。此外还有植物园、动物园及21处体育场馆。塔林曾为1980年夏苏联承办第22届国际奥林匹克运动会安排比赛项目的五城市之一。

随着经济文化的发展，塔林城市旅游和社会服务业均获得了很大发展。目前市区拥有旅游机构8处，旅馆和汽车旅游者宿营地10处，汽车技术服务站4处，汽车加油站10处，餐厅、酒吧等达40处。在城市各大交通路口树立的“塔林欢迎国内外旅游者”的各种标志更富有特色。塔林的优美环境、众多名胜古迹和良好的社会服务每年吸引国内外游客达数十万人。

（原载《地理知识》1991年第8期）

第比利斯

——外高加索纪行之一

客机钻出云海，已是当地时间22点整。夜幕中，万家灯火所点缀的一座大城市的轮廓，犹若平卧着的中国古代熠熠发光的金元宝，我下意识地想到，它就是外高加索著名城市第比利斯。

第比利斯是格鲁吉亚共和国首都，是一座古老而又年轻的城市。她位于大高加索与小高加索之间，海拔406—522米。库拉河在这里切穿山地呈弓形，由西北向东南流淌。城市建筑即沿库拉河两岸阶地呈阶梯式向山麓展开，并沿河向上游与下游延伸。因此，从某种意义上讲，这里的山和水制约并塑造了城市平面轮廓。

为方便工作，我即下榻于第比利斯大学的留学生公寓中。

第二天上午，我即参观了第比利斯大学。据校长秘书介绍，大学规模不断扩大，但因城市用地紧张，不得不分散办学。目前先分为主楼教学区、图书馆与生物楼和应用数学所区、高能物理所与光合作用专题实验室区、水文气象实验室区、大学生旧公寓区和大学生公寓区等六区，散列于市区西南部库拉河支流维拉河两岸，其中只有位于恰夫恰瓦泽大街东端的主楼群接近市区中心。第比利斯大学创建于1918年，已有70余年的历史，是高加索地区的第一所文理科综合性大学。拥有167个系、139个教研室，1500名教师，其中副博士和副教授850人，科学博士和教授200多人。在校大学生1.4万人，按41个专业和49个专业化方向培养。全校有23个专业学术委员会有权授予25个专业的科学博士和46个专业的科学副博士学位。在读研究生400人，已获得学位者达600人。

学校有学术图书馆和计算中心，出版社每年出版学术著作600多种，并出版《第比利斯大学周报》，有应用数学和高能物理两个研究所。40个科研实验室，1500名研究人员。学校注意教学与科研结合，获得了良好效果。同时该校20多年来长期坚持与耶拿大学（德国）进行教学、科研和文化合作，实行大学生、研究生与教师教学和科研互访，促进了教学与科研水平的不断提高。

第比利斯大学的学生们具有积极参加业余艺术活动的传统，他们常常举办各种形式的艺术创作展览，不少作品曾获得国家奖或学校奖。

在大学四层的主楼上我还访问了地理地质学系古扎比泽教授。地理地质学系在第比利斯大学是一个中等规模的系，有5个专业，其中经济地理专业每年招生在30人左右。毕业生主要分配去从事教学、科研及规划管理、环境保护等工作。学生的个人工作兴趣则因人而异，而乐于从事地理教学的毕业生还不在少数。

事实上，政府主管部门和学校的意图与愿望与当代青年大学生的兴趣大相径庭。在主楼门口我遇到一位大学四年级哲学系学生，当他得知我来参观第比利斯大学时，便高兴地说："请您告诉我，您已经看了什么，还希望看什么？听什么介绍？"一席慷慨的问话鼓起了我提问题的勇气，我便趁势问他："你和你的伙伴们对公共必修课的学习态度怎样？如何认识？例如伦理学、无神论等。"他听了我的问话，并未直接答复我，只会心地笑了："很遗憾，现在还没开学，如果您走进课堂，就会一清二楚。"沉吟之中他又补充了一句："反正我们不少青年人都是基督的信徒，同时我们向往独立的人格！"是的，在苏联，凡在我去过的大小教堂中都曾看到过许许多多青年男女包括大学生，格鲁吉亚也不例外。他们、起码是相当一部分已经深深地卷进了宗教热的旋涡。

我竟没有想到，这位大学生对第比利斯城市的起源、发展和现状也知之甚详。他告诉我，自我们所在的恰夫恰瓦泽大街路口、沿鲁斯塔维里大街可直达列宁广场，自广场向前行或左行均属古代第比利斯中心区——纳里卡拉。中世纪以来残存的古代建筑和现代的手工业贸易商场、集市等主要集中在这个不足2平方千米的区域中，在那里可饱览第比利斯古城风貌。

按照大学生指点的路线我来到列宁广场，广场周边林立着格鲁吉亚政府大厦、商店、机关，个体小店亦杂居其间。行人熙攘、热闹非凡。自广场有六条街道辐射市区各处，交通便利。东眺可见素罗拉克山脊上高大的"格鲁吉亚母亲"塑像及残破的古代城堡。沿普希金和巴拉塔什维里街有旧日的宗教学校，现为格鲁吉亚艺术博物馆，以及上层为住房的19世纪城墙残迹。再前行可达斯大林沿河街和库拉河。这里有美术基金会展览厅，通过现代库拉河大桥可达火车站。沿着与巴拉塔什维里街斜交的恰赫鲁哈杰街与莎夫杰里街均可进入赫拉克利乌斯二世广场。赫拉二世是18世纪中叶在此兴起的卡赫齐王国的国王，广场原是他创建的大炮军械作坊，1795年毁于伊朗人的入侵。后来人们便利用这里的空地建造了不大的二层楼房、其中北面是格鲁吉亚最后一个皇帝格奥尔吉十二世的府邸，东面是东正教教会建筑。1840年分别改建为后古典主义住房和商队板棚。广场向东是狭窄的锡安街、莎尔金街和克拉西尔街，它们与莎夫杰里街共商构成了中世纪第比利斯城市的东西向主干道。其西端北侧有建成于公元6世纪的教堂，因17世纪从格鲁吉亚西南部的安契修道院运来了著名的安契耶稣圣像，故名安契教堂。耶稣像现保存在格鲁吉亚艺术博物馆中。南侧，与恰赫鲁哈杰街相邻有16至19世纪的兹敏达盖奥尔加教堂。中段即锡安街北侧高耸着第比利最大建筑物锡安大教堂，它建成于6世纪后半叶至7世纪初，为格鲁吉亚中世纪典型教堂建筑。其北面入口上耸立着1425年的两层钟楼。街南与锡安大教堂相对，是1812年建成拥有三层钟楼的小教堂。它是第比利斯俄罗斯古典主义风格的最早建筑之一。在大教堂东侧1650年建成的商队板棚旧址上有1820年新建的商队板棚建筑；中间是有蓄水池的宽大院子，如今这里已成为第比利斯市民族史博物馆。

列谢利泽街自列宁广场斜向东北横穿古城东西主干道直抵古代库拉河大桥。为第比利斯城区又一条主干道，在中世纪以其手工业与商业贸易市场集中著名。在其南端东侧有18世纪的天主教堂；东北端南面街区中有18世纪的诺拉申教堂和16至19世纪的德瓦利斯妈妈教堂。极为有趣的是，旧城中若干小街巷的名称直接反映了古代居民职业状况。如谢列勃里亚纳亚街集中了银器作坊，克拉西尔街则是染坊所在，维恩上坡路则是制酒工匠聚居地等。

自列宁广场沿达加尼街东行、有格鲁吉亚民间应用艺术博物馆，这里展出了大量民间工艺产品。在索罗拉克山麓自南而北有17至19世纪的女修道院，18世纪的别特列米教堂和舒尔勃盖沃尔克教堂等古代建筑。沿山麓盘道拾级而上穿过山腰隧道，山后有弯曲小路直通“格鲁吉亚母亲”塑像处。这尊高大的塑像面向古城，左手托碗，右手执剑，以象征反法西斯战争的伟大胜利。据说在市区不少地方都可看到她。沿山脊崎岖山路北行、在地势下降50米左右的山脊北端、北临库拉河便是第比利斯古城堡废墟。我参观这片废墟时，第比利斯文物保护部门正在紧张施工，复原城内古代宫殿建筑。他们介绍说，据考古发现的陶器与石器推断，早在公元前3000—4000年第比利斯所在的库拉河谷地即有了人类活动，公元前1000年初形成阶级社会。据格鲁吉亚编年史记载，第比利斯城堡创建于公元4世纪。当初城堡南端制高点处叫作纳里卡拉，后来整个城堡连同山麓库拉河两岸旧城区均即取名纳里卡拉。在中世纪一千多年的历史中城堡连同其他古代建筑如同格鲁吉亚的命运一样，遭到入侵者一次又一次的毁灭性破坏。1770年赫拉克利乌斯二世在废墟上改建了城堡、异常坚固。其平面形态呈直角梯形，就山势的高大石砖结构墙垣带有加固的中空半圆柱体防守设施，南端制高点有一耸立的塔楼。1827年雷电引爆城堡火药仓库，使内部设施荡然无存。当代考古学家在废墟中发现了宫殿基址、教堂、自来水管、浴池及仓库遗迹。在下层文化层中则发现了青铜时代的生产工具。今天施工复原的就是18世纪末至19世纪初的城堡建筑。19世纪初格鲁吉亚各公国并入俄国后，于东部建立梯弗里斯省，以纳里卡拉为省城，1845年正式更名为梯弗里斯，至1936年始称今名。

在城堡东南、索罗拉克山东麓查夫基斯峡谷中有古代宫廷花园，1845年建为国家植物园，现为格鲁吉亚科学院植物园。沿植物园路下行，右侧山麓有一座朴实无华的19世纪逊尼派清真寿，环境异常幽静。东面毗邻的浴池街东北侧是古代浴池区。一个个相互接近匍匐地面圆丘坟似砖砌拱券建筑，开始我还以为是古代帝王陵墓，仔细观察才发现是一种地穴式浴池建筑。这些浴池利用毗邻的塔博尔山地流出的含有硫黄矿物质的天然温泉水洗浴，是有相当高的医疗效果。因此这里成为古代第比利斯的重要矿泉疗养区和今天的重要游览区。

沿浴池街北行即库拉河、历经修砌的河岸已失去河床深切的自然美，河水清澈西流。跨过库拉河仿古石拱公路桥，迎面而来是屹立在北岸梅捷赫高地基岩上的古代第比利斯城市奠基人瓦赫坦格、戈尔加萨尔的高大骑马铸像，坐北向南、隔河俯瞰老城区。北面的崖岸上，是13世纪建成的梅捷赫教堂。神甫告诉我，早在5世纪时这里就筑有教堂，后来也被异族入侵者所破坏。他指着教堂的高大穹顶说，现存教堂是13世纪80年代重建的。自此沿维恩上坡路上行右侧则是建于1776年的著名的达列占女皇的萨契诺宫殿，带有宽大木制阳台的半圆塔楼及宫廷教堂均是重要的名胜古迹。宫殿建筑群正西，库拉河陡峭悬崖边建有带有传统阳台和外廊的小楼房，是古代手工业商人们的住处。教堂、宫殿构成旧城的北部一隅。

20世纪20年代，尤其是70年代城市总体规划实施以来，第比利斯城市获得了飞跃发展。因此保护与改造旧城区的任务就变得日渐重要。1975年已宣布旧城区为保护区，工作重点主要在于保护、修复与改造19世纪前半叶及其以前形成的异常漂亮的旧城，即中世纪卡拉区。目前改造旧城区已不限于单个建筑物，已扩大到整个建筑群，乃至整个街区。河街和莎夫捷尔与巴拉塔什维里街之间街区的改造，以及旧第比利斯的改造还在继续着。我相信，经过精心的保护与改造，外高加索的这座美丽城市必将变得更为动人。

（原载《地理知识》1992年第2期）

埃里温

——外高加索纪行之二

自第比利斯坐旅游车经过262千米的路程，抵达亚美尼亚首都埃里温。一路上，沿着河谷阶地前进，经常可见连片的阔叶森林及涓涓清流，风景优美；只有在离开谷地的山前地带才能看到亚热带干草原景象，显得荒凉冷落。

旅行车经过著名的高山湖泊塞凡湖，湖水清冽湛蓝，一望无际。20世纪70年代以来，此处建立了塞凡国家公园，湖滨辟为埃里温市的疗养区和休息地。当车子驶入卡格加姆山西麓，出现一片宽阔的谷地，埃里温就在这个谷地的东缘。旅游车沿城市东北郊第比利斯大马路进入市区，随着地势下降，市区高差竟达590米。拉兹丹河两岸市区海拔800米，而东北部山地高达1300米。

走出埃里温大学公寓向右拐，山坡上那座高大的民族建筑就是亚美尼亚马捷纳达兰古代手稿研究所。这个研究所创办于1920年，和埃里温大学同岁。它不仅是目前世界上最大的古代手稿研究所，也是世界上最大的古代亚美尼亚手稿储存库和博物馆，保存着中世纪以来的亚美尼亚的手稿。这里收藏的手稿是研究亚美尼亚民族史、古代文明史的第一手资料，具有很高的学术价值。手抄稿字迹清晰，但纸张早已泛黄，甚至变得松脆，这些正是中世纪亚美尼亚古文明的忠实纪录。接待我的三十多岁的女解说员高兴地告诉我：“您是我接待的第三位中国朋友，亚美尼亚人民非常珍视同伟大中国人民的传统友谊。”我当即表示：“我们中国人也有同样的感情。”当我应邀签名留念时，一位六十岁左右的亚美尼亚参观者走过来，“噢，中国朋友！世界上唯有中国人和亚美尼亚人最聪明，历史最悠久。”他像对我讲话，但又像自言自语，女解说员欣然点了点头。听了这饱含着对中国人民友好感情的话，我也不由自主地说道：“谢谢您，亚美尼亚的确是一个拥有悠久历史和灿烂文化的伟大民族。”

在研究所背后山顶上的胜利公园，耸立着一个伟大女性的高大纪念像，她就是亚美尼亚母亲。因位于全城的制高点，所以几乎在全城各个方向都可以看到她。她象征着在卫国战争中苏联各族人民抗击法西斯取得的伟大胜利。纪念像前是无名战士们的墓地和圣火。

第二天上午，我拜访了埃里温大学地理系阿科毕扬教授。他著有《亚美尼亚历史地理》，对亚美尼亚的城市发展有相当深入的研究。

据阿科毕扬教授介绍，早在6000年前，埃里温山地就有了人类定居。公元前4000年，在拉兹丹河左岸、埃里温湖南侧的申加维特，出现了新石器时代向铜器时代过渡时期的居民点，考古学家认为它大约存在了2000年。公元前10世纪形成了阶级社会。公元前9世纪至公元前6世纪，出现了古代东方型的奴隶制国家乌拉尔图王国。在其极盛时期，国王阿吉什提一世在今埃里温市东南部的阿林别德丘岗上建造了埃列布尼教堂。据在丘岗上发现的玄武岩石板上的楔形文字记载，教堂创建于公元前782年，是埃里温城的原始中心。1968年隆重举行了埃里温建城2750周年庆祝活动。

教授接着说，亚美尼亚族是一个公元前4世纪即已形成的古老民族，但自公元4世纪末期起，亚美尼亚先后受到外来民族的入侵和宰割，疆域不断缩小，埃列布尼城堡亦遭到毁灭性的破坏，从此就将城址转移到埃里温市的东北部。至1440年，这里已成为东亚美尼亚的行政、手工业与商业中心。19世纪初，东亚美尼亚并入俄国，建立了埃里温省。至1928年，埃列布尼城正式改名为埃里温。告别教授时，他把自己亲手绘制的一张古代亚美尼亚疆域政区图的副本，送给我做留念。

按照阿科毕扬教授的指点，我又来到埃列布尼城。它位于拉兹丹河支流季维斯河上。在庆祝建城2750周年前夕，市政府对部分地面建筑进行了修复，并对外开放。整个城堡并非正规的方形，有围墙环绕，其基址均以未经凿砌的大石块垒砌。内部主要建筑物包括宫殿、祭祀和防御设施，结构极其复杂。城堡门前竖立的城堡建筑平面结构图，再现了古代埃列布尼的整体布局面貌。毗邻的埃列布尼城堡博物馆展出了从城堡出土的古代生活用品、生产工具和工艺品等文物，再现了亚美尼亚不同历史阶段社会物质文明的发展历程。

在埃里温市西南边缘卡米尔勃鲁尔丘岗上，还有一个乌拉尔图人的城堡——捷伊舍拜尼城，也创建于公元前8世纪，与埃列布尼属同一时期。这座城堡破坏严重，现已无法辨认它的面目。北面的拉兹丹河有古代渡口，在此筑城的目的显然是控扼交通要津。同一时期，在相距大约7千米的区域内并建两城，该城堡的军事要塞的职能就格外明显了。离开捷伊舍拜尼城堡，天色已晚，从这里乘3千米的出租车回住所，老司机面带难色地收了我5个卢布，这实在太昂贵了。没等我问为什么，他就主动地告诉我，“民族矛盾造成的经济封锁，石油禁运使亚美尼亚尤其是埃里温物资严重短缺……汽油是高价的”。从出租车的收费，就可看到汽油价格高到何种程度。是的，在一段时期里，大小商场和食品店的货架上时常是空荡荡的。在亚美尼亚，有人曾友好地告诫我，“这里随时有发生大规模民族战争的危险，快离开的好”。他们的担心不是没有根据的。1915 年土耳其人入侵并实行的种族灭绝政策，使亚美尼亚民族蒙受重大的牺牲。为纪念死难者，亚美尼亚人在市郊齐采尔纳卡别德山岗上建立了“耶盖尔恩”纪念碑。1915 年的民族屠杀已深深地印在亚美尼亚人的心中。

市区北部，创建于 6 世纪末 7 世纪初的阿万大教堂是埃里温最古老的建筑物。这是一座长方形的大穹顶建筑。市区内最引人注目的古代工程是横跨拉兹丹河及其支流格塔尔河上的古代桥梁。创建于 12—13 世纪的两孔 80 米长的拉兹丹桥，17 世纪又重修，迄今还在使用。因用红色凝灰岩为建筑材料建成，故被称为“红桥”。格塔尔河上的单孔桥则建于 1664 年。

1828 年后埃里温制订了正式的城市发展规划，开始改造市中心区，开辟新街道，建设新型的城市公用建筑物。20 世纪初以来，埃里温已成为大型工业、文化、科学与教育中心。1989 年城市人口增长到 120 万。布局合理的公用建筑群和住宅，在保护与改造旧城、建设新城的方针指导下不断涌现，如 80 年代落成的高层建筑青年宫，被称之为“库库鲁扎”（意为玉米）。因其设计新颖、内部布局合理、使用便利获全苏建筑艺术一等奖。其他如政府大厦、音乐喷泉、音乐与运动综合馆、歌剧院等均创造性地运用了民族建筑艺术。市郊的新居民区也不断出现，市区面积迅速扩大。交通网以政府广场为中心四通八达。1981 年修建了拥有 8 个站，长 10 千米的地下铁路，从而进一步密切了北部居住区、市中心和南部工业区之间的联系。6 条干线公路、2 条干线铁路和一定规模的空运，大大加强了埃里温市的对外联系。

埃里温市的城市建设给我留下了深刻印象的三个特点是：1. 城市的古今建筑与周围环境合理配合，使宽阔的街道、错落有致的建筑社区和园林绿地有机地结合起来，给城市增添了整体美；2. 市域交通四通八达，人流如织，夜色下灯火辉煌，水面和园林绿地面积广阔，植被种类丰富，给城市增添了动态美；3. 城市建筑广泛使用的凝灰岩、粗面岩、玄武岩等天然建材，赋予城市以独一无二的色调，使建筑物的外貌更为新颖，给城市增添了静态美。

所以，埃里温是一个整体美，动态美与静态美相结合的美丽城市。

（原载《地理知识》1992 年第 3 期）

巴　库

——外高加索纪行之三

阿塞拜疆共和国首都巴库，坐落在里海西岸阿普歇伦半岛，既是全国科学、文化与教育中心，又是具有先进工业设施、发达的交通服务设施的现代化特大城市。人口175.9万。

自第比利斯至巴库549千米，乘普快列车用了近10个小时。走出火车站沿普希金大街南行，经列宁广场，便抵海滨公园，这里树木葱绿，是巴库人喜爱的游憩场所。海滨公园东端是巴库客运码头。

“巴库”这个名字是怎么来的呢？在城堡管理处导游部门前，一位阿塞拜疆中年女解说员简洁而肯定地回答了我的问题。

“巴库”一名来源于古代定居在阿普歇伦半岛上的巴坎、巴克、巴哥民族的名称。因这几个古代民族崇拜并祭祀火焰，又面临大海，所以古代巴库城的城徽图案为：蓝色波峰托着三缕金色火焰。而在某些文献中又称巴库为“风城”，则是由于这里盛行北风的缘故。

一般认为，巴库城堡最早出现于公元5世纪。至18世纪中叶巴库成为巴库汗国的都城。自5世纪至19世纪初，巴库城市范围一直局限于这个城堡遗址内。

在海滨公园西南端石油工人大街旁就坐落着著名的中世纪“伊切里舍赫尔城堡”。城堡内拥有300余处文物古迹，其中包括：15世纪的希尔凡沙赫（希尔凡封建统治者的称号）宫建筑群；12世纪高大圆柱形的处女（按指未婚仆女）塔楼，内有阶梯，可拾级而上，塔楼东面向海一侧的墙壁上留有射击孔，塔顶有瞭望台。登顶远眺，整个古代城堡及其郊区和近海区尽在眼底：其中有公元11至14、15世纪的清真寺和清真寺塔；14、17世纪的商队的二层客栈；15世纪的东方式哈吉浴池；17世纪弓形结构的集市广场；13—14世纪的弓形城墙，城墙外侧等距离筑有半圆柱形空心敌楼，上部均筑有女儿墙，以砖石垒砌、灰沙黏合，坚固异常，城墙内侧低矮，形成沿墙道路。城墙的北段开着两个拱形大门，同为13—14世纪建筑。因其系通往9—16世纪的希尔凡国都城（即后来的舍马哈汗国都城）舍马哈大路的起点，而称之为舍马哈门。舍马哈门是古代进出伊切里舍赫尔城堡的唯一通道，至今保存完好。城堡西依山地，自北、西、南三面筑墙以固城；东濒里海，以海为屏障。随着巴库城市的发展和对海岸带的改造以及里海海面的下降，城堡东侧早已离开岸线、而形成了通衢大道。因此，城堡东侧亦出现了进入城堡区的现代通道。但今天的多数游览者还是从古代两个拱门出入。城堡内狭窄而曲折的街巷、过道和封闭胡同将各建筑物分割开来，形成的平面格局无大改变地一直保留到今天。从城内主要建筑物的平面布局看，城堡内功能分区明确：西部为宫廷区，南部为宗教文化区，濒海的东部与邻近城门的北部为经济贸易和服务区。古代巴库城堡的平面格局和建筑形式也像一个古代东方型城市。这个面积仅仅 22 公顷的城堡不仅集中了中世纪阿塞拜疆人民的建筑精华，而且充分反映了阿塞拜疆人民高超的建筑艺术，是中世纪阿塞拜疆建筑艺术的宝库，堪称一处古代建筑露天博物馆。因此，1983 年“伊切里舍赫尔”城堡被辟为历史建筑保护区，规定任何现代建筑不得挤进保护区。

19 世纪初巴库汗国即今阿塞拜疆北部并入俄国，建立了巴库省和伊丽莎白波尔省。随着工业生产的发展，巴库城市不断扩大，开始出现并建设了广大的城堡郊区。1859 年巴库省会自希尔凡古代都城舍马哈迁移到这里，更促进了城市的发展。而巴库自身所处的海陆交通枢纽的重要位置决定了城市的长期发展。19 世纪中叶的石油热推动了巴库石油的工业开采，至 19 世纪末，俄国“几乎全部石油在巴库省开采”，城市人口增加到 11.2 万人，巴库成为“俄国第一流的工业中心”，直到 1952 年前巴库石油年开采量占全苏第一位。

19 世纪末至 20 世纪初石油开采与加工的发展使巴库新的城市中心区逐步形成。短时期内兴建的时髦的工商显贵的私邸、银行及股份公司大楼，均是按照有钱人的个人意愿设计并建造的，因而拥有摩尔式、哥特式、巴洛克式和现代派等各种不同风格的建筑物。巴库理事会大楼、阿塞拜疆国家音乐厅、幸福宫及阿塞拜疆科学院总部大厦、历史博物馆、“塔扎皮尔”清真寺以及许多不同建筑风格漂亮的高层居住楼房就是这个时期建成的。

与这些高大阔绰的漂亮建筑形成强烈对比的是，位于肮脏的采油场区的营房式工人板棚。随着城市的发展，这些旧日拥挤的板棚区早已被改造，出现了环境优美与服务设施齐备的劳动者新居住区。

谢别解说员，出舍马哈门，沿城堡墙外园林绿地中的甬道南行，仔细观察古代阿塞拜疆人民以砖石和黏合料砌筑的城墙，历经人力与自然摧残而岿然屹立的雄姿，不禁浮想联翩。

在阿塞拜疆国民经济成就展览大厅的休息室里，一位年逾古稀的退休老铁路工程师，问我来巴库的观感如何？我仅就城市健全的交通服务设施谈了自己的印象。没有想到，这位老人竟激动起来，如数家珍地叙述了巴库城市交通设施古今巨大变化的历程。

直到19世纪末，巴库城市交通工具还是马车。1899年巴库继俄罗斯其他大城市之后，出现了轨道马车。20世纪初，有限的几条公共汽车路线开通了，但各式马车还担负着城市客货运输的重要使命。20世纪20年代初，巴库人民用11个月的时间修通了火车站至阿塞拜疆石油广场的市内第一条有轨电车干线，并于1924年2月通了车。而目前市内有轨电车线路成网，总长度达70余千米，年运送乘客3700万人次以上。1926年，巴库经萨本奇至苏拉哈内（巴库东北油田区）的第一条长14千米的电气化铁路通了车。而目前巴库电气化铁路已将市区和阿普歇伦半岛的全部市镇与油田联系起来，可输送城市居民和外地客人到半岛所有的疗养区。至1941年巴库市无轨电车通车。目前无轨电车线路也已遍布市区乃至近郊区。1960年巴库出现了空中电缆车，长达455米的空中电缆将石油工人大街和西山基洛夫文化休息公园联通起来。1967年又修建了地下铁路，巴库成为当时苏联拥有地铁的第五大城市。目前，市区有三条地铁支线，16个站运转，总长达25.2千米。同时城市出租汽车亦迅速发展起来。

在市区公共交通设施大发展的同时，城市对外交通亦获得突飞猛进的发展。巴库萨本奇火车站破旧的楼房已被拔地而起的17层雄伟的建筑物所代替。除有2条干线铁路和3条干线公路在此交接外，海运、空运事业也日益发达，新机场客运能力达每小时1600人。巴库已成为外高加索里海沿岸重要的国际与国内交通枢纽。

在我们告别的时候，他又说了一番语重心长的话："我们阿塞拜疆拥有117名科学院院士和通讯院士，950余名科学博士，1.05万名学者。我们的发展才刚刚开始！"

（原载《地理知识》1992年第4期）

访斯大林故乡哥里

——外高加索纪行之四

哥里，位于外高加索谷地、库拉河及其支流大科阿赫维河交汇处。这是一个古老的城镇，与第比利斯一样，拥有悠久的历史，早在公元 7 世纪即已见诸文献记载。作为古代城堡，当时的名字叫哥里斯齐赫。经过 1300 多年的发展，现已成为一个拥有 6 万多人口的城市。

哥里，又是马克思主义者斯大林的故乡。对这样一个连格鲁吉亚人也褒贬参半的历史人物，我多么希望瞻仰他的故里，更多地了解他的复杂历程啊！

哥里东南距第比利斯约 80 千米，两城间由两条干线公路和一条铁路相连接；其西与黑海海港城市巴统和苏呼米也有铁路和公路直达；它又是自第比利斯赴茨砍瓦利的必经之地。因此哥里成为外高加索谷地中的一个重要交通枢纽。

乘车自第比利斯出发已是当地时间 10 时 30 分。轿车刚刚驶出第比利斯市区，邻座的格鲁吉亚朋友就指着窗外的柏油公路说，这就是著名的格鲁吉亚军路。它北起大高加索山北麓的奥尔忠尼启则，穿越大高加索山脉的克列斯特山口至第比利斯，长达 208 千米。军路是 18 世纪末侵入格鲁吉亚的俄国军队修筑的，1799 年通车。1801 年东格鲁吉亚各公国并入俄国，西格鲁吉亚各公国亦于 19 世纪先后被俄国吞并。19 世纪末先后建成的苏呼米军路和奥塞梯军路更进一步使弱小的格鲁吉亚牢牢地纳入了俄罗斯帝国的控制之下。

自第比利斯至哥里只用了 70 分钟。为了就近参观斯大林故居陈列馆和斯大林博物馆，我即在市区东部边缘的公路边下了车。根据司机的指点，下车后我即沿与公路垂直的宽阔大街前行。顺路前行 20 米左拐，路南侧东西向停放着一节崭新的墨绿色列车车厢，这是斯大林生前乘坐的专列，作为博物馆的重要组成部分，定期涂漆保护。车厢西端是博物馆院落的北门，通过一条宽阔的甬道与博物馆院落的南门南北向对。南门本是博物馆院落紧邻公路的正门，因博物馆关闭，高大的铁棂大门亦被封闭了。甬道东侧即二层博物馆建筑，坐东向西；西侧北端便是斯大林故居陈列馆。斯大林故居是一座两间的平房，带有传统围栏式阳台的房门面向西开，内有用作储藏室的半地穴式的地下室，蹲在阳台上即可以观察地下室情况。房子南端山墙下部留有进出地下室的栅门，显然是存取物品的进出口。这是格鲁吉亚民居的典型结构形式。我来到门前时，房门开着，一条粗红的带子拴在门口外阳台的柱子上，表示禁止游人进入，前来参观的人只能伫立门外瞻仰这位伟人故居的外貌。门外右侧坐在椅子上的年轻值班员正捧着一本当代文学著作专心致志地阅读，要不是我喊他，他兴许都不知道我已站到他的身边；另一侧是一位专业摄影师正摆弄他的“进口”相机，准备给前来参观访问者摄影留念。见此情景，我在说明来意之后便向值班员提出进房内看看的要求，他犹豫片刻后就答应了我的要求，还破例同意我拍照。两间房子面积总计约 20 平方米，室内陈设异常简陋。套间墙壁上挂着斯大林少年时代及其父母的黑白照片。外间两张方形木桌上分别放着一盏玻璃罩煤油灯、茶壶、酒壶、碗及装冷水或酒用的玻璃器皿。北面墙壁上挂着一块家织的平面毛巾。由此可见，斯大林少年时代是生活在一个并不富裕的农民家庭；从照片看，他的父母都是纯朴憨厚的农民。

斯大林博物馆的门厅在建筑物的西南角，四层塔楼下面，也是西向。门厅正面一字排列着 10 余个高大拱门，自其一端望去，更增添了博物馆建筑的博大威严，具有极强的艺术效果。门厅正面有斯大林像，地面铺装着红色的厚绒地毯，给人一种温馨感。刚刚迈进门槛，就有一位值班老人走过来，彬彬有礼地告诉我：“很抱歉，现在内部整修，不对外开放，包括格鲁吉亚人也不许参观。”“很遗憾，我是专程前来参观斯大林博物馆的，因为在其他任何地方都不可能看到系统展示斯大林生平事迹的展览馆或博物馆，而斯大林是中国人民的朋友，我们希望更多地了解他。”这一席话似乎拨动了老人的心弦，他说：“斯大林是我们格鲁吉亚人民的盖世英雄和杰出儿子。当然他也犯过错误，乃至在我们看来当属罪行的错误。但是挫败希特勒法西斯、成功地奠定苏联强大的工业基础，以及使苏联成为世界上最强大的国家都是在他的领导下实现的。”最后他欲言又止地说：“他是我们全民族的骄傲，我们世世代代都怀念他。”话虽不多，但明确表达了格鲁吉亚人的爱憎。尽管这样，他还是未能放我进去；我扫兴退出，又回到斯大林故居门前，再一次瞻仰这所养育了一个伟大生命的普通农舍……

穿过斯大林故居前的门廊，便是宽广的斯大林公园。绿树、草丛与百花之间的甬道将这块生机勃勃的园林绿地分割成各种形态的图案，固定座椅点缀其间，非常漂亮。每到傍晚和节假日，这里便成为市民与游人流连忘返之处。沿甬道继续西行，就是辽阔的斯大林广场，广场南侧中央高大基座上屹立着斯大林全身金属铸像，连同基座高约 10 余米，背南面北，背后乃市政府大楼高大穹顶上格鲁吉亚国旗迎风飘扬。宽直的马路从市区四面八方辐聚而来，形成了哥里市中心区。广场东北隅有哥里战争荣誉博物馆，朴实无华的建筑物内主要陈列了牺牲于历次革命斗争和战争中的哥里市英雄的照片，以及军用实物和有关文献资料。

我到过苏联的许多加盟共和国，在那里以领袖、英雄和历史名人的名字命名的街道、广场乃至学校企事业单位灿若繁星，然而以斯大林的名字命名的街道、广场等只有在格鲁吉亚，在第比利斯，在他的故乡哥里才长期保留下来，这是格鲁吉亚人民长期坚持斗争的胜利。一个具有伟大凝聚力的民族完全懂得应该怎样保护自己的杰出领袖和忠诚儿子的英名。

自斯大林广场北行，在市区北部边缘有哥里长途汽车站，站南农贸市场的货物不仅琳琅满目，而且价格低廉。哥里特产红苹果，味道甘美。东南部浑圆的山岗上残存的古代要塞墙垣，尚历历在目。在站前广场上，一位哥里人介绍说，这个早在公元 7 世纪即已出现的古代城堡，是当时区域经济与文化发展和繁荣的结果。可惜它在外族入侵时遭到严重破坏，已成为废墟。当今的哥里不仅拥有 6 万多人口，两个博物馆、一所大学、一座剧院，而且拥有机器制造、木材加工、食品、纺织等工业，其中哥里棉纺织联合企业是国家一流企业。

在车站乘长途汽车返回第比利斯已是下午 4 点钟。汽车沿着库拉河北岸山麓阶地的国家级干线公路行驶，约 10 千米处的公路北侧山坡上出现了两个相邻的显然经过人工开凿的深邃洞穴。但因距离和时间关系，司机只作减速行驶而未能停车。热心的格鲁吉亚朋友的生动解说倒也弥补了未能身临其境的遗憾。这是一个创建于公元前 10 世纪前半叶的洞穴城，因其位于距哥里 10 千米的乌普利斯齐赫村附近故命名为乌普利斯齐赫城。中世纪中期（公元 9—11 世纪），这一带成为格鲁吉亚的重要城镇，并一度成为格鲁吉亚的都城。其中保存下来的有古代房址和附属建筑、要塞残垣、6 至 7 世纪及 10 至 11 世纪的教堂建筑以及具有希腊式大厅的建筑物。与这些宏伟建筑形成强烈对比，沿途村镇中四面坡房顶的格鲁吉亚民间木屋，则具有浓郁的地方特色。

汽车缓缓行驶在东南起第比利斯西北至哥里之间的库拉河谷地上，这是外高加索一块拥有悠久历史和古老文明的土地。这里孕育并产生了灿若繁星的古代城市和富有特色的民族文化，是格鲁吉亚历史文明的发祥地，她给我留下了深刻的印象和美好的记忆。

（原载《地理知识》1992 年第 5 期）

后 记

这个集子收录了从研究生阶段到近年来写于不同年代、长短与深度不一的随笔文字。书名中“史地随笔”是李新峰拟定的，“燕园”是刘祚臣建议增加的，二者合起来感觉比原先我确定的《琐言萃集》更好。内容大体分为四个方面。

首先，资源问题。《孟子·尽心下》：“诸侯之宝三：土地、人民、政事”，反映了孟子的民本思想。战国时期荀子又提出了“田野县鄙者，财之本也”的思想。中国古代早期就形成了土地管理制度一系列政策和行政界线、人地关系及其演变过程。故将中国古代土地资源问题放在前面以强调国土资源的重要性。20世纪80年代以来，北京地区水资源问题已经成为社会各界关注的大问题，南水北调和深层地下水超采，多年来竟成为社会重要关注点。事实上，作为弹丸之地的北京更应该注意和河北等省市精诚合作，打破行政界线，建立流域生态补偿机制，建设并不断扩大国家重点生态功能区，改善并修复流域上游水源补给区森林、草地生态环境，涵养流域生态和水源，与南水北调、开采深层地下水多管齐下，尽力恢复历史上北京平原“平地导源”“滮洒四出”“渚而为池”“冬夏不竭”的水源丰沛景观，以保障北京供水安全与水资源可持续利用。这是地理学者包括历史地理学者的热切愿望。当今与未来社会对土地、水源、政事及人地关系将是中国14亿人口极为关注的重大问题。

第二，人口问题。人口是在一定空间、一定时间中生存，具有一定数量和质量的人的总和，具有鲜明的时空内容。在“诸侯之宝”中“人民”仅次于“土地”。历代统治者都极为重视扩张领土，招徕民众，“广土众民”成为衡量朝代盛衰的标准。这一组文章讨论了辽代以来北京地区和北京城市的人口规模、户口管理制度、人口控制措施、人口与粮食供应关系。

第三，城市管理。不同学科对城市这一概念的理解有所不同，按地理学的观点，城市是在历史时期形成的，区别于乡村的大型聚落，以非农业活动为主体，是人口、经济、政治、文化高度集聚的社会物质系统。这一组文章探讨了早期个案城市的兴起、规模和城市行政管理制度及城市体系等内容。

第四，旅行游记。是1989年在苏联敖德萨大学访问时在波罗的海沿岸、外高加索地区各加盟共和国游历时写成的纪行，应《地理知识》吴关琦先生邀请，发表在该杂志，共七篇。其实，还有更多材料，如东欧各国和柏林、苏联东欧地区各加盟共和国重要城市的纪行文字，因回国后诸事繁忙，资料散失一直没有完成写作，是一件遗憾事。

《我的大学》作为代前言简单介绍了自己的成长过程。在原则上，本书所引文献首次出现时，其注释采取完整格式。该文献再次出现，其注释格式从简。另外，近年来发表的论文，注释较为完整，就不再删繁就简，一一简化。限于精力，本书注释格式未能整齐划一，敬请读者谅解。

在这个文集整理过程中，李新峰、丁超、刘业成、吴炳乾、吴承忠、刘伟国、何文林、王洪波、田海、彭静杨都做了不少工作，在本书的出版过程中刘祚臣做了一些工作，中国国际广播出版社各位同志都付出了大量的精力，在此一并表示感谢。

韩光辉

于北京大学逸夫二楼

2018年2月28日

图书在版编目（CIP）数据

燕园史地随笔 / 韩光辉著. —北京：中国国际广播出版社，2018.10
ISBN 978-7-5078-4360-6

Ⅰ.①燕… Ⅱ.①韩… Ⅲ.①随笔—作品集—中国—当代 Ⅳ.①I267.1

中国版本图书馆CIP数据核字（2018）第221435号

燕园史地随笔

著　　者　韩光辉
策　　划　张娟平
责任编辑　高　婧　张娟平
版式设计　国广设计室
责任校对　张　娜

出版发行　中国国际广播出版社［010-83139469　010-83139489（传真）］
社　　址　北京市西城区天宁寺前街2号北院A座一层
　　　　　邮编：100055
网　　址　www.chirp.com.cn
经　　销　新华书店
印　　刷　天津市新科印刷有限公司

开　　本　710×1000　1/16
字　　数　500千字
印　　张　27.5
版　　次　2019 年 1 月　北京第一版
印　　次　2019 年 1 月　第一次印刷
定　　价　49.00 元

中国国际广播出版社　欢迎关注本社新浪官方微博　官方网站 www.chirp.cn